高等院校公共基础课系列教材

创业基础

刘美艳◎主　编

刘雅晶　徐天姿◎副主编

U0659337

清华大学出版社

北京

内 容 简 介

本书从实战应用的角度出发,除对创业的基本概念、基本理论作必要的论述外,更侧重创业实战训练。全书共分为十个专题,结合当代大学生特点和需求,系统介绍了在全球化、信息化和不确定性变化的条件下,如何认识创业、培养创业思维、寻求创业者和创业团队、共同打造创业能力、有效识别创业机会和创业风险、寻找创业项目,做好创业准备工作后,构建商业模式、撰写创业计划书、进行商业路演,再结合读者实际需求,为参加创业大赛提供指导。

本书在编写过程中避免单纯注重概念、理论问题,力求生动明了,案例丰富、实用。本书内容新颖、涉及面广、信息量大,不仅适合大学生、研究生等各类在校生学习使用,也非常适合有志于进行创业的广大朋友学习参考之用。

图书在版编目(CIP)数据

创业基础 / 刘美艳主编. -- 北京:清华大学出版社,
2025.4. --(高等院校公共基础课系列教材). --ISBN
978-7-302-68848-8

Ⅰ. F241.4

中国国家版本馆 CIP 数据核字第 2025JQ5196 号

责任编辑:刘士平
封面设计:张鑫洋
责任校对:袁 芳
责任印制:沈 露

出版发行:清华大学出版社
  网   址:https://www.tup.com.cn,https://www.wqxuetang.com
  地   址:北京清华大学学研大厦 A 座   邮   编:100084
  社 总 机:010-83470000   邮   购:010-62786544
  投稿与读者服务:010-62776969,c-service@tup.tsinghua.edu.cn
  质量反馈:010-62772015,zhiliang@tup.tsinghua.edu.cn
  课件下载:https://www.tup.com.cn,010-83470410
印 装 者:三河市人民印务有限公司
经   销:全国新华书店
开   本:185mm×260mm   印 张:17   字   数:387 千字
版   次:2025 年 6 月第 1 版   印   次:2025 年 6 月第 1 次印刷
定   价:59.00 元

产品编号:103872-01

在当前毕业生数量激增与经济形势下行的双重压力下,大学生的就业市场面临前所未有的挑战。为了应对这一局面,推动以创新为引领的创业活动,进而通过创业带动就业,已成为实现大学生充分就业的关键途径。"创新创业"已成为时代的关键词,它在促进经济增长、增加就业机会、提升创新能力等方面发挥着至关重要的作用。创业是经济增长的引擎,能够为就业市场带来新的活力,加速技术革新和社会进步。

在这样的大背景下,本书编写团队紧密结合时代发展需求和学生成长需要,立足于应用型本科院校的实际情况,精心挑选了具有针对性的教学内容。我们注重将理论与实践相结合,优化教材结构和内容,以提高教材的可读性和实用性。本书的创业基础知识内容设置了学习目标、思维导图、知识链接、专题小结、拓展训练等栏目,全面而深入地展示了知识点,体现了教材的知识性。

为了使教材更加生动有趣,我们根据内容的需要,穿插了导入案例、案例分析、延伸阅读、小故事、素养提升等环节,这些内容有助于学生更深入地理解知识点,增加教材的趣味性。每个项目结束后,我们还设置了素养提升和拓展训练环节,旨在加强学生的思想引导和实际操作能力培养,体现了教材的实用性。

本书的编写,是我们对教育创新的一次积极探索,也是对新时代大学生创新创业能力培养的一份贡献。我们相信,本书能够激发学生的创新思维,培养他们的创业精神,为他们未来发展打下基础。

本书由哈尔滨金融学院刘美艳老师担任主编,负责整体课程结构设计、统编等工作。本书共分十个专题,其中专题一、专题二、专题八由刘美艳老师完成,专题三、专题五、专题九由徐天姿老师完成,专题六、专题七由刘雅晶老师完成,专题十由赵丹丹老师完成,专题四及附录由宋春晓老师完成。

本书在编写过程中,参阅并借鉴了国内外同行专家的书籍、文章,参考了财经、新闻、教育、科技、创业类网站及公众号的许多内容,引用了国内外众多学者的研究成果,在此对原创作者表示衷心的感谢。

尽管在编写过程中团队尽量以严谨的态度追求精益求精,但是限于编者的能力、经验有限,书中难免存在不足之处,敬请读者批评、指正!

编 者

2024 年 12 月

CONTENTS 目 录

认 识 创 业

学习目标

1. 了解所处时代对创业的意义。
2. 理解创业的内涵、类型、阶段。
3. 了解创业与职业生涯发展的关系。

思维导图

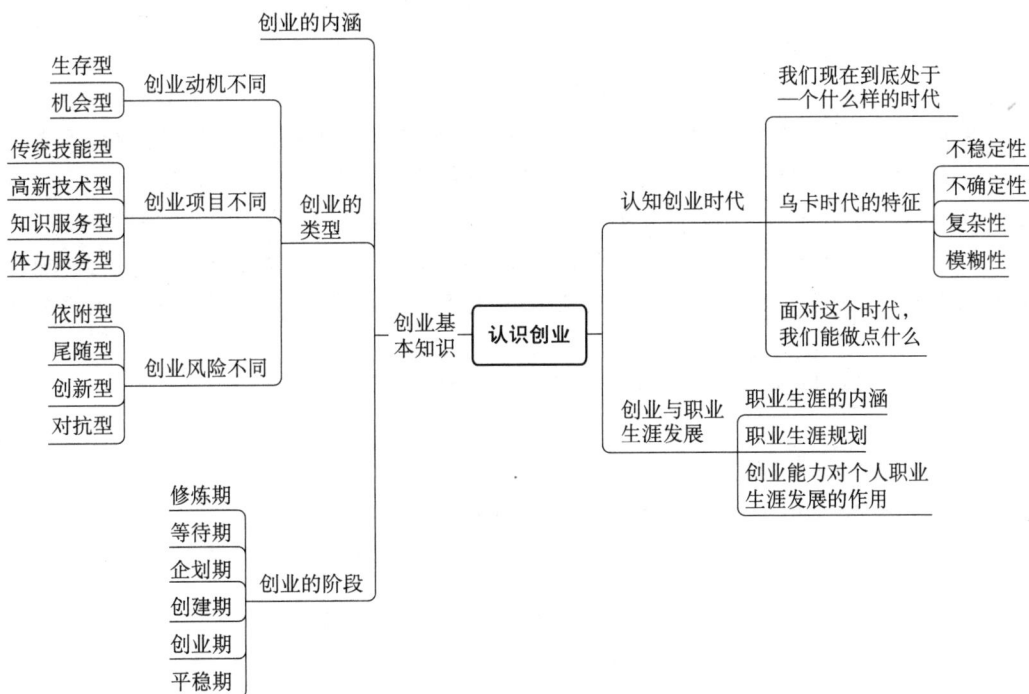

导入案例

每团一次美一次

　　美团网 CEO 王兴从小学习成绩优异,1997 年被保送到清华大学电子工程系无线电专业,2001 年完成学业后获得了去美国留学的高额奖学金,2004 年年初回国创业。2005 年王兴决定模仿"脸书"做大学校园 SNS,结合国情,创办了校内网。校内网发布 3 个月,就吸引了 3 万用户,2006 年校内网用户激增,因没钱增加服务器和带宽,王兴以 200 万美元的价格将校内网卖给千橡集团 CEO 陈一舟。2007 年,王兴创办的社交网站海内网上线,海内网可提供个人空间、迷你博客、相册、群组、电台、校友录、好友买卖及电影评论等服务。

2009 年 7 月王兴萌发了创建一个类似 Groupon 网站的念头。2010 年 3 月 4 日美团网上线,立即引起广泛关注。"美团网不是国内首家团购 2.0 网站,但却是第一家引起较大关注的团购网站"。11 月美团网销售额超 2.5 亿元,稳居团购行业第一。12 月 28 日美团网荣获"年度最佳团购网站"称号。2014 年美团全年交易额突破 460 亿元,较 2013 年增长 180% 以上,市场份额占比超过 60%,王兴入围 2014 年度华人经济领袖。2015 年美团网布局外卖行业,展开了外卖补贴战,这一战局一直持续到百度退出市场。2015 年 7 月美团网布局酒店旅游业务,完善旅游产业链。

2017 年 6 月 16 日,美团点评上线掌鱼生鲜,还要开线下店。7 月 24 日,美团点评等 4 家主要网络订餐平台在北京市食药监局的指导下分别设立了食品安全专项基金,用于对食品安全风险进行监测,首批资金共 70 万元。对于存在突出风险隐患的餐品,联盟平台都将禁售。9 月 9 日,美团旅行 App 上线。

2018 年 4 月 3 日,美团旅行与银联国际达成深度合作,将在技术、大数据与购物体验方面加深探索,让旅行购物更加优惠、便捷。9 月 20 日美团点评正式登陆港交所。

2019 年 5 月,美团点评推出新品牌"美团配送",并宣布开放配送平台。7 月,美团点评单日外卖交易笔数超过 3000 万笔。10 月 10 日,"2019 年胡润百富榜"揭晓,王兴以 400 亿元人民币财富位居第 65 名。11 月 7 日,福布斯发布 2019 年度中国富豪榜,王兴排名第 38 位,财富值 519.7 亿元。2019 年 12 月 18 日,王兴入选"中国海归 70 年 70 人"榜单。2020 年 1 月 7 日,美团与法雷奥合作推出首款电动无人配送原型车。1 月 9 日,胡润研究院发布"2019 胡润中国 500 强民营企业",美团点评以市值 5500 亿元人民币位列第 6 位。

资料来源:网易,https://www.163.com/(部分内容有删减).

问题探讨:

1. 王兴的成功源于什么?
2. 如何看待美团的成长史?这种成长过程是否可以复制?

项目一　认知创业时代

▶ **案例一**

新东方直播间一周吸粉超千万　在线教育转型仍在探索

2021 年 7 月底"双减"政策出台。一年来,转型升级、降本增效成了许多在线教育企业的首要任务。包括新东方在内的诸多在线教育企业,纷纷踏上转型之路。职业教育、素质教育、教育信息化是热门转型方向。选择直播带货的新东方,在其中显得颇为独特。布局直播带货半年后,新东方旗下的东方甄选突然成了直播界的"顶流"。从冷冷清清,观众长期只有几人、几十人,到高居抖音"带货榜"榜首,深夜也有数十万人守着直播间,东方甄选只用了一周时间。截至 2022 年 6 月 17 日 16 时,东方甄选抖音粉丝数已超过 1300 万。

东方甄选上线之初的定位是将知识分享和好物推荐结合,主播团队几乎都是新东方老师转型而来,在直播间里学知识、看吃播、听段子。可是除了有俞敏洪参与的部分直播场次,直播间的在线人数、销售额一度十分惨淡。直到 2022 年 6 月,中英双语带货的直播方式突然受到网友关注,直播间人气迅速上涨,一周时间涨粉超过 1000 万。互联网分析师认为,东方甄选爆火,源于用大半年的时间做尝试,结合自身的优势卖点来打开局面,厚积薄发是一种必然。

"直播带货只是新东方的救场之举,对于其主营业务或整体业务方向不会有丝毫改变。换言之,直播带货是为公司'续命'的方子,让新东方有更多的时间和资金去继续自己的教育梦。"虽然对直播带货寄予厚望,但新东方并非放弃了教培业务,直播带货只是新东方转型布局的一部分。新东方一方面拓展现有的大学及机构业务,以及公司的在线教育产品及服务项目;另一方面,探索新举措,比如包括农产品及其他产品的直播带货,开发新的教育智能硬件以扩大客户群和产品,转型以满足不断变化的监管及教育环境的需要。

对于在线教育平台而言,过去过于关注 K12 领域,这也使得其在"双减"之中备受震荡。其实行业内外依然有许多可耕耘之处,如职业教育、技能培训、素质教育、教育信息化、教育出海,甚至是广场舞教学等。

资料来源:中国新闻网,https://www.chinanews.com.cn/cj/2022/06-18/9783049.shtml(部分内容有删减).

问题探讨:
在瞬息万变的时代,面对各行业各领域的不确定性,新东方的做法给了你什么启示?

知识链接

一、我们现在到底处于一个什么样的时代

我们现在所处的时代,有的人认为是经济全球化时代,有的人认为是信息时代,有的人认为是互联网时代,有的人认为是科技时代。这些认知都是从某一个角度展开的,其实都有道理,总结起来说,我们现在处于一个瞬息万变的时代。我们也会慨叹,世界变化太快了!这个世界不是一开始就这样高速变化的,而是在人类知识逐步丰富、认知不断深入、思维不断创新的条件下,才发展变化得越来越快。

在 18 世纪,知识的更新周期需要 80 年;19 世纪到 20 世纪初,知识的更新周期需要 30 年;20 世纪六七十年代,知识的更新周期降低为 5~10 年;而 20 世纪八九十年代,一般知识的更新周期为 5 年;进入 21 世纪,知识更新的速度加快到 2~3 年,变化的速度越来越快。如今我们已进入了一个空前发展的时代,这个时代是网络的时代,是知识和信息的时代,是快速变化的时代。新时代告诉我们,变化是当今社会的主旋律,离开了对发展变化的社会的认知,就失去了认识自己的坐标和依据。一个人如果对现实的社会及自己所

处的环境都不了解,那他将无法进行定位,也无法进行决策。正如苏东坡有首名诗所云:"横看成岭侧成峰,远近高低各不同,不识庐山真面目,只缘身在此山中。"

美国阿拉巴马大学研究者 2017 年预测,50 年后,人工智能和机器人将迅猛发展。人工智能将介入社会事务中,控制农业、采矿、生产和能源,以最大限度地提高效率、减少环境风险。在自动化程度日益提高的过程中,人们被彻底解放出来,工作越来越少。旅游、娱乐、教育等各个行业都能利用虚拟现实技术使人们足不出户完成体验。企业形体消失,人们会在家中、公园里、交通工具上办公。云旅游、在线教育等依托互联网的行业都在不断涌现,改变着我们的生活。这一切新生事物、新的生活方式的出现,让我们对这个时代的认识更加清晰,变化是未来永恒的主题。从趋势来看,未来变化的速度也只能是越来越快。为了形象地描述这个快速变化的时代,一个专业名词出现了:VUCA(乌卡)时代。VUCA 这个词源于军事用语并在 20 世纪 90 年代开始被普遍使用,随后这种新兴思想被广泛应用于营利性公司、教育机构等各种组织中。

二、乌卡时代的特征

在我们目前所处的时代,经济全球化迅速发展,科技进步日新月异,国际竞争日趋激烈。最近几年,人们能够感觉到的变化实在太多了,印证了"变化才是唯一的不变"的道理。不管是大到国家层面的各种政策和国家发展,还是小到个人的衣食住行工作,都有很大的改变。宝洁公司原首席运营官罗伯特·麦克唐纳(Robert McDonald)借用一个军事术语来描述这一新的商业世界格局:"这是一个 VUCA 的世界。"VUCA 很清晰地总结了当前时代的特征,即不稳定性(volatile)、不确定性(uncertain)、复杂性(complex)和模糊性(ambiguous)。

1. 不稳定性

我们生活在一个不断变化的世界里,这种变化变得越来越不可预测,发生得越来越频繁。在当今时代,如果你一年与世隔绝不与世人沟通,当再次回到社会中时会发现,你的思想和观念已经被社会抛弃。一切都变化得太快,快到很多人的观念还没来得及做出反应,就已经被打倒在地。拿就业环境来说,最近几年经济增长放缓,资本没有更多新的增长点,资本在存量市场里运营,利润变少,普通的工作者生存压力变大,银行房贷、车贷断供,有的人一夜之间失去了工作,有的公司一夜之间破产倒闭,致使越来越多的"996""007"涌现,人们互相内卷,你不干有人干,劳动力相对过剩,资方更有话语权。

2. 不确定性

随着全球化、个体化趋势的增强及社会流动的加快,现代社会发展的不确定性因素不断累积,社会发展的不确定性程度日益加强,从个体到群体、从作为主体的人到客观存在的社会环境,都无一例外,而且这种不确定性存在随时向风险转变的可能。在这个充满不确定性的世界中,个体的内在心理越来越成为现代社会发展不确定性的重要根源,随着个体化趋势的发展,现代社会的整体流动性加快,在社会经济发展、科学技术进步、思想观念解放等多方力量的推动下,原有的社会静态格局被颠覆,社会面貌日新月异。网络信息技术更是打破了传统社会的时空区隔,实现了社会交往方式甚至生产方式的脱域,这也直接将现代社会彻底推向了流动性社会。其结果是在现代社会个体不确定性程度快速增强的同时,客观社会环境的不确定性程度也与日俱增,并且两者相互交织,不确定性已然成为现代社会发展最为重要的表征之一。

3. 复杂性

马克思主义从社会生产实践出发,把人类社会看作是一个由人口系统、自然环境系统、生产力系统、生产关系系统和上层建筑系统组成的复杂大系统。在这个大系统中,对社会动态发展产生影响的直接要素多,而影响各个要素的间接因素更多,各个要素都不是独立存在的,相互之间都存在着千丝万缕的影响。在对事物进行判断时,很难得出非此即彼、非黑即白的结论。相同的事件处于不同的要素环境下,人们对于事件的认知会有所差异;不同的行为处于相同的环境下,可能最终会表现出相同的结果,这些都源于社会发展的复杂性。由于不能准确把握影响事情发生发展的因素,因此事件的走向也越来越难以预测:未来事件和过去经验之间的相关性越来越低,过去的经验很少能作为预测未来形势的基础,这使很多工作变得错综复杂。

4. 模糊性

模糊性本意是指在对事物进行判断时所进行的"亦是亦非"抑或"似是而非"的不明确判断,是对事物确认上的不确定性。社会要素的多样性、社会过程的复杂性和社会运行结果的不确定性等,决定了当代社会是充满模糊性的。当各种不同的因素从不同角度、不同层次混在一起对事情产生影响时,我们将越来越难以对事物之间的联系进行全方位的了解。即使掌握了大量标准化的信息,对于某物品的定义也可能无法做出明确判断,也无法对这个社会事实有清晰、精准的认知。在当今世界里,事物变得越来越模糊,没有什么是非常确定的,这就对组织和管理提出了更加复杂的要求。

从时代的发展速度来看,时代的变化是越来越快的。过去几年大量创新型企业用资本取代了大量劳动力,导致生产设备价格不断降低,劳动力对我国每年 GDP 的贡献呈现下滑态势。在这个时代,真正的最大受益者是智力和实物资本提供者,即创新者和投资者,这也会成为工薪阶层与资本拥有者之间贫富差距越来越大的原因之一,所以我们要时刻保持与时俱进的学习状态,提前思考如何获取更多的财富。当前我国每年的 GDP 依然保持增长,经济增长带来了众多机会,然而众多机会是为那些有准备的人预留的,只有认清当前时代的特征,学会用积极、正确的思维模式去应对不断涌现的新事物,去迎合时代发展的特征,从中发现问题,找出机会,努力提升自己、充实自己的人,才能抓住机会,打破现状,实现与众不同。

三、面对这个时代,我们能做点什么

在这样一个变革的时代,一切都在转型,社会在变,企业在变,个人必然需要改变自己来适应时代发展的需求,创新与改变是当今时代的主题,没有创新与改变,社会与历史就会停滞不前,人类文明就会黯然失色。社会如此,人也是如此,一个人如果不敢于创新与改变,那么这个人就不会健康成长和快速进步,更不要说实现人生目标了,而这所有一切的改变都源于思维的转变。

人的发明创造和不懈努力可以推动时代前行,面对时代变化中不断出现的新机会,能够将其把握住的人,就可能成为我们耳熟能详的风云人物。华为的任正非、顺丰的王卫、美团的王兴、京东的刘强东、B站的徐逸、抖音的张一鸣等,无不是抓住时代变迁的机遇,成就了他们的事业。但是在经历当时时代变迁的众多人中,为何只有他们脱颖而出?若把你置身于当时的环境中,你是否也能成此大业?答案是:很难。机会虽然摆在每个人面前,但是能否抓住机会,以及如何适应变迁并做出与众不同的反应,都取决于每个人的思维方式,进而导致了不同的行事风格。

了解了当前时代的特征,我们能做些什么呢?

(1)处变不惊。既然变化是唯一不变的真理,我们就需要拥有平和的心态,以积极的态度和正确的处事方式来应对环境的变化。

(2)积极进取。在现在的时代,变化是永恒的主题,竞争则是伴随变化时刻存在的。要想在竞争中立于不败之地,我们就要不断更新知识、强大内心,把目光放长远,努力做好每一件事情。

(3)选对行业。结合自己的兴趣所在,选择能够代表未来发展趋势的朝阳行业,为事业的上升带来较大发展空间,进而实现人生价值。

(4)拓展思维。思维是一个过程,我们应在问题引导下,思考如何能更好地解决问题、是否还有其他解决问题的途径。提升思维的广度和深度,让我们的知识树变得更加开阔和挺拔。

VUCA时代已经来临,这是我们要长期身处其中的时代,因此我们要以积极进取的精神,良好的心态,在自己喜欢的领域里拓展思维,成就一番事业。

项目二　创业基本知识

▶ 案例二

许小姐能做老板吗

许小姐一门心思想做老板。经过7年的努力工作和省吃俭用积蓄了一笔资金,其中10万元做了注册资金,5万元作为流动资金。她认为,个人创业必须有丰富的工作经验。所以在过去的工作中,她总是分内分外的事全都抢着干,从不计报酬。尤其是经营方面的事,她更是竖着耳朵听,就是为了多学点本事,为自己开公司做准备。另外,她认为个人创业必须有一个好的项目。她选择了一个当时的朝阳项目——房地产租赁咨询。在办齐所有手续后,她勤勤恳恳努力工作,但她怎么也没想到,最初的3个月几乎没有生意,直到第6个月才稍有收入,可生意很不稳定,半年来,她赔了3万元。她开始动摇了,觉得自己是在靠天吃饭,靠运气吃饭。她认为做生意不应该是赌博,肯定是哪儿弄错了。她不想再这样干下去了,她认为不能等到这15万元都赔光的时候才行动。她要去弄明白问题到底出在哪里。第7个月她关掉了公司。导致许小姐失败的原因很复杂,但其中一条重要原因就在于她缺少完备的创业知识和创业风险意识,没有一个完整的创业计划。小企业抗风险能力很低,不考虑成熟,一厢情愿,自然危机重重。

资料来源:搜狐网,https://www.sohu.com/a/218190336_100073202(部分内容有删减).

问题探讨:

大学生在创业之前,应该具备哪些方面的知识储备?

📖 知识链接

一、创业的内涵

未来社会的变化越来越快,会不断出现更多的机会,为创业提供了优良的土壤。创业热催生了创业教育,创业教育的完善也加速了创业。普及创业知识、加强创业教育成为世界教育发展和改革的新思路。在高等教育教学过程中,应结合社会发展变化趋势,通过各种教育手段,提升自己的综合能力,培养自己的创新精神和创业意识,让自己拥有创业技能,以便及时抓住时代发展过程中稍纵即逝的机会。

《国务院办公厅关于进一步支持大学生创新创业的指导意见》(国办发〔2021〕35号)2021年10月发布,意见中指出,要提升大学生创新创业能力,将创新创业教育贯穿人才培养全过程,培养大学生的创新精神、创业意识和创新创业能力。随着高等教育体制改革的深化,大学生就业观念也发生了巨大的变化,创业的热情愈发高涨,如何培养学生的创业意识、创新能力、创业能力等成为大学生创业教育的一个重点。

1. 什么是创业

"创业"一词由"创"和"业"组成:所谓"创",就是创造、创建、创立、创新,《辞海》中对其的解释是"创立基业";"业"的内涵极为丰富,包含学业、业务、专业、就业、转业、事业、家业、企业等。"创业"是一个跨越多个学科领域的复杂现象和活动,它涉及变革、创新、技术、环境、开发新产品、企业管理等多方面问题,其内涵十分丰富。

创业有狭义和广义之分。狭义的创业可以用"Start Up"来说明,即创业者从事生产经营活动,从零开始创办出一个新组织,偏向于小"业"。广义的创业用"Entrepreneurship"来诠释,是创业者在开创一项事业的过程中所开展的包含创新创业精神在内的各项创业实践活动,其功能指向是成就国家、集体和群体的大"业"。

在广义的创业概念范畴内,每一个通过实际行动来体现想法价值的人都是创业者。例如,喜欢拍摄日常生活视频的小张,课余时间把校园的每一个角落拍成画面上传到短视频平台,为准大学生们介绍他的学校;喜欢旅行的小王,把自己旅行的经历写成攻略,发到旅行App上,分享他的经验。

创业过程中,创业者以一个既定目标为导向,通过运用自己管理组织、资源整合和环境适应等能力,将市场潜在的机遇或者需求与自己创造性的思维相结合,并承担因此产生的各种潜在风险,来达成既定目标的过程即为创业,创业是一种不拘泥于当前资源约束、寻求机会、进行价值创造的行为过程。创业活动是特殊的管理活动,其实施主体不同于常见的管理者,创业者需要充分地把握机会及创业特征,利用各种可以调动的资源,推进创业活动。

创业的本质是一种新价值的创造活动,这项活动具有逻辑上的递进关系:创业者在意识形态上有创业欲望后去寻找创业机会;从发现创业机会到利用各种资源创建新企业;企业在通过运营成长直至成熟的过程中,企业内部不断开展新业务;企业进入稳定期后把所从事的职业事业化。

创业作为一个过程,通常具有以下四个要点。

(1) 创业者应"不拘泥于当前资源约束",创业者不能安于资源供给的现状,要努力突破资源束缚,通过资源整合来达到创业目标。创业者在创业初期大都会经历资源缺乏、从无到有的过程。

(2) 创业者要有"敢打敢拼的意志",创业者既然选择了创业这条路,就要放开手脚,要有百折不挠的勇气和必胜的决心,爱拼才会赢,犹豫不决是没有出路的。

(3) 创业者要善于"寻找机会",创业前创业者要努力识别和发现商业机会,进一步整合资源,寻求机会使资源效能最大化。

(4) 创业者能够"进行价值创造",创业的过程应该伴随新价值的产生,比如通过以产品或服务的方式为消费者提供有形的或无形的产品,创造商业价值和社会价值,进而实现价值增值。

2. 创业的要素

创业是发现并捕捉机会、创造新产品或提供新服务、实现价值的过程。创业的成功是一系列要素科学组合的结果,包含但不限于创业者的素质、创业团队的默契程度、对创业机会的把握能力、创业环境等因素,创业者可以通过改善这些要素的组合来提高其创业成功的可能性。创业要素是创业活动所必须具有的实质或本质、组成部分。对于创业要素的描述现在较多采用的是"世界创业教育之父"Jeffry Timmons(1999)的蒂蒙斯模型。该模型提出,创业的关键要素包括创业机会、创业团队和创业资源,三者之间要实现动态匹配,才能推进业务发展。

(1) 创业机会主要是指具有较强吸引力的、较为持久的有利于创业的商业机会,创业者据此可以为客户提供有价值的产品或服务,同时使创业者自身获益。从创业过程角度来说,机会是创业的起点,创业过程就是围绕着机会进行识别、开发、利用的过程。

(2) 创业团队是指初期(包括企业成立前和成立早期)为进行创业而形成的集体,集体内的成员是联合关系,他们才能互补、责任共担、愿为共同的创业目标而奋斗。在行为上,他们相互影响;在心理上,彼此认同、归属,共同体现团队的工作精神。

(3) 创业资源是指新创企业在创造价值的过程中需要的特定的资产,包括有形与无形的资产,是新创企业创立和运营的必要条件,其主要表现形式为创业人才、创业资本、创业机会、创业技术和创业管理等。

在整个创业活动过程中,这三方面的要素都是必须存在的。若没有创业机会,创业活动就变成了盲目的行动,很难产生实际价值;创业机会虽然普遍存在,但是需要有人去发现,要有发现机会的敏锐目光,若没有创业团队识别和把握创业机会,创业活动依然无法开展;创业团队具有发现创业机会的能力并不能形成成功创业的充分条件,把握创业机会的同时,还需要有可供使用的资源,否则即使出现创业机会,也无法完成创业活动。当年互联网在中国尚未兴起时,马云看准机会决定创办中国黄页,不过他自己只有 2 万元,东拼西凑找钱无果时,本以为只能放弃机会,结果马云的妹妹为他提供了 8 万元,马云才得以开始互联网创业。后来经营出现危机,马云相继结识了杨致远和孙正义,三个人最终完成了共同的理想。

3. 为什么要创业

首先,从当前社会的实际情况来看,随着社会不确定性因素的增加,近两年毕业大学生面临着巨大的就业压力。据统计,2023 年,全国大学毕业生人数为 1158 万,较上年增长 82 万。其中,985 院校毕业生人数为 18.7 万,211 院校毕业生人数为 58 万,普通本科毕业生人数约为 600 万,占比约 51.8%,专科毕业生人数为 558 万,占比约 48.2%。近几年,经济发展增速放缓,就业供给的速度远远低于就业需求增加的速度。在这样的大背景下,就业俨然成为一项难题,而鼓励创业则是解决就业问题的一个重要出口。大学生的创业能力有利于解决大学生就业难的问题。创业能力很强的大学毕业生不但不会成为社会的就业压力,相反还能通过自主创业活动来增加就业岗位,以缓解社会的就业压力。

其次,政府出台了"创业带动就业"的政策,一个鼓励创业、保护创业、崇拜创业的大环境正在逐步形成,人们的就业观念正在发生改变,创业潜流涌动,很多职场中人或者未步入职场的大学生可以通过自主创业追求"自我实现需要"。通过自主创业,可以把自己的兴趣与职业紧密结合,做自己最感兴趣、最愿意做和自己认为最值得做的事情,在社会舞台中大显身手,最大限度地发挥自己的才能。

再次,中小企业在国民经济中起着十分重要的作用,是国家建设的重点,它符合生产社会化和科学技术进步的客观要求,在投资和生产经营上能带来明显的经济效益。中小企业是实施大众创业、万众创新的重要载体,在增加就业、促进经济增长、科技创新与社会和谐稳定等方面具有不可替代的作用,对国民经济和社会发展具有重要的战略意义。历史数据表明,等量资金投资于小企业所创造的就业机会是大企业的四倍。一个国家有99.5% 的企业属于小企业,65%~80% 的劳动者在其中就业。我国小企业太少,无法发挥其充分吸纳劳动力的功能,因此,通过创业能带动中小企业的快速发展。

最后,通过创业活动,能为人们创造发展的机会,对许多梦想着开创自己事业的人而言,创业不但是一种充分实现自我的机会,更是发挥个人潜能的舞台。创业一般都会伴随新技术、新工艺、新方法出现,缩短科学技术与市场间距,创建新企业,提供工作机会,推动地区经济发展,这些都会提升综合国力,促进生产力发展和社会进步。在此过程中,创业者难免会遇到失败和挫折,这就对创业者素质提出了更高的要求:具有顽强的意志和坚韧的性格、敢于承担风险,具有勇于开拓创新的精神,把就业压力转化为创业动力。

🌰 延伸阅读

一本海归日记引发诸多思考:为什么创业

上周末,在书店遇到海归小苗的时候,他正在捧着一本名为《海归 GEEK 的创业日记——创业是条不归路》的书,看得如痴如醉。这并不是小苗读的第一本创业类书籍,却让他第一次觉得眼前一亮。"这是一本海归创业者的创业日记,传授技巧之余更注重对当前创业的反思。"小苗用手指摩挲着书名中的"不归路"三个字,"我觉得他对于创业意义的反思很深刻,值得所有人思考。"

理想或赚钱　创业意义不尽相同

台湾《远见杂志》在 2013 年公布的创业调查数据显示，超六成的台湾地区受访者表示"想赚更多钱"是最主要的创业动因，接下来依次为："自己当老板""追求成就感""找不到工作""有新技术或商机""追求梦想"。

社会化问答网站知乎上关于"为什么要创业"的问答中，有 356 位网友赞同"创业，就是一个更为积极、更为明确的工作态度"；314 位赞同"为了不想在回忆过去时一片空白，为了不想因为放弃而后悔，为了不想虚度光阴"；201 位赞同"为了帮助别人，帮助社会，甚至改变世界"。也有网友表示"因为不想被老板管制，所以选择自己做老板。喜欢名片上印着'总经理'的感觉""想要灵活而自由的时间""只有俩字：赚钱，别的都戒了"。

创业者的动因选择并无高低好坏之分，关键在于这个动因能否帮助创业者走得更远。

"追求意义的创业者失败概率接近于零"

创业中会遇到无数变量，这是创业者在创业的第一天就会遇到的。几乎没有什么能够完全按照之前规划的轨迹发展，如若没有坚定的信念和执着的精神，创业者也终会和企业一起被现实的洪流吞没。

"（创业者）应当在每天起床后执着于一个理念，并且想让它成为现实，而不是仅仅到处游荡，像是在酒吧与人聊天。"Instagram（一款图片分享应用程序）的创始人之一迈克·克里格在斯坦福大学做公开课时说道："认为创业只是因为不想有一个老板，这不是一个足够好的创业理由。"

《海归 GEEK 的创业日记——创业是条不归路》的作者范真是一位留美硕士，他这样描述自己的履历："待过微软，混过硅谷，做过天使投资人，现在是一名普通的创业者。"范真在记录创业的重重困难时，不断地对企业和社会进行反思。

书中有这样一段话曾让无数读者为之感动："……创业者缺乏很多东西，其中最最重要的一种东西就是对意义的追求。有了这个，你就有了为这个社会创造价值的机会；在追求意义、实现意义的过程中，你就能不断学习，超越自己。只要活下去，你就每天都离这个意义更近一步。这样的创业者，失败的概率接近于零。"

社会环境影响创业精神

创业是在创新中进行资源的优化整合。创业者思考创业的意义，不仅体现了创业者的个人价值追求，还反映出社会大环境对创业个体的影响和期望。社会中的文化气氛和价值导向会影响创业者的创业精神、创业方向甚至创业结果。

"设立新兴产业创业创新平台""大力发展节能环保、新材料、生物医药、先进制造等产业"和"以创新引领创业，以创业带动就业"等是持续多年的国家政策。"坚持以人为本""支持慈善事业""提倡文化传承"等，在近年来的国家政策和媒体报道中被不断强化。

2007 年唯一入选"绿色中国"年度人物的留美海归企业家施正荣抓住了"太阳能光伏"这个绿色新能源契机，只用两年便完成了从小人物到富豪的转变。施正荣认为："环保就是最大的慈善。"

医疗巨头蒲忠杰在留美期间研习生物材料和医疗器械研制，他的创业格言是："一切产品的开发首先是更好地为人服务，以人为本，尊重人的人格。"

United Stack 创始人程辉在网上写道:"心里有一颗自由的种子,在特定的环境下生根发芽了,为了让这颗种子生长,我做了我应该做的事情:给予更自由的环境、更干净的空气和水。"

二、创业的类型

根据不同的分类标准,可对创业进行不同的分类,常见的分类方法如下。

(一)根据创业动机不同,可将创业分为生存型创业、机会型创业两种

1. 生存型创业——目的在于谋生

生存型创业是创业者受生活所迫,物质资源贫乏,为了生存,没有其他选择而无奈从事低成本、低门槛、低风险、低利润的创业,显示出创业者的被动性。生存型创业的特征在于面对现有的市场捕捉机会,表现创业市场的现实性。常见于技术壁垒低的行业。例如,潮汕人的创业,温州人的创业,等等。

2. 机会型创业——目的在于抓住市场机遇,创造新需求

机会型创业是指为了追求一个商业机会而从事创业的活动。机会型创业不是创业者的主观选择结果,而是由创业者所面临的环境和创业能力决定的。环境指的是整体的宏观外部环境,是外部各项影响因素的综合,促进机会型创业需要社会有意识、有计划地打造优质的宏观外部环境。创业能力包括两方面,一是创业意识,这从某种意义上说是一种天赋;二是开创新市场的能力,这可以通过后天的创业教育来提升。例如,抓住"互联网风口""电商风口""移动电商风口"等机遇进行创业。

(二)根据创业项目不同,可将创业分为传统技能型创业、高新技术型创业、知识服务型创业、体力服务型创业四种

1. 传统技能型创业——酿酒业、饮料业、中药业、工艺美术品业、服装与食品业等

选择传统技能项目创业将具有永恒的生命力,因为使用传统技术、工艺的创业项目会拥有独特的市场优势。尤其是在酿酒业、饮料业、中药业、工艺美术业、服装与食品加工业等与人们日常生活紧密相关的行业中,独特的传统技能项目表现出了经久不衰的竞争力,许多现代技术都无法与之竞争。不仅中国如此,外国也如此,许多发达国家至今尚保留着传统的手工生产方式。

2. 高新技术型创业——微电子和电子信息技术、空间技术、航空技术、机电科学、生命科学、生态科学等

高新技术项目就是人们常说的知识经济项目、高科技项目,知识密集度高,带有前沿性、创新性。1991年国家科委将中国高新技术分为11类:微电子和电子信息技术、空间科学和航空技术、光电子和机电一体化技术、生命科学和生物工程技术、材料科学和新材料技术、能源科学和新能源技术、生态科学和环境保护技术、地球科学和海洋工程技术、医药科学和生物医学工程技术、精细化工等传统产业新工艺新技术、基本物质科学辐射技术。

3. 知识服务型创业——律师事务所、会计事务所、管理咨询公司、广告公司等

当今社会,信息量越来越大,知识更新越来越快。为了满足人们节省精力、提高效率

的需求,各类知识性咨询服务的机构会不断增加和细化,如律师事务所、会计事务所、管理咨询公司、广告公司等。知识服务型项目是一种投资少、见效快的创业选择。

4. 体力服务型创业——主要是家政服务(如保姆、保洁、搬运等)

《国务院办公厅关于加快发展生活性服务业促进消费结构升级的指导意见》,将促进家政保洁业的发展提上了议题。随着中国经济的高速发展和家庭经济收入的不断提高,人们在提高生活水平和生活质量的同时,对社会服务的需求也在不断升级。家政服务业已经越来越展现出它蓬勃的生命力与广阔的再就业前景。如今市场对家政人员的需求越来越大,家政行业是个万亿市场,前景十分可观。且从当前经济发展形势看,第一产业和第二产业的比重将逐步缩小,第三产业和服务业的比重将逐步提高,产业结构调整已成为必然趋势,这是人民对服务行业的内在需求。党的十九大重点提到了"精准扶贫",要帮助大量的下岗工人再就业,家政业无疑是最好的选择。

(三)根据创业风险不同,可将创业分为依附型创业、尾随型创业、创新型创业、对抗型创业四种

1. 依附型创业——依附大企业而生存

依附式创业模式是指加盟一家大型企业,这家大型企业负责所有产品的研发、生产、制造、运送、物流,以及环保超市的开设、员工雇佣、顾客订购、宅配送货、咨询服务、货品退换,创业者无须进货、销售,没有囤货风险。创业者通过这种加盟方式可以获得已有品牌的支持、规范的运营模式、健全的市场机制等一系列成熟的经营模式,省去了创业烦恼,提高了创业的成功概率。

2. 尾随型创业——模仿他人创业

尾随型创业是指创业者模仿和学习成功者的创业活动的过程。这种创业形式的特点是投资少,见效快,能迅速打开市场。企业创立初期,资源缺乏,通过模仿可以快速定位,渡过资源匮乏阶段。在模仿的同时,创业者还应结合实际,掌握正确的市场进入时机,通过积极创新实现突破,创造和形成自己的竞争优势。创业中模仿与创新不可分割,应共同作用于企业,实现企业的可持续发展。

3. 创新型创业——填补市场空白

创新型创业是指创业者突破传统的经营理念,建立新的市场和顾客群,通过自身的创造性活动引导新市场的开发和形成,通过培育市场来营造商机、不断满足顾客的现有需求并开发其潜在需求,逐步建立起顾客的忠诚度和对企业的依赖,为经济社会的全面进步提供巨大的原动力的一类创业模式。这种创业模式的难度和风险较大,但潜在收益也很大,它可以分为技术驱动型创业和创意驱动型创业两种类型。

4. 对抗型创业——对抗垄断企业

对抗型创业是指创业者进入其他企业已形成垄断地位的某个市场,与之对抗较量。这类创业必须在知己知彼、科学决策的前提下,决心大,速度快,把自己的优势发挥得淋漓尽致,把自己的劣势填平补齐,抓住市场机遇,乘势而上,避开市场风险,减少风险损失,才有成功的可能。例如,希望集团就是对抗型创业的成功典型。20世纪90年代初,面对外国饲料厂商进入中国市场,大量倾销合成饲料的局面,希望集团建立了西南最大的饲料研究所,开始与外国饲料争市场。

三、创业的阶段

创业需要过程,这个过程包含两个方面:一方面是要做一些必要的具体的事情;另一方面是要有发生、发展、成熟的时间。两方面缺一不可。成功的创业过程包含以下六个阶段,每个阶段都有其特定的特点和重点。

1. 修炼期

修炼期阶段是创业者努力为自主创业做各种准备的阶段。想要成为一个成功的创业者,首先要具备"创业思维"。对于同一件事情,有"创业思维"的人和缺少"创业思维"的人看待这件事情的角度、思路、观点及得到的结论都有很大的不同,这种差异也决定了一个人是否具有成功创业的潜质。除了"创业思维",这个阶段还需要创业者努力积累专业知识、技能、人脉资源、必要的社会关系等。

2. 等待期

等待期阶段是创业者努力寻找各种可能的创业机会的阶段,这是创业过程的核心阶段。在等待期阶段创业者要有意识地从各个方面训练自己,包括专业知识、经验和业务关系等,培养自己的创业素养,对可能成为创业机会的各种事件进行分析并对结果有预判能力。要围绕机会从哪儿来、如何发现并识别机会、这个机会能否创造价值等问题进行分析,找到创业的切入点。

3. 企划期

企划期阶段是指创业者的创业构想已经形成,并准备着手实施创业构想的阶段。通过创业企划,明确创业构想,即明确你的事业是什么,通过何种途径获得竞争优势,盈利的手段及盈利的目标是什么,如何创建事业,将你的创业构想变为现实,即完成创业实践的纸上预演。通过企划期阶段的工作,一方面可以检验创业构想的真实性、正确性和可操作性,另一方面可以为创业拟订各种计划,增加创业实践的操作性,减少创业风险。

4. 创建期

创建期阶段是指在创业企划完成后,决定进行自主创业,将企业构想变为现实的阶段。这个阶段的工作内容包括公司制度设计、经营地址选择、企业注册、确定进入市场途径等。新企业创建是衡量创业者创业行为是否展开的直接标志。如果创业企划做得全面、详细、务实,那么创业者在创建期阶段可以轻松很多。创建期阶段是创业者播撒希望的阶段。

5. 创业期

创业期阶段是创业者要使已经创建的事业以盈利的方式生存发展下去的阶段,在这个阶段,企业的业务方向、商业模式已经稳定,企业找到了自身模式的关键优势,具有清晰的市场定位、价值创造模式、组织盈利模式、现金流模式,明确了关键资源。处于该阶段的企业要形成有完整能力结构的核心团队,有人看住关键资源、有人盯住关键业务、有人管理关键任务。团队中的人应在同一个思维界面上有共同的方法论,共同谋求企业更好的发展。

6. 平稳期

在平稳期阶段,企业发展已经步入正轨,规模逐渐扩大,别人通常会用"成功""老板"等词汇来形容创业者。此时创业者有两种选择:一种是维持现状,获得稳定的回报即可,以追求物质财富为主;另一种是谋求更大的发展,进入二次创业阶段,强化创业者对事业的执着,以追求职业理想为主。

项目三　创业与职业生涯发展

▶ 案例三

李子柒的创业与职业生涯发展

央视新闻说:"李子柒的视频,没有一个字夸中国好,但她讲好了中国文化,讲好了中国故事。李子柒是个奇迹,一颗平常心做出了国际文化传播的奇迹。"《中国新闻周刊》说:"让现代都市人找到一种心灵的归属感,也让世界理解了一种生活着的中国文化。她用一餐一饭让四季流转与时节更迭重新具备美学意义,她让人看到'劳作'所带给人的生机。"

李子柒用镜头记录一棵蒜苗的一生,记录如何把小小的一颗豌豆吃出花来,她还在干活中顺道展现了非常丰富的中国传统文化。她是短视频红人,开淘宝店,产品月销几十万份,担任 2019 年成都非遗推广大使,被《中国妇女报》选为"2019 十大女性人物",在YouTube 上的粉丝突破 1000 万,是具有全球影响力的一位女性。

她为什么能这么成功呢? 我们从职业规划和发展的角度展开探讨。

一、充分发挥自己的优势和天赋

2015 年,李子柒开始自拍自导古风美食短视频,经过不断摸索、学习,不断精进自己的拍摄和剪辑水平,李子柒慢慢地火了起来。一个富有审美的人,可以在方方面面去追求美,展现美。在李子柒的一期视频中,她用木头做成的落地衣架和用竹篾、树根做成的灯罩都像极了艺术品。李子柒会做出好看的食物,也会用很美的餐具装饰,外面的野花和树枝在她手里随便修剪一下,插花瓶里就变成很美的插花,这些都是因为她富有审美的天赋。其实,我们每个人过去的经历经过整合都可以是一种职业发展的资源。

二、职业选择符合时代发展趋势

李子柒之所以能火,是因为她处于中国手机用户持续增长,短视频爆发的时代。中国这几年的短视频网站有多火大家都能感受得到,美拍、快手、抖音等平台聚焦了大量的用户。李子柒火的那一年,也有赖于平台对原创视频内容的扶持计划,对好的视频内容会给予更多的流量曝光。短视频是时代发展趋势,平台又有扶持,加上现代都市人生活节奏快,压力大,内心深处都有一份回归田园生活的渴望,于是李子柒那富有创意,构图精美、"古香古食"的田园生活风视频就会爆火。有句话说:"站在风口,猪都能吹起来",时代发展的趋势是任何人都无法抵挡的,如果顺应趋势的职业选择,你就能生活得比较好;反之,就容易被时代淘汰。

三、个人的勤奋、努力和成长型思维

李子柒有多努力,一条 10 分钟的视频,拍摄的时间跨度常常是一两年。拍酿造黄豆酱油,她从种黄豆开始拍;拍大蒜红烧肉,她从种大蒜开始拍……

2016—2017 年,李子柒一共给自己拍过 2 万条素材。为了这些素材,她在拍摄时一直来来回回去按拍摄键,按了 4 万次。她从零开始自学拍摄、剪辑,后来遇到瓶颈就跟着老师学;为了拍摄短视频《兰州牛肉面》,她特意去兰州拜师学习;拍弹棉花,她也提前找师傅学了一段时间;她喜欢蜀绣,就花大半年时间在网上搜教程,学着绣,遇到困难时甚至托人找蜀绣大师指点……

喜欢就去学,不会就去学,拥有成长型思维的李子柒学习能力超强,正因此她才能不断提升自己的能力,迎接更大的挑战。

四、懂得合作,组建适合自己的团队

2017 年,李子柒正式组建自己的团队,视频内容还是由李子柒自己负责,但找了一个摄影师和一个助理。她还与他人联合成立公司,开淘宝店,公司负责商业开发的部分,并帮她打理一些日常事务。因此,李子柒今天的成功离不开自己背后的团队。

资料来源:黄萧萧. 创新创业创未来[M].成都:电子科技大学出版社,2020(部分内容有删减).

问题探讨:
李子柒的成功对我们普通人创业有什么参考价值?

知识链接

一、职业生涯的内涵

职业生涯(career)中的"生",即"活着";"涯",即"边界"。从广义上理解,"生"自然是与一个人的生命相联系;"涯"则有边际的含义,即指人生经历、生活道路和职业、专业、事业。职业生涯是人一生中最重要的历程,对人生价值起着决定性作用,无论成功与否,进步快慢,每个工作着的人都有自己的职业生涯,所以对自己的职业生涯做出正确的规划对所有职场中人都有重要意义。

1. 职业生涯的概念

职业生涯是指一个人一生中所有与职业相联系的行为与活动及相关的态度、价值观、愿望等连续性经历的过程,也是一个人一生中职业、职位的变迁及职业目标的实现过程。简单地说,一个人职业发展的状态、过程及结果构成了个人的职业生涯。一个人对其职业发展有一定的控制力,他可以利用所遇到的机会,从自己的职业生涯中获得最大限度的成功与满足。

概念中的"一个人"旨在强调个体性,即职业生涯对个体来说是独一无二的。每个人的兴趣爱好、特长、特性、成长背景、经历等都是独一无二的,决定了每个人的"职业生涯"也是与众不同的。即便从事相同职业的两个人在同一家公司工作,拥有共同的爱好及技能,他们的成长轨迹和职业生涯也会不尽相同。"一生中"说明职业生涯不是由一次偶然的事件决定的,也不是某一个时间段内所从事的工作,而是伴随人的成长延续一生的过

程,这种影响会时刻受到外部环境及自身思想变化的影响。"行为与活动"是指可以为自己或他人创造价值的活动,这里的"行为与活动"是人在进行理想和现实衡量之后所做出的妥协选择,职业生涯的发展过程是一个人不断取舍的过程,取舍之间总要权衡每种选择的风险、代价和收益,没有完美的职业生涯之路,只有适合的职业生涯。"目标的实现"表明职业生涯对个人来说是有意义和有价值的。职业生涯凝结了个人的价值观和信念,反映了个人的动机、抱负和目标,不是偶然发生或应运出现的,而是需要规划、思考、制订和执行的。

2. 职业生涯的特征

(1) 职业生涯是个体的行为经历,而非群体或组织的行为经历。职业生涯实质上是指一个人一生之中的工作任职经历或历程。

(2) 职业生涯是一个时间概念,意指职业生涯期。职业生涯起始于工作之前的专门的职业学习和训练,终止于完全结束或退出职业工作。不同个人之间的职业生涯期有长有短,不完全一样。

(3) 职业生涯是一个包含具体职业内容的、发展的、动态的概念。职业生涯纵向表示职业工作时间的长短,横向包含职业发展、变更的经历和过程,即从事何种职业工作,职业发展的阶段,由一种职业向另一种职业的转换等具体内容,整个职业生涯是纵横交错的。

3. 职业生涯的分类

(1) 垂直式,是指在同一行业同一职位上呈现垂直晋升的状态,沿着专业路线从最基础的岗位逐步晋升到高级岗位的状况。例如,刚毕业时从事销售员的工作,几年后晋升为销售主管,然后晋升到销售经理,再晋升到销售总监。每一步职位的晋升都没有脱离销售这个职业。这种职业生涯的类型通常代表最好的专业性,在跳槽时是最容易被用人单位看好的。

(2) 平路式,是指在同一行业同一职位上长期没有晋升,同时也没有职位的降级,而是一直停留。例如,大学毕业就从事出纳员的工作,很多年之后仍然在从事出纳员的工作。这种类型代表某个职位的阶段性专业程度,但是继续下去将很难实现晋升。

(3) 跳跃式,是指在某一行业中的职位忽高忽低,呈现跳跃的状态。例如,毕业时担任销售员的工作,几年后晋升为销售经理,跳槽后又成为销售员。这种类型通常会被质疑专业水平,通过跳槽晋升的可能性较低。

(4) 摆动式,是指在不同的行业从事某一类工作,虽然换了行业,但是从事的职位却无大的改变。例如,毕业时在制造业从事质量检验工作,若干年后跳槽到了食品行业继续从事质量检验工作。虽然会接触到不同的行业,但是在某一行业的专业程度无法被保证,容易被质疑。

(5) 混合式,是指在不同行业从事不同的岗位,如果从事每个行业、每个岗位的时间都很短,那就是最糟糕的职业生涯状态,是 HR 筛选简历时最先剔除的对象。如果拉长周期,每个行业、每个岗位都能保持在 5 年以上,那么就是全才的代表了。

二、职业生涯规划

职业生涯规划就是一项计划,是一个人对一生中所承担工作内容的预期和计划。具体就是根据自己的特点,结合社会要求,为自己设计最适合的职业和职业发展道路。

根据定义,职业生涯规划首先要对个人特点进行分析,再对所在组织环境和社会环境进行分析,然后根据分析结果确立一个事业奋斗目标,选择实现这一事业目标的职业,编制相应的工作、教育和培训的行动计划,并对每一步骤的时间、顺序和方向做出合理的安排。

职业生涯规划流程如图 1-1 所示。

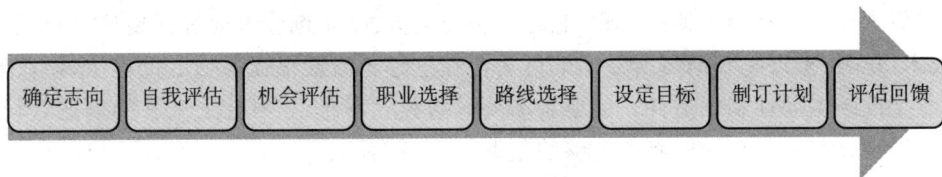

| 确定志向 | 自我评估 | 机会评估 | 职业选择 | 路线选择 | 设定目标 | 制订计划 | 评估回馈 |

图 1-1 职业生涯规划流程

尽早做好职业生涯规划,认清自我及发展的进程和事业目标,积累经验,合理利用资源,不断探索进步的有效途径,准确地把握人生方向,塑造成功的人生,这对于人的发展非常重要。实践表明,在职业生涯中能够有所成就的人,往往是那些有着清晰的职业生涯规划的人。

对于一个创业的人来说,创业规划即等同于职业生涯规划。一份好的创业规划,要回答好如下几个问题。

(1)自己能做什么

作为一个创业者,只是知道自己想干什么,这还不够。更重要的是,应该知道自己能够做什么、做得到什么。当然,这也是相对而言的,因为一个人的潜能发挥是一个逐渐展现的过程。但是,一个人对自己的兴趣、潜能有一个基本的认识,仍然是一项具有前提性的工作。

(2)社会的需求是什么

一个人在明确自己想做什么、能做什么的同时,还应考虑社会的需求是什么这一重要因素。如果一个人所选择的创业领域既符合自己的兴趣,又与自己的能力相一致,但不符合社会的需求,那么这种创业的前景无疑会变得暗淡。由于分析社会需求及其发展态势并非一件易事,因此,在选择创业目标时,应该进行多方面的探索,以做出客观而正确的判断。

(3)自己拥有的资源是什么

要创业,就必然依赖各种各样的资源。创业者应该清楚地审视自己所拥有的或能够使用的一切资源的情况,判断这些资源是否足以支持创业的启动和创业成功之后可持续地进行。这里所说的资源,不仅指经济上的资金,还包括社会关系,即通过自己既有人际关系及既有人际关系的进一步扩展所可能带来的各种具有支持性的东西。

总之,一份创业规划必须将个人理想与社会实际有机地结合,创业规划能够帮助一个人真正了解自己,并且进一步评估内外环境的优势、限制,从而设计出既合理又可行的职业发展方向。自身因素和社会条件只有达到最大程度的契合,才能在现实中发挥优势、避开劣势,使创业规划更具有可操作性。

一份创业规划能够在多大程度上取得实际成功,取决于它在多大程度上对以上三个原则进行的把握和结合。

三、创业能力对个人职业生涯发展的作用

当今社会正处在快速发展的转型期,各行业竞争激烈,就业与创业都面临着前所未有的机遇与挑战。随着就业压力的增大,以创业带动就业是有效缓解就业压力的途径。

创业是创业者对自己拥有的资源或通过努力对能够拥有的资源进行优化整合,从而创造出更大经济或社会价值的过程,它是一种劳动方式,是创业者通过开展运营、组织、服务、技术、思考、推理和判断后所做出的行为。在这种实践性很强的创造过程中,创业能增强职业生涯的主动性和创造性。创业者需要具备独立思想,积极计划未来的创业领域,拥有创业精神、创新意识,同时具备足够的创业能力,拥有积极乐观的心态,随时调整、改变、完善,并付出努力。这些在创业过程中形成的诸多能力,一定会对个人未来职业生涯的发展起到不可估量的积极作用。

创业能力是指创业者发现或创造新领域,致力于理解创造新事物的能力。创业者能运用各种方法去利用和开发它们,然后产生各种新的结果。相较于就业能力,创业能力更强调发现创业机会的眼光和创新的智慧。创业能力分为硬件和软件两部分,硬件就是人力、物力和财力;软件就是创业者的个人能力,包括专业技能和创业能力。创业能力包含创业热情、价值观、发现能力及创新潜能四方面内容。

1. 创业热情助力寻求创业机会

创业热情代表积极的工作态度,能让你与时俱进,不断追求每天的一点点进步。它会让你不断地在变化的世界中寻找机会,即使遇到挫折,也能换角度看问题,及时将挫折转换为动力。

案例分析

大家都知道牛仔裤的发明人是美国的李维斯。当初他跟着一大批人去西部淘金,途中一条大河拦住了去路,许多人感到愤怒,但李维斯却说"棒极了"! 他设法租了一条船给想过河的人摆渡,结果赚了不少钱。不久,摆渡的生意被人抢走了,李维斯又说"棒极了"! 因为采矿出汗,很多饮用水很紧张,于是别人采矿他卖水,又赚了不少钱。后来卖水的生意又被抢走了,李维斯又说"棒极了"! 因为采矿时工人跪在地上,裤子的膝盖部分特别容易磨破,而矿区里却有许多被人丢弃的帆布帐篷,李维斯就把这些旧帐篷收集起来洗干净,做成裤子,销量很好,"牛仔裤"就是这样诞生的。李维斯将问题当作机会,最终实现了致富梦想,他的成功得益于他有一种乐观、开朗的积极心态。著名成功学大师拿破仑·希尔说:"一切成功,一切财富,始于意念。"一个想创业的朋友,如果你暂时还没发现机会或还没抓住机会,你不要怨天怨地怨别人,先想一想自己的态度是否积极,思想观念、思维方式是否正确。

资料来源:搜狐网,https://www.sohu.com/a/351809383_120291906(部分内容有删减).

2. 正确的价值观指引创业方向

在《大学生与软实力》这本书里有这样一句话:有方向的创业叫前进,没有方向的创业叫流浪,方向不对,努力白费。如果创业者所做的事是与国家使命相符合的,公司就会有

更好、更长远的发展;如果是与国家、社会利益相违背的,创业者就可能面临被打压的风险。所以创业者需要思考,自己创业的初心及公司的价值观是什么。创业者要坚持正向价值观,为国家、社会创造价值,让社会、让行业变得更好。

3. 洞悉事态发展避免创业陷阱

创业是一项复杂的系统工程,创业者除了要面对招人、用人、管理人,还必须面对研发、制造、销售,与代理商、供应商和工商、税务、银行打交道等方面的事务,创业路上有无穷无尽的挑战,所有的路都是没有走过的路。设计得再好的商业模式也需要根据市场情况随时做出调整。一切都充满未知,创业比的是耐力、智慧和运气,这也正是创业的魅力所在。创业是一个不断试错的过程,若能用敏锐的目光判断出未来的发展走势,可能会少走许多弯路。

4. 拥有创新意识激发创业潜能

创业者要有创新的意识,要保持对未知事物和新事物的好奇心,执着的探究兴趣、追求新发现和新发明的激情;能运用已知的信息,突破常规发现或产生某种新颖、独特的社会价值或商业价值;还要提高适应复杂多变的生活环境和工作环境的能力,尽快进入创业角色。

案例分析

19世纪末期,美国加利福尼亚州发现了黄金,出现了淘金热。有一位17岁的少年来到加州,也想加入淘金者的队伍,可看到金子没那么好淘,淘金的人很野蛮,他很害怕。这时,他看到淘金人在炎热的天气下干活口渴难熬,就挖了一条沟,将远处的河水引来,经过三次过滤变成清水,然后卖给淘金人喝。金子不一定能淘到,而且有一定危险,卖水却十分保险。他很快就赚到了6000美元,回到家乡办起了罐头厂。这人就是后来被称为美国食品大王的亚尔默。

资料来源:中国青年网读书频道.

素养提升

创业的二十种精神

想创业的人,需要具有以下二十种精神。

(1)具有创业激情,满腔热情地投身事业中。

(2)具有强烈的创业意识,将创业目标作为人生的奋斗目标。

(3)具有健康的情感,情感是人对客观事物的一种态度。

(4)具有坚强的意志,有迎难而上,追求成功、达到目的的意志。

(5)具有创新精神,永远不满足于现状。

(6)具有自信、自强、自主、自立的创业精神,对自己的事业充满信心。

(7)具有亲和力,能调动员工的积极性,让员工诚服你。

(8)具有高瞻远瞩的战略目光,对创业的过程心中有数。

（9）具有艰苦创业、顽强拼搏的精神，艰苦创业就能节约成本。

（10）具有实事求是的作风，敢想敢做，求真务实。

（11）具有做事雷厉风行、永不言败的工作作风。

（12）具有团结拼搏、顾全大局、无私奉献的精神。

（13）具有良好的心理素质，能承受工作和精神的压力。

（14）具有创业的知识，包括创业的专业知识、管理知识、财务知识和综合性知识等。

（15）具有竞争意识，敢于竞争、善于竞争，用竞争争取生存的权利。

（16）具有敏感的市场嗅觉，能够从普通的市场信息中挖掘对自己有用的信息。

（17）具有创业经验，创业经验可以源于亲身体会，也可以是从别人的创业经验中得到的体会。

（18）具有健康的体魄，旺盛的精神，有股使不完的劲。

（19）具有良好的人际关系和沟通表达能力。

（20）具有无私奉献的精神，不要斤斤计较。

资料来源：李时椿．创业管理［M］．2 版．北京：人民邮电出版社，2013.

专题小结

本专题包括"认知创业时代""创业基本知识"和"创业与职业生涯发展"三个项目。"认知创业时代"项目主要阐述了我们目前处于一个变化的时代。在了解"乌卡"时代的特征后，我们要做到处变不惊、积极进取、选对行业、拓展思维。"创业基本知识"项目主要介绍了什么是创业，创业的要素有什么，我们为什么要创业，创业的多角度分类及创业的六个阶段。"创业与职业生涯发展"项目主要介绍了职业生涯发展的内涵及特征，在进行职业规划时，要明确自己能做什么，社会的需求是什么，自己拥有的资源是什么，并阐述创业能力对个人职业生涯发展的作用。

拓展训练

训练目标：认知自己的价值观。

成员构成：与你熟悉的同学或朋友组成 6～8 人的小组。

训练要求：每人一份表格（表 1-1），同时对某一名同学进行印象评价，完成后进行比对并讨论。

表 1-1　价值观列表

责任感	知　识	领导力	结　果	变　革	团　体
成就	参与	忠诚	安全	同情	平衡
进步	挑战	有意义的工作	自律	冒险	竞争
能力	自治	命令	明星身份	智慧	相互关联
服从	移情	激情	地位	财富	目标意识
建设性	公平	体能挑战	和谐	诚实	质量
合作	兴奋	政治因素	成长	谦逊	兼容并包

责任感	知 识	领 导 力	结 果	变 革	团 体
敬重	优秀	权力	友情	自由	个性
多样性	伦理道德	隐私	公共服务	灵活性	影响力
一致性	名声	个人发展	帮助他人	同质	尊重
开放性	瓶颈	真理	识别力	创造	职责
机会	稳定	团队合作	关系	完美	正直
精英制度	自我尊重	智力	名誉	快节奏	其他

自由讨论：

1. 如果让你创业，你会选择哪种类型创业？

2. 你认为创业者通常应该具备何种价值观？说一说为什么？

3. 作为创业者，针对拟进入的领域，你认为该领域或行业对价值观是否有特殊的要求？

创 业 思 维

学习目标

1. 理解什么是创业思维,什么是管理思维。
2. 熟悉打破思维障碍的方法。
3. 了解创新思维的内涵及创新思维的方法。

思维导图

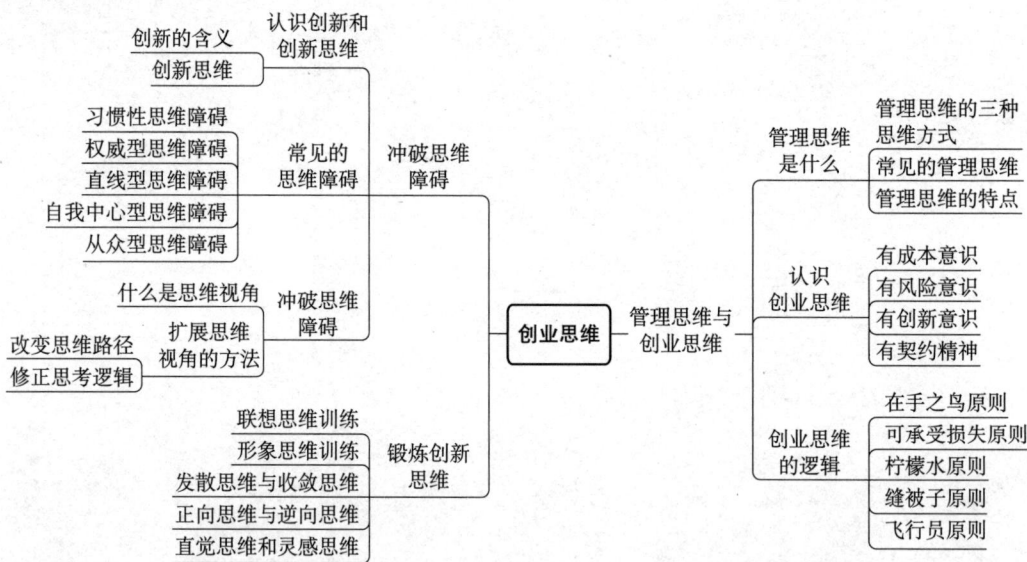

导入案例

暴风影音的没落

曾经"装机必备"的视频播放器"暴风影音",如今却鲜有人使用。2015年,暴风的营业收入只有6.52亿元,但是净利润却高达1.73亿元。之后盈利止步不前,到2018年业绩净利负增长。

作为公司的创始人兼CEO,1993年本科毕业的冯鑫,发现当时影视资源很少,从网站上下载的资源,由于格式限制,很多不能正常播放。看到市场痛点的冯鑫,带着有核心技术的酷热影音,成立了北京酷热科技公司,并收购了暴风影音,这款支持 680 种格式的播放器一下占到了 70% 的市场份额,堪比抖音在当今的市场地位。2009 年,暴风影音用户总数已达到 2.8 亿,占当时总网民数量的 73%,每天上线用户数达到 2500 万。2013 年年底,冯鑫做的 VR 品牌暴风魔镜使其身价倍增至 70 亿元。随后,他进军互联网电视＋体育、秀场、游戏、文化等行业,并称为"联邦生态"。

但随即陷入了业务极广,却没有一项核心产业可供盈利的危机,导致最后不得不靠股权质押来融资。如今暴风集团无力承担债务,股票被质押或冻结。冯鑫将暴风影音带上巅峰,又使其陨落到了谷底,他究竟是一位什么样的领导者呢?

冯鑫为人随和,招新人时简历都不看,无论你是做技术、市场,还是做管理,来后他会先问,你觉得自己做过的最了不起的事是什么? 他不跟你谈专业问题,就是比较随性地聊天。但问几句,他基本上就有判断了,看似闲聊,但实际很重要。他会聊 VR 应用在汽车领域应该是什么样的,4S 店有没有这个需求,有没有什么痛点可以打动他们。有了大概的答案,他就会让你赶紧去做,你全权负责,总的来说是"无为而治"。他的管理风格就是一定要对你足够信任,让你不断地去尝试,如果没做出来他会和你复盘,分析原因,然后让你去试。暴风的管理比较宽松,冯鑫的专长在于市场营销。20 世纪 90 年代做过三株口服液和金山的销售,他的经历造就了他的营销意识,市场部的一些重大事件,他基本上都能深度参与,场控能力很强。

在上市前,暴风其实就是一个两三百人的小公司,它靠广告收入活得很滋润。内部当时提的是要对标优酷,也一直以上市为目标。不过两者其实是矛盾的,优酷做的是版权,要花很多钱投入在内容上,但是如果上市,则不能在上面花太多钱,所以公司当时还是以利润为第一优先级。上市之后,有钱了,感觉整个风格就从保守变为激进,冯鑫做了一些尝试,但其实都是在跟风,自己并没有真正考虑清楚。

管理上最大的问题是职责划分不明确,有些事情你想做但是不知道有没有权利去做,如果不做,后续出问题也不知道谁来担责。在暴风工作的前两三年,人们会感到有成长过程,后面就会止步不前,做的事情跟之前都是一样的。对公司来说,这是一个很大的问题,新人很难融入,也缺少提升机会,导致公司整体氛围变得沉闷,如同一潭死水。

资料来源:https://new.qq.com/rain/a/20210716A017U8000(部分内容有删减).

问题探讨:

根据以上材料,请分析冯鑫都犯了哪些错误? 又该如何调整?

项目一　管理思维与创业思维

▶ **案例一**

不卖书的书店

张老板在某大学城开了一家书店,书店每天顾客盈门。但是他的书店不卖书,而是免费提供租书服务,尽管如此,张老板每年可以净赚上百万元的利润。

免费租书,却能赚到上百万元的利润? 怎么听都觉得不可思议。但是真实情况是张老板在免费提供租书服务的基础上,通过后续的其他产品服务来赚钱!张老板书店里的书基本上是雅思、托福、考研、考公务员等大学生必备的一些参考书,同时也会提供一些学校内期末考试必备的教辅材料,以及一些往年考试的卷子,所有的这些都免费向大学城的学生租用。由于完全免费,吸引了大量的大学生来书店租书。租书,还书,再租书,再还书,一群学生不停地来张老板的书店。通过观察张老板发现,其实每个大学生租书都有针对性。比如,准备考研的就会拿走考研的书,准备考雅思的就会拿走考雅思的书,考公务员的也一样。张老板通过系统登记学生们曾经租过哪些书,现在在租什么书,就能大致了解他们打算朝何种方向发展。比如学生租了考研的书,意味着他们准备考研究生,那么他们是否要上培训班?大部分考研的学生应该还是要上考研培训班的吧。虽然张老板没有培训公司,也没有培训老师,在合作共赢的时代,这都不是问题!张老板与培训公司合作,与培训公务员的合作,与培训政治的合作,与培训英语的合作,与面试的合作……把能合作的都合作了,谈好的条件就是每招一名学生,这些机构就给张老板相应的辛苦费!

这些学生免费在张老板那里租书,也经常与张老板交流,信任几乎不成问题,因此张老板推荐的培训班,成交率比普通的业务员要高很多!张老板通过免费租书吸引了大量的学生,学生们之间又会相互传播,相互介绍,来的学生越来越多!接着张老板都知道他们接下来要考什么,是考研,还是考公务员,然后针对性地给每一名学生推广对应的培训班,帮助相应的机构招生,一年就轻松赚百万元。

资料来源:https://www.sohu.com/a/7212933_122287(部分内容有删减).

问题探讨:

张老板在主营业务零利润的基础上每年还能盈利百万元,他成功的根源是什么?

🗐 知识链接

我们看到许多成功的企业家在时代变革过程中把握住了机遇,比如华为的任正非、格力的董明珠、苹果的乔布斯、海尔的张瑞敏,那如果把他们成功的路径复制给我们,我们是否也能取得和他们一样的成绩呢?答案几乎是否定的,我们可以熟悉每个人的成长历程以及成功的故事,但是在他们成功的背后,却也隐藏着诸多不为人知的独特因素,这些独特因素都是难以复制的。

这些独特因素中就包含思维这项重要因素,要想像他们一样取得成功,我们就要有像他们一样的思考能力、思考问题的方式,以及在面对环境变化时有能力做出各种决策。总的来说,思维是对事物的间接反映,是通过其他媒介作用认识客观事物,借助于人脑中已有的知识和经验及已知的条件推测未知事物的过程。

人类的思维是在生产实践活动作用下人脑发展到高级阶段的机能,是人类历史长期发展的产物。人类的思维从不同的角度、不同的侧面来观察和反映客观世界,同时对客观世界进行分析和综合。通过分析与综合、比较与分类、抽象与概括等方式,认清客观事物,确定不同事物之间的差异点和共同点,最后概括出事物的本质特征并上升到概念的高度。思维的种类有很多,本书根据内容的需要,只对管理思维和创业思维进行分析。

一、管理思维是什么

管理思维就是指与管理行为相伴而生的思考活动,即管理者在履行管理过程中的思考活动。管理思维的形成来源于管理理念,这种思维方式会影响管理者的管理态度和管理行为。

(一)管理思维的三种思维方式

管理思维是管理的根本,世界上对于管理思维的看法众多,主要将其归纳为三种思维方式,如图 2-1 所示。

图 2-1　管理思维的三种思维方式

二分法（是非分明）　　　三分法（是非难明）　　　一分法（是非不明）

1. 二分法

二分法思维是目前占据支配地位的管理思维。简单来说,二分法思维就是非黑即白的思维,其特点在于是非分明,非此即彼,不是这样就是那样。例如,看电视时看见一个角色,会问这个人是好人还是坏人,红灯停、绿灯行,这都是典型的二分法思维,把事物分成两类,要么属于这一类要么属于那一类,没有其他的选择。这种思维方式以美国式管理为代表。

这种思维有一定的途径可循,权利义务相当明确,尊重专业,很容易学习。它最大的优点在于简化思维。当一件事情很复杂,超出理解范围时,又需要快速做出决策,那么就需要二分法来简化事物,快速完成决策。学会二分法思维,我们遇事方能从容不惊。比如你在公司做一个项目,应该分清哪些是有机会得到的资源,哪些是不能得到的资源,应把目光集中在有机会争取到的资源上。

二分法思维一方面会给人是非分明的清晰感,但另一方面也会给人一种生硬呆板的感觉,导致人们缺乏应变能力和创造力,容易陷入固定的思维模式。一旦形成习惯,思维很容易不知不觉地僵化,不适用于变动的环境,人与人之间彼此缺少互助,你就是你,我就是我。你的工作与我无关,我的工作也与你无关。因此在很多情况下,这种思维方式也存在一定缺陷,容易让我们陷入对错之争,从而忽略了事情的真实情况。

一般企业内的基层管理者会采用这种思维方式,以务实为主,缺少应变,上行下效。

2. 三分法

《道德经》中的一句话,"道生一,一生二,二生三,三生万物",这里说的就是三分法。这种管理思维与中国人的中庸之道有相似之处。比如有领导描述单位的现状:三分之一的人在干,三分之一的人在看,还有三分之一的人专门负责捣乱。毛泽东是使用三分法的大师。他把人群分成"我、友、敌"三种;把势力分成"进步势力、中间势力、顽固势力"三种;把持久战分成"防守阶段、相持阶段、反攻阶段",还是三种;把世界分成第一世界、第二世界和第三世界,仍然是三种。正是这些不同时期的三分法,指导了革命的不同阶段,从而保证了革命的胜利。任正非特别崇拜毛泽东,他最爱看的书就是《毛泽东选集》。华为在管理中提倡"灰度管理",这也是一种三分法。在黑与白中间还有一个灰色,该管理模式巧妙地把人治与法治结合起来,"寓人治于法治",从而让管理更有弹性和活力。写作时,我们把文章分成开头、中间、结尾,也是三分法。做营销时,我们把客户分成三种:核心客户、一般客户和外围客户。在生活中,三分法也随处可见,比如你、我、他;过去、现在、未来;事前、事中、事后;是什么、为什么、怎么办;思维、情感、行动;等等。

其实,任何事物都可以分成三种状态,好、坏和中间。三分法可以让我们对事物认识得更加深刻,更容易抓住重点,行动时更加有针对性,也更容易取得成效。在变动的环境下,利用三分法,我们可以对不同的人、事、物采取不同的策略,配置不同的资源。

三分法这种管理思维方式通常一方面让人觉得迟疑和缺乏原则、标准,但另一方面又会给人圆融变通的感觉。但是由于思维随着环境变动而变动,因此这种方法不容易学习;有时奖惩不确定,规定不确定,任意变动,会让人有不公平的感觉;经常发生变化还会给人一种不确定的感觉,不容易让人产生信任感。

一般企业内的高层管理者善于采用此种管理方法,思考全面,顾全大局,执掌局势。

3. 一分法

一分法思维没有分割线,思维也是一片空白。一分法思维是指当我们听到一件事时,没有经过分析就迅速决断,马上相信或者拒绝,强调速度感。比如老板交代了一件相当紧急的事情,你无须展开分析,只需按照指示尽快行动。否则你会很快被换掉。另外,军队里也有"军令如山"的说法。再如面对人生赌局时,让自己启动一分法思维,能够有效提高执行力,围绕唯一目标做事,这样即使看起来希望不大的事情,很多时候也都能够做成。这种思维方式的特点在于绝对服从上级命令,对外抗争,对内团结,注重团体权益和荣誉,不容许个人的突出表现,是一种很容易学习,却很难做到,往往流于形式的思维方式。这种思维方式以日本式的大和管理为代表。

一分法思维最大的优势在于执行没有大的阻力,资历长者的话就是命令,下属只需要遵从,无须思考,注重团队,荣辱与共。但是一分法思维会给人一种缺乏思考的盲目感。当团队施加的压力太大时,过于注重团队,会使成员即使有新的观念,也不敢提出来,怕被大家排斥。年轻人想在这样的企业中成长非常困难,团队给个人的压力很大,不是一般人可以承受的。

这种思维通常不鼓励,但是在需要执行力时,也可以利用这种方法,告诉自己马上执行!执行!执行!

一般企业内的中层管理者善于采用这种管理方法,上传下达,坚决落实,不找借口。

(二)常见的管理思维

1. 实证思维

所谓实证思维,是指思维主体主要从管理的经验事实出发,并且注重用实验检验的方式揭示现象之间现实的、有用的、可靠的、确切的、肯定的联系,具体描述各类现象,再经过归纳上升到规律和一般性结论,进而把握管理的本质和规律的思维方法体系。它主要包括类比思维、证实思维和证伪思维三种思维方法。

2. 科学思维

科学思维是指管理思维主体以辩证唯物主义和历史唯物主义为根本思想,进行科学探索、科学实践、科学研究,以理性、抽象、逻辑的思维方式去把握管理的本质和规律。它要求用全面、发展、变化的观点看待问题、认识问题,用辩证、系统方法观察问题、分析问题,注重探寻规律、发现规律,形成规律性认识并用以指导实践,促进实践发展。求实求真性、能动创造性、辩证系统性、历史时代性,是科学思维方式最鲜明的特点。它主要包括科学理性思维、逻辑分析思维和数学分析思维三种思维方法。

3. 系统思维

系统思维就是从系统观点出发,从系统与元素、系统与环境、元素与元素、结构与功能的诸多关联中,揭示客观对象的系统性本质及其演化规律,从而实现多方位、多层次且最有效、最优化的处理问题的一种思维方式。它主要包括系统整体性思维、系统结构性思维和系统动态控制思维三种思维方法。

4. 创造性思维

创造性思维是一种具有开创意义的思维活动,即开拓人类认识新领域,开创人类认识新成果的思维活动,它往往表现为发明新技术,形成新观念,提出新方案和决策,创建新理论等。由于创造性思维活动是一种探索未知的活动,因此要受到多种因素的限制和影响,这就决定了创造性思维具有一定的不确定性和风险性。创造性思维是指管理思维主体以非逻辑的、创新的思维方式去把握管理的本质和规律的思维方式。它包括直觉思维、灵感思维、顿悟思维、形象思维、横向思维和逆向思维等一系列思维方法。

(三)管理思维的特点

1. 经验性

管理者认识事物的过程是一种不断以旧经验理解新经验、根据已有经验做出新推断的思维过程(在无任何经验之前依据本能)。这种过程决定了管理者的思维,认识离不开经验,管理者的思维内容必然要以自身已有的经验为基础依据,而不可能产生与其经验无关的新内容。思维的经验性一方面使人类能够加快、加深对新事物的认识与把握;另一方面也使人类受到经验的局限和误导,容易产生先入为主的成见和以偏概全的偏见。

2. 惯性

管理者对事物的认识容易产生一种将其主要特性泛化的倾向,即将事物在主要方面所具有的特性推广到事物的其他方面,认为该事物在其他方面也应该具有与主要特性相一致、相符合、相统一的特点。思维的惯性主要受个人经验与文化涵养的影响,经验越少、涵养越低,受惯性的影响也就越大。思维的惯性是人类在认识过程中所存在的一种缺乏辩证思维能力的表现,是人类产生英雄崇拜和宗教迷信的主观内在认识根源。

3. 单向性

管理者在思考、解决问题时总是自觉或不自觉地倾向于从自身所处的利害关系出发,受自身欲望、情感和意志的影响,以自身的人生观、价值观与伦理观来衡量事物,以自我利益为中心去处理问题。管理思维的单向性是造成人们之间误解与冲突的思想根源。

上述管理思维特性从主观上不自觉地影响、制约了管理者对事物的认识与判断。这种影响因管理者个人的天赋、经历、修养等方面的不同而有所差异。

二、认识创业思维

创业思维顾名思义就是像创新创业者一样思考与行动。创业思维是创造性行动的思维方法,是探索与创造未知世界的方法,是用自己的想法去支配资源,放大自己能量的思维。创业思维的培养需要具备如下几方面意识。

1. 创业思维要有成本意识

成本意识是指节约成本与控制成本的观念。形成成本思维就是形成基于成本概念的科学决策思维。成功的企业家都有强烈的成本意识,因为他们知道一分一毫都来之不易,而且市场环境变幻莫测,未来道路充满了风险与艰险,需要为企业的生存与发展奠定更加坚实的基础。

2. 创业思维要有风险意识

风险本质上是指不确定性。不确定性可能带来收益,也可能造成损失。高校青年学子创业首先需要认识与理解风险。风险一般可以从两个维度来描述:一是事件发展偏离预期目标的程度;二是事件发生某种偏离程度的可能性。高校青年学子创业要注意在公司管理、公司现金流、行业选择、团队协作、核心竞争力等方面可能出现的风险,以及人力资源流失的风险与意识上的风险。

3. 创业思维要有创新意识

创新创业的本质是创新创业者通过自身的创新意识,充分利用资源,打造创新型的产品或服务,或探索创新的商业模式,以满足市场需求并推动市场发展的过程。

创业思维要具有创新意识。例如,成功创新的商业模式能让客户、渠道、员工、股东都受益,让各方利益最大化,给客户提供质优价廉的商品,与渠道长久共享资源,让员工劳有所得,对股东回报丰厚,这也是许多知名企业快速发展的原因,比如阿里巴巴、腾讯等。创新意识是商业模式有效发展的基础。

4. 创业思维要有契约精神

契约通俗地说就是合同。契约精神实质上就是一种诚信精神。契约精神一方面要防止公权的侵蚀,保证合同自由;另一方面也要防止私权之间的相互倾轧,保证主体平等。"守信"是契约精神的核心,也是契约从习惯上升为精神的伦理基础。创新创业者一旦失信,不遵守基本的契约精神,虽然短时间可以积累财富,但从长期来看,失去信用将使其难以立足,很难在商界继续发展。高校青年学子创业要将信守承诺也就是契约精神放在第一位。因为在创业伊始,所有的承诺如同空头支票,合伙人、团队、投资人、客户都是因为相信了这张空头支票才与创新创业者合作的。如果不遵守契约精神,不能百分百践行承诺,不仅损害自己的个人信用,更会破坏整个社会的创业环境。

虽然国家大力推广创新创业,但创业者仍存在不同程度的思想障碍,没有真正意识到创新创业的重要内在价值,社会的功利性价值导向也使创业者对创新创业的认知仅仅停留在赚钱、养家、生存的层面上,而无法根据自身特点提升创业素质,锻造创业思维。

三、创业思维的逻辑

在创业过程中,专注是必须具备的素质,尤其是对于刚起步的企业来说,不宜同时开展过多业务,应该时刻专注于自己的主战场,集中优势资源拿下事关全局的重大项目,才是成功的关键。在创业初期,企业往往面临很多挑战,缺人员、缺资金、缺设备甚至缺经验。为了满足创业需求,企业不能分散精力,四面出击,而是应该集中所有力量,在某个关键领域进行突破,从而打开局面。

一些创业专家在吸收了各种创业经验和教训后,推出了一种全新的创业教育理论——效果推理理论。该理论认为,专家型创业者在创业初期并没有四处去筹措创业所需要的全部资源,而是从自己实际掌握的资源出发,在回答好"我是谁？我知道什么？我认识谁？"几个问题后,进而思考"我手上的资源都能做些什么？"这些专家型创业者在创业过程中遵循"效果推理理论"的五大原则,并以此为创业准则,将未来的创业风险降至最低,具体的逻辑关系如图 2-2 所示。

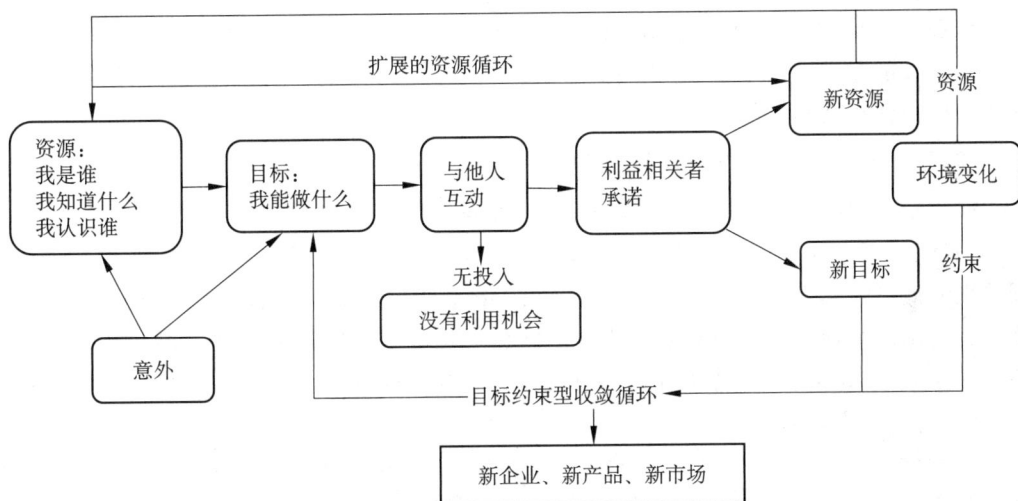

图 2-2　创业思维的逻辑

（一）在手之鸟原则:从拥有的资源出发

在手之鸟(bird-in-hand)来自西方谚语"A bird in the hand is worth two in the bush."(一鸟在手,胜过二鸟在林。),即"自己拥有的资源胜过无法得到的资源"。在效果推理理论中,它强调创业者应该"从自己拥有的资源出发"。

专家型创业者总是高效利用自己手中的资源开始创业之旅。每个人都有自己可以利用的资源:我是谁、我知道什么、我认识谁。

这三个方面的综合构成了一个人拥有的资源总和。专家型创业者基于自己拥有的资源,总是会问:我通过这些资源能创造些什么？

（二）可承受损失原则：从自己能做的事情做起

常识告诉我们，计算投资风险和损失并非难事。但是，要计算潜在的收益就困难多了。专家型创业者们认为，创业活动的后果是不确定的，创业失败是常态。

因此，他们更喜欢通过计算可承受损失的方法来决定是否进行一项新投资。可承受的损失是创业者已知的且能够控制的，而潜在收益是他们依据无法掌控和确定的情况预测的。

关注风险，依据可承受的损失做出决策，会使创业风险降到最低，有利于创业者不断探索。

（三）柠檬水原则：拥抱不确定性

柠檬水原则（lemonade）源于西方谚语"When life gives you lemons, make lemonade."（当生活给了你柠檬，那就把它变成柠檬水吧。）。它常用来鼓励人们在面对逆境或不幸时要乐观、积极。"柠檬"意味着生活中的苦难或不幸，而"柠檬水"则意味着"有价值的、积极的、令人愉快的结果"。

柠檬水原则体现了创业者的核心技能，在专家型创业者的眼里，意外事件不是成本、代价，而是一种新资源。创业的过程充满各种意外事件。创业伊始，虽然创业者已经掌握了一些资源，但是很多资源是在创业的过程中才能被逐渐意识和理解到的。创业者对所有意外事件都充满了好奇心，对于他们来说没有什么是坏事，因为他们总要从看起来不好的事情里找到积极的一面。

（四）缝被子原则：生成团队和伙伴关系

缝被子原则（patchwork quilt）：Quilting（绗缝）是一种非常流行的美国早期的消遣活动，尤其流行于中西部地区的女性之间，许多妇女聚集在一起，将几何形状、图案、颜色不同的织物最终绗缝为一个漂亮的被子。Quilting 意味着生成、共创，Patchwork 则意味着将完全不同的织物绗缝出的成果物。中国文化中也有缝百家被的习俗：有新生儿的家庭会从亲朋好友、邻居处收集各种各样的布头，剪成合适的形状，最后缝合成给婴儿盖的被子，寓意着纳百家之福气。

基于缝被子原则，创业者们要从拥有的资源开始，接下来就是针对自己要做的事与他人互动，这些人可能包括潜在利益相关者、朋友、家人等，以从中获得需要的其他资源。

在这个互动过程中，获得利益相关者的承诺，为创业活动带来新的资源，并吸引志同道合的伙伴一起创业。这些利益相关者在做出承诺时，也是以可承受的损失作为决策依据的。

（五）飞行员原则：非预测性控制，创造未来

飞行员原则（pilot in the plane）：飞机中的飞行员"自己掌控前进方向""航程在自己的控制中"。

专家型创业者倾向于处理那些个人行为与事件要素之间存在较大权变关系的工作。当然，并不是每个事件都是可控的，但创业者会专注于那些可控性较强的事件。他们在采取行动时，要基于已经拥有的资源，而不是所欠缺的，这样的行动可控性强；他们在评估行

动时,依据的是失败风险的可承受性,而不是行动所带来的利润,这样有利于控制预设的风险;他们与做出承诺的合作伙伴一起创造未来,而不是依据间接的市场来预测未来,这有助于更好地控制事态发展,灵活应对创业过程中遇到的各种意外事件,增强在不确定性环境中的控制力。

项目二　冲破思维障碍

▶ 案例二

"共享雨伞"——真的是要与你共享吗

2010 年前后,随着 Uber、Airbnb 等一系列实物共享平台的出现,共享开始从纯粹的无偿分享、信息分享,走向以获得一定报酬为主要目的,基于陌生人且存在物品使用权暂时转移的"共享经济"。其本质在于整合线下的闲散物品或服务者,从而以较低的价格提供产品或服务。对于供给方来说,通过在特定时间内让渡物品的使用权或提供服务,来获得一定的金钱回报;对需求方而言,不直接拥有物品的所有权,而是通过租、借等共享的方式使用物品。

共享雨伞的出现在很大程度上是因为共享概念深入人心,尤其以共享单车为代表的新型互联网产业的兴起,让很多人知道共享能够带给生活无处不在的便利,把约束变成自由。共享雨伞是跟风之作,生活中的很多影视作品也是如此,一部作品的成功,就会出来一批作品。但是跟风及时的,大抵都可以赚钱。共享雨伞就属于在对的时间,对的地点,做了对的事情。

很多人在共享雨伞出来时表示不理解,认定共享雨伞不会像共享单车一样火起来,并且会赔得底朝天,因为共享雨伞会被拿走的概率接近 90%。当然,事实表明也是如此,雨伞这物件和共享单车还得区别对待。"雨伞投放了没几天就全部不见了,全都被拿回家了。"

之前南昌街头出现了一批共享雨伞,共 3 万把,押金 19 元,半小时收费 0.5 元。雨伞投放了没几天就全部被人拿回家,雨后也懒得还,9.9 元一把的雨伞卖 19 元,几天卖 3 万把,净赚 30 万元,并且还是无人销售! 同时拿到了 3 万个绑定移动支付的真实用户信息,市场价 150 多万元,并且不用请水军,微博都在自发疯转这种营销方式,这就是经典的营销案例,这才叫逆向思维,互联网思维……商机无处不在,你还被蒙在鼓里时,别人已经开始在数钱了。

换个思路,颠倒过来想问题,你会发现事情会发生质的飞跃,无论是共享雨伞、共享单车,还是共享充电宝,都是为了蹭"共享经济"的热点,在名字里加入"共享"二字,这有一定的误导性。理论上来说它们更应该算是无人租赁平台。说到共享,我们能够想到的场景越来越少,就因为越来越少,机会才会越来越多。

资料来源:人民资讯网新闻改编.

问题探讨:
请小组成员互相启发在 3 分钟内说出铅笔的 100 种用途。

📖 知识链接

一、认识创新和创新思维

2019 年 6 月,美国著名的网站"Askmen"报道了十项改变人类生活的最伟大发明。

(1)电:18 世纪以来,世界发生的三次科技革命之一,从此科技改变生活。

(2)互联网:任何用户都可以浏览、发布信息与知识,开放共享资源。

(3)电池:一个可将电携带的好点子,"伏特电池"应运而生。

(4)电话:人们远距离沟通,提高信息沟通的效率。

(5)计算机:从处理复杂的数字运算到现在的生活级科学需要。

(6)印刷机:实现书面文字的大规模生产,使更多的人能接触到知识。

(7)轮子:使人可以远行,可以运输较重的物件,并建造大规模的城市。

(8)电灯:将电转化为光,推动了人类文明的进步。

(9)改进型蒸汽机:使世界发生了从农业为主到工业为主的重大转变。

(10)青霉素:发现用某些霉菌可以杀死细菌,这一发明拯救的生命无法估量。

这些重要的发明专利都是创新的形式,所有的发明都转化为产品并融入人们的生活中,加速人类社会进步的进程。

(一)创新的含义

创新从字面意义理解即创造新的事物。《广雅》中对"创新"的解释是:"创,始也",所以创造不是后造,而是始造。创新大致有两种意味:一种意味是创造了新的东西,这和创造实际上是同一个意思。另一种意味是本来存在一个事物,将它更新或者造出一个新事物来代替它。在这种意味下,创新包含了创造。但创造不可能凭空而起,新的创造一般建立在原有的事物或其转化的基础之上,包含了对原有事物的创新,因而创造中又包含了创新。人类的创造创新可以被分解为两个部分,一部分是思考,想出新主意;另一部分是行动,根据新主意做出新事物。一般是先有创造创新的主意,然后有创造创新的行动。

约瑟夫·熊彼得(1883—1950)在《经济发展理论》一书中首次提出了"创新理论"(innovation theory),指出创新者必须具备三个方面的条件:要有眼光,能看到潜在利润;要有胆量,有敢于冒险的精神;要有组织能力,能动员社会资金来实现生产要素的重新组合,最终实现将资源以不同的方式组合创造出新的价值。鉴于创新的规模、种类、领域等各不相同,熊彼得大体上界定了创新的五种形式:开发新产品、引进新技术、开辟新市场、发掘新的原材料来源、实现新的组织形式和管理模式。

创新是以新思维、新发明和新描述为特征的一个概念化过程,是指人类为了满足自身需要,不断拓展对客观世界及其自身的认知与行为的过程和结果的活动。具体来说,创新是指人为了一定的目的,遵循事物发展的规律,对事物的整体或其中的某些部分进行变革,从而使其得以更新与发展的活动。创新的主体是人类,一是指个人(自然人的发明创造,如爱迪生等),二是指团体或组织(如国家创新体系的建立)。创新的客体是客观世界,包括自然科学、社会科学及人类自身思维规律。

按照创新对象的不同,可以将创新分为知识创新、技术创新、管理创新、制度创新、工程创新、社会创新等。

1. 知识创新

知识创新是指企业通过知识管理,在知识获取、处理、共享的基础上不断追求新的发展,探索新的规律,创立新的学说,将知识不断地应用到新的领域并在新的领域不断创新,推动企业核心竞争力的不断增强,创造知识附加值,使企业经营获得成功。知识创新具有独创性、系统性、风险性、科学性、前瞻性的特点,其主要目的在于追求新发现、探索新规律、创立新学说、创造新方法、积累新知识。

2. 技术创新

技术创新是新产品或新工艺从设想产生到市场应用的一个完整过程,它包括新设想的产生、研究、开发、商业化生产到推广这样一系列的活动,本质上是一个科技、经济一体化的过程,包括技术开发和技术利用这两大环节。科学是技术之源,技术是产业之源,技术创新建立在发现科学道理的基础之上,而产业创新则建立在技术创新的基础之上。技术创新过程的完成,通常以产品的市场成功为全部标志,技术创新的最终目的是实现技术的商业应用和追求创新产品的市场成功,技术创新具有过程的特征,往往表现得比较内在;而产品创新侧重于商业和设计行为,具有成果的特征,因而表现得更加外在。

3. 管理创新

管理创新是指企业把新的管理要素(如新的管理方法、新的管理手段、新的管理模式等)或要素组合引入企业管理系统以更有效地实现组织目标的创新活动。当组织形成创造性思想并将其转换为有用的产品、服务或作业方法并不断地将创造性思想转变为某种有用的结果时,该企业即为富有创造力的企业。推进组织管理创新的三类因素是组织的结构、文化和人力资源实践。

管理创新的内容包含了观念创新、组织创新、制度创新、技术创新、产品创新、环境创新、文化创新等若干方面。管理创新不同于一般的"创新",其特点来自创新和管理两个方面。管理创新具有创造性、长期性、风险性、效益性和艰巨性的特点。

案例分析

霍英东是香港传奇性实业界人士。他初入生意场是在香港鹅颈桥市开一间杂货店。"二战"后,他卖掉杂货店的股权,做起煤炭生意。后来,他又同友人去东沙岛采集海草(药)。20世纪50年代初期,香港房地产业刚刚兴起,霍英东看准时机,开了一家立信置业公司,一改以往出售"整幢楼宇"的老章法,试行房地产拆分零售的新办法。当大家全力投入"地产战"时,霍英东想到建造大厦缺不了沙,于是他出重金在国外订购了挖沙船(每20分钟可挖沙2000t),再将挖出的沙卖给建筑商,利润十分可观,他还取得了香港海沙供应的专利权。而后,他发现港岛面积太小,随着城市的繁荣发展,香港肯定需要填海造地。他当机立断,一举购进美国、荷兰的工具设备,开始了更大规模的经营。在霍英东身上,我们可以看到出色的判断力、商业智慧与过人的创业胆识,在看似漫无边际的发散思维后,他能将其中有价值的东西集中收敛,最终实现创造目标。

资料来源:https://new.qq.com/rain/a/20210408A002XH00(部分内容有删减).

4. 制度创新

制度创新就是把思维创新、技术创新和组织创新活动制度化、规范化,同时又具有引导思维创新、技术创新和组织创新的效果,不断对企业制度进行变革或制度再造。制度创新是管理创新的最高层次,是管理创新实现的根本保证。制度创新的目的是建立一种更优的制度安排,调整企业中所有者、经营者、劳动者的权力和利益关系,使企业具有更高的活动效率。之所以要重视制度创新,是因为随着环境等因素的变化,企业的制度如果不能适应发展需要并满足人类的需求,就无法调动各种生产要素的积极性,导致企业缺失活力。没有良好的企业制度,就没有企业的有序化运行,当然更谈不到企业高效益经营等问题。制度创新包括组织结构创新、组织形态创新、运行机制创新、组织运行规范创新等。

5. 工程创新

工程创新是工程师在造物过程中,集成各类技术,特别是引入创新工程理念和管理机制(包括项目管理、人力资源培养和风险管理等机制)的过程。通常,我们从技术创新、项目管理创新、人力资源管理与开发创新、风险管理创新、工程理念创新等方面来系统地整合各类创新,以达到工程创新的目标。这样的创新过程,不仅提高了某一项目工程的质量,还会为整个行业带来辐射效应,并最终带动整个行业或产业的全面创新和提升。

工程创新是包括技术创新、管理创新和理念创新的一种内在集成创新。其表现形式有:工程理念创新、工程观念创新、工程规划创新、工程设计创新、工程技术创新、工程经济创新、工程管理创新、工程制度创新、工程运行创新、工程维护创新等。可以说工程创新是复合型且与现代社会和经济发展关联最密切的一种创新。

6. 社会创新

社会创新是满足社会目的、解决社会问题、改善某一范围人群生存状况,并最终取得实效的新想法或行动。一群人通过协作努力,用创新的方式解决某个特定的社会问题,如卫生、住房、环境污染、劳动障碍群体再就业、教育不公平、看病难、养老等。社会创新可以是一种产品、一项技术、一个设计、一种行动方法、一个商业模式,甚至是一个新的游戏规则。如果有人提出了一种新的资源回收和利用的方法,能在帮助解决生活垃圾填埋污染问题的同时,让劳动障碍群体利用这个技术制作产品来创收,用大家的力量为社会带去一些美好的改变,那么该方法即为社会创新。社会创新包含社会制度创新、社会政策创新、社会组织创新等。

(二)创新思维

创新思维是指以新颖独创的方法解决问题的思维过程,创新思维能突破常规思维的界限,以超常规甚至反常规的方法、视角去思考问题,提出与众不同的解决方案,从而产生新颖的、独到的、有社会意义的思维成果。

科学家们的新发现,科技人员的技术革新和发明,社会改革家的新设想、新计划,普通劳动者的创造性活动,艺术家的创作,甚至小学生通过独立思考解决了从未遇到过的难题的活动,都是创新思维的具体体现。总之,凡是能想出新点子,创造出新事物,发现新思路的思维都属于创新思维范畴。

1. 创新思维的作用

首先,通过思维创新可以不断增加人类知识的总量,提高人类认识世界的水平。创新思维的对象具有潜在性,由于它是向未知的领域进军,因此人类的认知范围会不断扩大。每一次科学的发现和创造,都将推动人类文明的进步,开启人类高质量发展的新征程。

其次,创新思维可以不断提高人类的认知能力。创新思维是一种高超的艺术,这种思维活动及过程中的内在精髓是无法被模仿的。每一次创新思维的过程都是一次锻炼思维能力的过程,为了获得更多的认知,人们需要不断地探索新的思考角度,寻求新的办法和途径,这就要求人们要具备敏锐的观察能力和分析问题的能力,加之平时知识的积累,积极地观察、分析、解决问题,此过程极大地提高了人类认识未知事物的能力。

2. 创新思维的基本形式

创新思维形式多样,本书选择六种主要的、最具代表性的思维加以介绍。

(1) 形象思维

形象思维是以具体的形象或图像为思维内容的思维形态,是一种本能思维,其内在的逻辑机制是形象观念间的类属关系,通过独具个性的特殊形象来表现事物的本质。形象作为形象思维的逻辑起点,其内涵就是蕴含在具体形象中的某类事物的本质。

形象思维具有形象性、非逻辑性、粗略性、想象性的特点。之所以要注重形象思维,是因为形象思维是反映和认识世界的重要思维形式,是培养人、教育人的有力工具。在科学研究中,科学家除了使用抽象思维,也经常使用形象思维。在企业经营中,高度发达的形象思维是企业家在激烈而又复杂的市场竞争中取胜的重要条件。高层管理者离开了形象信息和形象思维,他所得到的信息就可能是间接的、不确切的甚至是过时的,因此很难做出正确的决策。通过多观察、多做形象比较、多实践体验等方式可以有效地训练个体的形象思维能力。

(2) 逻辑思维

逻辑思维也称抽象思维或"闭上眼睛的思维",是思维的一种高级形式,是人们在认识活动中运用概念、判断、推理等思维方法,在对事物进行分析、综合、比较、概括的基础上,抽取事物的本质属性,撇开事物的具体形象与非本质属性,使认识从感性阶段进入理性阶段的一种思维模式。逻辑思维的基本单元是概念,基本思维方法是抽象,基本表达工具是语言和符号。

逻辑思维具有规范、严密、确定和可重复的特点。在人类的认识活动中,逻辑思维有着极为重要的作用。人类在实践活动中形成的感性认识,必须通过抽象思维才能去粗取精、去伪存真、由此及彼、由表及里,达到对事物本质的认识。只有对事物的内在联系和规律加以认识,即进行理性认识,才能真正推动人类的进步。

案例分析

有一次,日本一家公司寄给我国某公司一箱技术资料,清单上写明是9份,但开箱清点只有8份,双方发生争执。日方坚持说:"我方装箱时须经过多次检查,不会漏装。"中方工作人员则说:"我们开箱时有很多人在场,并反复清点,在确认缺少一份资料后才向贵方提出交涉。"双方各执一词,相持不下。后来我方与日方谈判,列举了少一份材料的三种可能:①日方漏装;②运输途中丢失;③我方开箱后丢失。接着逐一分析:如果是在运输途中丢失,木箱一定会破损,现在箱体完好,故排除;如果资料是我方开箱后丢失,那么木箱上标印的净重就会大于 8 份资料的重量,而现在箱体重量与 8 份材料质量正好相等。日方无言以对,只好承认漏装而补送了一份资料。

资料来源:梁良良. 创新思维训练[M].北京:高等教育出版社,2009.

(3)发散思维

发散思维是从要解决的问题出发,脱离经验的束缚,大脑呈扩散状态寻求多种解决方案的思维模式。发散思维能从给定的信息中产生新的信息,如"一题多解""一事多写""一物多用"等均属于发散思维。发散思维是创新思维最主要的特征,是测定创造力的主要标志之一。发散思维具有流畅性、变通性、独特性、多感官性等特点,它通过想象使人脑创新活动拥有广阔的通道,并为随后的收敛思维提供尽可能多的解题方案。发散思维包含平面思维、立体思维、逆向思维等表现形式。

📚 小故事

心理学家曾做过这样的试验:他在黑板上画一个圆圈,问在座的学生这是什么? 其中大学生回答很一致:"这是一个圆。"而幼儿园的小朋友则给出了各种各样的答案:"太阳""皮球""镜子"……可谓五花八门。或许大学生的答案更加符合所画的图形,但是与幼儿园小朋友们的答案相比,是不是显得有些单调呆板呢?

资料来源:https://www.jianshu.com(部分内容有删减).

(4)灵感思维

灵感思维是人们在创造过程中达到高潮阶段以后出现的一种最富有创造性的思维突破,是人们在无意识的情况下产生的一种突发性的创造性思维活动,常以"一闪念"的形式出现,这是由人们的潜意识思维与意识思维多次叠加而形成的,是人们进行长期创造性思维活动达到的一个必然阶段。灵感思维具有的突发性、偶然性、模糊性特征,其实都是无意识性的一种体现。

🌺 延伸阅读

灵 感 之 源

奥地利著名作曲家施特劳斯一生创作了 400 余首乐曲,他十分珍惜灵感思维。关于施特劳斯的创作有一个有趣的故事:有一次,他站在多瑙河边,望着碧波掠岸、浪花翻滚,不禁感情洋溢,不知不觉地同乐曲联系起来,突然来了灵感,产生了一个妙不可言的音乐旋律。他拿出笔欲记时却发现没有带纸,于是毫不犹豫地脱下衬衫,在衣袖上及时记下了这个旋律,后来的不朽之作《蓝色多瑙河》就是在这个旋律的基础上完成的。

1838 年,达尔文阅读马尔萨斯的《人口论》时受到启发:在竞争中适于环境的物种将会留存下来,不适于的将会灭亡,或生成新的物种。在此启发的基础上,达尔文创建了生物进化论。

意大利文艺复兴时期的著名画家拉斐尔想构思一幅新的圣母像,但很久都没有灵感。在一次偶然的散步中,他看到一位健康、淳朴、美丽、温柔的姑娘在花丛中剪花,这一富有魅力的形象吸引了他,他立刻拿起画笔创作了《花园中的圣母》。

资料来源:https://www.musiceol.com/news/html(部分内容有删减).

（5）联想思维

联想思维是人们通过一件事情的触发而想到另一些事情上的思维。联想能够克服两个不同的概念在意义上的差距，并在另一种意义上把它们联结起来，由此可产生一些新颖的思想。古往今来，人类一直是在无意或有意中通过各种联想，不断从自然界中得到许多启迪，从而创造出无数的工具、方法，为自己的生存和发展创造了条件。善于运用联想思维的人，会由此及彼地扩展下去，做到举一反三、闻一知十、触类旁通，从而使思维跳出现有的圈子，突破思维定式，获得创新构思。联想思维有因果联想和接近联想两种类型。

延伸阅读

1493 年，哥伦布在美洲的海地岛发现当地儿童都喜欢把天然生橡胶像捏泥丸一样捏成一团，捏成弹力球。哥伦布将这种树木引入了欧洲。但是，这种生橡胶的性能不太好，受热易变形、发黏，受冷又易发脆。因此，它的功能受到了限制。后来美国的一位发明家在橡胶里加入了硫黄，这使橡胶的熔点、牢固度极大增强，后来又有人在橡胶中加入了炭黑，使之更加耐磨，橡胶的用途也越来越广泛。

苏格兰有一家用橡胶生产橡皮擦的工厂。一天，一位名叫马辛托斯的工人端起一大盆橡胶汁往模型里倒，一不小心，脚被绊了一下，橡胶汁满了出来，浇到了马辛托斯的衣服上。下班后，马辛托斯穿着这件被橡胶汁涂满了一大块的衣服回家，正巧路上遇到了大雨。回家换衣服时，马辛托斯惊奇地发现，衣服上被橡胶汁浇过的地方，竟没有渗入半点雨水。善于联想的马辛托斯立即想到，如果把衣服全部浇上橡胶汁，那不就变成了一件防雨衣吗？雨衣也就在那时候应运而生了。

由于天然橡胶产量有限，人们又通过对橡胶成分的研究，生产出了各种各样的合成橡胶，这种橡胶为高分子合成，它具有耐腐耐磨、耐高温、耐氧化等特点，通过人们的不断努力，橡胶终于从孩子手中的弹力球发展成一种具有广泛用途的高分子材料。目前，全球橡胶制品在 5 万种以上，一个国家的橡胶消耗量和生产水平，成了衡量国民经济发展特别是化工技术水平的重要指标之一。

由弹力球到雨衣，再到鞋、轮胎等，人们的联想一环套一环，犹如步步登高，把人们引入更高的创造境界，这就是联想法的奇妙之处。

资料来源：https://www.sohu.com/a/193126205_751728（部分内容有删减）.

（6）多向思维

多向思维是从不同角度、不同方向、不同层次进行多方面的思维判断，从而形成解决问题的多种思路和方法，进而为决策选择打下良好的基础。多向思维是领导者处置和解决重大问题必不可少的思维方式，特点是慎重戒急，步步深入，解剖分析，归于整体。"横看成岭侧成峰，远近高低各不同"的意境告诉我们只有多角度看待问题，才能对事物有更全面、更透彻的了解，才能抓住事物的本质。爱因斯坦创立的相对论，就是在对事物进行不同视角的观察后，才对其相互之间的关系做出了自己的解释。多向思维具有流畅性、独特性、变通性的特征。

📚 小故事

晚上,一个房间里点燃了五支蜡烛,吹灭了一支,问第二天早上还剩几支蜡烛?孩子们稍许思考,便会很快答出"一支",即被吹灭的那支蜡烛。孩子确实没答错,多数父母对孩子这样的回答往往也不会有什么疑义。而事实上,此类智力题简单想起来"标准答案"都只有一个,但经过多向思维,就知道能有许多正确的答案。可见,这里存在着一个父母是不是重视孩子思维能力训练的问题。不妨再看一则小故事。

美国著名儿童文学家、作家劳拉在其自传体小说中叙述了这样一件事:一天,父亲给我们姐弟俩讲笑话。他说:"有一个人养了一只大猫和一只小猫,为此他在门上为大猫凿了一个大洞,为小猫凿了一个小洞……"我的姐姐打断父亲的话说:"小猫可以从大洞进去呀!"我却说:"因为大猫不让小猫走大洞,所以要凿两个洞。"父亲夸奖我们谁都比那个养猫人聪明。

劳拉父亲的赞扬是很有道理的,其对劳拉的肯定实际上是对孩子进行多向思维的训练。这就给我们启示:许多问题,我们不应该仅满足于为孩子提供一个标准答案,或是满足于孩子答案的标准。答案并不重要,重要的是使孩子有兴趣去寻求答案。因为标准答案有时并非只有一个。还以上面的智力题为例,答案"一支"当然是正确的。但设想一下:如果燃着的四支蜡烛在夜里有一支被风吹灭呢?如果四支当中有一支较大,因而到了第二天早上仍在燃烧呢?如果……那么答案显然就不只是"一支"了。

上述的"如果"都是不违反题目条件的,答案便自然都是正确的。问题的关键是可以通过这一个个"如果",训练人的多向思维,拓宽人们思考问题的空间。

二、常见的思维障碍

大脑思维有一个特点,就是一旦沿着一定方向、按照一定次序思考,久而久之,当人们面对纷繁复杂的客观事物时,就形成了一种惯性,一旦遇到类似的问题或表面看起来相同的问题,就会不由自主地沿着上次思考的方向或次序去解决,这种惯性被称为思维惯性。多次以这种惯性思维来对待客观事物,就形成了固定的思维模式,这种固定的思维模式就叫作思维定式。这种思维定式有它的优势,即思维固化后,人的学习、工作、生活可以按部就班地开展,简洁明快,能够促进社会高度秩序化发展。但是思维惯性和思维定式的组合会阻碍科技发展进步,阻隔新事物出现,阻碍创造性地解决问题,非常不利于创新。我们要进行创新思维,就必须突破思维障碍。常见的思维障碍有如下几种。

1. 习惯性思维障碍

习惯性思维障碍是生活中常见的一种思维定式,这种思维障碍是不可避免的,但并不是百分百有害的。对于一些简单的问题,如日常生活中的小事,如果按照习惯去思考、去行事,就可能会节省时间,或者少费些脑筋。而在创新过程中,习惯性思维障碍多数时候都是有害的。人的思维不仅有惯性,还有惰性,如果对于比较复杂的问题也如法炮制,那么就会使我们犯下错误,或者面对新问题时一筹莫展。

🔖 小故事

　　牛津大学的几何学大师道奇森和维多利亚女王之间有一个典型的故事,可以揭示习惯思维的陷阱。

　　有一年,道奇森和 3 个小女孩在泰晤士河里划船,他认为和小女孩们交流最好的办法只能是讲讲故事。于是,他启动他惯于严谨思维的脑袋,发挥出色的想象力,编了一个童话。后来他把这个童话写成书,以路易斯·卡罗尔的笔名出版,立刻轰动了全英国,那本书就是著名的童话经典《爱丽丝漫游奇遇记》。

　　当维多利亚女王看了这本书后,深深地被它吸引,急不可耐地叫侍从通知道奇森,希望看到他的全部作品。不久,道奇森便亲自送去几卷自己的著作,但都令维多利亚女王面红耳赤,因为他送去的全是关于几何学的学术著作。

　　女王掉进习惯思维的陷阱了,她依照常识以为童话杰作的作家另外的著作也一定是童话,这就是习惯思维产生的障碍。

　　资料来源:https://www.guayunfan.com/lizhiwenzhang/213.html(部分内容有删减).

2. 权威型思维障碍

　　在长期的学习、工作和生活中,人们逐渐对"权威"产生尊敬和崇拜,这是因为权威或是领导,或是长辈,或是专家。这些有学问、有经验的人经常被广为宣传,他们的名望也越来越高。尊重权威在一定条件下并没有错,但一切都按照权威的意见办事,不敢怀疑权威的理论或观点,不敢逾越权威半步,就会极大地阻碍创新思维。权威的意见可能在一定时间、一定范围内是正确的,但只有实践才是检验真理的唯一标准。权威人物也可能被自己的知识和经验限制住,自己给自己设置思维上的障碍。不被权威的已有意见限制,没有任何框框,从头研究,反而能够取得成功。

🎁 延伸阅读

　　亚里士多德认为:不同重量的物体,从高处下降的速度与重量成正比,重的一定较轻的先落地。这个结论很符合人们的直观感觉,所以在之后的两千年里,西方学术界一直对亚里士多德的观点深信不疑,直到 17 世纪,伽利略对其提出反驳。

　　物体下落的速度和物体的重量是否真的有关系?伽利略做了关于重物下降的"比萨斜塔实验",他在比萨斜塔上用两个不同重量的铁球做自由落体,经过再三观察、研究、实验后,他发现如果将两个不同重量的物体同时从同一高度放下,两者将会同时落地。最后他得出了一个结论:物体做自由落体时,不因重量的不同而呈现不同的速度。

　　于是伽利略大胆地向亚里士多德的观点发起挑战,并提出了崭新的观点:轻重不同的物体,如果受到相同的空气阻力,那么从同一高度下落时将以同样的速度下降并同时落地。

　　资料来源:https://new.qq.com/rain/a/20210129A0FI5000(部分内容有删减).

3. 直线型思维障碍

　　我们在学习、生活中,习惯于用直线型思维去解决问题。学习时,虽然也遇到过稍微复杂的数学问题、物理问题,但多数情况下是把类似的例题拿来照搬;对待需要认真分析、全面考虑的社会问题、历史问题或文学艺术方面的课题,经常是死记硬背现成的答案;生活中,人们在解决简单问题时也只需用一就是一、二就是二这样的直线型思维方式就可以奏效。这种思维习惯让人们不善于从各个方面或迂回地思考问题,如果没有破除直线型思维的训练和实践,那么即使是比较有经验的人也难免陷入思维的误区。

🏛 小故事

曾经在德国慕尼黑地区黑森林的一个墓碑上,记录了这样一个故事。

"二战"期间的一个冬天,几名德国人为了躲避战争来到森林边。天气寒冷,他们需要生火取暖,自然而然,这几名德国人准备砍一些树生火。就在他们准备动手时,他们发现森林边上有一块牌子,上面写着:没有当地州政府的许可,任何人不得砍伐森林里的树。看到这个牌子,这几名德国人只得回去了。当时因为战争,州政府早就无法正常运转。换句话说,州政府不存在,也就无法得到许可。这几名德国人望树兴叹,由于天气太冷,结果全被冻死了。规则是死的,人是活的,活人哪能被规则害死呢?

资料来源:李巍,吴朝彦. 创业基础[M].北京:中国人民大学出版社,2021.

4. 自我中心型思维障碍

自我中心型思维是说,我所看到的一切也应该是别人所看到的一切;我所感受到的一切,也应该是别人所感受到的一切;我的视角也应该是别人的视角;我就是这个宇宙的中心。在日常生活中,我们常常可以看到有些人特别固执,思考问题时常因以自我为中心而阻碍了创新思维。这些人有的还是很有能力的,做出过一些成绩,但他们从此就觉得自己很了不起,不知道天外还有天。我们在取得了一定成绩或学到了某种本领之后,千万不要局限在自己已有知识或成果的范围内。千万不要以为按照自己的思维模式就可以以不变应万变,自此无往而不胜。

🌿 延伸阅读

这是一个经典的心理学实验:实验中要求已婚夫妇报告他们各自对家庭活动负有多少责任。这些家庭活动包括积极的行为,如打扫房间,做早餐和解决冲突;也包括消极行为,如弄乱房间,惹怒伴侣并争吵。

研究人员将丈夫和妻子分开,然后要求他们在每项家庭活动中指出自己负责的百分比。随后,研究人员将双方的估计值简单相加。

理论上算,双方估计值的总和不会超过100%——如果丈夫声称自己家里80%的早餐都是他做的,而妻子声称家里60%的早餐是自己做的,那么他们的孩子就应该吃到了140%的早餐,这怎么可能呢?

但实验结果偏偏就是这样,报告中,夫妻双方指出自己在每项家庭活动中负责的百分比之和远超100%。生活中其实经常有这样的情况出现。当家里吃烧烤时,妻子去买了食材,洗了蔬菜,切好了西红柿、洋葱,腌制了肉,并在饭后擦了桌子,洗了碗,但在烤架前翻动肉串的丈夫认为是他"做了晚餐"。

真正有趣的是,研究人员发现,即使是在报告消极行为时,人们也会高估自己的责任,觉得自己是更经常挑起争执的那个人。

资料来源:https://new.qq.com/rain/a/20220224A02R4L00(部分内容有删减).

5. 从众型思维障碍

从众心理,就是不带头、不冒尖、一切都随大流的心理状态。从众型思维障碍是指人们不假思索地盲从众人的认知与行为。当个体的信念与大众的信念发生冲突时,即使人们清楚地知道自己的信念是正确的,也会由于缺乏信心,或不敢违反大众的信念而主动采取与大众相同的观念。典型的"羊群效应"就告诉人们,从众心理很容易导致盲从,而盲从往往会令自己相信骗局或遭到失败。

📖 小故事

一天,苏格拉底替一个生病的朋友上一节课,当他拿着一个橘子走进教室时,学生们全都愣住了,因为他们实在猜不透老师要做什么。

苏格拉底并没有对自己手中的橘子多做解释,而是直接站在讲台上讲授课程。在讲到一半时,苏格拉底突然问道:"你们有没有闻到橘子的香味?"

面对苏格拉底的提问,学生们非常吃惊,因为他们不知道老师为什么要问这个问题。学生们开始窃窃私语,他们想搞懂老师的意思。但是,没等学生们商量出一个统一的答案,苏格拉底就从前排开始一个个地提问。

第一个被问到的学生犹豫了一下说道:"我闻到了橘子的香味。"第二个学生在回答时也犹豫了一下,他想到第一个回答问题的人坐得跟自己一样近,他闻到了,那么自己也应该闻到,于是他也回答道:"是的,我也闻到了橘子的香味。"之后的绝大多数学生的回答都和前两个学生的意思一致,即他们都闻到了橘子的香味——因为他们觉得别人都闻到了,自己也应该闻到,虽然他们中根本就没有一个人闻到橘子的香味。

真理往往掌握在少数人的手里。有一个学生回答得与大家截然不同:"不,我没闻到橘子的香味!"他就是柏拉图。

在教室里问了一圈的苏格拉底回到讲台上说道:"这是一个我清晨从树上摘下来的橘子,我摘下来时它上面还沾着露珠,我用鼻子嗅了嗅,它散发出来的香味比鲜花还要浓郁。可是现在竟然有一个同学闻不到,这是一件多么可悲的事情呀——我赠你香味,你却闻不到!"

话音刚落,苏格拉底就把目光投向柏拉图。但是,柏拉图在众人注视下并没有低下头,而是站起来用肯定的声音回答道:"老师,我真的没有闻到橘子的香味。"

"你的鼻子是不是有点问题,怎么全班同学都闻到了,就你一个人没有闻到?你站到讲台上来,仔细闻一闻,判断这个橘子到底有没有香味!"苏格拉底有点生气地大喊道。

柏拉图听了苏格拉底的话之后,果真走上了讲台。他将头凑到橘子前闻了闻后,再次用肯定的声音回答道:"老师,我真的没闻到橘子的香味,是不是这个橘子有问题?"

看着这个学生一脸的质疑,苏格拉底彻底露出了笑容,说道:"你的回答是正确的,你的怀疑也是有根据的,因为这是一个假橘子,我只想考察一下谁能够将正确的意见坚持到底!因为只有能够坚持到底的人才能成为真正的哲学家!"

柏拉图没有陷入从众的思维困境,坚持以事实说话,对事实以外的感受和环境刺激都持戒备和怀疑态度,这是创新思维难得的基础素质。

资料来源:https://wenku.baidu.com/view/3ef0a91529f90242a8956bec0975f46526d3a766.html(部分内容有删减).

三、如何冲破思维障碍

思维障碍是我们创新路上的绊脚石,必须找到突破思维障碍的方法,才能进行思维创新,突破思维障碍最好的方法就是扩展思维视角。

对于创新思维来说,思维定式是一种消极性的东西,它使头脑忽略了定式之外的事物和观念。而根据社会学、心理学和脑科学的研究成果来看,思维定式似乎是难以避免的。它就像一副有色眼镜,戴上它,整个世界都与镜片的颜色相同;摘掉它,眼睛又无法看清外界事物。

科学的训练能够削弱惯常定势的强度,但不能从根本上解决问题。解决这个问题的另一条思路是,尽量多地增加头脑中的思维视角,学会从多种角度观察同一个问题。如果我们头脑中的有色眼镜确实是无法摘除的,那么我们可以多准备几副有色眼镜;轮流戴上不同的眼镜来看待世界。

(一)什么是思维视角

人的思维活动不是毫无头绪的,而是有次序、有起点的,在起点的位置上,就有切入的角度。对于创新活动来说,这个起点和切入的角度非常重要。我们把思维开始时的切入角度叫作思维视角。扩展思维视角会对认识客观事物产生极大的影响,原因如下。

(1)世界上的事物不是孤立存在的,总会与周围的其他事物有着千丝万缕的联系,观察研究未显露本质的事物,可以从与它有关联的相近事物中找到切入点。

(2)事物本身都有不同的侧面,我们如果从不同的角度去考察,就可以更全面地接近事物的本质。

(3)对于某个领域的一些事物,特别是社会生活或专业技术领域内的常见事物,许多人都进行过观察与思考,已经产生了一些认知,这就需要积极地拓展更多的认知角度。

(4)外界环境的变化及事物本身的发展决定了没有一成不变的东西,我们要用动态的眼光看待问题,找到发展变化的趋势,并设想未来可能会面临的多种可能性。

(二)扩展思维视角的方法

1. 改变思维路径

大多数人在思考问题时是按照常情、常理、常规进行思考,或者按照事物发生的时间、空间顺序进行思考。每个人都采用这种思考方式,彼此之间的交流就比较方便,更容易找到切入点,从而提高解决问题的效率。但是这种思考方式也扼杀了新想法、新思路的出现。因此,当面对复杂变化环境下的客观事物时,人们就无法完全揭示事物内部的矛盾,也无法发现深层次的客观规律。在实际操作中,我们可以从事物的对立面出发,寻找思维的另一个角度。事物与其对立面往往呈现对立统一的关系,当正面行不通时,可以尝试从侧面或迂回的方式来解决问题。此外,还可以变顺着想为倒着想,寻找解决问题的突破口,这些都是扩展思维视角的方法。

2. 修正思考逻辑

(1)肯定—否定—待定

思考事物时我们习惯给这个事物下一个定性的判断,来表明我们对它的基本态度。

但一旦我们下了判断之后,这个判断就会扩展到整个事物的各个方面。

思维的肯定视角是,思考事物或观念时,首先设定它是正确的、好的、有益的、有价值的,然后沿着这种视角,寻找这种事物或观念的优点和价值。而如果反向思考,把事物或观念认定为错误的、坏的、有害的、无价值的,寻求它的负面价值,也可以发现新的视角。但如果既不持肯定态度也不持否定态度,而是在观望中思考,不断拓展视角,那就会促使我们产生一些意想不到的创意。

（2）今日—往日—来日

在对待今日的问题时,我们不妨回顾考察事物和观念的起源、历史和以往的发展,只有把握了事物的过去,才能更好地思索事物的今天。今天的事物总是从以往的事物发展而来的,通过对过去的总结,我们可以分析出为什么事物会发生此种改变。这将有助于我们思考事物或观念的未来发展,预测未来事物的发展走向,用预测的结果来指导我们的今天,指导当今对待它们的态度。总结过去的经验,并用发展的眼光看待问题,能够让我们有意想不到的收获。

（3）自我—非我—大我

我们在观察和思考外界的事物时,总习惯以自我为中心,用我的目的、我的需要、我的态度、我的价值观念、我的情感偏好、我的审美情趣等,作为"标准尺度"衡量外来的事物和观念。与之相符的,便被称为"对的""好的""美的""有用的",而与之相违背的,就被称为"错的""坏的""丑的""无用的"。在思维过程中尽力摆脱"自我",跳出原来的围城,从"非我"的视角对同一事物和观念进行一番思考,就有可能得出不同的结论,发现创意的苗头。从个体的角度和从群体的角度来思考问题,最后得出的结论是不完全相同的。摆脱个体"小我"的束缚,站在群体乃至于整个人类的角度来思考,就是"大我"的视角。它能使我们的视野更开阔,也能使我们对当前的事物有更加深入的理解。

项目三　锻炼创新思维

▶ 案例三

睡衣免费送

市场上出现过一个品牌叫"梦露",它只做女式睡衣产品,售价为 188 元/件。它只有两种款式,吊带的和齐肩的;也只有两种颜色,橙色和紫色。该品牌采用了一个不一样的销售方式,免费送。如果你穿着感觉很好,就请你帮它做口碑宣传。

如果这件睡衣送给你,你会要吗？当然会。

但是该品牌提了另一个要求,即我们可以赠送商品,但快递费需要由你来承担,可以吗？每件睡衣的快递费是 23 元,但是支持货到付款,支持退货,消费者零风险。这也就意味着你花 23 元快递费就可以拿到一件价值 188 元的女士睡衣,你愿意吗？也许你第一次看到时可能不会动心,但是如果你发现同一时段竟然有 157 家网站都在为它打广告,你会不会点开看一看？那么相信至少有 80% 的人都会订上一件。

第一阶段送出 1000 万件睡衣,计算一下,188 元一件,1000 万件,就是 18.8 亿元人民币,这家公司愿意拿18.8亿元砸一个市场,有这样的公司吗?应该没有。也许很多人都会想,他们是赔钱赚吆喝。

但是这家公司既不是世界500强,也不是中国500强。很多人即使只是为了满足一下好奇心,也会订一件。于是,你就会留下名字、电话、手机、地址,几天后,快递真的送到你家了,你打开包装一看,这个睡衣质量真不错,其售价在商场里可能超过188元甚至288元,那么你要不要付这23元的快递费呢?

很多人看不明白,这家公司是干什么的?是做慈善?还是赔钱赚吆喝?我们算一笔账。

免费送出1000万件睡衣,首先需要解决货源问题。义乌小商品批发市场有很多小型的服装加工厂,制作成本很低。而且有1000万件的订单,你给别人做10元,给我做8元可不可以?夏天的女式睡衣,款式简单还省布料。

接下来就是快递的问题了,我们平时发快递寄一样最小的东西,至少需要10元。但如果我一年有1000万件快递要寄出,可不可以便宜?最后5元敲定,因为夏天的女式睡衣很轻,又很小,一个信封就可以装下。

下面就剩广告了,本来网上做这种免费送东西的广告是不需要花钱的,因为网站要的是浏览量,如果产品免费送,那么肯定会有很多网站愿意帮你送东西。但为了让睡衣送得更疯狂,承诺只要在你家的网站上送出去一件睡衣,就给你3元的提成,那你是不是会把广告打得更疯狂?于是,所有的网站都帮着打广告。

23元除去以上这些成本,还剩下多少?7元,也就是说,他们实际上送一件睡衣只付出了16元的成本,但消费者却付了23元的快递费。他们只要送出一件睡衣就赚了7元,中国有7亿女性人口,一年免费送1000万件可不可以送出去?答案是,当然可以。

最后,他们送睡衣一年就赚了7000万元。

我们算一下其他人的利润,你觉得生产这个睡衣的工厂一件能赚多少钱?每件只能赚1元,但是一下接了个1000万元的订单,厂家要不要做?快递公司收5元,请问快递公司能赚多少钱?也是1元。网站打广告本身是没有什么成本的,所以网站的纯利润是3元。

3个干活的加在一起,一件才赚了5元,但是他们什么都没干却赚了7000万元。

这家公司有多少人呢?从总裁、设计总监、销售总监到会计,全公司加在一起只有4个人,4个人分7000万元,最关键的是他们什么都没做。

资料来源:https://www.sohu.com/a/284640476_100167174(部分内容有删减).

问题探讨:
如何看待这种商业模式?你是否能为某企业或者某产品设计全新的商业模式?

📖 知识链接

一、联想思维训练

1. 联想思维的作用

联想作为探索未知的一种创造性思维活动,是关于事物之间存在普遍联系观点的具体体现和实际运用。如果没有存在于事物之间的客观联系,联想就很难发生,离开了事物之间客观联系的联想只是幻想。要想提高联想能力,就要广泛参加实践,接触并了解事物,把实际经验、知识信息储存在大脑里。当需要联想时,大脑就会把各种信息自动关联起来,进而产生丰富的联想,进行创造性思维活动。

2. 联想思维的分类及训练

(1)相似联想

相似联想是指在头脑中根据事物之间的形状、结构、性质或作用等某一方面或某几方面的相似进行联想,以获得对事物的某种新的认识,引发出某种新的设想。

📚 小故事

我国春秋战国时期的鲁班,有一天上山伐木,手被路旁的野草割伤,鲜血直流。为什么野草能划破皮肉呢?他仔细观察了那株野草之后,发现其叶片的两边长有许多小细齿。他想,如果用铁条做成带小齿的工具,是否也可将树划破呢?依着这个思路往下走,鲁班发明出了锯子。

资料来源:https://zhuanlan.zhihu.com/p/348067993(部分内容有删减).

(2)接近联想

接近联想是指根据事物之间在空间或时间上的彼此接近进行联想,进而产生某种新设想的思维方式。

📚 小故事

瑞士人美斯托拉,有一次上山打猎回到家里,发现自己的裤子上沾了许多草籽,他灵机一动,能不能人工造出一边是钩形刺,另一边是纺织环的东西呢?不久,这种被称为"魔术带"的新鲜玩意儿很快被人们接受,慢慢地演变成今天人们常用的尼龙子母扣。正是美斯托拉将草籽的特性进行联想,才将尼龙子母扣发明出来。

资料来源:https://www.wenanka.com/post/306581.html(部分内容有删减).

(3)对比联想

对比联想是指根据事物之间存在着的互不相同或彼此相反的情况进行联想,从而引发出某种新设想的思维方式。

📚 小故事

美国艾士隆公司董事长布什耐在郊区散步时,发现有几个孩子在玩一只昆虫。这只昆虫不但满身泥垢,而且长得十分难看。他想,市场上都是形象优美的玩具,假如生产一些丑陋的玩具投入市场会如何呢?结果这些玩具一经推出就非常受欢迎,为他带来了丰厚的利润。尽管它们的售价大幅高于一般玩具,但销路却经久不衰。

资料来源:李巍,吴朝彦.创业基础[M].北京:中国人民大学出版社,2021.

(4)连锁联想

连锁联想是指根据事物之间这样或那样的联系,一环紧扣一环地进行联想,从而引发出新的设想。

小故事

　　某工厂是一家规模较小的化肥厂,后来他们由生产化肥联想到了生产饮料,因为生产饮料可以利用生产化肥的软水处理和冷冻设备,还能利用生产化肥所剩余的蒸汽。于是他们办了饮料厂。由饮料生产他们又联想到香精生产,于是他们先后开发了玫瑰花生产基地并办起了香精厂;然后又建立了水泥厂、化工机械厂、建筑公司。这些多门类的工厂为他们带来了综合效益,使他们赢得了巨额的财富。

　　资料来源:亓正申,王保军. 创新创业基础与实务[M]. 西安:西北工业大学出版社,2021.

　　(5)飞跃联想

　　飞跃联想是指在头脑中从一个事物形象,就其某一点或某个方面,联想到与之似乎没有任何联系的另一个事物形象,使思维活动大跨度跳跃,以获得对事物的某种新的认识,或引发出某种新的设想。

小故事

　　美国的一个探险队在首次准备在南极过冬时,遇到了一个问题:队员们打算把船上的汽油输送到基地上,但由于输油管的长度不够,当时又没有备用的管子,因此无法输油。队长想:能否用冰做成冰管子呢? 南极气温极低,低至−80℃,冰比钢还要硬,但怎样才能使冰成为管状而不致破裂呢? 他们又想到了医疗上使用的绷带,他们试着把绷带缠在铁管子上,然后在上面浇水,让水结成冰后,再拔出铁管子,就做成了冰管子。这样再把冰管子一节一节连接起来,需要多长就接多长,便解决了这个问题。

　　资料来源:亓正申,王保军. 创新创业基础与实务[M]. 西安:西北工业大学出版社,2021.

【试一试】

通过联想:

(1)请做一个关于"铅笔"的发散。

(2)请做一个"电脑可以做什么"的发散。

(3)请做一个关于"快乐"的发散。

(4)请做一个关于"未来"的发散。

二、形象思维训练

1. 形象思维的含义

　　形象思维是用直观形象和表象解决问题的思维,它用形象揭示事物的本质。形象思维是以被研究的客观事物的形象特征为主要思考对象的一种思维方式,它与抽象思维形成鲜明的对比。抽象思维即逻辑思维,它是把被研究的客观事物的形象特征去掉,而把属于形象特征以外的其他特征抽取出来,形成某种概念,然后对这些概念按照逻辑思维所规定的规则、定律、公式、定理等进行分析、比较、推理、归纳、演绎、判断等;而形象思维却十分重视客观事物的表象,充分发挥个人的想象、联想、类比、模仿等能力,并允许虚构和幻想,从而可以构造出一个栩栩如生的生动形象、一幅绚丽多彩的图画,或一首优美动听的乐曲等。

2. 形象思维的分类及训练

（1）模仿法思维

模仿法思维是指依据已有的思维模式来模仿认识未知事物的思维方法，即以模仿原型为参照物，在此基础上加以变化产生新事物的一种方法。

🌺 **延伸阅读**

在机械力学占统治地位的近代，许多科学家依据当时所形成的机械运动的思维模式来模仿认识自然界，并提出了一系列相仿的新认识，在科学史上有影响的有"动物是机器"（笛卡儿）、"人是机器"（拉美特利）、"器官即机器"（博雷利）、"血液循环机械系统"（哈维）等。

在系统论逐步普及的现代，人们开始应用系统思维的模式来认识世界，由此提出了诸如生物系统、人体系统、环境系统、交通系统、邮电系统、经济系统、法律系统等新的认识概念。

由此可见，在认识过程中人们往往会运用已有的思维模式去揭示新的未知事物，同时反过来又不断丰富、完善和革新原有的思维模式。这就是"继承创新""推陈出新"的认识论原理。所以人类的思维模式既是以往认识的结果，又是新的认识的起点。人们的知识越广博，经验越丰富，思维模式就会越多样化和完善化，其创造性思维活动就愈加频繁并越有结果。

资料来源：https://baike.baidu.com/item（部分内容有删减）.

（2）组合法思维

组合法思维又称联接思维或合向思维，是指把多项看似不相关的事物通过想象加以连接，从而使之变成彼此不可分割的新的整体的一种思考方式。组合法分为同类组合、异类组合、重组组合等形式。

📚 **小故事**

江苏省常熟中学的庞颖超发明了一种能够让色盲识别的红绿灯——在现行的纯红绿色的灯中加入一些白色的有规则形状的图形。如在红色圆形中间加入一条横着的白杠，在绿色圆形中间加入一条竖着的白杠，以此来让色盲进行识别。"我们现在的交通灯都是红绿色，而那些有色盲的人不能分辨出这两种颜色，这就给他们的生活带来了极大的不便。"为了证明这种不便性有多大，庞颖超列举了一个数据：世界人口中色盲的比例占到了5.6%。"有一次，我看到交警抓了一个闯红灯的人，结果发现他是色盲，分辨不出红绿灯，于是我就有了做这个红绿灯的想法。"

资料来源：https://zhidao.baidu.com/question/1827548226915442228.html（部分内容有删减）.

（3）移植法思维

把某一事物、学科或系统已发现的原理、方法、技术有意识地转用到其他有关事物、学科或系统，为创造发明或解决问题提供启示和借鉴的创造活动称为移植。移植法思维的实质是借用已有的创造成果进行新目标下的再创造,是使已有成果在新的条件下进一步延续、发挥和拓展的重要方法。

🏛 小故事

许多年之前,法国海军巴比尔舰长带着通信兵来到一所盲童学校,向孩子们表演夜间通信。因为在漆黑的夜晚,眼睛是看不见的,于是,军事命令被传令兵译成电码,在一张硬纸上,用"戳点子"的办法,把电码记下来。而接受命令的一方的士兵,用"摸点子"的办法,再译出军事命令的内容。这一表演引起了盲童布莱叶的极大的兴趣。对于他来说,"戳点子"和"摸点子"就是"可移"之物。他反复研究,终于发明了"点子"盲文,并一直沿用到今天。

资料来源:https://www.sohu.com/a/108185792_247471(部分内容有删减).

三、发散思维与收敛思维

(一)发散思维

发散思维又称辐射思维、放射思维、多向思维、扩散思维,是指从一个目标出发,沿着各种不同的途径去思考,探求多种答案的思维方式。发散思维是创造性思维最主要的特点,也是创造性思维中最基本、最普通的方式,同时也是测定创造力的主要标志之一。

【试一试】

列举出下列物品的非常规用途(表2-1)。

表　2-1

物　品	非常规用途
废旧的轮胎	
破碎的镜子	
发霉的面包	
外卖盒	
不要的牛仔裤	

(二)收敛思维

收敛思维也叫作聚合思维、求同思维、辐集思维或集中思维,其特点是使思维始终集中于同一方向,使思维条理化、简明化、逻辑化、规律化。例如,在给杂乱的物品分类、塑造知识宫殿时可使用收敛性思维。

🏛 小故事

第一次世界大战期间,法国和德国交战时,法军一个旅的司令部在前线构筑了一座极其隐蔽的地下指挥部。指挥部的人员深居简出,行踪诡秘。但不幸的是,有一天,德军的侦察人员在观察战场时发现:每天早上八九点左右,都有一只猫在法军阵地后方的一个土包上晒太阳。德军依此判断:

（1）这只猫不是野猫，因为野猫白天不会出来，更不会在炮火隆隆的阵地上出没。

（2）猫的栖身处就在土包附近，那里很可能是一个地下指挥部，因为周围没有人家。

（3）根据仔细观察，这只猫是相当名贵的波斯品种，在打仗时还有兴致带这种宠物的绝不会是普通的低级别军官。

据此，他们断定那个土包一定是法军的高级指挥部的位置。随后德军集中了六个炮兵营的火力，对准那个方位一阵猛击。事后查明，他们的判断完全正确，这个法军地下指挥部的所有人员无一幸免。

这个故事体现了收敛思维的特点，它告诉我们在思考问题时，要善于从中找出关键的现象，确定搜寻目标，进行观察并做出判断。

资料来源：光明日报［N］.2003.6.

【试一试】

你的面前摆放着四种物品：一本平装书；一瓶百事可乐；一条纯金项链；一台彩色电视机。

请从上述四种物品中找出一种"与众不同"的物品；然后找出两两物品之间的共同之处。

四、正向思维与逆向思维

（一）正向思维

正向思维是指按照常规思路或遵照时间发展的自然过程，或以事物的常见特征与一般趋势为依据而进行的思维方式。正向思维一般从分析原因入手，经过逻辑推理，由发散到集中进而得出最终结论。

例如，根据居民的货币收入与商品的销售量、家具的销售量与新建的住宅和新婚的户数、婴儿服装销售量与当年婴儿的出生数的相关性，对其进行大量的统计数据分析，找出其变量之间的关系，推出其将来的发展状况运用的就是正向思维；再如，根据国际经济格局过去的分布情况、现在的分布情况和将来的趋势，找出国际经济格局的变动走向问题并做出正确分析，也是运用的正向思维。另外，我国古代的"早晨棉絮云，午后必雨淋""天上鲤鱼斑，明日晒谷不用翻""蚂蚁搬家蛇过道，大雨马上就来到"等预报天气的谚语也都运用了正向思维。

【试一试】

神奇的十句法——一个简单但有效的可以应对焦虑和恐慌的正向思维方法

用十句话来描述"你渴望拥有的理想人生是什么样子的。"

规则如下。

（1）不要使用否定和负面的表达。

例如，不要写"我不想有恐慌感"，而是要写"我既勇敢又自信"。

（2）使用现在时态写。

例如，我和伴侣幸福地生活在一起。

（3）句子的内容要具体。

例如，"早上醒来后，我感觉精力充沛，迫不及待地想起床工作""我每周做两次自己喜欢的运动,我感觉体力充沛"。

(4) 实现句子的内容只能取决于自己。

例如,"我有一份很棒的工作,我的才能和特长得到赏识,并且薪水也与业绩相称。"

当你写下这十个句子后,每天晚上睡前,在头脑中想象其中一个句子的内容,用视觉、听觉、触觉、嗅觉和味觉去丰富那句话中的场景。然后每天换一句话来进行想象和丰富,十天就可以将这十句话循环一遍,然后如此循环往复。当你写下的句子在现实生活中得以实现时,便可以用一个新句子来取代这个已经实现的句子。渐渐你会发现在你所写下的句子中,已经实现的会越来越多,你的生活也朝着理想中的生活一步步地前进了。

(二) 逆向思维

逆向思维法是指从事物的反面去思考问题的思维方法。这种方法常常能创造性地解决问题。具体来说,逆向思维法是指根据一种观念(概念、原理、思想)、方法及研究对象的特点,从它的反面或否定的方面去进行思考。在人类几千年的文化发展史上,记载着许多运用逆向思维引人入胜的故事,如"曹冲称象""司马光砸缸""草船借箭"等都属于这种思维方法。

在日常生活中,常规思维难以解决的问题,通过逆向思维却可能轻松破解。逆向思维会使你独辟蹊径,在多种解决问题的方法中获得最佳方法和途径,在别人没有注意到的地方有所发现、有所建树,从而出奇制胜。自觉运用逆向思维,会将复杂问题简单化,从而使办事效率和效果成倍提高。逆向思维最宝贵的价值,是它对人们认识的挑战,是对事物认识的不断深化。

【试一试】

下面列举 10 个逆向思维的练习题,仅限利用逆向思维的技巧回答。

(1) 我这么聪明,肯定——

(2) 你太丑了——

(3) 我以后再也不骂你了——

(4) 今天太累了——

(5) 我不喜欢帅哥——

(6) 感觉撒贝宁好帅呀——

(7) 如果有一天,我老无所依,请把我——

(8) 爱我,就请——

(9) 这只小狗好可爱——

(10) 下雨了——

五、直觉思维和灵感思维

(一) 直觉思维

直觉是一种不经过分析、推理等认识过程而直接快速地进行判断的认识能力。直觉能力是形成灵感直觉思维、创新思维活动的最直接、最主要的思维能力,是人脑对客观存在的事物及其相互关系的迅速识别、直接理解和综合判断,也就是我们通常所说的思维的洞察力。例如,小孩亲近或疏远一个人凭的是直觉;男女"一见钟情"凭的是各自的直觉;军事将领在紧急情况下,下达命令首先凭直觉;足球运动员临门一脚,更是毫无思考的余地,只能凭直觉。

【试一试】

直觉测验:用是或否回答下列问题,答"是"的记1分,答"否"的记0分,并累计所得分数。

在猜谜语游戏中你是否成绩不错?

你是否喜欢和别人打赌,赌运是否很好?

你是否一看见一幢房子便感到合适与舒适?

你是否常感到你一见某个人,便感到十分了解他(她)?

你是否经常一接起电话便知道对方是谁?

你是否常听到某些"启示"的声音,告诉你应该做些什么?

你是否相信命运?

你是否经常在别人说话之前,便知道其内容?

你是否做过噩梦,而其结果又变成事实?

你是否经常在拆信之前,便已知道其内容?

你是否经常替别人把话说完?

你是否常有这种经历:有段时间没有听到某一个人的消息了,正当你在思念之时,忽然接到他(她)的信件、明信片或电话?

你是否无缘无故地不信任别人?

你是否为自己对别人的第一印象准确而感到骄傲?

你是否常有似曾相识的经历?

你是否经常在登机之前,因害怕该航班出事,而临时改变旅行计划?

你是否在半夜里因担心亲友的健康或安全而忽然惊醒?

你是否无缘无故地讨厌某些人?

你是否一见某件衣服,就感到非得到它不可?

你是否相信"一见钟情"?

按如下标准进行评价:得分为10~20分,你有很强的直觉能力。当你将这种直觉能力用于创造时一定会取得巨大成功。1~9分者,你有一定的直觉能力。但你常常不善于运用它,有时甚至让它自生自灭,你应该加强对它的培养,让它成为你事业的好帮手。0分者,你一点也没有发展自己的直觉能力。你应该试着按直觉办事,渐渐就会发现直觉。

(二)灵感思维

灵感思维是人们借助于直觉的启示而对问题有了突如其来的领悟或理解的一种思维形式,是创造性思维最重要的形式之一。灵感是人脑的机能,是人对客观现实的反映。灵感思维活动本质上就是一种潜意识与显意识之间相互作用、相互贯通的理性思维认识的整体性创造过程。灵感的出现无论在时间上还是在空间上都具有不确定性,但灵感产生的条件却是相对确定的。它的出现有赖于知识的长期积累,有赖于智力水平的提高,有赖于良好的精神状态与和谐的外部环境,有赖于长时间紧张的思考和专心的探索。在人类历史上,许多重大的科学发现和杰出的文艺创作,往往都是灵感这种智慧之花闪现的结果。

延伸阅读

诺贝尔年轻时就表现出了化学的才能,他对液体炸药硝化甘油的研究很感兴趣,并希望把它应用在矿山和隧道的施工中。但是硝化甘油爆炸性太强,在试验中多次发生爆炸,他最小的弟弟埃米尔和另外 4 个人都被炸死了。瑞典政府禁止他重建被炸毁的工厂。他被迫到湖面一艘驳船上进行试验,以寻求减少硝化甘油因为震动而发生爆炸的方法。偶然有一天,他在从火车上搬下装有硝化甘油的铁桶时,发现滴落在沙地上的硝化甘油立即被沙子吸收了。他感到很奇怪,于是用脚去踩碾吸附了硝化甘油的沙子,发现硝化甘油凝固在沙子里,未见其爆炸。于是,他欢喜若狂地喊:"我找到了!"后来,他继续研究,用硅藻土作吸附剂,才使这种混合物得以安全运输。在此基础上,他又发明了改进的黄色炸药和雷管。

资料来源:http://www.stdaily.com/zhuanti/njrwgs/2020-09/30/content_1024905.shtml.

素养提升

创业过程中的理论思维

除了实践思维,理论思维也是思维方式的一种重要形式,而且会在更大程度上影响大学生分析事物的视野和角度,列举如下。

一、政治思维

政治思维就是以根本、长远、全局性问题为着眼点的思维,突出"政治"的统摄地位,发挥其整合作用,以此来对学生的立场、观点、态度、原则等加以规范和约束。应当说,培养学生的政治思维是落实立德树人根本任务的关键所在,旨在解决"立何种德、树什么人""为谁立德、为谁树人"这些前提性、方向性的根本问题。因此,政治思维的根本、长远、全局性特征体现为一种"立场思维",引导学生在分析思考问题时自觉地站在马克思主义的立场、国家的立场、人民的立场、党的立场、中国特色社会主义的立场上,这一点是极其重要和根本的。

二、历史思维

毛泽东曾指出:"我们是马克思主义的历史主义者,我们不应当割断历史,从孔夫子到孙中山,我们应当给以总结,承继这一份珍贵的遗产。"历史思维重在引导学生把握四条基本原则。首先,真理与价值相统一的原则。这是人类思维最根本的原则之一。价值以真理为基础,否则就会导致价值相对主义和价值虚无主义;真理以价值为导向,否则真理就可能脱离人的需要而成为抽象的意识形态。其次,条件性原则。它反映的是事物的相对性,即想问题时要以事物和对象的特定条件为前提,具体问题具体分析。再次,整体性、联系性原则。也就是立足宏观整体,对事物加以整体把握,而不能只见树木、不见森林。最后,推陈出新原则。破解历史是有理想性追求的,历史思维不是固守过去,而是服务于未来追求。也就是说,解释本身就蕴含着一定诉求和倾向,了解历史不是为了记住昨天发生了什么,而是要懂得明天应当做些什么。

三、哲学思维

哲学是各门具体科学的总结升华,它一定是蕴含于各门科学之中的。哲学对于国家民族发展与个人成才具有重要意义。

哲学思维有四个共同特征。首先,秉持一种穷根究底的思维方式。对于任何问题、任何事物总要多问几个"为什么",具有"打破砂锅问到底"的气势和品质。其次,秉持一种"前提批判"的反思理路。所谓"前提",就是考究事物或问题的根据、条件,而不单单是事物的本身。所谓"批判",就是对任何事物都持有质疑、评判、评价的思考。而这里的"反思"的理路,恰恰是适应"前提批判"的一种思考问题的视野和思路,它的独到之处在于:这一思维是一种着眼于、着重于对象的根据、条件等前提性问题的批判性思考。再次,秉持一种终极解释的价值追求。人对于自己的行为实践活动是很在意动机的,是需要探究、追问这样做而不那样做的理由和根据的。哲学思维的根本要求在于不断追问"终极性"的东西。最后,秉持一种"理论逻辑论辩"的话语方式。也就是说,在话语表达上要讲究逻辑、讲究论辩。就内容来说,要培养学生的哲学思维,还要传递、灌输马克思主义哲学思维。这四点是一个有机的统一整体,在培养哲学思维的过程中逐步使学生将马克思主义视为"一整块钢"来认识和理解。

资料来源:张澍军,王哲. 略论课与理论思维[J].中国青年社会科学,2021(1).

📝 专题小结

本专题包括"管理思维与创业思维""冲破思维障碍"和"锻炼创新思维"三个项目。"管理思维与创业思维"项目主要阐述了什么是管理思维,管理思维的三种思维方式及常见的管理思维。在认识管理思维的基础上,了解创业思维的概念及创业思维中蕴含的意识,创业思维背后的逻辑和原则。创业思维需要有创新理念做支撑,因此要突破原有的思维障碍。"冲破思维障碍"项目主要介绍了创新的含义和创新思维,并列举了常见的思维障碍及冲破思维障碍的方法。"锻炼创新思维"项目介绍了联想思维、形象思维、发散与收敛思维、正向与逆向思维、直觉和灵感思维几大创新形式。

🔧 拓展训练

(一)比较高尔夫球和自行车两种运动

训练目标:理解创业思维和管理思维。

成员构成:与你熟悉的同学或朋友组成6~8人的小组。

训练要求:从过程视角、目标视角、资源视角、计划视角、结果视角和实用性视角分别对这两种运动形式中的创业思维和管理思维进行比较。

(二)思维锻炼

训练目标:综合分析运用各种创新思维。

成员构成:与你熟悉的同学或朋友组成6~8人的小组。

训练要求:利用多种思维方法解决下列问题。

(1)有一条水很深、水面很宽的河,要设法到河对岸去,运用发散思维,你能想出哪些办法?

（2）日常用的雨伞存在以下问题：容易刺伤人、拿伞的那只手不能再做其他事、乘车时伞会弄湿乘客衣服、伞骨易折断、伞布透水、开伞收伞不够方便、样式单调、携带不够方便等，针对这些问题，应如何改进雨伞？

（3）烧一根绳子，从头烧到尾要1小时，现在有若干条材质相同的绳子，如何用烧绳的方法来计时1小时15分钟？

（4）用5枚大小相同的硬币，要求其两两相接触，该怎么摆？

（5）有1张长方形的纸，长是宽的两倍。请把它剪成3块，并拼成1个十字形，该如何剪？

（6）请用8根火柴组成2个正方形和4个边长相同的三角形。

（7）一个有几百名员工的工厂，在正式开会前，要求能很快地查明缺席者的姓名，有什么好办法？

（8）一个木匠有一些木料。星期一，这些木料的形状是立方体；星期二，这个木匠把木料做成了圆柱体；星期三，他又把木料做成了锥形体。虽然木料的形状变来变去，但他并没有对木料进行切割或雕琢。请问，他是怎么做到的呢？

（9）小王、小张、小赵三个人是好朋友，他们的身份分别为商人、大学生、士兵。现在知道以下条件：小赵的年龄比士兵的大；大学生的年龄比小张小；小王的年龄和大学生的年龄不一样。请推出这三个人中谁是商人？谁是大学生？谁是士兵？

（10）每天早晨有许多职工乘汽车上班，交通非常紧张，有哪些办法可以改变这种状况呢？

创业者和创业团队

学习目标

1. 理性认识创业者,纠正神化的片面认识。
2. 了解创业者应具备的综合素质与各项能力。
3. 了解创业团队的重要性,掌握团队管理的方法。

思维导图

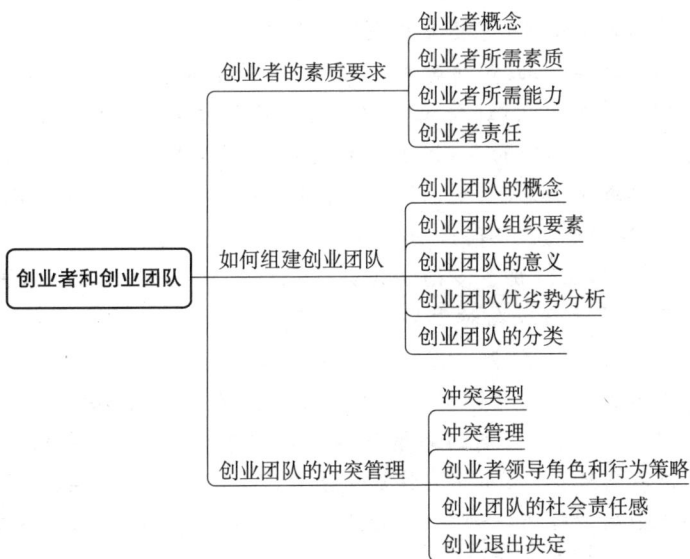

导入案例

电商拼多多

在阿里巴巴和京东崛起后的时代,几乎所有人都以为电商的流量红利已接近尾声,大家都做好了长期面对两强争霸的心理准备。但就在此时,拼多多一夜崛起,这个新电商企业打碎了两强共享天下的格局。

而这个电商的“带头大哥”却是一位低调朴素,甚至让人感觉有些木讷的理工男——浙江人黄峥。衣着低调、在媒体面前鲜有露面的黄峥其实是个“狠”角色。

　　2018 年 7 月 26 日,拼多多在美国上市,之后市值一度超过 332 亿美元。上市一年,拼多多所在的电商行业竞争激烈,但整个团队"斗志非常高",并宣称:"只要团队打不散。那我总有一口气可以喘过来。"

　　和一般新创企业的年轻人不太相同,拼多多的初创团队都是老将,一起创办过好几家公司。8 年工龄的达达都不算是拼多多最老的员工,还有待了 12 年的。"我们在一起少的有三五年,多的都超过 10 年了。"初创团队的这些老将为何都还在拼多多,达达说,他们彼此有信任感。

　　现在拼多多有 5000 多名员工,其中更多的是年轻人,平均年龄 26 岁。中层干部偏好内部培养的年轻人,其中有的入职两三年的管培生,已经能够管理几百人的团队。达达说,这一年通过"打仗",发现了不少"将才"。

　　这是黄峥大杀四方的"近卫军"——很容易被鼓舞,做起事情来无所畏惧且热火朝天。达达对员工的评价是:拼了命地干活,很多人进来都会被这个氛围鼓舞。

　　进攻性强、无所畏惧、斗志昂扬的年轻团队,在管理上必然会为管理者带来巨大的挑战,而看似性格内向的黄峥在这方面也是个狠角色,这也是战斗力的一种保证。

　　拼多多对于员工的管理相对严格。拼多多的战斗力或许源自团队极强的规则意识。黄峥本人对规则非常重视,上述拼多多高层说:"我们允许自由讨论,但管理层一致认可的价值观是,一旦一个事情成为规则,那么所有人都必须遵守规则。"

　　一位拼多多员工告诉记者,拼多多的规则感很强,比如吃饭这件小事,公司内有固定放置餐盒的房间,员工需要在固定的时间点领走。如果有员工不及时领取导致浪费,就可能会受到处罚。但该员工承认,这些规则都是提前告知大家的,慢慢地,大家都形成了对规则的尊重。对于不遵守规则的人,拼多多的处罚十分严格。最近几次拼多多内部通报的都是一些看似不起眼的小事,例如,拼多多有员工租房补贴,若员工在租房过程中和中介私下交易,一经发现便会被开除,永不录用。

　　黄峥非常重视规则,上述拼多多高层说:"你很难想象,一个员工如果忘了打卡,可能最后要到黄峥那里去。"黄峥现在对于公司的具体业务不怎么管,把业务放手给高管。但一旦出现违背公司价值观的事,他一定要查出这个人是谁。

　　规则从这家公司成立时就有雏形。一群多次创业的老将,在公司成立之初就想象到了之后可能会出现的问题。"同类的事情就按照规则来,出现新问题就几个人迅速碰一下。但太阳底下没有新鲜事,基本没有特别复杂的。"上述拼多多高层说。

　　有人把这种规则感理解为一种严苛,对此,达达不认同。他认为,外界误解了拼多多,"我们有严格的地方,我们也有宽容的地方。严格的地方是,因为我们平台在打仗,所以对执行的要求非常高。宽容的地方是,你去打仗,如果打挂了或者出了什么事,我们不会让你背锅。"作为联合创始人,达达负责招商。他允许汇报的下属向自己发起挑战,"业务方面,有时候会吵得很凶",对于结果,"有道理就听,或者说要不先试试吧。如果你错了,那以后你被我说上两个月,你不要怪我。如果你对了,那你也可以说我两个月。"

　　拼多多的高管在公司办公环境中没有特殊待遇,除了黄峥因会见需要有独立办公室,所有其他人都在统一的开放格子里办公。

　　拼多多没有总裁会,没有周会、月会,有需要沟通的问题强调当场解决,即便公司员工从 1000 人涨到 5000 多人还是如此。"这个公司很有意思,它的意识跟其他公司有很多都不一样,"上述拼多多高层说,"很多乱七八糟的事情都是影响效率的。"

资料来源:据新浪财经网资料整理,https://cj. sina. com. cn/articles/view/1750070171/684ff39b0 1900jr2q.

问题探讨:

1. 在黄峥身上你看到了哪些创业者的素质和能力?

2. 从拼多多的创业团队来看,你认为成功的创业团队应当具备哪些特点?

3. 你认为对于一个初创团队,团队氛围应该严格还是应该自由宽松?

项目一 创业者的素质要求

▶ **案例一**

曹一纯:因为我是绿色环保发烧友

曹一纯辞职了。这对上海的公务员系统来说,不过是损失了一位刚刚工作不久的科员而已;但对广大电动汽车用户来说,他们长期得不到解决的电动汽车充电问题,未来将有望通过共享租赁的方式得到改善。"高速增长的行业,容不得你考虑一下再辞职"。

2015 年下半年,考上上海虹口区发展改革委一年多的曹一纯决定辞职。离开这个岗位,同样还是因为爱好,他找到了一个可以用环保"改变世界"的方法——安装公共充电桩,打消人们购买新能源汽车的顾虑,"事业编制、公务员岗位,都谈不上是'梦想',创业可以"。

曹一纯说,大多数充电桩 App 软件都是"轻资产",只是把市面上尽可能多的充电桩都共享到平台上,供用户选择。而"e电充"比较"重",它强大的功能在于自建充电桩,在这样的情况下,充电质量和充电服务时间更有保证,用户体验会更好。

打开微信,关注"e电充",理论上来说,你的新能源汽车的充电问题就基本可以解决了,点击"我要充电",可以选择"自助充电""包月充电""智能充电""电桩地图"等功能,它会自动推荐附近的充电桩,并支持微信或支付宝付费。此外,"e电充"还具有"购车建桩""优惠购车"的功能。

曹一纯找到一个具有安装资质的合作伙伴,由一支团队统一负责安装充电桩。此外,他还在上海财大创业基地的支持下,组建了一支 10 多人的软件运营团队,负责完善移动端功能。在日前的上海未来汽车开发者大会上,e电充团队成为 3 支"不卖车"团队中的一员,受主办方邀请免费参会。一起被邀请的,还有德国一家无线充电企业和北京一家充电桩信息平台。

据介绍,"e电充"目前的主要任务还在布局充电桩建设,盈利能力并不算强。"比如 1 度电正常买是五六毛,我们充电桩卖 1 元 1 度,其中,我们提三四毛的利润,还有 1 毛利润给物业公司。"曹一纯承认,这种几毛钱的盈利对于充电桩的投入来说简直微乎其微。

然而,他有耐心"等",就像他自建的太阳能屋顶一样,尽管只是几毛钱的补贴,但是一旦收回成本,赚到的就是"纯利"。

资料来源:据简书网资料整理,https://www.jianshu.com/p/588e87da7fd9.

问题探讨:

曹一纯辞职创业给了你什么启示?

知识链接

一、创业者概念

"创业者"一词由法国经济学家(Cantillon)于 1755 年首次引入经济学。法国经济学家萨伊(Say)将创业者描述为将经济资源从生产率较低的区域转移到生产率较高区域的人,并认为创业者是经济活动过程中的代理人。后来经济学家熊彼特在创业者的概念中又加了一条,即具有发现和引入新的、更好的、能赚钱的产品、服务和过程的能力。随着经济的发展,创业者的内涵被不断地丰富。

创业者是商场上引起变化的积极刺激因素,是能从别人只看到混乱或骚乱的地方发现机会的人。他们被喻为突破障碍、挑战自我的奥林匹克选手,漫长跑道中与苦痛作斗争的长跑运动员,不断提高速度、挑战胆量极限的飞行员。无论这种比喻有多么过分,创业者们都是现代商场中的英雄,因为他们多多少少符合这些比喻。他们以惊人的步伐开创企业、为社会创造新的工作岗位。由于他们的努力,世界目前已经转向以自由企业为经济发展的模式。创业者们用他们的热忱作为动力,推动着商业世界向前迈进。

二、创业者所需素质

(一)创业精神

创业精神作为创业者的必备素质,由独立性、敢为性、坚韧性、克制性、适应性五种品质构成。独立性是指思维和行为不受他人影响,能够独立思考、判断、选择、行动的心理品质;敢为性是指敢于行动、敢于冒险、敢于拼搏,并勇于承担行为后果的心理品质;坚韧性是指为达到某一目标而坚持不懈、不屈不挠、顽强努力的心理品质;克制性是指自觉调节和控制自己情绪和情感、善于克服盲目冲动和私利欲望的心理品质;适应性是指能及时适应环境和条件变化,善于进行自我调查和角色转换,善于交往、合作、共事的心理品质。以上五种品质以意志特征和情感特征为核心,从特定的角度反映了意志与情感要素。因此,抓住了意志和情感,就抓住了创业精神品质的总体特征。

案例分析

松下幸之助的创业精神

松下幸之助虽被誉为"经营之神",但却不是社会的幸运儿,不幸的生活促使他成为一个永远的抗争者。松下电器公司在创业之初正遭遇第一次世界大战,而松下幸之助手中的所有资金加在一起还不到 100 日元。公司成立后,最初的产品是插座和灯头,然而产品遇到棘手的销售问题,工厂竟到了无法维持的地步。同事们的相继离去,使松下幸之助的境况变得更加糟糕,当时的困难可想而知。

但松下幸之助把这一切看作创业的必然经历,因为他相信:坚持下去取得胜利,就是对自己最好的报答。终于功夫不负苦心人,在他的努力下,生意逐渐有了转机,当六年后他拿出第一个像样的自行车前灯时,公司才慢慢走出困境。然而这又是一系列坎坷的开始。随着 1929 年经济危机席卷全球，日本电器销售量锐减，第二次世界大战爆发后，日本的经济已经到了崩溃的边缘，松下幸之助变得一贫如洗，他所拥有的是高达 10 亿日元的巨额债务。为抗议把公司定为财阀，松下幸之助不下 50 次去美军司令部进行交涉，其中的苦楚自不必言。但正是那些难能可贵的创业精神支撑着他和他的企业成功地逃过困境并存活了下来。

松下幸之助在 94 岁高龄时曾说过："你只要有一颗谦虚开放的心，就可以在任何时候从任何人身上学到很多东西。无论是在逆境还是在顺境，坦然的处世态度往往使人更加聪明。"

他用自己的成功向人们表明，一个人只有从心理上、道德上成长起来，才可能成就一番事业。

资料来源：据腾讯网整理，https://xw.qq.com/cmsid/20210611A0ESOD00.

（二）全面的科学文化知识

1992 年美国一家公司对数千名企业老板的调查结果显示，企业创业管理者素质按重要程序排序，前 20 项如表 3-1 所示。

表 3-1　创业者素质的前 20 项

排序	技　能	排序	技　能
1	财务管理经验与能力	11	行业技术知识
2	交流与人际关系能力	12	领导与管理能力
3	激励下属的能力	13	对下属培养与选择的能力
4	远见与洞察能力	14	与重要客户建立关系的能力
5	自我激励与自我突破	15	创造性
6	决策与计划能力	16	组织能力
7	市场营销能力	17	向下级授权的能力
8	建立各种关系的能力	18	个人适应能力
9	人事管理水平	19	工作效率与时间管理水平
10	形成良好企业文化的能力	20	技术发展趋势预测能力

资料来源：田千里. 老板论[M]. 北京：经济出版社，2000.

知识是能力的基础。当今世界是一个知识爆炸的世界，科学技术日新月异、迅猛发展，市场状况也是瞬息万变。如果创业者没有全面的、较高的知识水平，就难以胜任对公司和员工的管理工作。作为一个创业者，其知识结构应该是一个动态的"扇"形结构，按照由宽到窄的顺序分布着一般性的知识面、业务相关知识面及业务知识面。

三个层面知识的划分又是动态的，根据从事业务的不同而不断变化。例如，在进行管理工作时，如果做市场管理，客户管理就是主要业务，而生产方面的知识就成了相关知识；如果做生产管理，客户管理便成了相关知识。由于个人的时间和精力有限，掌握所有知识是不现实的，但要尽量追求博学多才，只有博学、知识信息储备量大，才能对事物进行综合分析、判断。据专家研究，经常使用的知识一般只占人的知识总量的 10%～15%。创业者要把握时代脉搏，及时掌握与创业领域相关的最前沿的知识信息，并不断地提高自己的思维能力,扩充自己的知识体系,全方位、多角度、多层次地充实自己,只有这样,才能成为一个合格且成功的创业者。

(三)丰富的实践经验

📚 小故事

在一个小村庄里,有一位医术非常高超的郎中,这位郎中被人称为神医。这位神医有三个儿子,他将毕生所学的医术都传给了儿子们。神医老了,没有力气给人看病,就叫三个儿子去给病人诊病。可是前来就医的人怎么也不肯让他的儿子们看病,神医百思不得其解,难道真的是自己的孩子资质平庸?一位经常来看病的老者点破了神医:"那是因为他们从来都没有把过脉啊!无论你的医术多么高明,他们学会的仅仅是理论而已,人们怎么能放心让他们来诊治呢?"

资料来源:据搜狐网资料整理,https://m.sohu.com/a/482511669_120249337.

由此可见,实践经验是多么重要,正如必须在游泳中学游泳一样,从实践中获得知识同样重要。经过反思总结出来的成功经验和挫折教训,是一个人最宝贵、最有用的财富。虽然一个人的精力有限,不可能事必躬亲,但也要抓住机会,通过耳濡目染的方式,学习成功者的经验,吸取失败者的教训,从而增长自己的才干。没有经过实践检验的知识都只是空谈。无论具备多么专业、全面的知识,如果没有实践经验,就不要轻易尝试创业。从来没有挣钱的经验,就想当然地认为自己可以赚到钱,结果很可能失败。对于没有实践经验的书生型创业者来说,他的最大特点是:只从自我主观想象出发,完全忽视对市场需求的客观调查。真正的商人凡事不是从"我认为"出发,而是根据市场反馈的信息进行处理,掌握真正的市场规律,长期积累,从而形成经验。

(四)正确的创业目标

效率提升大师博恩·崔西说过:"成功最重要的前提是知道自己究竟想要什么。成功的首要因素是制定一套明确、具体而且可以衡量的目标和计划。"作为一名创业者,首先要为自己设立一个清晰的目标作为指导,才会有成功的可能。如果创业处于一种无序、无目标的状态下,只是简单经营,那么粗放经营注定会失败。确立一个明确、全面且实际的目标,不仅能帮助企业完善并实现其目标和政策、协调好各个部门之间的工作,而且能应付不断变化的市场需求。

一般来说,创富是创业的目标,但不是根本目标。金钱可以用来衡量企业创业是否成功,却不能用来衡量一个企业家本身的价值。创业是一个企业家实现自我价值的工作过程,因此,自我价值的实现才是企业家创业的根本目标。创业的过程实际上是一个具有完整人格的或完善倾向的人,通过外显行为把自己内心的潜能释放或表现出来的过程,是一个向环境或他人展现自我优越感的过程。同时,创业也是个体以自己独特的个性特征参与社会生活实践,实现人格因素的超越,并完善个性修养的过程。创业者只有提高自身修养,在知识、能力、心理、道德修养等各方面具备不断的先进性和持续的影响力,才能获得追随者,从而获得企业的持续发展。

三、创业者所需能力

（一）自控能力

创业是一个整合和驾驭各项资源，不断追求成功的艰难过程。创业者要想有效地管理别人和各种其他外部资源，首先必须能够有效地管理自己。应该肯定，自控能力是居于首要地位的创业者必备的能力，所有成功的创业者都要具备出色的自控能力。

自控能力是指自我管理、自我约束和自我控制能力，表现为稳定积极的情绪状态、爱岗敬业的工作态度、良好的行为习惯和可靠的人格特征，这些都是优秀领导者应该具备的基本素质。

调查发现，在我国，被称为"80后""90后"的新生代独生子女人群普遍有着"小皇帝"的童年经历。他们往往养尊处优，与生长在艰苦环境中的人们相比，其自控能力和自律能力相对较弱。这些"小皇帝"如果要创业，首先要提高自控能力和自律能力，那些不能自主管理、自我约束和自我控制的人，很难成为优秀的创业人才。

（二）谋划能力

谋划能力是指创业者能够在洞察市场变化并研究其发展规律的基础上准确把握目标和发展方向的能力。这种能力使他们能够引领市场发展潮流，抢先占据有利地位，使组织立于不败之地。

创业家的谋划能力表现在：确定企业的战略目标，对企业的人、财、物、技术、信息等资源进行合理分配和有效安排，确定企业战略，构建和积累企业的竞争优势等。

案例分析

本田公司的市场谋划

市场"不相信眼泪"。只有在创业前认真谋划才能减少创业行动的盲目性、多一线成功的希望。对于本田汽车，许多人都不陌生，在世界汽车行业中，每80辆轿车中就有1辆是"本田"牌的。但使本田公司取得引人瞩目的成功，扬名天下的却是本田摩托车。本田摩托不仅在日本国内是龙头老大，在世界上也是首屈一指。这一切，首先归功于它的创业者本田宗一郎。本田的发展并非一帆风顺，同样存在着目标的选择、决策的风险。以20世纪70年代初为例，当时本田摩托车在美国市场正畅销，本田宗一郎却突然提出"东南亚经营战略"，倡议开发东南亚市场。此时东南亚因经济刚刚起步，生活水平较低，摩托车还是人们敬而远之的高档消费品，许多人对本田宗一郎的倡议迷惑不解。本田拿出一份详细的调查报告解释说："美国经济即将进入新一轮衰退，摩托车市场的低潮即将来临。假如只盯住美国市场，那么一有风吹草动便会损失惨重。而东南亚经济已经开始腾飞，只有未雨绸缪，才能处乱不惊。"一年半后，美国经济果然衰退，许多企业产品滞销，库存剧增。与此同时，在东南亚，摩托车开始走俏。本田公司因为已提前一年实行创品牌、提高知名度的战略，所以此时便如鱼得水，公司非但未遭受损失，反而创出销售额的最高纪录。

资料来源：据范文资料网整理，https://www.ahsrst.cn/a/201505/40699.html.

（三）学习能力

现代社会科技信息的快速发展要求创业者及其所带领的团队应能随时做出快速反应。在围绕产品、市场、人才、资源的激烈竞争中,创业者的前瞻性日益成为竞争的砝码。新的思想、概念、工具层出不穷,领导者应对决策进行反省,并用开放的态度广泛地学习。与此同时,整个组织也应向开放的学习型组织转变。有科学家预言,对于未来的领导来说,由于时代变化越来越快,持续地学习和根据形势进行的改革将是他们唯一不变的任务。创业者在知识能力上不能落后于企业资产规模和经营范围迅速扩大的要求,要学会学习,不断掌握新知识、新技能、新方法、新潮流,更新观念,与企业员工融为一体,与时代潮流融为一体;不能满足现状,要做毫无休止的革新,而且要不怕失败,并能将失败的经验作为学习的方法。这就要求创业者既要终身学习,又要善于学习,只有树立终身学习的观念,才能够站稳脚跟,实现事业的蓬勃发展。

（四）创新能力

创业者的创新能力是其企业成长的基本要素。发展经济学家熊彼特强调,"创新"是一名成功企业家的核心使命和必备素质。创新理论认为,只有打破固有的经济循环,在经营实践中不断引进新要素,并有效推动经济发展的人,才能称为"企业家"。

世界知名企业家之所以能在激烈的市场竞争中获得成功,与他们一贯奉行的独特创新理念、创新实践是密不可分的。在竞争激烈的市场中,缺乏创新能力的人注定会面临严峻挑战。优秀的创业者应当是具有创新精神并能够带领企业走在时代前沿的人。创新能力体现在观念创新、技术创新、组织创新、制度创新、管理创新、产品创新、市场创新等多个方面。创新是企业家的灵魂。创业者凭借创新能力,往往能抓住容易被别人忽视的市场机会,避开别人容易犯的错误,从而赢得相对优势。

创新有风险,因而需要胆略、毅力和勇气,需要大胆挑战"想不到"和"不可能"。创新需要知识和智慧,需要能力积累。创新能力越强,创新就越容易。创新和个人及团队的创新意识有关,与时间地点无关。创新始于创意但不止于创意。创新是创意加行动。创新是创业者的永恒使命,创业者应当乐于全面创新和持续创新。

（五）沟通能力

通用电气公司的前总裁杰克·韦尔奇曾经强调:管理就是沟通、沟通、再沟通。杜邦公司前执行总裁夏皮罗认为:"沟通是管理的关键,如果把最高主管的责任列一张清单,没有一项对企业的作用比得上沟通。"良好的沟通能力不仅能更好、更准确地向创业者的团队们传达消息、预防盲目,还能使创业者的创业团队拥有良好的合作氛围和渠道。不仅如此,恰当的沟通本身就是创业者影响力的一个很好体现。创业者在与其组织成员平等交流、协商,显示合作意愿,共同开创前景的同时,也增强了组织成员的参与感和认同感,从而进一步提升了创业者的软实力。

提高沟通能力的要领如下。

第一,学会倾听,成功的沟通总是始于倾听、终于回答。倾听是尊重对方表达权的应有姿态,是商务交往中的基本修养,更是营造和谐气氛、实现深度沟通、准确把握对方观点的前提条件。

第二，善于表达，提高语言表达的针对性、准确性和艺术性，做到简洁明快、幽默风趣。创业者通常多种事务缠身，时间总不够用，对他们来说，提高沟通效率至关重要。因此，简洁、明快、准确的表达方式更加适用。在表达中务必相互尊重、真诚相待，尽可能做到不责备、不抱怨、不攻击、少批评，避免使用破坏性的言辞，绝不可恶言伤人。同时，要懂得欣赏和赞美对方的优点，运用风趣幽默的语言和智慧，让对方欣然接受。

第三，恰当反馈，要善于换位思考，准确领悟对方的需求、意图和情绪状态，并给予对方恰当的共鸣和反馈。要注重非语言因素和形体语言的运用，热情有度，注重表意达情的方式方法。在反馈时要善于求同存异，不可舍本求末，或偏离主题。

第四，促成合作，商务沟通的意义和价值主要在于增进理解与互信、达成共识、促成合作共赢。在当代社会，缺乏合作的创业注定难以成功，创业者一定要学会设身处地为对方着想，善于把握对方的兴趣和需求，找寻对方的利益诉求，从双方资源的互补性出发确定合作的切入点，并善于通过合作满足各方面的利益：股东追求投资回报，银行希望获得贷款利息，经营伙伴需要实现盈利，员工期望获得稳定收入，政府需要税收以维持运转。有时，一个新合作伙伴的引入，就足以改变创业者的命运。

第五，重视人脉，人际关系在创业中扮演着越来越重要的角色，人脉资源已经日益成为创业信息、资金、经验的源头。一位资深人士总结出一条经验：创业中许多问题的解决，Know-how 不如 Know-who。也就是说，人脉比知识更能影响竞争的胜负。的确，重要的人脉资源有时甚至能起到四两拨千斤的神奇功效。所以，不断拓展人脉、扩大社交圈，通过朋友掌握更多信息、聚集更多资源、寻求更快更好的发展，是创业成功的捷径和秘诀之一。无形的客户资源网络、良好的商业生态支持网络或许就是竞争制胜的"杀手锏"，创业者对此应有全面、准确的感悟和认识。

案例分析

"90后"创业者蒋杰：回归线下社交

出生于1991年的蒋杰，在大学时期经历过两次创业，如今已是一位连续创业者。2016年10月，经过4个月的研发，蒋杰的团队正式推出了名为"二度"的交际类App，这款应用基于用户的二度人脉，旨在帮助用户通过已有的熟人关系，进一步拓宽人脉圈。据介绍，二度App用户主要集中在北京，目前正在计划天使轮融资，主要用于下一步的市场推广。

蒋杰认为，微信解决了人与人之间及时交流的痛点，且侧重于线上内容，而二度会更加侧重用户在线下的社交，"我们会在后台收集用户的各项数据，对不同的用户进行个人信息匹配，为用户找到具有相同点的活动和个人，帮助他们拓展圈子。"

人与人之间面对面的交流，不可能被电子化的交流方式取代，互联网仅仅是为我们的社交提供了更加广阔的渠道。蒋杰主张大家不该过度依赖线上社交，最根本的交流还应在线下。

"有的人本身就不擅长社交，再加上社交圈子窄，一到周末就喜欢待在家里，这样容易导致自我封闭。有些比较腼腆的人，本来心里是渴望交流的，我觉得每个人都应当锻炼自己，勇敢打破自己的思维定式，回到线下的真实社交，不要过度沉湎于在线社交带来的趣味。与社交相关的能力,如语言表达能力,如果长期不重视,也会越来越退化,"蒋杰说。

人脉的拓展对一个人的婚恋、求职等方面,都有很大的帮助。大部分人面临婚恋交友的难题,都是由于社交圈子太小。在今后的版本中,二度 App 也会加入婚恋、求职等相关内容,同样也是借助于用户的二度人脉,让这些事情变得更加有效率。

资料来源:据搜狐网资料整理,https://www.sohu.com/a/126933753_444142.

可见,无论企业大小,保持良好的沟通都会对企业的良性发展起到至关重要的作用。

(六) 理财能力

资金短缺是许多创业者必须面对的创业难题,理财能力是创业者必不可少的基本功,缺乏理财能力的人,其创业成功的希望必定是渺茫的。创业者必须凭借理财能力,把握企业创业的现金流,学会运用资本、资金和人脉杠杆,按互惠互利的市场规律整合、聚集和运作各类经营资源。

作为一名合格的创业者,应当自觉培养对数字和报表的敏感度和运用能力。数据是理财的重要工具,创业者的理财能力不仅体现在看懂财务报表、理解财务原则、办理日常会计业务,更体现在借助数据做好财务分析、规划、检查和管理,利用数字来分析企业的优劣势、找准企业经营中的问题、控制财务风险、降低经营管理成本、精确评判经营绩效,推动经营业绩持续提升。

理财能力的另一种表现是随着事业的发展和资金流的不断扩大,创业家依然能够自如地驾驭资金流。缺钱时理财能力重要,资金充足时理财能力同样重要,甚至更加重要,因为财富的增多意味着理财能力要求的提高。在现实社会中,很多企业家失败的原因往往不是资金不足,而是由于资金过多,超出了他们的理财能力。

(七) 领导能力

领导能力是指能够团结和带领一帮有本事的人为实现预定的目标而共同努力奋斗的能力。

近年来随着职业经理人的出现,人们越来越关注那些"能去任何地方,管理任何事"的管理者和领导人,即领导能力突出的管理人才。现在社会迅速发展,市场日趋成熟,国际化竞争日益普遍,各行各业都离不开市场、技术、人才的竞争;虽然各个组织仍会有不同的经营模式、管理架构和组织理念,但科学化管理已成为必然,一大批受过良好训练、虽然不具备同行工作经历但具有优秀组织经验的领导人正逐渐被组织重视。

毋庸置疑,创业者也需要具备优秀的领导能力。同时,优秀的个人价值观,以及正直、公正、恒心、毅力、进取精神等优秀的人格品质无疑也会提升领导者在创业团队里的影响力和个人魅力,从而扩大其追随者的队伍。"物以类聚",领导者的个人价值观会吸引具有同类价值取向的人凝聚于组织,增加他们对组织的认同感和归属感;同时,领导者的人格和价值观还会潜移默化地影响组织成员,成为组织默认的行为标准。具备优秀人格和价值观的领导者会使组织成员对其产生敬佩、认同和服从等心理,这会大大提升领导者在组织中的影响力。

案例分析

夫人之性，莫难察焉，善恶既殊，情貌不一。有温良而为诈者；有外恭而内欺者；有外勇而内怯者；有尽力而不忠者。然知人之道有七焉：一曰，问之以是非，而观其志；二曰，穷之以词辩，而观其变；三曰，咨之以计谋，而观其识；四曰，告之以祸难，而观其勇；五曰，醉之以酒，而观其性；六曰，临之以利，而观其廉；七曰，期之以事，而观其信。

解释：世界上没有比真正地了解一个人的本性还要困难的事情，每个人的善、恶程度不同，本性与外表也是不统一的。有的人外貌温良却行为奸诈，有的人情态恭谦却心怀欺骗，有的人看上去很勇敢而实际上却很怯懦，有的人似乎已竭尽全力但实际上却另有图谋。

这就是非常经典的诸葛亮识人七法。

（1）问之以是非，而观其志。

这句话的意思是，向对方提出大是大非的问题，了解他的志向、志趣。在成功的管理者眼中，要判断一个人是否值得重用，首先要了解他的立场、观点。凡是在大是大非问题上含混不清、模棱两可的人，绝不可委以重任。因为这种人习惯于见风使舵，没有定性。

（2）穷之以辞辩，而观其变。

这句话的意思是，用言辞辩论把对方逼到山穷水尽的地步，以观察他的应变能力。这是判断一个人头脑是否灵活、思维是否敏捷、知识是否渊博的方法。

（3）咨之以计谋，而观其识。

这句话的意思是，向对方询问计策，从而考察对方的见识，同时看他的谋略是否深远，见识是否独特。

（4）告之以难，而观其勇。

这句话的意思是，用困难棘手的事情来考察对方的勇气。诸葛亮认为，在重用一个人之前，要人为地制造逆境，观察对方是否具备足够的勇气。临危遇难，勇与不勇一目了然。

（5）醉之以酒，而观其性。

用现代流行的一句话来说，就是"酒后吐真言"。酒可以考验出一个人的德行。把对方灌醉，可以达到察人观性的目的。

（6）临之以利，而观其廉。

"临之以利"是给予机会，甚至是把重要岗位交付予某人，然后考察他是否清正廉明。诸葛亮认为廉洁之人往往具备以下几个特点：忠心耿耿，忠心为国之人，往往能够做到廉洁奉公；体察百姓疾苦，注意节俭之人，往往能够做到为政清廉；不贪酒、不迷色之人，往往能够廉洁自律。

（7）期之以事，而观其信。

这句话的意思是，与对方商定某事，看他能否说到做到，是否讲信用。"言而无信，不知其可也。"一个人说话不算数，就不值得别人信赖。所以，看一个人讲不讲诚信，不在于他说得怎样，要看他做得怎样，事实胜于雄辩。听其言，观其行，才是高明之举。

资料来源：据证券之星官方账号整理，https://baijiahao.baidu.com/s?id=1699523741300578213&wfr=spider&for=pc。

延伸阅读

创业从来都是需要"九死一生"的坚持

创业者大都是梦想家,大多数人会过高地估计自己的能力和创业成功的可能性。侥幸活下来的企业,真正能成长为优秀或杰出企业的概率恐怕不及10%。当你看到一个优秀的企业,请注意它后面的企业家和他的修行。如果你能向他靠拢,走上修行之路,你的成功概率就不会只是1%。

经济理论里有一个假说叫"有效市场",说的是在充分竞争的情况下,该做的事情都已经被做了,市场的边际状况是没有创造价值的机会的。这个假说虽然听起来极端,但实际很有道理,在大多数情况下适用。如果创业者意识不到这一点,等待他的一定是"理想很丰满,现实很骨感"。

意识到了这一点,在创建自己的商业模式时,就必须仔细推敲,光有想法还不行,要能解释为什么市场里没有人做同样的事,为什么自己能想到,自己有什么优势做这件事。这套思维体系和投资实际是不谋而合的。资本市场和实体市场一样,在一般情况下是有效的,只有在特殊情况下才会出现不寻常的机会。

优秀的企业,一般都有优秀的产品,但不是有优秀产品的企业都是优秀企业。优秀的企业的特质是有持续生产优秀产品的能力。比如腾讯,有了QQ还能有微信;再如阿里,有了淘宝还可以有天猫。这种持续创造优秀产品的能力和企业的资源禀赋关系不大,主要的驱动因素来自公司的文化和管理体系。

所以,从一个想法到一家优秀的企业,创业者要经过艰难险阻、万水千山。资本市场,各式的创业营,各级政府的扶持政策,这些东西都是外部因素,最终是靠不住的。创业者能百分之百依赖的只有自己。企业成长的核心是企业家的成长,企业家的成长靠的是修行。

资料来源:据腾讯网资料整理,https://view.inews.qq.com/k/20220414A07NT700? web_channel＝wap&openApp＝false.

(八)耐挫能力

据统计,我国初次创业的失败率在70%以上。可见,挫折和失败是创业者必须面对的"家常便饭",没有足够的耐挫能力就不可能登上成功的高峰。美国硅谷有着"创业大本营"的美誉,在这里,每年有90%的新创企业破产,但也有成千上万的创业者实现了自己的致富梦想。如今,硅谷依然堪称全世界最伟大的创业家乐园。美国知名创业教练约翰·奈汉斯说:"造就硅谷成功神话的秘密,就是失败。失败的结果或许令人难堪,但却是取之不尽的活教材,在失败过程中所积累的能力与经验,都是缔造下一次成功的宝贵基础。"

想要成功就要积累经验,而经验则是在一次次失败中摸爬滚打总结出来的。不允许失败,就是不允许成功。失败是成功的阶梯。只有在失败中不断积累经验,不断前行,才可能登上成功的巅峰。

要提高耐挫能力,必须做到以下几点。第一,正确认识挫折和失败对于成功的重要意义。挫折和失败只代表你尚未成功、努力不够;挫折和失败是最好的老师,它在用一种"哑语"向你披露成功的规律,深刻反思和有效纠错才是真正的"成功之母"。第二,要从挫折和失败中汲取教训,悟出规律,积累自己的商业智慧,进而增强信心、鼓足勇气,加倍努力,为未来的成功铺平道路。第三,正视现实,改变"完美主义"想法,适当调整自己的目标,可以减少挫折感的产生。但要坚持对成功的追求,决不轻言放弃,直到成功。

总之,成功者之所以成功,是因为他能够从失败中站起来,不被失败所打倒。只要积极应对,挫折和失败就一定能够成为成功征途上的铺路石。创业家在面对企业的兴衰祸福时,尤其需要镇定自若、从容应对,勇于和自己的员工一起,与公司荣辱与共、生死同舟。

📋 案例分析

万向集团总裁鲁冠球儿时家境贫寒,他的父亲在上海一家药厂上班,收入微薄。他和母亲在贫苦的农村相依为命,日子过得十分艰难。15 岁的鲁冠球初中辍学后,经人介绍,到萧山县铁业社当打铁学徒。3 年后,因为人员精简,他被辞退。3 年的铁业社学徒生活使鲁冠球对机械农具非常熟悉,回家后没多久,鲁冠球就收了 5 位学徒,挂上大队农机修配组的牌子,在小镇上开了个铁匠铺,为附近的村民打铁锹、镰刀,修自行车。1969 年,鲁冠球 24 岁。他变卖了全部家当,筹集了 4000 元,带领 6 位农民,以一只火炉、几把榔头、一个 84 平方米的房子,创办了"宁围公社农机修配厂",开始了艰苦的创业生涯。这一年的 7 月 8 日,被定为万向集团的创建日。刚开始没有地方购买原材料,他只能蹬着自行车到杭州,走街串巷地收废旧钢材,为周围公社的农具提供配套生产,要什么生产什么。正是这种说干就干的性格,让鲁冠球收获了第一桶金。

他拥有足够的耐挫能力和不服输、勇于拼搏的精神,他的一生经历了社会转型、经济转轨、企业转制等,但他始终保持清醒头脑,同时坚持不做超出自己能力范围的事,确保企业始终在正确道路上稳步前进。

如今,宁围公社农机厂已发展成为国家 520 户重点企业和国务院 120 家试点企业集团之一。他用一生诠释了幸福都是奋斗出来的,由被瞧不起到被羡慕再到被颂扬,不服输的精神造就了这位传奇企业家。鲁冠球说:"别人工作 5 天,你就 365 天都不休息,尽心、尽责、尽力去做一定能成功,这就是我的成功秘诀。"

成功的面前总是会有一些障碍,只有像鲁冠球一样能够克服困难走过去的人,才有资格品尝胜利的自豪和喜悦。

资料来源:据腾讯网整理,https://xw.qq.com/cmsid/20210611A0ESOD00.

(九)应变能力

管理学家认为,21 世纪唯一不变的真理就是"凡事都会改变"。创业环境是动态变化的,企业的目标、策略和方法必须根据环境的变化进行必要的调整。创业者要善于观察形势,能够认识与把握客观环境中变与不变的东西,抓住矛盾的主要方面,把握事物的主流。不仅在逆境中要主动应变,在顺境中也需要不断创新和应变;否则,每次成功都可能导致未来的失败。

创业者一定要敢于尝试、勇于实践、敢于创新,借助商务活动中的新理念、新项目、新技术、新市场、新资金渠道,增强企业的生存适应能力。只有针对具体的变化提出应对措施,才能在变化的环境中趋利避害、化被动为主动,最终赢得胜利。

(十) 识人用人能力

对于创业者来说,正确地用人需要充分发挥每个人的长处和优势,避开其短处和劣势,知人善任。用人时,既可以按特长领域来任用,也可以根据人才的变化特长来任用:同一个人在不同的时期可能有不同的表现,用人者还应把握人才的最佳状态,充分调动人才的能动性和创造性,激发出下属的潜能,让其以最好的状态投入自己的工作中。

【试一试】

准备好纸、笔,认真回答以下问题。每个问题为 1~5 分,如果你完全不懂,则得分为 1 分;如果你非常清楚地了解,则得分为 5 分;如果介于完全不懂和非常清楚之间,根据情况得分为 2 分、3 分、4 分。

(1) 你对主要经济指标了解吗?

(2) 你具备创业者应有的心理准备吗?

(3) 你做计划和预算的能力怎样?

(4) 你的财务管理知识有多少?

(5) 你能否亲自进行日常管理工作?

(6) 你会进行市场分析和市场预测吗?

(7) 你认为自己的市场敏锐性如何?

(8) 你了解促销、广告吗?

(9) 你有没有把握与员工建立良性互助的关系?

(10) 你了解产品定价的知识和策略吗?

如果总得分在 45 分以上,说明你已有充分准备去创业,可以放手一搏;如果总得分为 35~44 分,你可以小试一下,并就薄弱环节尽快强化;如果总得分在 34 分以下,则说明你的创业知识储备不足,必须先补课,然后寻找时机创业。

四、创业者责任

创业者是新创企业的领导者和决策者,对于社会和国家的发展意义非凡。因此,创业者要具有高度的责任感,才能使企业蒸蒸日上、不断发展壮大。优秀的创业者会把物质利益的获取看作为社会、国家做贡献的手段和方式,而不是最终目的。创业者需要强化责任意识,汲取儒家文化中的精髓,努力提升个人的责任修养,发挥出创业者应有的积极性,建立责任意识,并把发展企业的责任意识融入自己的血液,使其成为自己的优秀品质,从而实现个人价值与社会价值的统一,为社会的发展贡献自己的智慧和力量。总的来说,创业者需要承担的四项责任,分别是诚实守信的责任、发展企业的责任、社会责任、伦理责任。

案例分析

Grooveshark 成立于 2006 年,是一个为数不多的面向欧洲的免费在线音乐搜索试听与存储服务网站。与其他在线音乐搜索引擎所不同的是,在 Grooveshark,只有一小部分音乐是有版权的,绝大部分的音乐都来自用户上传。因此,Grooveshark 在后来近十年的生涯里,一直在被诉侵权。

但是,凭借"避风港规则",Grooveshark 在十年里一直生存着。虽然官司不断,但它总能利用好避风港规则让自己不陷于险境。只要 Grooveshark 本身不被抓到有参与网站上的侵权内容的制作,它就能一直这么躲避下去。避风港规则实质上是法律对网络服务商提供的特殊保护,最早在美国《新千禧年数字版权法》中提出。避风港规则是指对于无法实时监控用户生成内容的互联网服务提供商来说,若发生涉嫌版权问题的指控,只要及时删除或下架相关侵权内容,即可不承担侵权责任。简单来说,这给了很多互联网产品以用户原创内容的名义绕过版权门槛的机会。

然而,2014 年年末的一场诉讼中,Grooveshark 被判定"指示自家员工上传音乐到音乐库中",这让它瞬间面临巨大危机。随后在 2015 年 3 月的诉讼判决上,法官判断 Grooveshark 在滥用"避风港"为自己的侵权行为找借口,它的情况不适用避风港规则。这让 Grooveshark 瞬间面临几亿美元的赔偿。之后,2015 年 5 月,Grooveshark 宣布倒闭。

资料来源:据网易资料整理,https://www.163.com/tech/article/AOP2CJOM00094ODU.html.

(一) 诚实守信责任

案例中 Grooveshark 公司从创业之初就违背了诚实守信原则,虽然凭借其他手段生存了十年,但终究难逃倒闭的结果。诚信是中国传统文化对创业者的基本要求,创业者在管理和经营中都要讲诚信,否则既会给别人带来烦恼和不便,又会损害自己的名誉。因此,创业者在日常的经营管理中要讲诚信、深思熟虑、慎重决策,并兑现承诺。这样,管理才会取得成效。没有诚实守信的品德,时刻只为自己的个人利益,肯定无法创立企业;即使能够建立企业,最终也难免昙花一现,生命力不会长久。创业初期的短视、投机行为将埋下随时爆炸的"定时炸弹",这样的创业势必是无法长久的。创业者只有对员工、顾客、社会诚信,员工、顾客、社会才能为企业的长远发展打下基础并锦上添花。

(二) 发展企业责任

创业者对于企业的主要责任是发展生产、凝聚员工、提高绩效等。优秀的创业者要以发展企业为己任,这样才会在工作中敢于冒险、全力以赴,在企业的管理上充分发挥自己的才能,实现自己和企业的价值。创业者在创业起步和经营的过程中要承担以下责任。

1. 遵守投资契约的责任

创业起步阶段,各种资源都很匮乏,其中创业者最看重的外部资源必然是资金、场地和有经验的导师,而其中资金问题又是首要的。尽管有政府税收减免等优惠措施,也有银行的中小企业贷款,但在实际操作中,由于新创企业的风险极大,能够得到上述支持非常不易。由此产生了一类专为创业者融资、投资的人和机构,也就是天使投资。天使投资的门槛较低,有时即便是一个创业构思,只要有发展潜力,也能获得资金。对刚刚起步的创业者来说,天使投资人是创业起步阶段的最佳融资对象。

"天下没有免费的午餐",毫无疑问,无论是天使投资还是风险投资,既然是投资行为,就必然需要利益回报。创业者和团队必须审慎决定是否引入投资,融资越多,意味着要出让的股权或其他利益越多,因此需要结合创业发展阶段的真实需求,科学测算融资需求,避免不必要的利益出让，不要饮鸩止渴，为了眼前的难关而忽视未来的长远利益，特别是不要为了解决一个问题而带来更大的问题。在具体引入投资时，创业者需要慎重地识别创业融资的性价比，仔细权衡出让何种利益，认真谈判，据理力争，稳妥地约定投资形式和回报形式。

一旦形成相关的合作约定，创业者应该也必须积极履行商业契约。创业者和投资者两者的利益和目标是一致的，创业者自然希望自己的企业快速发展；对投资者而言，企业的成长也是他们最愿意看到的，只有创业成功，两者才能得到收益。尽管在具体经营中难免出现不一致的想法，但仍要求双方同存异，实现最大的价值判断。反之，恶语中伤，相互拆台，甚至最终对簿公堂，得到的只能是两败俱伤的结果。创业者既然接受了条件，就必须遵守基本的商业契约精神，心存感恩，处理好与投资人的关系。

2. 创业过程中恰当经营的责任

创业者在资本运行、产品研发、市场拓展、营销推广、客户关系、政府关系等方面都必须遵守创业伦理。

在创业融资阶段，创业的资本来源应符合法律规定。创业者必须在法律允许的范围内进行融资，不得采用高利贷、非法集资等形式。

新创企业在经营过程中要完全按照市场化的标准，提供优质低价、富有竞争力的产品和服务，保证产品和服务的质量，不能因创业刚起步而提供品质粗糙、存在瑕疵的产品或服务等；创业成本的压缩，应该源于创新和优化，而不是偷工减料；企业对产品和服务的描述应符合实际，不能过度地包装和夸大；创业的市场推广和客户开拓，要采用创新的方式，不能通过购买客户隐私资料、发送骚扰短信等模式；新创企业在政策扶持与合理避税的基础上，应依法纳税，诚信经营。对于客户、供应商、经销商等这些企业经营中必要的、重要的群体，应以礼相待，实现双赢。

创业者要时刻具有法人意识，按照规范经营，开展符合经营范围的业务，加强财务、发票等方面的管理，履行与消费者、供应商、分销商等利益相关者相关的责任和义务。企业应根据不同发展阶段、实力等，分阶段参与社会慈善。然而，无论处于何种阶段，新创企业必须遵守基本的伦理要求，切勿以创业作为借口，有意或无意地回避、忽视企业伦理问题。

（三）社会责任

创业者还应在承担上述责任的基础上承担相应的社会责任。创业者要努力树立企业在整个社会及广大消费者心目中的良好形象，不能贪图眼前一时的利益，而要自觉地把个人的事业、企业的发展和社会的需要、人类的进步有机统一起来。

创业者在选择创业项目时应尽量避免选择那些高能耗、高污染、有毒有害等对环境发展有负面影响的项目，而应选择那些环境友好、节能环保型的项目。此外，创业者还应根据自己的专业和技能，以及社会发展的需要和国家政策的引导，选择那些科技型、引领型的项目进行创业，如新材料、新能源、可降解塑料、生物制药、软性陶瓷、农药残留检测等，通过技术研发提高生产效率，改进产品和服务的质量，同时解决现有原材料中含有的毒性成分在加工过程中对环境造成的污染等问题。

创业者还担负着为社会解决就业问题的责任。创业者建立的企业要能够吸纳本社区及相关专业的人才就业,为他们提供实现人生价值的平台,为社会的就业问题贡献自己的力量。

(四)伦理责任

1. 创业者要注意模仿的尺度

适度的模仿是成长的捷径,但是要把握好尺度。比如乔丹体育,利用人们的认知惯性,借用知名篮球明星的形象误导消费者,故意模糊企业形象,混淆品牌概念,这样的做法在创业初期可能对企业有所帮助,但同时也必然会埋下重大隐患,当企业逐渐有影响力时,其负面效果也逐渐显现,这种"搭便车"行为必然会导致创业的不可持续,甚至为企业发展带来致命的打击。

2. 创业者要养成遵守知识产权的观念

由于缺乏对社会的了解,大学生一毕业就创业的只占极少数,很多有创业意愿的大学生毕业后会选择先到企业工作几年,积累行业经验、管理经验和人际关系网络,然后创业。这是非常合理、有效的创业规划。但需要注意的是,如果自己的创业领域、业务内容与曾工作过的公司相同或非常接近,则需要遵守竞业禁止的原则,不能将原公司拥有的技术等照搬照抄,不能出卖原企业的有关秘密、利益等;在创业过程中必须正当竞争,自己拓展新客户,切勿"挖墙脚"。

很多大学生的创业项目源于导师、实验室的项目或研究成果,虽然有些项目是学生直接参与的,但需要注意的是,参与这些项目的研究工作,不代表就可以任意使用相关成果,而是需要及早明确权益归属问题。如果该项目或成果是导师拥有或共同拥有,那么需要全部发明者的明确允许才可以使用相关成果,并对由此产生的利益进行合理分配。同时,更有可能涉及职务发明的问题,如果确属职务发明,那么不仅要得到发明者的允许,还要得到所属单位的明确授权。

创业者在选择创业项目时应考虑自身产品、模式、外观、商标和技术等是否存在侵犯他人知识产权的问题。由于中国知识产权制度的不完善,以及人们知识产权意识的淡薄,创业者在创业过程中常常会出现知识产权方面的麻烦或问题。尤其是在当前互联网创业热情持续高涨,而我国互联网制度还不完善的条件下,创业者更加需要增强知识产权意识,避免在创业过程中因有意或无意侵犯他人知识产权而承担经济赔偿及法律责任等。

创业者责任的培养需要从以下几个方面入手。首先,自我约束,创业者要自重、自爱,约束好自己的一言一行,在日常的经营管理中不断地完善自己;其次,创业者要不断学习,现在的社会竞争异常激烈,创业者要想在这种竞争中不被淘汰,就必须不断学习管理和道德责任方面的知识;最后,要正确认识自己,人总有自己的缺点,也难免会犯错,创业者要理性地看待自己,战胜、克服自己的缺点和不足。创业者要提高责任道德认识,做有责任感的企业家,使责任道德要求成为创业者自觉的道德价值诉求,使管理的成效发挥最大作用,营造和谐的工作环境,使员工之间团结友爱、互相支持、互相尊重,共同为企业的发展出谋划策,确保企业长足发展。

项目二　如何组建创业团队

▶ 案例二

新东方创业团队

在俞敏洪创办新东方之前,北京已经有三所同类学校,参加培训的多以出国留学为目的,培训学校普遍做不大是有原因的。培训学校对个别讲师过于倚重,每个讲师都可以开一个公司,但是每个公司都做不大。所以俞敏洪需要找到更多的合作伙伴,帮他控制住英语培训各个环节的质量。而这样的人不仅要有过硬的专业知识和能力,更要有和俞敏洪一致的办学理念。他首先想到的是远在美国的王强、加拿大的徐小平等人,实际上这也是俞敏洪考虑很久的决定——这些人不仅符合业务扩展的要求,更重要的是作为自己北大时期的同学、好友,他们在思维上和自己有一定的共性,肯定比其他人更能理解并认同自己的办学理念,合作也会更坚固和长久。

这时他遇到了和他有着共同梦想的杜子华,杜子华像一个漂泊的游侠,研究生毕业后游历了美国、法国和加拿大,凭着对外语的透彻领悟和灵活运用,在国外结交了许多朋友,也获得了不少让人羡慕的机会。但是他在国外待的时间越久,接触的人越多,就越感觉到提高民族素质的重要性和迫切性。要提高一个人乃至一个民族的素质,唯有投资教育。

1994年在北京做培训的杜子华接到了俞敏洪的电话。几天后,两个同样钟爱教育并有着共同梦想的"教育家"会面了。谈话中,俞敏洪讲述了新东方的创业与发展、未来的构想、自己的理想、自己对人才的渴望⋯⋯这次会面改变了杜子华单打独斗实现教育梦想的生活,他决定在新东方实现自己的追求和梦想。

在俞敏洪的努力下,从1994年到2000年,杜子华、王强、胡敏、包凡一、何庆权、钱永强、江博、周成刚等人陆续被网罗到了新东方的门下。

作为教育培训机构,师资是新东方的核心竞争力,但是如何让这支高精尖的师资队伍,最大限度地发挥作用呢?俞敏洪从学员需求出发,秉承着一种"比别人做得好一点"的朴素态度,合理构建自己的团队,寻找并提供英语培训市场上别人不能提供或者忽略的服务,使新东方的业务体系得以不断完善。

俞敏洪的成功之处是为新东方组建了一支年轻而又充满激情和智慧的团队。俞敏洪的温厚、王强的爽直、徐小平的激情、杜子华的洒脱和包凡一的稳重,使新东方总是处在一种不甘平庸的氛围当中。俞敏洪大胆起用人才,是新东方成功的关键因素之一。

资料来源:据百度文库整理,https://wenku.baidu.com/view/cfe9fb3b18e8b8f67c1cfad6195f312b3069eb11.html.

知识链接

一、创业团队的概念

Clarkin和Rosa(2005)定义了两类创业团队[①]:第一类创业团队是某个具备一定素质

---

① 刘俊贤.大学生职业规划、就业指导与创业教育[M].北京:清华大学出版社,2015:267.

的创业者个体创建企业,而其他的团队成员接受作为从属管理的角色;第二类创业团队是由几个从事财富创造的个体组成,这些个体分别从事新观点的不同分支,并能够整合资源和相互协调。而路易斯则认为,团队是由一群认同并致力于去达成一个共同目标的人所组成,这一群人相处愉快并乐于在一起工作,共同为达成高品质的结果而努力。在这个定义中,路易斯强调了三个重点:共同目标,工作相处愉快和高品质的结果。盖兹贝克和史密斯认为一个团队是由少数具有"技能互补"的人所组成,他们认同于同一个共同目标和一个能使他们彼此担负责任的程序。总的来说,团队必定是以达到一个既定结果为最终目标,共同的目标是团队区别于群体的重要特征。

创业团队可以从狭义和广义两个层面理解。狭义的创业团队是指有着共同目的、共享创业收益、共担创业风险的一群经营新成立的营利性组织的人,他们提供一种新的产品或服务,为社会提供新增价值。广义的创业团队不仅包含狭义创业团队,还包括与创业过程有关的各种利益相关者,如风险投资、供应商、专家咨询群体等。

二、创业团队组织要素

库珀(Cooper)和戴利(Daily)(1997)认为:创业团队的概念相比群体的概念而言,创业团队成员的联系更加紧密,因为创业团队共享新创业的承诺。创业团队就是一个特定的组织形式,可用5P模型表示,5P模型即目标(purpose)、计划(plan)、人(people)、定位(place)、权力(power),这五个因素构成了优秀的团队。

(一)目标

在团队建设中,有人做过一项调查:问团队成员最需要领导做什么,70%以上的人回答希望团队领导指明目标或方向;而问团队领导最需要团队成员做什么,几乎80%的人回答希望团队成员朝着目标前进。由此可以看出,目标在团队建设中的重要性,它是团队所有人都非常关心的问题。许多创业者认为:没有行动的远见只能是一个梦想,没有远见的行动只能是一场苦役,远见和行动才是世界的希望。

团队目标是一个有意识地选择并能表达出来的方向,它运用团队成员的才干和能力,促进组织的发展,使团队成员有一种成就感。因此,团队目标表明了团队存在的理由,能够为团队运行过程中的决策提供参照物,同时能成为判断团队进步的可行标准,而且为团队成员提供一个合作和共担责任的焦点。

(二)计划

对于一家初创企业来说,制定一套完善的计划更为重要。发展计划的重要性要远远高于解决聘用问题、设计控制系统、确定上下级关系或确定创始人的角色等事项。有明确发展计划的公司能够经受组织的混乱和创业者无能所带来的考验,而再完善的控制系统和组织结构也无法弥补计划上的缺陷。

企业发展计划的最大使命就是使企业行驶在正确的轨道上。如果一个企业的发展计划出现了致命失误,那么最终就会南辕北辙,即便是拥有强大执行力的组织队伍,也终会一无所获。检验企业发展计划是否出现偏颇的角度有:计划与企业的长期目标是否一致;计划能否发挥出企业的竞争优势;计划能否突出了企业的目标市场和消费群体;计划目标是否分解为更多的子目标。一般而言,企业发展计划应与企业的长期目标一致,能够发挥出企业的竞争优势,为企业确定出最容易获得利润的目标市场,并且被分解成阶段性目标和众多子目标。

(三)人

在知识经济时代,人是企业最重要的资产,也是企业可持续发展最核心的生产力。松下幸之助认为,企业经营的基础是人,"要造物先造人",企业如果缺少人才,就没有希望可言。毫不夸张地说,在竞争激烈的市场环境中,人才决定了企业的命运。因此,在一个组织中,任何决策都不会比人事决策更重要。德鲁克认为,人事决策是最根本的管理。人决定了企业的绩效能力,人所产生的成果决定了整个企业的绩效。

而企业要用人,就必然要选人、招聘人。然而很多进行人事决策的创业者,并不真正懂得选人,很多人都认为自己是优秀的创业者,创业者在以此为前提选人时,就可能犯下严重的错误。卓有成效的创业者必然明白:不能凭自己的直觉和感悟来雇佣员工,必须建立一套考察和测试制度来选拔人才。

(四)定位

选用人才,能力固然是首先要考虑的,但一个人的能力必须与相应的职位匹配,这就是对人才的定位原则。用人不能只看能力大小,更要看其适不适合某一职位,最好能做到人尽其才,既不能大材小用,也不能小材大用。物尽其用、人尽其才是每个创业者都孜孜以求的,这涉及人才及岗位价值的最大化问题,与企业用人标准密切相关。

(五)权力

创业者面临的各项事务纷繁复杂、千头万绪,任何管理者,即使是智力超群的创业者也不可能独揽一切。因此,授权是大势所趋,是明智之举,授权的目的是让被授权者有足够的职权顺利地完成授权者所托付的任务。因此,授权者首先要考虑应实现的目标,其次决定为实现这一目标需授予下属处理问题的权限,只有进行明确的授权,才能使下属明确自己所承担的责任。盲目授权必然会带来混乱。要做好按预期成果授权的工作,必须先确定目标,编制计划,并且使大家了解它们,然后根据这些目标与计划而设置职位。

三、创业团队的意义

一个人能力再强,也不可能做完所有的事情,而一个优秀的团队则可以把事情分别交给合适的人来进行妥善的处理。在创业的过程中,创业团队体现出来的作用尤为重要。

(一)为团队成员提供精神支持

由于创业环境具有极大的不确定性,因此,创业不是一件容易的事情,其过程十分艰难。在此过程中创业者面临着各种各样的风险,要承担巨大的精神压力。同时创业者还要面对各方面的困难和挑战,需要很大的勇气去解决遇到的每一个问题。而创业团队中的成员之间能够相互鼓励,为彼此提供精神上的支持,这将进一步强化共同的创业目标,并使团队中的成员围绕创业目标共同努力奋斗。

（二）为创业活动提供职能支持

不同的团队成员具有各自不同的资源和能力优势,这些资源和优势能够促进创业活动的顺利开展,从而有助于创业成功。创业团队的各个成员之间相互协作、相互支持,能够实现能力互补。因此,聚集一批志同道合、互补互助的创业黄金搭档,是成功创业的保障。

案例分析

这里充满着青春的活力,这些年轻人正是一种中坚力量,是他们研制了苹果计算机,并将公司发展成为与 IBM 具有同等竞争力的电脑公司。1976 年斯蒂夫·沃兹尼亚克和斯蒂夫·乔布斯设计出个人用的计算机,并于一年之后以苹果Ⅱ型的商标投放市场。仅用了 3 年多的时间,苹果电脑公司就已迅速发展成为拥有 1.18 亿美元的企业。尽管在1981 年,IBM 也推出了自己制造的个人计算机,但面对强大的对手公司,28 岁的董事长斯蒂夫·乔布斯并没有打算让路。

乔布斯拥有一群充满青春活力、有着亲密合作关系的伙伴,在这群年轻人中间,乔布斯充当着教练、班子的领导和冠军栽培人等多重角色,是一个完美的典型。他是一个既狂热又明察秋毫的天才,他的工作就是专门出各种新点子,对传统观念提出挑战。而团队中的年轻人便是他各种构想的实践者。

苹果电脑公司招聘的方式是面谈,被面试者可能要到公司谈好几次才会被录用。当对录用做出最后决定时,苹果电脑公司会把自己的个人计算机产品——麦肯塔式拿给他看,让他坐在计算机跟前,如果他没有显出不耐烦,苹果电脑公司就说这可是一台挺棒的计算机,以此来刺激他一下,目的是让他的眼睛一下子亮起来,真正激动起来,这样就知道他和苹果电脑公司是否志同道合了。

现在公司人人都愿意工作,并不是因为有工作非干不可,而是因为他们满怀信心,目标一致。员工们一致认为苹果电脑公司将成为一个大企业。

公司现在正在扩展事业的版图,四处奔走招聘专业经理人才。尽管多数人是外行,只懂管理,不懂具体业务,但是他们懂得什么是兴趣,认为自己是最好的经理,他们是最伟大的献身者,所以他们上任后肯定能够干出别人干不出的杰出成绩,苹果电脑公司的决策者一直是这样认为的。

苹果电脑公司在 1984 年 1 月 24 日推出麦肯塔式计算机,在前 100 天里卖掉了 75000 部,而且销量还在持续上升,粗略计算,这种个人用的计算机占到公司全年 15 亿美元销售额的一半。

在苹果电脑公司中,如今一切都要学习麦肯塔式的经验,每个制造新产品的小组都是按照麦肯塔式的模式工作的。麦肯塔式的例子表明,当一个发明班子组成以后,能够有效地完成任务的办法就是分工负责,各尽其职,团结协作。在麦肯塔式外壳中不为顾客所见的部分是全组的签名,苹果电脑公司的这一特殊做法的目的就是给每一个最新发明的创造者本人,而不是给公司,树碑立传。

资料来源:据百度百科及百度文库资料整理,https:wenku. baidu. com/view/6a72284ee45c3b3567ec8b27. html.

四、创业团队优劣势分析

（一）优势分析

1. 创业资源丰富

创业需要创业资源来支持，知识、技术、资金和经验等资源都是影响创业的重要因素。获取创业资源的难易程度也直接影响创业绩效。没有足够的创业资源，创业者就不能做出创业的高绩效行为。同时，创业也是一项高风险活动，创业团队人多力量大，在新创企业成立时可以获得大量资金、技术和经验，抗风险能力大。创业资源丰富有利于把握一些风险较大但收益较高的创业机会。

创业团队需要具备各个方面的能力以应付创业的需求。一般认为，技术、市场、生产管理和营销方面的技能是创业团队的必备技能。创业团队需要掌握创业所需的专业技术，很多创业活动都是因为掌握了关键的新技术，能够为消费者提供新的商品和服务而创立的，所以创业团队在技术方面的技能是必不可少的。创业环境时刻在变化，市场信息瞬息万变，创业机会稍纵即逝，只有具备有关市场的技能，才能发现创业机会并对之进行机会评估、做出正确的创业决策。创业的实现离不开生产和管理，这方面的专业也是创业团队必备的技能之一。创业提供的商品和服务要得到消费者的认可，必要的营销和销售技能也是不可或缺的。

2. 信息收集全面

创业者在创业决策时要收集各方面的信息。创业者之所以寻求团队合作，是因为要弥补自身能力与创业目标之间的差距。只有当团队成员相互间在知识、技能、经验等方面实现互补时，才有可能通过相互协作发挥出"1+1＞2"的协同效应。由于创业团队的团队成员具备不同的专业技能，具有不同的工作背景，因此团队在收集相关信息上更加全面。

俗话说："三个臭皮匠，顶个诸葛亮。"团队的结构是创业的重要资源。库珀（Cooper）和戴利（Daily）[1]（1997）认为：如果创业团队成员在技能、知识和能力上互补，团队将实现高效。众多研究表明，创业团队在技能上的异质能改善新企业的绩效。班特尔（Bantel）和杰克逊（Jackson）[2]（1989）认为：高层管理者团队拥有更多样化的能力构成，那么将做出更具有创新性、高质量的决策。默里（Murray）[3]（1989）进一步对技能异质性内容进行了研究，认为技能的异质性来自成员的教育背景、专业、职能和工作背景这四个方面，并认为高管团队的异质性与公司绩效正相关。创业团队的结构会在很大程度上影响到团队的绩效和创业绩效。

3. 创业团队决策可避免个人冲突

创业团队的决策行为是创业团队在创业过程中做出一系列决策行为。平等的决策行

---

① Cooper A C,Daily C M. Entrepreneurial Team[A]. D L Sexton,R W Smilor. Entrepreneurship[C]. 2000:127 - 150.

② Bantel K A,Jackson S E. Top Management and Innovations in Banking:Does the Composition of the Top Team Make a Difference? [J]. Strategic Management Journal,1989,10(11):107 - 124.

③ Murray A I. Top Management Group Heterogeneity and Firm Performance[J]. Strategic Management Joural,1989,10(S1):125,41.

为模式是指每个创业团队成员的意见均被作为参考,这类决策模式有利于全面地考虑决策问题,在获得全面决策信息的基础上做出最终决策。这类决策的质量相对较高,一方面是由于决策的信息丰富,另一方面因为是平等型决策模式,所有团队成员均参与其中并且意见被作为参考,所以决策结果容易被团队接受,决策的认可度会更高,从而可以避免个人冲突。

(二)劣势分析

1. 团队决策未必有好效果

群体平等决策是有缺点的,由于是全员参与,决策所需的时间多,决策意见不统一,容易错失良机。

2. 团队成员间信任问题

互信是形成团队的基础,但互信往往要经过长期合作才能形成。事实上,自私自利当属大部分人的本性,能义无反顾地将团队利益置于个人利益之上的,恐怕还是少数。因此,盲目地信任团队成员,恐怕也是非常不明智的。自相矛盾的是:不能互信,则难以形成团队;盲目互信,却又要冒很大的风险。可见,在建立团队成员间相互信任关系时,既要培养和发展团队中人与人之间的信任感,又要建立正常的监督机制,以规避用错人的风险。

3. 不同意见的矛盾产生

创业团队成员经常会过于执着于创业构思,极力维护自己的主张,但同时又逃避自己的缺点。这种固执己见、争夺权力、逃避弱点等人性缺点,往往使团队难以找到解决问题的最佳方案。有的团队成员会非常在意自己的地位与利益,将自己凌驾于团队之上,尤其是在创业初期参加创业的成员,很难接纳比自己更为优秀的新成员。

五、创业团队的分类

以不同方式组建的创业团队既可能带来优势,也可能带来障碍。我们可以大体按照管理方式和成员关系对创业团队进行分类。

(一)按管理方式分类

按管理方式分类,可将创业团队分为星状创业团队(star team)、网状创业团队(net team)和虚拟星状创业团队(virtual star team),如表3-2所示。

表3-2 按管理方式分类的创业团队的比较

类 型	概 念	优 点	缺 点
星状创业团队	有一个核心主导人物,充当领军的角色	决策程序简单,效率较高;组织结构紧密,稳定性好	容易形成权力过分集中的局面;成员和主导人物产生严重冲突时往往会选择离开
网状创业团队	由志趣相投的伙伴组成。他们共同认可某一创业想法,共同进行创业	成员的地位较平等,有利于沟通和交流;成员关系较密切,较容易达成共识;成员不会轻易离开	结构较为松散;决策效率相对较低;容易导致整个团队涣散;容易形成多头领导局面

续表

类　型	概　念	优　点	缺　点
虚拟星状创业团队	有一个核心成员,但是该核心成员的确立是团队成员协商的结果	核心成员具有一定的威信,既不过度集权,又不过于分散	核心人物必须充分考虑其他成员的意见,不像星状创业团队中的核心主导人物那样有权威

1. 星状创业团队

星状创业团队也称核心主导型创业团队,这类创业团队一般都有一个核心人物,这个核心人物是团队的领军。核心人物有了自己的创意,然后据此吸纳其他人加入。因此,在团队形成之前,核心人物就已经仔细考虑过团队的构成,他依据自己的构想选择成员,成员一旦加入,就扮演起支持者的角色。

这种创业团队组织结构非常紧密,稳定性较好;决策程序相对简单,有利于决策和管理;核心人物在团队中的影响力和号召力巨大,能够提高工作效率。其不足之处在于:核心人物的权力过分集中,在一定程度上增加了决策失误的风险。而且,当矛盾激化、冲突爆发时,其他成员可能会愤然离开团队,这样就会对整个团队和企业的发展产生不利影响。

2. 网状创业团队

网状创业团队也称群体创业团队,主要由志趣相投的伙伴组成。创业团队在组成时没有明确的核心人物,大家根据各自的特长进行自发的组织角色定位。在创业初期,各位成员扮演的基本上是协作者或伙伴的角色(partner)。网状创业团队成员之间有一张有形或无形的关系网,他们或是亲朋好友,或是同学老乡,或是朋友的朋友、同学的同学等。在具体交往的过程中,由于志趣相投、脾性相合,他们产生了相同的创业想法并将这一想法付诸实践。在这个团队中,个人根据自身的专长进行角色定位。

与星状创业团队相比,这类组织权力分散,但团队的成员关系较密切,较容易达成共识、发挥各自的作用,有利于决策的民主化;一旦有矛盾发生,一般都能以协商的方式解决,不至于导致人才流失或缺失;成员的地位相对平等,有利于沟通和交流。其缺点也非常明显:成员在团队中的地位相似,容易形成多头领导的局面;组织决策时,一般采取集体决策的方式,通过大量的讨论达成一致意见,因此组织的决策效率相对较低;一旦团队成员间的冲突升级,使某些团队成员撤出团队,就容易导致整个团队的涣散。

案例分析

诺伊斯是微芯片的联合发明人,也是英特尔的导师和灵魂,为英特尔带来了远见和灵感;摩尔热衷于技术,两个天才的合作创造了一家虽然闲散但处于创新前沿的公司。两人的个性完全不同,每次在晚会上,诺伊斯都热情奔放,全身心投入,善于施展谋略,而且从不认输,敢于迎接任何挑战。而摩尔总是同几个最亲近的朋友围坐桌旁,轻声细语地闲聊。摩尔的性情相当沉着、冷静,他有两大爱好:一是在岸边执竿垂钓;二是在湖上划船休憩。摩尔是一个害羞的、有条理的人,他甘于默默无闻,但他是英特尔的"心脏"。在硅谷历史上,摩尔不是个抛头露面的人物,在他的事业生涯中,经常被他的同伴遮去光辉。但在硅谷,尤其是在英特尔,摩尔是最令人敬佩的公司创始人之一,是最受人尊敬的科学家,他比其他人更能体现英特尔的模式:才华横溢,说话温柔,自我超越。

资料来源:据品牌联盟网整理,http://www.brandcn.com/pinpaigushi/170310_412629.html.

3. 虚拟星状创业团队

虚拟星状创业团队是由前两种创业团队演化而来的,兼具前两种创业团队的特点。在这种团队中,有一个核心成员,但是该核心成员地位的确立是团队成员协商的结果,因此核心人物从某种意义上来说是整个团队的代言人,而不是主导者,其在团队中必须充分考虑其他团队成员的意见。

🍂 案例分析

1998年秋天,马化腾与他的同学张志东"合资"注册了深圳腾讯计算机系统有限公司。之后又吸纳了三位股东:曾李青、许晨晔、陈一丹。这5位创始人的QQ号,据说是从10001到10005。为避免彼此争夺权力,马化腾在创立腾讯之初就和四个伙伴约定清楚:各展所长、各管一摊。

资料来源:据UC电脑园网站整理,https://www.uc23.net/lishi/70344.html.

(二) 按成员关系分类

按成员关系分类,可将创业团队分为亲友组合型、同学组合型、志趣相投型、志同道合型。

1. 亲友组合型

许多创业初期的融资都是亲情融资,这个传统的融资方式其实也是最容易的融资方式,随之而来的是由各出资方组成的创业团队。

这种团队的好处是在创业初期由于有之前的感情基础和对彼此的了解,因此可以很快地进入创业的实质进程。其缺点是有了感情的掺入,创业者在决策和管理时不能太理性,否则就会影响感情;因亲情而组建的团队,也很容易因亲情而翻脸。

2. 同学组合型

同学组合型的创业团队最初是为了参加创业比赛而组建的,随着时间的推移和创业项目的不断深化和推进,团队成员决定付诸实践。于是,这个最初的同学团队也就自然演变成了创业团队。

这种组合团队的好处是大家亲手打造项目,每个人对细节都很了解,但是如果团队成员没有相同的价值观,这样的团队也很难取得长远的成功或发展。

🍂 案例分析

杨致远和大卫·费罗是在斯坦福大学读博士时认识的。出于对互联网行业的兴趣,二人在日常的课题研究中经常收集一些有意思的网站,随着收藏的网站越来越多,为了方便及时查找需要的网站,二人还开发了一款搜索引擎,最后发展成为现在的雅虎。对网络的共同热情使两人走到一起,随后两人意识到他们应该开展业务,并从红杉资本获得融资。1995年他们找到了总经理人选——蒂姆·库格——他们在斯坦福的校友。库格负责管理实务,费罗和杨致远专注于研究工作。后来费罗负责技术开发,杨致远负责对外公关。杨致远性格比较外向,但时常回忆过去;费罗内秀且喜欢沉思。

资料来源:据搜狐网资料整理,https://www.sohu.com/a/405143124_751055.

3. 志趣相投型

志趣相投型团队是指在志趣相投的朋友中,一人创业成功了,其他朋友也就自然而然地加入进来,逐渐成了团队成员。

这种团队的好处是在创业之初大家都不怎么在乎金钱,维系大家在一起的是友谊和志向,但是在创业成功之后,有时往往会因为看法、做法、想法的分歧而导致他们分道扬镳。

案例分析

自 1999 年创立,携程仅用四年时间就在纳斯达克上市,并且每年实现 35% 以上的高盈利增长。艾瑞数据显示,2007 年年底携程就已占据中国在线旅游市场五成份额,并且这一数字还在进一步增长。"呼叫中心+互联网"这样看似简单的携程模式,却一直无法被后来者复制或超越。

梁建章、沈南鹏、季琦和范敏组成的携程创始人团队是中国互联网企业里结构最复杂、职位变动和交接最多的一个,但却是过渡最平稳、矛盾最少的一个。如果他们不曾为彼此安排好发展空间并保证利益,不曾为大局做出妥协,携程绝难安存至今。

资料来源:据豆丁网资料整理,https://www.docin.com/p-2005217738.html.

4. 志同道合型

志同道合型团队是在创业过程中经过不断磨合而组成的坚固团队,大家有着共同的愿望,并且愿意为了同一个目标而付出自己的青春,不计较得失,一般来说,那些最后可以取得成功的团队大都是这样的团队。

志同道合的团队带头人要懂得管理人心,善于管理公司。只有合理设计用人和薪酬计划,有较强执行力,能按期实现指定的目标和战略,才能在团队中逐渐赢得其他成员的信任。因此,团队带头人要有很好的人格魅力和很强的创业能力。

案例分析

这是一个只有 7 人的小团队,其中 5 人分别来自四川省水利水电机械工程学校、成都理工大学工程技术学院、哈尔滨理工大学和中山大学,另外两位中专女生,平均年龄不到22 岁。从今年 3 月接到第一单生意起,他们凭借勤奋和敬业的精神,加上灵活的头脑,在短短 8 个月内,温凯和他的蜀清大学生创业保洁队就创造了属于自己的奇迹。

2011 年 3 月,温凯和岳瑞斌还是四川省水利水电机械工程学校的学生,一个学工程管理,一个学施工技术。两人打算在实习期打工挣点钱,商量过后,他们选择做家庭保洁。

3 月 24 日,他们在九眼桥接到了第一单生意,到一个老人家做保洁。动作麻利的两个小伙子一边忙活一边和老人家聊天,两小时的保洁最后变成了大家一起吃晚饭,畅聊到晚上 8 点。老人告诉他们,老年人家庭的保洁市场将会越来越大,"谁能抓住这块蛋糕,谁就是赢家。"此时的温凯和岳瑞斌都已签好工作单位,老人的一席话却点燃了两人的创业激情。纠结了好几天后,温凯毅然决定创业。怀揣凑来的 1300 元,温凯和岳瑞斌创办了蜀清大学生创业保洁队。新乐南街一小区内,温凯带着成都商报记者参观了他那三合一的办公室。1300 元租来的一套几十平方米的二居室,承担了办公室、员工宿舍和仓库的职责。

22 岁的李涛是成都理工大学工程技术学院的学生,由于家庭贫困无力支付学费,他念到大二就肄业了。李涛和温凯交流后一拍即合,决定加入这个充满激情的团队。李涛说,除了做保洁,他还兼着 6 个家庭的家教服务。

22 岁的王宇浓是个东北小伙,毕业于哈尔滨理工大学机电一体化专业,在一家电子元器件工厂工作两年后投奔成都的表哥,今年 4 月进入家政行业,王宇浓说自己非常适应这份工作,"职业不分高低贵贱,360 行行行出状元,只要你选择了自己想做的,并且一直坚持下去,那你就是成功的。"20 岁的马洪菊和 23 岁的蒋美都是中专生,两名女孩一名负责网络宣传推广,一名做日常家庭保洁,她们也和温凯一样对家政行业充满热情。

如今,保洁队的业务已经从家庭清洁保养、工程维修拓展到家庭心理咨询、全方位管家服务和家教培训。"我们大部分都是学理工的,客户家那些需要修理的小地方对我们来说完全是小菜一碟。"

从 3 月到 8 月,蜀清大学生创业保洁队已累积了上千客户,在温凯的计算机里,密密麻麻的都是客户资料,每一位客户后面都有备注,提醒下次去清洁时需要注意的事项。温凯说,现在他们已开始承接大型楼盘、公司的整体清洁工作。近两日还有公司来谈团购,希望将家政卡作为员工福利发放。温凯说,据他整理的数据看来,截至上月 28 日,保洁队 11 月已创造了 7 万余元的营业额,平均下来,8 个月每月的营业额近 4 万元。

谈到新一年的规划,温凯和他的团队豪情满怀,他们计划在下个月将保洁队注册成公司,立志打造一家集家政、保洁、家庭全方位管家服务、家庭营养顾问、物业管理、教育培训等于一体的新型专业家政服务类公司,致力于打造包括企业在内的家政一站式服务平台。

资料来源:据百度文库网资料整理,https://wenku.baidu.com/view/e3b974af5fbfc77da269b1c5.html.

项目三 创业团队的冲突管理

▶ 案例三

葵花药业:"夫妻反目"导致元气大伤

成立于 2005 年 9 月的葵花药业,是一家大型民营医药企业,由关彦斌创立。2014 年 12 月 30 日,葵花药业在深圳中小板挂牌交易,市值一度过百亿元。关彦斌的前妻张晓兰是葵花药业最早的创始股东之一,她与关彦斌共同创立了葵花药业。在 2017 年 7 月,二人宣布办理离婚手续。

但随着关氏二代们的逐步掌权,特别是关、张离婚仅 10 天后,关的女儿(非张晓兰所生)即出任葵花药业董事会非独立董事候选人,而张的儿子却逐渐被边缘化,这使夫妻间长期积攒的矛盾爆发,并因此反目,引发了刑事案件。

2019 年 4 月 9 日,因涉嫌故意杀人,葵花药业创始人、原董事长关彦斌被检方批捕。

这次家族内斗不仅触碰了法律，还给企业带来重大打击，关彦斌被批捕的消息仅传出一天，葵花药业市值就蒸发 6 亿元。

资料来源：据网易新闻资料整理，https://www.163.com/dy/article/GOG2GI6S0528W1A0.html.

问题探讨：

葵花药业关彦斌"夫妻反目"的后果是什么？

知识链接

一、冲突类型

创业团队的成员在创业过程中总会产生矛盾。总的来说，我们可以把团队内的冲突分成两大类，即认知型冲突与情感型冲突。

（一）认知型冲突

认知型冲突主要是指团队成员在企业生产经营管理过程中对相关问题产生的不同意见、观点和看法。在有效的团队中，成员之间就生产经营管理过程中的相关问题存在分歧是正常的。尤其是在数字时代，第三场景办公或居家办公的趋势直线上升。团队成员通过屏幕和语音传递信息、观点，容易产生歧义和理解上的偏差，很多问题隔着屏幕也无法得到有效解决，因而可能会带来更多的摩擦。

但在一般情况下，认知型冲突将有助于改善团队决策质量、提高组织绩效、促进决策本身在团队成员中的接受程度。

（二）情感型冲突

基于人格化、关系到个人导向的不一致性被称为情感型冲突，这类冲突往往会破坏团队绩效。情感型冲突会阻止人们参与到影响团队绩效的关键活动中，团队成员普遍不愿意就问题背后的假设进行探讨，从而降低了团队绩效。情感型冲突还会引起冷嘲热讽、不信任和回避，从而阻碍开放的沟通和联合程度。

在创业中，产生冲突的原因包括：员工的个性差异，信息沟通不畅，利益分配不均，个人价值观与企业价值观不协调等。过多的冲突会破坏组织功能，过少的冲突则使组织僵化，不同的冲突对于企业发展的影响也不同。研究表明，在新创企业中，适当的认知型冲突会对企业绩效产生正面的影响，而情感型冲突产生的大都是负面的影响，因此，有必要对冲突进行科学有效的管理。

二、冲突管理

由于群体和个人在价值观、个人目标和需求上并不都是完全一致的，因此冲突是不可避免的。但是冲突并不一定是坏事，它也可能是由企业发展和改革引起的，发挥着创造性的作用。面对这种冲突，只要以理性、客观的态度进行观点交换和方案修改，就能够获得新的突破。但是如果冲突是源于个性上的不合，就需要通过其他的方法进行解决。

因此，冲突管理主要涉及群体间的冲突管理和人际冲突管理。处理好群体间的冲突有以下三个基本原则。

（一）和平共处

和平共处的目的在于营造出一种友好的氛围,鼓励团队成员消除分歧,学会共处。和平共处是一种相对理想的状态,在大多数情况下都难以实现。这种方法需要管理者改进沟通方式和技巧,洞悉员工的心理。但是如果管理者不能获悉员工的真实心理,那么这种方法只能暂时平息冲突,真正的矛盾有可能再次爆发。

（二）达成和解

和解是一种妥协,即通过谈判来解决问题,双方都不能够得到让自己最满意的结果,因此,和解实质上是一种消极的解决冲突方式。这种方式并没有最优选择,达成和解是为了调解分歧,而不是真正解决矛盾。

（三）解决问题

找到问题的真正根源并提出解决方法,而不是调解不同观点的矛盾是解决问题的主要目的。它需要由最终实施方案的成员共同进行,并共同承担解决冲突的责任。

首先,创业团队成员应当明确问题出在哪里,并且达成共同解决问题的意愿。其次,团队成员提出若干解决方案,并反复讨论各个方案的优缺点。最后,团队成员就解决问题的最佳方案及实施方式达成一致意见。

处理团队中的人际关系要比处理群体间的关系更为复杂,因为其掺杂了强烈的个人情感色彩。处理人际冲突的主要方式如下。

1. 控制冲突

控制冲突的方法都有一个共同点,即通过妥协、让步等弱化矛盾的方式,暂时性地解决冲突。控制冲突的方法主要包括让步和调解。

让步往往意味着做出让步的一方,被迫进行妥协,让对方占据上风。如果双方都愿意做出让步,则需要通过讨价还价来实现,以达成双方都可以接受的解决方案。但是前一种解决方式只能够暂时性地解决表面冲突,做出让步的成员通常会心有不甘,伺机再战。

调解通常由第三方介入,致力于释放冲突双方的紧张情绪,并鼓励团队成员积极处理冲突。调解本身关注的并不是问题所在,而是冲突双方的反应,因而调解并不能够指出冲突的本质。

2. 建设性对抗

建设性对抗是指由第三方营造出探索性和和谐性的环境,将冲突双方聚在一起,互相理解对方的观点与感受。这是一种通过换位思考、产生理解与认同来实现双赢的方式。

冲突双方在第三方的帮助下,以较合作的态度直面冲突,并对当下的形势进行探讨。这种建设性对抗往往是根据具体事件和客观行为来判断的,较少关注动机。但是在建设性对抗的过程中,第三方角色的难度较大,第三方需要使冲突双方对进行探讨的基本原则达成共识,并减少敌对行为,鼓励冲突双方对问题出现的原因作出新的解释并产生解决问题的一致愿望。第三方必须尽量保持公平公正,避免表现出更支持或亲近某一方。

第三方可以采取以下方式:积极聆听;仔细观察;提出开放性问题;允许冲突双方自由

表达;鼓励冲突双方自己解决问题,并做出备选方案;适当地提供建议和指导。

三、创业者领导角色和行为策略

现代组织中领导者充当着越来越多的角色,他们如同外交家一般,负责平衡外界环境,协调本组织与其他组织的关系,争取获得最佳支持和最大资源;同时,他们也扮演着传教士的角色,宣传组织文化、理念和目标,解释组织的目的及其行为动因。

(一)创新精神管理创业团队

成功的创业者需要摆脱个人情绪的干扰,以职业经理的身份,展现事业心、理性、知识和对企业、对员工责任感。这些因素共同构成了成功的基本保证。此外,职业精神包括道德感和规则意识。这里的道德感一方面是指创业者讲究社会公德、职业道德、家庭美德和公平竞争的个人修养。而更重要的一方面是指对民众、对客户、对竞争对手的尊重,对市场规则的尊重。西方经济学家熊彼特曾描述,企业家的工作就是创造性的破坏。恩格斯指出"原始积累的每个毛孔都充满了血腥"。一些创业者对自己、对部下、对企业相当负责,但对竞争对手、对社会和整个经济秩序的均衡有序缺少最起码的责任感,从而造成了个人道德与职业道德的分裂症。最终结果就是这些人既是社会经济秩序的破坏者,又是被破坏了的经济秩序的受害者。

(二)创新思维领导创业团队

创业者必须有高瞻远瞩的决策能力,这种能力来自创造性思维。这就要求创业领导者内心要拥有亢奋激昂地追求经济利益和成就感的内在冲动和优胜劣汰的竞争意识。创业者进行创造性思维的结果,是使产品规格、花色和质量不断发生变化以满足市场复杂多变的需求。创业者必须不断培养并运用创造性思维,通过这种思维凝结成有形的结果,使企业产品和服务有应变力、有市场、有生命力,进而使公司获得成功。

案例分析

Keep 王宁的创业之路

2013 年 10 月,身高 1.76 米、体重 180 斤的王宁没钱去健身房请专业教练,就在知乎、贴吧等地方搜集健身干货,摸索着练习,10 个月成功减肥 50 斤。他发现,有关减肥的视频、文章更新很慢,要找到优质内容如同大海捞针,而且内容缺乏系统性。知乎、豆瓣、贴吧的各种减肥组里的人也有这种困惑,要是有一个 App 能够聚合各种减肥信息就好了。王宁决定试试这件事。2015 年 2 月,Keep 上线。从上线到收获 100 万粉丝,Keep 只用了 105 天。第 921 天,用户数量破亿。

2015 年 1 月,当时 Keep 针对的目标用户十分集中,就是运动或减肥爱好者。他们分散在知乎跟运动健身相关的问答、豆瓣小组、减肥吧、健身吧、微信群和 QQ 群里。这些渠道里的用户对健身方面的话题十分关注,于是王宁就带着两三个运营人员深挖这些渠道,写一些健身、减肥的帖子。这些帖子丝毫不提 Keep,就是专注于运动健身的干货。当时互联网上相关的高质量的内容不多,因此在社会化媒体里吸引了很多粉丝关注。在积累了 20 万用户后,Keep 在商店分类榜 5~10 名的位置上下波动。苹果的编辑注意到了

Keep，在商店首页做了推荐，一下子用户量就上来了。Keep 是 2015 年苹果 App 商店年度精选，在大中华区苹果零售店销售的 iPhone 中全部预装了 Keep。王宁认为 Keep 能走到今天是因为：第一，产品足够简单，Keep 1.0 就只做一个功能简单的运动视频，让用户动起来；第二，产品保持足够好的调性，无论是 UI 的调性，还是运营调性，王宁希望年轻人使用 Keep 是给自己贴上年轻时尚的标签。

对于早期的创业公司来说，只要把产品技术、市场运营做好了，就能把产品做出来。王宁带领共 4 人的技术团队花了两三个月时间、二三十万元开发出 Keep 1.0，靠着朋友推荐获得了泽厚资本 300 万元的天使投资。

在前期，王宁花费了大量时间用在找团队上。他阅读了大量有关创业的书籍，意识到团队最重要。他不断筛选身边的人，与他们深度接触，像沙漏一样，一层层筛选，确定一两个人，合作一段时间。

在做 Keep 的过程中，王宁对团队管理最大的感悟是，彼此的信任非常重要。早期，王宁与团队中的彭唯分工不同，王宁负责市场运营，彭唯负责产品技术，两人在前期会进行充分的讨论，达成一致后，王宁就充分信任彭唯可以把这件事情做好。他觉得只要方向是对的，没有必要在细节上过多干涉合伙人。

王宁是个充分放权的人，他相信自己选择的人会把事情做好。这位"90 后"CEO 和他的合伙人很有危机感，他们很害怕自己成为这家公司的天花板。王宁对于人力部门的要求是每个应聘者投递的简历都必须回复。现在人力资源总监黄晶晶和同事们每天要回几十份简历。

这款快速获取用户的 App 也吸引了投资人。Keep 成立初期即获得了泽厚资本 300 万元的天使投资。2015 年 5 月，贝塔斯曼和银泰资本领投 A 轮 500 万美元。7 月，完成 GGV 1000 万美元 B 轮融资，2016 年 5 月，完成晨兴资本和 GGV 3200 万美元 C 轮融资。

资料来源：据新浪财经网资料整理，http://finance.sina.com.cn/tech/2021-01-19/doc-ikftpnnx9285956.shtml.

四、创业团队的社会责任感

（一）创业团队社会责任感的概念

创业团队社会责任感（corporate social responsibility，CSR）是指企业在其商业决策和运作过程中对其所影响的个体或群体，包括员工、顾客、供应商、社区团体、母公司或附属公司、合作伙伴、投资者和股东应负的责任。企业社会责任感的概念是基于商业运作必须符合可持续发展的原则，企业除了考虑自身的财政和经营状况，还要考虑其对社会和自然环境所造成的影响。

（二）创业团队社会责任感的产生

毋庸置疑，企业的首要任务是创新和生产，企业应当是社会物质财富的创造者，企业的主要目的是为社会提供物质产品和精神产品，企业是支撑人类社会生存的基本经济单位。企业如果失去了生产和创新功能，就失去了存在的基本价值。因此，任何企业的第一要义都是搞好生产，创造出市场效益，争取为社会多纳税，承担其对社会的经济责任。这样企业就完成了它的主要任务。至于企业的其他社会责任，有人认为这些并非首要之事，可以称为分外的事情。例如,如何保障职工的劳动权利,要不要教育职工,要不要从事清洁生产活动和保护环境等,这些要以企业的发展程度来决定。企业如果具备足够的经济实力,当然可以承担这些责任;如果实力不足,则可能难以兼顾。但近年来我们看到,市场经济下的企业与社会也有着千丝万缕的联系。企业来自社会,也必将还原于社会,这是一种新形势下的社会关系,企业的生死都要由社会来承接。更主要的是,社会是企业的生存环境,如果没有一个好的环境,企业就难以生存。因此,企业与社会有一个共荣的关系,市场经济下的企业与社会甚至有着更为密切的关系。

案例分析

伊利公司的企业社会责任感

作为中国乳业的龙头老大,伊利忠实履行着自己的社会责任。近年来,在伊利的带动下,已经有500万奶农走上了致富路。由于多年来对推动社会和谐进步所做出的突出贡献,伊利集团被国家权威机构评为"中国十大贡献企业",这是中国乳业唯一一家获此殊荣的企业。在领跑市场的同时,伊利也充分凸显了作为乳业龙头的责任感。自2005年起,伊利连续3次获得"中国最佳公民"大奖。

2005年以来,伊利集团与呼和浩特市26中合办成立了两届"伊利宏志班",共出资40万元用于解决60名品学兼优的贫困学子初中三年的所有学杂费用。"伊利宏志班"是国内首家由企业出资赞助的"班"。伊利还出资资助贫困大学生。伊利集团以实际行动给了那些贫困家庭的孩子一张改变命运的"网"。

2006年12月,由伊利援建的"内蒙古武川县三圣太村青年中心"正式挂牌成立,它的建设实现了团组织、工作、阵地的有机结合,并辐射带动了基层团组织。伊利集团不仅在硬件设施上对此予以了很大的援助,更重要的是,还定期开展各项技能培训、科普知识教育、团建工作等丰富多彩的主题活动,从根本上提高农村青年的致富能力,帮助他们树立正确的价值观。伊利希望通过"授人以渔"的扶志行为,让农村青年通过掌握致富本领,主动获取致富信息,进而以自己的智慧和劳动实现根本上的脱贫致富。

2008年5月12日的汶川地震是继年初冰雪冻灾之后,中华大地上面临的又一场天灾。自地震发生后,灾区人民的情况时刻牵动着每一个国人的心弦。看到一幅幅触目惊心的画面,每一个国人的心都揪得紧紧的。伊利作为乳品企业的龙头,作为民族工业的"老大",在祖国大家庭有难之时,充分表现出了一个"老大"应该有的承当,真正担负起了一个"老大"的职责。

在这场突如其来的灾难面前,伊利第一时间启动了企业社会责任应急预案。伊利以"早送一包牛奶 多添一份希望"为题向全体员工发布《抗震救灾动员令》,号召各地工厂从各地紧急调配大量乳品送到灾区,还迅速成立了紧急救援队,直接奔赴灾区为受灾民众提供救援物资。

伊利业务团队和德阳地区经销商——四川朝阳百发公司、什邡芙蓉百货、绵竹长生奶行主动要求为灾区和受灾员工提供物资供应;积极与四川红十字会、德阳红十字会相关部门联系,主动为德阳、绵竹、什邡等受灾地区提供牛奶。德阳业务人员赵志勇、樊华和经销商胡朝根在12日下午5时开始装车运输,先后出动4辆货车,分两次把上万件牛奶运送到灾区,其中金典、营养舒化奶等新品占到60%以上,所有人员一直奋战到13日上午8时钟,将第一批抗震救灾的伊利牛奶送到了赈灾最前线,将健康和希望送到了灾区。

一个企业的存在,绝对不能仅以赚钱为唯一目标。除赚钱外,企业还应该服务社会、创造文化、提供就业机会、把高质量的产品和服务以最低的价格提供给消费者。这些都是企业应有的目标,也可以说是企业的使命。一个企业如果从管理层到普通员工都能有这样的责任感,那么这个企业最终一定会有大的发展。作为社会的一员,所有的行为都要对社会和国家负责,这是做人最起码的准则。同时,一个人还要对自己负责,对家庭负责,对工作负责,对企业负责,对社会负责,最终企业也要对社会负责,从而形成企业的社会责任感。

(三)创业团队社会责任感的内容

美国学者戴维斯就企业为什么及如何承担社会责任提出了自己的看法,这种看法被称为"戴维斯模式",其具体内容如下。

(1)企业的社会责任源于它的社会权利,由于企业对诸如少数民族平等就业和环境保护等重大社会问题的解决有重大的影响力,因此社会就必然要求企业运用这种影响力来解决这些社会问题。

(2)企业应该是一个双向开放的系统,既要开放地接受社会的信息,也要让社会公开地了解它的经营。为了保证整个社会的稳定和进步,企业和社会之间必须保证连续、诚实和公开的信息沟通。

(3)企业的每项活动、产品和服务,都必须在考虑经济效益的同时,考虑社会成本和效益。也就是说,企业的经营决策不能只建立在技术可行性和经济收益之上,还要考虑决策对社会短期和长期的影响。

(4)与每一活动、产品和服务相联系的社会成本应该最终转移到消费者身上。社会不能希望企业完全用自己的资金、人力去从事那些只对社会有利的事情。

(5)企业作为法人,应该和其他自然人一样参与解决一些超出自己正常能力范围的社会问题,因为整个社会条件的改善和进步,最终会给社会每一个成员(包括作为法人的企业)带来好处。

五、创业退出决定

案例分析

2018年4月4日上午,美团CEO王兴发布内部信,正式宣布全资收购摩拜,并表示摩拜管理团队将保持不变。王兴在内部信中表示,摩拜将继续保持独立品牌、独立运营。摩拜管理团队将保持不变,王晓峰将继续担任CEO,胡玮炜将继续担任总裁,夏一平将继续担任CTO,王兴担任董事长。摩拜最终以被美团收购而结尾。

摩拜为什么"卖身"?

1. 高造车成本与高运营成本难以为继

摩拜自诞生之初,就选择了一条重资产的道路。除了造车成本,还有难以降低的车辆损毁率,以及车辆维修、人员调度成本及其背后的各种影响因素,这些因素使摩拜的盈亏平衡难以维持。

2. 共享单车难以造血

据财务报表显示,2017 年 12 月,包括运营和管理成本在内,摩拜开支达到 4.29 亿元。可以推算,如果摩拜想要实现盈利,那么单月营收需要达到 4.5 亿元,平均每天要有 1500 万元的收入。2017 年 12 月单月的损益表显示,摩拜营收为 1.1 亿元,而成本却高达 5.6 亿元,净利润亏损 6.81 亿元。此外,2018 年 1 月摩拜日单量不足 1000 万,按照摩拜 900 万辆的投放量计算,平均每车每天仅周转一次。

3. 投资人的意愿

事实上,对于过度依赖融资,尚未找到平衡收益点的共享单车而言,种种迹象似乎已经预示了它的结局。

2017 年 11 月,据 AI 财经社报道,在高昂的运营成本和营销成本压力下,由于资金吃紧,摩拜和 ofo 都从 2017 年 11 月开始进行人员优化,多个城市的外包兼职率先被解雇,部分城市甚至在冬季出现运维近乎停摆的状态。

面对发展了三年却长期处于烧钱亏损状态下的共享单车,投资人曾试图推动双方合并,尽快落袋为安。但这笔看上去并不赚钱的生意,却不断吸引着新的投资者,直到阿里巴巴和腾讯进入,共享单车成为巨头在流量和支付方面争抢的入口。

而在经历了消耗巨大的烧钱大战,只剩两家巨头僵持,双方都没有与对方合并的意向之时,卖身于意气相投的美团看起来是摩拜不错的第二选择。

为什么是美团?

事实上,美团和摩拜双方的关系建立已久。

早在 2016 年,王兴就以个人名义参与了摩拜 C 轮与 C+轮共计超 1 亿美元的融资。而根据媒体报道,在摩拜 2018 年 1 月完成的超 10 亿美元的 E 轮融资中,美团成为新的领投方,腾讯仍是除摩拜管理团队外最大的股东。

根据《财新》的报道,正是因为美团和摩拜背后拥有共同的股东腾讯,在马化腾的撮合下,这场谈判才得以成功。

更重要的是,王兴早已表露出对于拿下出行这块大蛋糕的野心。即便美团和大众点评合并后已经将触角扩展到外卖、酒店等多个生活场景中,但王兴的边界也并非止步于此。

参照美团从打车开始切入出行市场,拿下共享单车似乎也没有那么难以理解。

作为诞生之初就定位于基于位置的服务(location based services, LBS)的公司,美团的最终目标是涵盖整个线上到线下(online to offline, O2O)市场。今年年初,王兴就宣布将美团点评的视野扩张到店、到家、旅行、出行四大 LBS 场景,其最终目的都是协同"到家+到店"的场景。

这样看来,大出行与美团涵盖的所有 O2O 场景的无缝连接是它义无反顾杀进出行市场最大的动力。

资料来源:据搜狐网资料整理,https://www.sohu.com/a/227722484_355115?_trans_=000019_wzwza.

(一) 创业需要恰当的出口

创业是一个过程性的事件,必须有一个"出口"结束创业阶段。在创业的退出机制的决策上,最重要的仍是创业认知,要正确理解创业,特别是创业成功,不要将创业成功的标准狭义化,否则将会出现错误的决策依据和思路。

1. 持续自己经营

维持企业的经营,使其不断壮大并作为终生事业,这一般被认为是最理想、最成功的创业出路。

创业者需要先判断创业项目是否适合作为终生的事业追求,特别是大学生创业,一般初次创业会选择自己熟悉的校园项目,以服务身边的同学为主,此类项目易于上手,但是未必能做大做强;作为校园的一种创业体验可以,但未必适合作为终生职业。

如果创业项目高速发展,能够支撑和满足未来的生活、家庭、事业需要,那么创业者可以做出长久经营的准备。此时,创业者需要注意"打江山"和"守江山"的差别。一方面,企业要保持创业精神,不断创新、持续进步,也要逐渐步入正轨,包括适应创业期间部分优惠政策的逐渐退出,同时寻找新的政策支持等;另一方面,随着企业规模、员工人数、业务量的增加,应做好管理方式的转变,如从亲力亲为过渡到授权他人等。

最后,持续经营的创业者需要进一步明确下一阶段或者最终的目标,如创业最终以上市发行为目的还是保持私有化,这涉及创业团队成员的切身利益,必须及早明确,统一团队的思想。

2. 出售、转让、委托

不是每个创业者都以创业为终生事业的,对于一些创业者来说,创业只是人生中的一段重要历程。很多欧美国家的创业者的目标就是将新创企业出售后实现财务自由,之后再根据个人的兴趣,或开始一段全新的创业历程,或提早退休、周游世界,或成为天使投资人,帮助青年创业者,进行一段新的职业和人生规划。

但在国内,受到传统文化的影响,我国创业者在观念上对创业成功的界定一直比较单一,通常把永久经营乃至传给自己的子孙,使新创企业成为家族企业作为唯一出路;或者认为只有新创企业上市退出,才是创业成功的标准。这个观念必须要转变。事实上,创业的出口有很多。可以彻底出售,如被同行业的竞争巨头收购、并购,自己获得现金回报,彻底脱离企业;可以部分转让,获得部分现金,同时也保留股份,获得可持续的股权分红和对企业发展重大决策的发言权;可以委托经营,为了更好地管理和发展企业,创业者自己退出管理一线,聘用职业经理人团队,专做控股股东等。

这些都是正常的创业出口,而不是创业失败。

(二)创业中止与终止

创业终止是一个令人痛苦但又无法回避的话题。如果创业确实难以继续,那么及时止损也是非常重要和正确的创业决策。

1. 设立创业止损点,区别真假危机

创业道路崎岖不平,必然不会一帆风顺,那么遇到的问题究竟是真的无法渡过的创业危机,还是正常的经营困难呢?创业者应该锲而不舍,不轻言放弃,还是及时退出,把损失降到最小呢?这是个辩证的关系。比较便利的方式是根据承受能力,设置创业止损点。创业止损点一般为可承受的最大风险,如最大可承受的经济损失,最多可承受的时间消耗等。

在达到警戒点或止损点之前,创业者应该坚持不懈,不轻言放弃,遇到困难时,创业者应该及时调整经营策略,开源节流,如降价促销,回笼资金;减少不必要的业务,减少相关人员,控制成本支出。

创业的每一天都是有成本支出的,包括精力、时间、租金等,在创业之初设立一些警戒指标,如果已经触碰创业的止损底线,如绩效底线或时间底线时就必须理智判断,及时终止创业,及时就业,或等待时机,重启创业。

2. 当机立断,果断行动,终止或中止创业

在冬天,为了应对能量缺乏,一些动物选择冬眠以减少能量的消耗,这其实就是大自然给我们的生存提示。创业需要激情,也需要理性;需要坚持,也需要撤退。究竟应该暂缓或暂停创业进程,保存实力,以图东山再起,还是彻底结束创业历程,及早另找出路,需要结合创业受挫的具体情况进行具体分析,找出本质原因后做出决策。

如果是由于行业的重大变化等创业环境改变,而导致的创业机会消失,那么创业者可以暂缓或改变创业方向。例如,2020 年的新冠疫情,突如其来的危机让旅游行业、餐饮业等创业项目受到重大打击,只能暂时停止。而互联网创业项目,电子商务、在线教育等却迎来重大发展机遇,一些企业立即顺势而为,改为数字业务,在疫情期间壮大自己,危机过后,再重新启动原有的线下业务。

如果是由于创业者自身的特质和能力与创业要求不符,就需要及时终止。谨记"适合的,才是最好的",重新认识自己,另择发展道路。

创业中止或终止,难度不在于行动,而在于思想、心理上能否接受。面对创业挫折,创业者心理上必然很难接受,这时需要做好自己的心理疏导,不要有心理负担。

素养提升

大学生创新创业的意义

(1)创新创业是大学生实现自我价值和社会价值的根本途径。由于大学生自身的知识水平,使其具有一种内在的创新潜能,创业实践不仅把大学生的创新构想转化为社会现实,从而实现自己的创新和创业梦想,而且创新和创业的结果必然会为整个社会的发展做出应有的贡献。

(2)创新创业既培养了大学生的创新精神,也培养了大学生的开拓进取精神。创新是要做前人从来没有做过的事情,而创业意味着大学生以独立的、自我的精神做人们从来没有做过的事情。

(3)当代大学生是祖国的希望,也是全面实现创新创业的主要动力。为全面建成小康社会,推进社会主义现代化,实现中华民族伟大复兴的"中国梦",社会发展对大学生的要求不仅仅是具备较高的科学文化素养和技能水平,更需要的是创新技术和科研成果的不断注入,因此培养大学生的主动科技创新意识显得尤为重要。

专题小结

创造者在进行创业选择时,需要认清自身的特质和能力,选择恰当时机启动创业或退出创业;创业是创业者主导下的综合的、复杂的管理活动,对创业者的能力有较高要求,包括自控能力、谋划能力、学习能力、创新能力、沟通能力、理财能力等,创业者只有学习并掌握这些技能,创业才可能取得成功;创业团队是指有着共同目的、共享创业收益、共担创业风险的一群经营新成立的营利性组织的人,他们提供了一种新的产品或服务,为社会提供了新增价值;创业团队的组织要素为目标、计划、人、定位、权利;创业团队管理技巧及策略包括:建立信任,合理授权,团队角色构建策略,团队凝聚力、团队学习培训。

拓展训练

训练目标:创业者特质自我评估测试。

训练测试题:在下列问题中选一个最符合你的情况或接近你的情况的描述。

1. (A) 不用别人告诉我,我自己就会独立完成一些事情。
   (B) 如果有人让我开始做,我就会顺利完成。
   (C) 尽管做起来很简单,但除非是我必须做的,否则我是不会做的。

2. (A) 我喜欢与人交往,愿意与任何人沟通。
   (B) 我有很多朋友——我不需要其他的人了。
   (C) 我发现大多数的人都是麻烦。

3. (A) 当我开始做事时,我会让很多人和我一起做。
   (B) 如果有人告诉我必须做,我会命令别人去做。
   (C) 我会让其他人去做,如果我感兴趣我会和其他人一起做。

4. (A) 我愿意负责。
   (B) 如果必须我做,我会负责的,但是我更倾向于让别人去负责。
   (C) 周围总有人愿意显示他们的聪明,就让他们去做吧。

5. (A) 我喜欢在事情开始前做一个计划。我是一个经常将事情安排得井然有序的人。
   (B) 我会做好大多数事情,如果太困难,我就会放弃。
   (C) 如果有人安排和处理整个事情,那么我更愿意随遇而安。

6. (A) 只要需要我,我就会坚持做,不会介意为想做的事而努力工作。
   (B) 我会努力工作一段时间,但当我觉得做够了时,我就不会做了。
   (C) 我不会为了一点成就去努力工作。

7. (A) 我能很快地做出决定,并且大多数决定都是对的。
   (B) 如果我有足够多的时间,我就能够做出决定。但是,如果在短时间内做出决定,我过后经常会改变主意。
   (C) 我不喜欢做决定,因为我经常做出错误的决定。

8. (A) 人们相信我说的,我从来不说谎话。
   (B) 我大多数的时间里都讲真话,但有时却做不到。
   (C) 如果人们不知道事情的真伪,我为什么要讲真话呢?

9. (A) 如果我决心做什么事情,任何情况都不能阻止我完成它。
   (B) 如果不犯什么错误,我通常会完成我的事情。

（C）如果事情进展不顺，我就会放弃，何必为此烦恼呢。

10.（A）我的健康状况非常好，总是精力充沛。

（B）我有足够的精力去做我想做的事情。

（C）在我的朋友看来，我总是力不从心。

测试结果参考：

大多数是（A），你是个称职的创业者。

大多数是（B），当你试图自己去经营一个企业时，你可能会遇到很多困难。建议你找一个或两个能够弥补你劣势的合作者。

大多数是（C），立刻就创办和经营一个企业目前对于你来说可能不是一个可行的选择。如果你希望创业，那么就要努力锻炼创业者所必需的能力。

打造创业能力

➡ 学习目标

1. 掌握创业者需要具备的创业能力。
2. 了解挖掘创业能力的方法。
3. 了解影响创业能力的因素。

➡ 思维导图

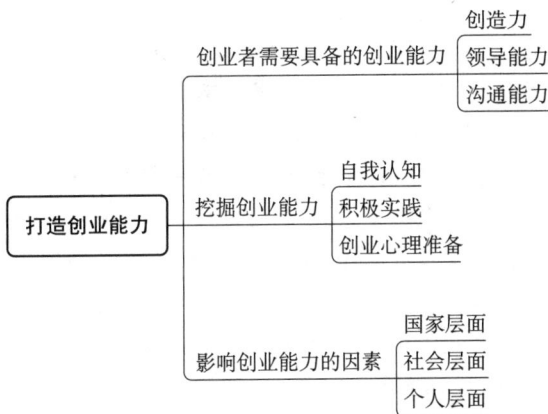

```
                                              创造力
                         创业者需要具备的创业能力  领导能力
                                              沟通能力

                                         自我认知
打造创业能力              挖掘创业能力        积极实践
                                         创业心理准备

                                        国家层面
                         影响创业能力的因素   社会层面
                                        个人层面
```

➡ 导入案例

"发明达人"黄柳舟创业案例

不用刷卡、不用手机,只需要人脸识别,闸机就会打开。安装在财富中心一楼的人脸识别系统是黄柳舟公司最新的作品。如果有访客需要进入时,也不再需要受访人下楼接送,只需要给来访人发一个链接,来访人上传自己的照片,就可通过人脸识别系统进入写字间。这样会给工作人员节省很多时间,大大提高了工作效率。

黄柳舟毕业于沈阳航空航天大学,本科期间并没有创业的想法,而是一门心思扑在学习上。同学在武汉工作一段时间后,决定回沈阳创业,同学找到了他。不过由于缺乏经验,公司开了一年左右的时间,始终没有拉到投资,第一次创业以失败告终。第一次创业就此作罢,但是创业的种子却深深地埋在了黄柳舟的心里。

2015 年黄柳舟研究生毕业,他根本没有考虑去工作,而是坚定地选择了创业,成立了沈阳微拓科技有限公司。他做的第一个产品是一个叫"班车驾到"的软件。"当时沈航班车常常出现候车时间长、迟到率高等状况。尤其是冬天,老师们在外面等车很冷,他们就希望能有一款软件,可以实时查看班车的位置,等班车快到了再下楼。"于是黄柳舟带领研发团队研发了这款"班车驾到"软件,利用手机微信就可查询班车的行驶位置,乘车人等候的时间大幅缩减。

同时他发现教学楼里没有储物柜,同学们的书本都得在宿舍和教学楼之间来来回回地背,非常不方便。黄柳舟想,既然共享经济这么发达了,何不做一个共享储物柜呢?"用手机扫码支付租金就可开柜放东西,自己不用的时候别人还可以用。"

2017 年 5 月,经过半年多的研发,一款类似于超市储物柜的大型储物柜在沈阳航空航天大学图书馆首次摆放。只需用微信扫一扫,支付租金后,就有专属于自己的储物柜,学生们从此便可不必随身携带沉甸甸的书包了。黄柳舟介绍,这款适用于购物中心、交通枢纽、医院、景区的共享储物柜,基于线上运行管理,具有无须专人值守与维护的优势,市场前景非常好。黄柳舟介绍,目前他们已经给环卫工人定制了一款储物柜,不仅能存放物品,柜底的微波炉通过扫码还能加热午饭。"这个储物柜可以放在驿站,环卫工人早上自己带来饭菜放在柜子里,中午通过扫码打开微波炉,就可以加热饭,解决了环卫工人的吃饭问题。"

黄柳舟目前最新的产品是一款人脸识别系统。黄柳舟说沈航的留学生很多,而且他们还经常会带外校的朋友去宿舍,宿舍管理员不容易辨别他们的样貌,给管理造成一定的困难。黄柳舟想到可以用人脸识别系统,这样即使宿舍管理员记不住脸,系统也可以记住。于是带着这样的客户需求,他和团队开始研究人脸识别系统。"这套系统装在留学生公寓以后,就可以录入学校留学生的脸部信息,以后他们进出直接刷脸就可以。他们刷完脸进入寝室以后,宿舍管理员后台也会有记录,这样还能知道在寝率等的信息。"黄柳舟介绍。

回想创业之初,黄柳舟并没有想过一路上会有这么多的困难。公司成立以后第一个困难就是盈利问题,没有持续赚钱的能力。"有一个项目就能赚一点钱,然后就把这些钱再投入研发中心,开展下一个项目,只能是这样的模式,没有多余的钱。"黄柳舟说。没法保持持续的盈利,这个月赚钱了大家可以花销,但是下个月没赚钱,就要缩减开支。这样就会导致团队成员或者想要加入的人员有一些顾虑。"他们会考虑到这个公司不稳定。"

第二个困难就是跑市场。黄柳舟做技术没有问题,但是跑市场对他来说却是比较陌生的。"学校是一个很单纯的环境,师生关系、同学关系都是比较好处理的。"但是社会环境却复杂多了。而且他更善于和机器打交道。"编代码是没有问题的,但是和人谈判却不是强项。"于是在一次次的谈判、一次次的失利后,他才慢慢学会更多的方法。"一开始就是比较直接,现在我会关注对方的需求,关注对方的情绪,通过实力取得对方的信任。"

如今,黄柳舟的团队已获得多项软件著作权、专利、商标等国家知识产权,他们正在寻找更多的合作伙伴,准备将产品推向更广阔的舞台。"从一个想法,到研发,再到推广应用,创业是一个持续遇到各种难题,并不断战胜困难的过程。"黄柳舟这样总结自己的创业历程。

资料来源:选编自辽宁日报.

问题探讨:

1. 黄柳舟成功的秘诀是什么?

2. 深入分析沈阳微拓科技有限公司的成功,创业者需要具备哪些创业能力呢? 如何获得创业能力?

项目一　创业者需要具备的创业能力

▶ **案例一**

吉列:借助"胡子大兵"行销全世界

在吉列的世界里,有这样两个梦想:先让世界变得更好,再阻止全世界男性的胡须在黑夜里潜滋暗长。吉列的"男色"加吉列的刀片让这两个梦想成为现实。

金·吉列原是一家小公司的推销员。有一天,他的老板在与他聊天时说,如果能开发一种用完就扔掉的产品,那顾客就会不断地购买。这样,就可以发财了。这句话给吉列很大的启示。他按照这个思路开始留意身边的事件。通过对周围男性的调查,发现他们都希望有一支安全保险、使用方便、刀片随时可换的剃须刀。于是吉列积极行动起来,希望发明出这种新剃须刀。这样一晃几年,吉列仍没有研究出他想要的剃须刀。一天,他望着一片刚收割完的田地,看到一个农民正轻松自如地挥动着耙子修整田地。吉列得到了新的启示:新剃须刀的基本构造应该同这耙子一样,简单、方便、运用自如。经过八年的钻研,吉列终于取得了成功。

新款剃须刀上市初期销量并不可观,产品滞销使吉列十分苦恼,但他并不灰心,直到一次偶然的机会,吉列看到留着大胡子的士兵在前线的新闻照片,他就意识到这里隐藏着一个巨大的市场。士兵们将剃须刀、磨刀的皮条及磨刀石全都带到战场上非常不方便,于是,很多人的脸上便长出长长的胡茬,不仅不卫生,而且士兵受伤后因毛发影响也不易痊愈。吉列敏锐地察觉到了这一商机,1917 年 4 月,他以低于成本的价格同政府签订了有史以来最大的一笔政府采购合同:政府低价购买 350 万副刀架和 3600 万片刀片,然后将剃刀发放给士兵。这似乎是一桩亏本买卖,但随后不久,不计其数的美国士兵成了吉列剃须刀的使用者。这些士兵到欧洲作战,把吉列剃须刀带到了欧洲,欧洲人也深受其影响,喜欢上这种安全、方便的剃须刀。

战争结束后,一些士兵回国时带上了吉列剃须刀,从此吉列剃须刀在自己的国家也广为人知,成为名副其实的"军需品"。就是在这一年,吉列创下了销售剃须刀片 1.3 亿片的神话,销售额是吉列创立那一年的 80 多万倍,在美国国内的市场占有率达到了 80%。

问题探讨:

想要创业,你认为个人最重要的能力是什么?

知识链接

　　创业能力是指创业者在识别商机的基础上,应用多种创业资源解决创业过程中的技术、经济、社会关系等种种问题以实现创业目标的本领,这种本领就是创业能力。对创业者而言,创业能力是关键。作为一个有创业意向的大学生,必须培养和提高自身的综合能力,特别是要注意锻炼自己的创造力、领导能力、沟通能力。

一、创业者的创造力

　　在创业过程中,创业者需要识别创业商机,判断一项创业项目是否可行,并在复杂的创业环境中整合企业资源,这就要求创业者应具备创造力,包括发现因果关系的预见能力、承担风险的决策能力及善于开发资源的拓展能力。

(一)发现因果关系的预见能力

　　预见能力是指创业者根据目前创业项目的发展特点、方向、趋势进行预测和推测的能力,它是一种有目的、有计划、有步骤的创业感知活动,也是创业者在创业实践中运用敏锐的观察方法与技巧,获得对被观察事物的主观印象并据此深度挖掘,以构思出创业创意的能力。预见能力是创业者创业成功的首要能力。判断一个创意的市场价值、一项发明的应用前景、一个市场的发展潜力,这些都需要预见能力。预见能力是一种前瞻性能力,创业的机会很多,稍纵即逝,但奇迹往往隐没于平凡当中,而成功的创业者就是善于用敏锐的眼光去观察,用创新的思维去思考。预见能力可以让创业者在创业实践中减少失误,增加成功的概率,规避风险、把握趋势,以付出最小的代价获得最大的收益。

(二)承担风险的决策能力

　　决策能力是指创业者或创业团队为了实现创业过程中的某项目标而对未来一定时期内有关活动的方向、内容及方式进行选择或调整的过程。正确决策是保证创业活动顺利进行的前提。尤其是有关创业机会的识别和选择,创业团队的组建,创业资金的融通,企业发展的战略及商业模式的设计等重大决策,直接关系到对创业全局的驾驭和创业的成败。要想决策正确,创业者就必须具有较强的信息获取和处理能力,能敏锐地洞察环境变动中所产生的商机和挑战,从而形成有价值的创意并付诸创业行动。特别是要随时了解同行业的经营状况及市场变化,了解竞争对手的情况,做到"知己知彼",以便适时调整创业中的竞争策略,使所创之业拥有并保持竞争优势。

　　创业环境总是复杂的,政治、经济、文化等要素相互关联,错综复杂,任何方案都不是完备和确定的,任何人做任何事情都存在失败的风险,要想避免失败,就必须周密部署、谨慎决策,防范风险的发生。一个人无论如何精明,都不可能做到万无一失,这就需要全局的战略眼光和战略决断能力。无论从事什么活动都会遇到成本问题、效用问题和信任问题。在如今这样一个新生事物层出不穷的时代,只有正确认识知识经济发展规律,敏锐地分析市场的发展变化,准确把握国家的政策法规,才能够正确地评估创业机会和创业方案。创业机会很多,但并不是每个创业机会都可以被实施的。承担风险的决策能力也是对个体预见力和胆识的考验。创业者必须对创业实践中的问题进行分析判断,进而做出创业决策与判断。

（三）善于开发资源的拓展能力

创业者的拓展能力是指创业者将企业资源，即人力、物力、财力进一步转换为生产力，并不断向外拓展企业发展路径的能力。创业者与创业是通过拓展能力而关联在一起的。可以说，创业者也许不是发明家，但他们一定是能够发现潜在资源并敢于拓展的冒险家。奥地利经济学家熊彼得认为，创业就是抓住机会、产品、服务、人员、资源及工艺流程等一系列要素进行再组合。大学生创业者身处良好的创业环境、拥有创业资源，将创业意向落实到创业实践的过程就是其自身拓展能力转化的过程。这个过程涉及创新构思的产生、技术管理、生产制造、市场营销、用户体验等一系列活动，这些活动相互联系、相互作用，创业者可以在创业实践中不断反思和学习，总结经验教训并及时修正偏差和错误，进一步提高资源拓展能力，促进企业健康成长。

二、创业者的领导能力

领导能力是指创业者在创业过程中的行为组合，这些行为将推动企业其他成员主动跟随或服从。领导能力一般包括网罗人才的吸引力、高人一筹的谋划力及高效有序的执行力。

（一）网罗人才的吸引力

任何人都不是也不能成为全才创业者，创业者可以发现商机、制订创业计划，但整个创业过程不可能由一个人来完成。一个成功的创业者，还需要选择适合的助手。因此，创业者在创业过程中，必须具备网罗人才的能力，该能力可进一步细分为以下四种能力。第一，鼓舞人心的能力。每一个人心中都要有一颗热情的种子，充满热情是工作的原动力，领导者要将团队成员心中的热情激发出来。第二，亲和力。有亲和力可以让我们更好地团结身边的同事朋友，让人感到自己是一个值得他人信赖的人，这是一种温暖人心的魅力。第三，协调力。领导者的任务不仅是引导整个团队，还包括支持和帮助他们来完成所确定的目标，领导者要协调好团队成员之间的关系，对人物进行统筹安排。第四，谈判能力。一个好的谈判者不仅能够讨价还价，还要能够确认双方的共赢计划，并能与对方进行有效的沟通。人才是最宝贵的创业资源，具备网罗人才能力的创业者，通常可以在创业中取得成功。

（二）高人一筹的谋划力

谋划力即能够深思熟虑的能力。创业者知道自己应该采取什么样的发展路径去实现自己的目标、知道自己该怎么做。这就是在考验一个人的行动谋划能力，其中既有战略层面的，也有战术层面的。谋划力的关键是认识到行动目标与行动策略之间的关系，知道自己行动所依赖的因素，能够将这些因素之间的复杂关系理出一个清晰脉络，即知道它们之间相互依存的关系，不把它们看成简单的固定不变的关系，认识到各要素之间联系的关键点所在。

谋划力有四个重点。首先是境界要变，"不谋全局者不足以谋一域"，创业者只有站得高才能看得远，这是领导能力的关键；其次是情况要明，只有做到企业运行心中有数，战略制定才能有的放矢；再次是定位要准，创业者谋划事情要有科学定位，要将企业发展作为一切的出发点和落脚点；最后是结合要好，将短期目标与长期目标结合起来，既要着眼于眼前实际，又要考虑长远利益。

（三）高效有序的执行力

在看准合适的创业机会、组建志同道合的创业团队、筹备创业资金后，下一步就需要创业者执行创业创意。具体来讲，就是创业者把自己所能控制的所有资源（人、财、物等）有序地组织起来，成功的创业者必须具备与创业相关的执行能力。

执行力一般体现在企业战略制定、计划实施、企业资金和时间管理上。企业战略制定是指能够整体考虑创业计划，例如如何获得顾客认同，如何比竞争者做得更好等。计划实施是指将前期战略制定中所考虑的如何影响企业运营等问题的解决方案付诸实践的过程。企业资金管理是指对钱财的管理，企业应保持对支出的跟踪和现金流的监控，并根据其潜力和风险评估进行投资。时间管理能力是指能够有效地利用时间优先安排重要的工作和按照计划行事的能力。

三、创业者的沟通能力

沟通能力是指创业者能够妥善地处理与公众（政府部门、新闻媒体、客户等）之间的关系，并能够协调下属部门各个成员之间的关系，以达到企业上下沟通有序，不断为客户提供良好服务的能力，其具体包括营销能力、逻辑能力、合作能力。

（一）见缝插针的营销能力

营销能力是指创业者通过树立符合市场发展的营销理念，更新创新营销模式，转变营销思路，并根据自身条件和现有的市场发展规律，深入了解市场，制定符合自身的市场营销战略，发挥企业产品优势的能力。

营销能力在书本上是学不到的，它实际上是一种社会实践能力，需要在实践活动中学习，不断积累总结经验。营销能力主要由三方面组成。首先，创业企业应建立自己的企业文化，并树立正确的企业价值观；其次，创业企业应建立科学的销售体系，招聘高素质销售人才，并制定合理的管理制度；最后，通过创新营销模式来提高市场营销的质量，将信息化、网络化充分融入营销模式中，转变企业经营理念，挖掘消费者的深层次需求，并设计出能够满足不同消费者的日常需求产品，为客户提供良好的服务。

（二）思路清晰的逻辑能力

逻辑能力是指创业者能够准确把握问题的关键及事物的发展脉络，通过有效分析，提出解决问题的方案或意见的能力，按逻辑顺序可分为分析问题→判断问题→解决问题。

分析问题是指个体能够准确地把握问题的关键，并对其进行有效的分析。大学生要创业，首先应在众多的创业目标及方向中进行分析比较，选择最适合发挥自己特长与优势的创业方向、途径和方法。在创业过程中，从错综复杂的现象中发现事物的本质，找出存在的真正问题，分析原因，从而正确处理问题，这些都要求创业者具有良好的分析能力。

判断问题就是能从客观事物的发展变化中找出因果关系，并善于从中把握事物的发展方向，分析是判断的前提，良好的决策能力是良好的分析能力与果断的判断能力的结合。

解决问题是逻辑能力的目的,分析和判断之后,一旦明确了问题的根源,提出解决问题的可能途径和方法,就可以制定出相应的对策加以解决。对于创业者来说,要养成勤于分析的习惯,增强主动分析问题的意识,不要被动地盲从接受,要勇于把自己的思维置于问题中,使自己的思维积极活跃起来,敢于提出问题、分析问题并寻找解决问题的对策,从而不断提高自身分析问题、解决问题的能力。

(三)团结高效的合作能力

团结高效的合作能力即创业者经营和维系团队技巧与方法的总和,它能够动员一切可能的资源而形成合力,其实质是创业者带领团队进行共同奋斗的能力。团队是企业生存的基石。一个人的智商再高、能力再强,也无法全面掌握迅速变化的信息和不断更新的知识。成功的企业不是一个人创造的,只有一个高效的团队才能将这个企业推向成功并保持良好的发展态势。任何一家企业的发展和壮大都依赖于员工的有效合作,当个人利益和团队利益发生冲突时要以大局为重,而不是以自我为中心。充分理解团队合作精神的人,更具有理解和感受不同情境的能力,他们在生活中更能理解他人,尊重他人,处理问题时更善于与人沟通,更能充分考虑各方情况,提出更好的解决方案。

同时,创业者应该做到妥善地处理与外界的关系,尤其要争取政府部门、工商及税务部门的支持与理解,同时要善于团结一切可以团结的人,团结一切可以团结的力量,求同存异,共同协调发展,做到不失原则、灵活有度,善于巧妙地将原则性和灵活性结合起来。总之,创业者只有搞好内外团结,处理好人际关系,才能建立一个有利于自己创业的和谐环境,为成功创业打好基础。

项目二 挖掘创业能力

▶ 案例二

"90后""云财雅思"教育培训校长的创业故事

黄安新,从云南财经大学毕业后就扎根市场自主创业,他是国家大力扶持大学生创业的早期受益者,在教育培训服务市场里摸爬滚打五六年,已经在行业内小有名气。

大学毕业就创业的黄安新学的是计算机科学与技术专业,却偏偏对教育感兴趣。抓住某机构在校园招聘兼职的机会,黄安新在大二时做了大学生拓展训练的校园代理。开朗的性格、富有号召力与感染力的授课风格让他很快成为人气"教师",他不仅积累了最初的教学经验,也在心里暗自埋下了当培训师的职业"种子"。此后,黄安新自学考取了培训师中级职称、团体心理培训师高级职称,为他的"培训师梦"奠定了坚实的理论基础。

2011年,黄安新大学毕业,正值国家大力推行大学生创业热潮,于是他注册了公司,开始了自己的创业之路。"那时听说经开区的创业大厦有一系列扶持政策,我就把公司开到了经开区。"回想起公司成立之初,黄安新觉得自己是幸运的:"创业大厦给的条件非常好,50平方米的办公室,办公桌、计算机、饮水机都是免费配套的,网络也不用交费。"解决了创业基础配套的问题,黄安新轻装上阵,和同学一起做企业培训,却遭受了市场的当头一棒。"很多企业做培训都会选择教育经验丰富的培训机构,尤其是给大企业做过培训的,对于我们这样的新培训机构,他们总是不信任的。"没有经验,是很多大学生创业面临的主要困难,但黄安新并不气馁,他一家一家地问企业要不要培训,挨家挨户地推荐自己的培训产品。黄安新几乎跑遍了昆明大大小小的写字楼,但收获甚微。黄安新说,只要有1家做培训,他就投入100%的热情和责任心去做好它。一年多的时光,黄安新逐步摸索企业经营的方向,积累了作为教育服务提供商的初期经验。

2012年,母校云南财经大学要找机构合作开办雅思培训,黄安新的企业成为云南财经大学的合作伙伴,双方共同创立了云财雅思品牌。从那时起,黄安新成为一名年轻的校长,麾下有15名海归教师。通过引入现代西方的教学理念,加上强有力的师资力量支撑,黄安新的"云财雅思"迅速成为后起之秀,积累了丰富的教学成果。"我们的学生有拿雅思满分的,有被哈佛、伦敦政经、纽约大学等名校录取的。"

知识链接

大学生作为创业大军中最具有学习性和创新性的群体之一,是我国建设创新型国家的重要力量。大学生自主创业,不仅可以极大地缓解社会的就业压力,而且可以带动中小企业发展,促进我国市场经济的蓬勃发展。创业是大学生职业生涯的重要转折点,要创业成功,就要不断提升创业能力。创业能力提升包括提升自我认知、积极实践和创业心理准备三个方面。挖掘创业能力,将大学生的创业梦想与社会价值相结合,使大学生在实现梦想的同时实现自身的社会价值。

一、自我认知

在进行创业之前,大学生应该对自己有充分的认识,首先静下来,认真思考自己当下最需要的是什么?未来要做什么?该怎么去做?其次对自己有客观的分析和规划,为以后的创业历程做好准备,避免盲目选择而导致创业失败。

提高自我认知的前提是个人必须对自己的创业能力有一个正确、全面和清醒的认识。俗话说:"知己知彼,百战不殆。"这里的"知己",就是指自我认识与剖析。"知己"要求创业者不仅要对创业过程中可能涉及的各个领域有所了解,还要对自己有充分的认识。创业者要能够正确认识自己的优点、缺点,知道自己处于什么样的环境中,是否适合创业等。

(一)自我定位,确定目标

未来的我是怎样的?我将要做什么?这是创业者评估自己时应当首先考虑的问题。只有真正了解自己的优势,知道自己适合做什么,才能充分发挥自己的才能。这时,不妨问问自己,自己所向往和崇拜的人是谁?创业者要想创业成功,就要多与优秀、成功的企业家来往,以自己的榜样为目标,关注和学习其好的方面,学习他们身上的优点。创业者要转变自己的心态,以一个企业家的标准要求自己,使自己逐渐具备一个企业家应有的眼光、心态、思维模式和分析处理事务的能力。这就是成功的开始。

(二)向榜样学习,拉近目标距离

创业者要想拉近与目标的距离,就要不断向这个方向努力。把自己目前所拥有的和

将来想要达到的目标相比较,明确二者之间的差距,将差距转换为动力,通过不断学习和积累新的知识、经验,慢慢缩短与目标之间的距离。要坚信,只要坚持不懈地努力,自己一定可以成为一名企业家。确定一个明确的目标和方向,找到自己最希望成为的人,可以激发自己变得更好、拥有与偶像比肩的激情。有了这样的激情,才能够保持充分的活力,在瞬息万变的创业过程中认真向选定的方向努力。因为只有当人渴望成功时,才会有动力去做好一件事,才可能取得成功。

二、积极实践

(一)参加创业比赛,提升创业兴趣

意识是行动的先导,大学生要提升创业能力,必须先激发个人创新创业意识,提升创业兴趣,这是大学生提升创业能力的原动力。在校大学生应主动参加创业竞赛,打破由于大学生的生活圈子相对封闭,而对市场信息与创业信息接收十分缺失的困境。参加创业竞赛不仅可以激发大学生的创业意识、开阔大学生的视野,而且可以促使有创业兴趣的大学生之间相互沟通交流,通过交流进一步激发大学生创业的主观能动性,将内在兴趣转化为创业的外在动力。

(二)进行校园创业,积累实践经验

在激发大学生创新创业意识之后,大学生应着重培养创新创业能力,强化大学生在校期间创业实践训练的累积,为后期创新创业奠定坚固基础。大学校园里处处是商机,时时有人气。只要善于把握机会,发挥专长,立足身边熟悉的环境,从小事做起,就可以创业有成。一般来说,大学周边商家云集,因为大学生是一个庞大的消费群体,大学校园里时时处处潜藏着商机,这给大学生在校园内创业提供了良好机遇。大学生应注意培养自己的创业意识、提高经商敏感性,为成功创业奠定良好的基础。

(三)积累创业人脉,培养潜在客户

人脉是创业者构建的人际网络或社会网络,良好的人脉可以帮助创业者减少创业过程中的阻力,使其领先于其他没有人际网络的创业者。因此,人脉是创业过程中的重要资源,一个目标明确的创业者,在创业之前就应该广交朋友,扩展自己的人际圈。其中需要注意以下两点。

(1)交友需谨慎。身边的同学、朋友等是离创业者最近的人脉资源,他们可以在一定程度上帮助创业者开展创业活动。俗话说:近朱者赤,近墨者黑。创业者在人际交往的过程中要有选择,多结交心态良好、对自己创业有帮助的人,而不是无意义地浪费时间。创业者应该把有限的时间放在创业计划及与优秀伙伴的交往上,久而久之,自己也会变得更优秀。

(2)培育客户群体。一个企业能否获得利润,关键在于他是否有客户群。可以说,目前成功的企业大部分都拥有自己积累的基础客户群或优势资源。因此,创业者决定创业后,要时刻关注市场的发展变化,保持与客户群体的密切联系,以便更好地满足他们对产品或服务的需求。

三、创业心理准备

这是考验大学生创业心理准备是否充分的核心。创业的过程是艰辛的,几乎所有人

都会遇到挫折和失败,但当挫折和失败发生之后,就必须勇于面对并承担其所带来的不利后果。一旦风险无法抵御,超过了预期,就需要理性地接受,这是对自信心的极大考验。只要通过了失败的考验,自信心就会提升一个层次,反之则可能会出现自信心退化的现象。因此,抵御风险是对个体能力素质,特别是意志力的全面考验,只有具备了这种能力,才能克服重重险阻,顺利到达成功的彼岸,个体的能力素质也能由此而获得提升。相反,如果大学生不具备充分的创业心理准备,就可能在遭遇挫折后一蹶不振,能力素质发展就会出现退化。

(一)坚定的自信心

自信心在心理学中接近于自我效能感,是指个体对自身成功应付特定情境的能力的评估。自信与否原本是描述人在社会适应中的一种自然心境,即人尝试用自己有限的经验去把握这个陌生世界时的那种忐忑不安的心理过程。但必须清楚,信心只是成功后的良性情绪,自信不是自大、自傲。但从逻辑上来讲,自信依然有其盲目性。广义来讲,自信本身就是一种积极性,自信就是在自我评价上的积极态度。狭义来讲,自信是与积极密切相关的,没有自信的积极,是软弱的、不彻底的、低能的、低效的积极。自信是发自内心的自我肯定与相信。无论是在人际交往、事业上,还是在工作上,自信都非常重要。只有自己相信自己,才能获得他人的信任。自信是对自身力量的确信,深信自己一定能做成某件事,实现所追求的目标。把许多"我能行"的经历归结起来就是自信。创业者应该对自己创业的能力和未来充满信心,做一个自信的创业者,给自己和别人带来动力。

大学生在创业时一定要有坚定的自信心,有了自信才能激发内在的勇气、力量和毅力。具备了这些,创业路上的困难才有可能被战胜,创业目标才有可能实现。同时,自信绝非自负,更非痴妄,它必须建立在充实和自强不息的基础上才有意义。没有自信的人会轻易地放弃努力,认为自己是无用的,有时还故意做出反其道而行之的事情。这时只要给自己一个适时的鼓励,得到一种自我满足,即自尊感和成功感,就能呈现出完全不一样的新面貌。

自信是成功的保证,但也不可盲目自信,尤其是在创业的路上。眼下,外界给创业者、创新者的大多是鼓励,鲜有泼冷水的。创业者获得了足够热烈的掌声,并不意味着就可以高枕无忧。真正的自信应是一种克服困难的勇气,即承认现实难处,勇敢地去补齐短板、堵上漏洞。

(二)浓厚的进取心

进取心是指不满足于现状,坚持不懈地追求新目标的蓬勃向上的心理状态。人类如果没有进取心,社会就会永远停留在原有水平上,正如鲁迅先生所说"不满是向上的车轮"。社会之所以能够不断发展进步,一个重要的推动力量,就是拥有这只"向上的车轮",即人们常说的进取心。具有进取心的个体有三个特质。一是好胜心。有强烈的好胜心,不甘落后,勇于向未知领域挑战,以成功的事实去证明自己的能力和才华。二是主动学习。有旺盛的求知欲和强烈的好奇心,能不断接受新事物的出现,及时学习,更新自己的知识,提高自己的个人能力。三是自我发展。根据总的目标,细化个人的发展目标,并为之努力奋斗。

成功的创业者永远不满足于对过去事物的认识,而总是对未来的事物充满好奇。他们愿意超越自己的业务和知识来认识外部的世界,不拒绝新生的事物与思想,不以自己的经验作为判断事物正确与否的标准。他们是时尚思想的先行者,总是对自己的弱点好奇及他人的成功好奇,并且他们总是有对环境、市场、技术及客户需求变化的高度回应,为未来可能的变化做好准备。任何一种商业模式、产品与服务都有其生命周期,都离不开对变化的社会、消费行为、商业模式的敏感度。

(三)强烈的责任心

责任心是指个人对自己和他人、对家庭和集体、对国家和社会所负责任的认识、情感和信念,以及与之相应的遵守规范、承担责任和履行义务的自觉态度。它是一个人应该具备的基本素养,是健全人格的基础,是家庭和睦、社会安定的保障。具有责任心的创业者,会认识到自己的工作在组织中的重要性,把实现组织的目标当成自己的目标。一个人的责任心如何,决定着他在工作中的态度,决定着其工作的好坏和成败。如果一个人没有责任心,即使他有再强的能力,也不一定能做出好的成绩。有了责任心,才会认真地思考,勤奋地工作,细致踏实,实事求是,按时、按质、按量完成任务,圆满解决问题。

项目三　影响创业能力的因素

▶ 案例三

石金博:打造中国新型工业机器人

石金博曾就读于香港科技大学电子与计算机工程专业,师从全球运动控制领域知名学者李泽湘博士。李泽湘在 1999 年就一手创办了目前国内最大的运动控制器公司——固高科技。

"我从香港回到内地创业,其实最大的一个情怀,是中国机器人行业自动化在我们看来大有可为,但没有一个像样的团队专注于这方面。机器人具有高科技含量,它不仅是本体,还融合了大量的控制、软件、信息、技术。我们认为需要有人站出来,具备创新的眼光,或者以一个更高的角度去做中国人自己的机器人,且要具备世界的水准。因此,我回内地来就是要做这个事业。"石金博曾在采访时说。

李群自动化成立之初,因为看到国内很多行业对机器人有需求,却无法将国外的机器和国内的需求进行对接,应用起来并不顺利,所以石金博团队当时的定位是帮助国内企业购买国外产品,将其加工后应用在新行业的自动化领域中。

但国外产品的很多功能并不能满足国内企业的特定需求,李群自动化想要加以改造后重新使用,能够发挥的空间并不大。

2012 年,石金博团队与其他生产商合作进行设备生产,但由于缺乏充分的市场调研,所研发的产品并未引起市场关注。没有自主研发的新产品,就没有主导权。模式的局限导致公司的发展陷入了困局。2012 年年底,公司在资金和团队上都出现了问题。好在公司接到了苹果公司的一个项目,石金博与另一位团队成员成为主要负责人,一个编写代码,另一个负责机械设计。

他们每天至少工作 18 小时,累了就在办公室的行军床上躺一会儿。历时两个月,终于完成 20000 多行的代码编写,按期将样机交给苹果。苹果惊叹于他们的高能高效,并将第二期项目也交给他们。这两个项目终于为公司赚得了 200 万元的周转资金。

2013 年,李群自动化更是凭借自主研发的、全球首台驱控一体并联机器人,亮相上海国际工业博览会的舞台,成为该会的一大亮点。李群自动化也因此一战成名。

李群自动化的创新与发展空间很快受到资本的关注,先后获得了多个知名机构的投资。2016 年 4 月,李群自动化宣布完成由赛富领投的数千万美元 B 轮融资,这笔资金将主要用于底层技术和全新机器人控制技术的研发,以进一步丰富产品线和集成应用场景。

如今,李群自动化已经可以为用户提供月饼包装、物料分拣、冲压上下料等五种解决方案,并提供飞行拍摄、传送带管理等软件的安装应用。

资料来源:https://baijiahao.baidu.com/s?id=1697643001854216947&wfr=spider&for=pc,2021-04-21.

问题探讨:

你认为大学生在创业的过程中,会受到哪些因素的影响?

📖 知识链接

大学生创业能力是一种综合能力,存在多种影响因素,并且各个影响因素之间相互影响。影响大学生创业能力的因素可分为三个层面。国家层面,包括国家导向、国家政策、市场经济环境三个因素;社会层面,包括创业资源、创业教育、市场需求三个因素;创业主体个人层面,包括专业知识、个人特质、成就动机、创业激情、实践经历、家庭背景六个因素。

一、国家层面

(一)国家导向

国家战略的实施,在一定程度上推动了大学生返乡创业,对大学生创业能力的提升起着促进作用。在国家"大众创业,万众创新"的口号下,国家出台了一系列重要政策,各地方、部门也给出了一系列保证大学生创业的相应文件,国家从各个方面保障了大学生的创业过程,在创业教育、资金保障、税收减免、降低风险等各方面提高了大学生的创业成功率。大学生创业是国家的号召,无论是在校大学生,还是正在从事创业的离校大学生都备受鼓舞,他们都决心用自己的知识和智慧积极进行创业实践,从而缓解社会的就业压力。同时,利用大学生创业为市场经济注入新的活力。国家导向提升了当代大学生的责任感和使命感,他们在国家的号召下纷纷投身创业浪潮,促成了大学生竞相创业的大好形势。

(二)国家政策

国家政策在宏观上给大学生的创业实践指明了方向,坚定了大学生积极创业的信念。国家政策保障可以降低大学生的创业风险,为大学生创业提供保障,激发大学生的创业热情;同时,健全的国家政策可以营造良好的创业氛围,促进大学生创业能力的提升。当然,部分大学生对有关国家政策的理解不到位,在创业之中放不开手脚,导致创业效率偏低。因此,如何让创业的大学生们深刻理解关于大学生创业的一系列文件,在正确的政策引导下尽快地提升他们的创业能力,仍然是值得研究的重要课题。

（三）市场经济环境

稳定的市场经济为大学生创业提供了一个安全的环境。对于大学生创业者来说，一个有着公正、公平的市场竞争机制和诚信机制的市场环境尤为重要。刚刚踏入社会进行创业的大学生创业者们，在公平、公正及诚信体系的保护下得以茁壮成长。同时，稳定的市场经济秩序为刚刚萌芽的大学生创业者们提供了发育的土壤，广大大学生创业者们在稳定的市场经济秩序中快速发展，成为市场经济中活跃的一分子。另外，良好的市场经济环境能够降低市场准入标准，为大学生创业者们提供更多的创业机会来参与到市场竞争中，在市场竞争中创造自己的社会价值。因此，市场经济环境影响着大学生创业能力的提升。

二、社会层面

（一）创业资源

创业资源对大学生创业能力有着极大的影响力，创业资源的内涵很宽泛，最重要的莫过于信息资源和实践机会。在创业的过程中，信息的收集十分重要，国家优惠政策、市场行情变化、行业竞争局势等信息，对于大学生创业有着十分重要的影响。快捷精准的创业信息的传递，可以使创业者掌握市场动态，在创业过程中调整战略，适应市场需要；而迟滞的信息传递，则会造成掌握的信息与市场情况不对等，从而提高了创业失败率。大学生在高校中掌握了大量的专业知识，但是往往缺少实践的机会，因此实践岗位是大学生将专业知识融入实践的重要途径，在企业提供的社会岗位中，他们可以将书本上的知识逐步融合在工作中，加深对专业知识的掌握，并为日后创业积累经验。此外，他们还可以学习创业先行者的经验，避免在日后的创业中走弯路。

（二）创业教育

大学中的创业教育使大学生理解了创业的内涵，创业教育不仅能直接提升大学生的创业能力，还能通过影响大学生的专业学习，间接提高大学生的创业能力。有经验丰富的专业老师认真给学生做耐心细致的指导，大学生能较好地结合自身特点、合理规划自己的职业生涯，以便在创业中更好地发挥特长，更快地提升能力。同时，大学将创业教育和专业课、通识课有机融通，有利于提升大学生的创业能力，增加创业实践的机会及体验实践，让大学生在参与中提高认识。

（三）市场需求

市场需求是创业的价值取向，是大学生创业的首选问题。创业的最终成果要符合社会的要求，满足市场的需求。市场是一个动态多变的经济系统，如何把握市场、找准市场需求至关重要，一旦市场出现问题，就只能改变创业方向，否则可能最终导致原创业终止。因此，敏锐地洞察市场，准确地依据市场需求进行创业也是大学生创业者需要紧紧把握的。

三、创业主体个人层面

（一）专业知识

专业知识是大学生创业的基础。大学生所学专业的类型直接影响着其思维模式与行为决策，大学生所学专业的不同，在一定程度上决定着其创业类型的不同。专业类型会影响大学生选择创业的概率,但真正影响创业能力的是其专业知识,即不管大学生所学何种专业,只要其在本专业方面拥有较强的专业知识与专业见解,就普遍拥有较强的创业能力。其主要原因在于:首先,拥有较强专业知识与专业见解的大学生具有较强的学习、认识与吸收转化能力;其次,后天的努力程度是个人走向成功的必备因素,因此拥有较强的专业知识与见解不仅说明其智力水平较高,同时也说明了他们后天为获取专业知识所付出的努力;最后,专业知识较强的学生往往会由于自身过硬的专业基础而充满自信,因此他们更勇于面对外界的挑战。

(二) 个人特质

个人特质对大学生创业能力的提升有着重要作用,中国女排以十一连胜的骄人成绩获得冠军后,受到习近平总书记的接见和赞扬。女排的精神特质是促使她们获得成功的不竭动力。个人特质对于能力的形成乃至事业的成功至关重要,对于大学生创业也是如此。因为创业需要付出,更需要战胜形形色色困难的勇气与坚持。因此,良好的个人特质可以激发创业的正能量;反过来,个人特质也会制约能力的形成与发展。如胆小怕事,犹豫不决,一遇挫折就一蹶不振等特质会使创业困难重重,随时面临失败的风险。

(三) 成就动机

成就动机是指个体发挥主观能动性将工作做到更好的动机,具有这种动机的个体往往具有较为明确的目标、刻苦学习的毅力、战胜困难的决心。由马斯洛的需要层次理论可知,人的更高层次的需求是在前一层次需求得到满足的基础上建立的,因此毕业大学生在其生理需求、安全需求、社交需求、尊重需求已经得到满足后,个体便开始渴望获得自我实现需求,即渴望成功,拥有强烈的成就取向,渴望通过成功创业实现自身价值。具有较高成就动机的大学生往往注重提升自身创业能力,大学生的成就动机越强,其学习新事物的意愿、从事创业活动的意志就越强,也就越能够在创业过程中学习、成长,进而提高创业成功率。

(四) 创业激情

创业是一条充满坎坷的道路,没有昂扬的创业激情,将难以克服重重困难,走到胜利的彼岸。近年来,国家通过减免税收、提供小额贷款,兴办创业类学科竞赛、加强高校创业教育等多种政策降低大学生的创业难度,激发大学生的创业激情,调动大学生创业的积极性,使他们不断朝着创业的目标迈进。创业激情是面临困境时的强心剂,它总能激励大学生努力克服困难,勇于进取,坚持达到自己的创业目标。当一个人的创业激情与扎实的专业知识相结合时,那么他已经站在了创业的起点,拥有了在创业道路上拼搏的资格。

(五) 实践经历

对于要创业的大学生而言,书本上的理论是抽象的,别人的创业经历是间接的,只有把它们转化为自己的知识和能力,才能为自己的创业助力。怎样才能做到这一点呢? 一句话:实践,实践,再实践。实践可以丰富大学生的创业知识,提升创业能力。实践既包括校内创业实践,也包括校外的创业体验,更包括实际创业经历。在实践过程中,理论用于实践,实践催生理论,在理论与实践的密切结合中,通过不断反思与调整一定会对大学生创业能力的形成及提升产生显著的影响,实践的方式多种多样。

（1）深入企业实习实训。大学生直接深入企业实践、实际参与其中，会成长得更快，因为大学生可以参与企业的经营过程，通过观察了解团队的管理、资金的利用、生产各个环节的衔接等。

（2）参与社会兼职。大学生通过不同层次的创业尝试同样可以提升创业能力，如兼职外卖、兼职售书员、超市代理等。虽然这些都是较低层次的创业，但这对大学生来说，它们都是宝贵的经历。虽磨炼的程度不同，但这些经历都可以让人从不同程度上体会创业的过程，学会如何克服面临的各种困难，同时增加了阅历、增长了见识，这些经历无疑为大学生进一步深入创业提供了宝贵的借鉴。

（3）担任学生干部。担任学生干部虽看似与创业无关，但也会对大学生的创业能力产生积极的影响。在大学担任班干部的大学生，通常具备强烈的责任心，在管理班级实务的过程中会逐渐形成团队合作能力、沟通协调能力，养成独立思考的习惯，敢做敢当，信心满满等，这些好的作风都将有助于创业能力的提升。

（4）参加社团活动和公益活动。大学生积极地参加社团活动和公益活动同样会对未来创业能力的提升有益，因为无论参加何种活动，只要你用心，就会通过思考增长见识，通过实践提升能力。

（六）家庭背景

家庭背景不同的大学生在创业意向、创业识别能力、人际交往能力、决策领导能力等方面存在显著差异，良好的家庭环境对大学生创业起着积极的影响作用。家庭是大学生成长过程中最早接触的环境，父母的言传身教在大学生的道德、品格等各方面发挥了潜移默化的巨大作用。一般而言，若父母在社会上具有相应的人脉，则该大学生的创业道路就会相对平坦，因为在面临一些困难时会有长辈予以帮助和指导；出生在家庭相对富有的大学生，他们在诸多事情的决策中会大胆构想，并按自己的规划实施。相反，家境贫寒的大学生相对顾虑较多，这种家庭的大学生在选择创业方向时会特别谨慎，他们首要考虑的是低风险的项目。另外，父母有创业经验的大学生在选择创业方向时会有较多可借鉴的经验，在创业成功的道路上就顺畅许多。所以，家庭背景在塑造大学生的品格，影响大学生的创业选择等方面都有着重要影响。

国家层面和社会层面主要从宏观的环境上为大学生创业能力的萌芽与发展保驾护航，而个体的影响因素则贯穿于大学生创业的始终。其中，专业知识因素是大学生培养创业能力的基础。通过学习，大学生可对创业产生意向，并运用专业知识为之不懈奋斗。个人特质是影响创业能力的潜在因素，良好的个人特质能使大学生在创业的过程中少走弯路，不畏挫折，勇往直前。成就动机是大学生创业意向的起点，让大学生在创业中实现自己的人生价值。创业激情是大学生创业的不竭动力，鼓励大学生坚持不懈，克服困难，直至达成最终目标。家庭背景因素包括父母的行为教育与家庭富裕程度、家庭关系等方面，父母的教育直接影响着大学生创业意向的确定，在父母的支持下，大学生在创业时会毫无后顾之忧，尽情施展自己的才华，减少了创业初期的困难。而在所有影响创业能力的因素中最为重要的就是实践经历，大量的实践经历可以为大学生提供丰富的创业知识与创业经验，进而为大学生日后的创业奠定坚实的基础。

📖 **素养提升**

大学生要具有创业精神

在非凡的百年奋斗历程中,黑龙江人民在中国共产党的领导和带领下,不仅为国家创造了巨大的物质财富,同时还用鲜血、生命、汗水铸就了光耀千秋、永载史册的"四大精神",即东北抗联精神、北大荒精神、大庆精神、铁人精神。"四大精神"从艰苦卓绝的伟大斗争中孕育而生,是黑龙江人民意志品质、精神风貌、行为方式的集中体现,是彪炳史册、光耀后世的精神遗产和壮丽史诗,是中国共产党精神谱系的重要组成部分,是中国特色社会主义新时代历久弥新、弥足珍贵的红色资源和红色基因,也是开启新征程、奋进新时代取之不尽、用之不竭的宝贵精神财富和恒久动力源泉。

创业精神又称为企业家精神。创业精神反映了创业主体在经营能力、个人魅力和领导水平上的精神状态。其内涵是包括创新精神、学习精神、主动进取精神、冒险精神、诚信精神、合作精神、敬业精神、宽容精神、自信精神及服务精神等在内的多方面内容组成的统一整体。创业精神的核心包含以下四点。

(1)创新精神。创新精神是创业精神的核心和精髓,在其作用之下的创新活动是一种具有高度创造性的社会实践活动,贯穿于创业活动始终。可以说,创新精神是创业成功的源泉,也是事业开创之后保持事业优势的核心力量。

(2)冒险精神。创业是一项风险性活动,成功与否取决于很多确定性因素和不确定性因素。在处理确定性因素如注册公司、制定公司章程等活动时,付出和回报往往都能清晰可见。而对不确定性因素如创业方向的决策、人才引进的决策、拓展业务方法的决策等活动的处理,其产生的结果大部分都不能被准确地预测和判断。不确定性因素意味着风险,而创业者必须具备面对和把握这种风险的能力,即冒险精神。

(3)主动精神。主动精神即进取精神,是一种源于自身积极努力地向目标挺进的坚定的精神力量。它是创业者必备的心理素质,是事业开创及开创之后持续发展的内在关键力量。在事业面临不确定情况时,主动进取精神能够调动创业者的所有思维和资源,使他们能够主动面对困难,解决困难,从而保证事业的顺利发展。

(4)合作精神。合作精神等同于团队精神、协作精神。它是指两个或两个以上的个体为了共同目标(共同利益)而自愿地结合在一起,通过相互之间的配合和协调而实现共同目标,最终使个人利益也获得满足的一种社会交往导向的心理状态。本质上说,合作精神是一种分享精神和共赢意识。

大学生培养创业精神应该首先集中在四个核心精神上:创新精神、冒险精神、主动精神和合作精神。"大众创业、万众创新"的本质是人人都要有创业精神。尽管创业是少数人的事,不是每个人都适合创业,但是人人都要有创业精神。企业的诞生与发展需要创业精神,国家的建设更需要千千万万人民的创业精神。时代需要创业精神,生活在这个时代的每一个个体都需要创业精神。

立足过去,新中国的建设是一种创业;面向未来,实现中华民族伟大复兴的中国梦也是一种创业。在重重困难中涌现出的无数奋斗者,他们身上勇于牺牲、敢于创新、胸怀全局、矢志不渝、顽强拼搏的精神让我们看到了一代代中国人如何从零开始,白手起家。这是创业,创新中国的创业;这是创业精神,由无数人用血汗凝铸与传承的中华民族的创业精神。

专题小结

　　本专题包括"创业者需要具备的创业能力""挖掘创业能力"和"影响创业能力的因素"三个项目。"创业者需要具备的创业能力"项目主要阐述了创业者在创业实践中需具备创造力、领导能力、沟通能力。"挖掘创业能力"项目主要通过自我认知、积极实践、创业心理准备三方面挖掘如何提升创业能力。"创业能力影响因素"项目主要从国家层面、社会层面、个人层面分析了影响创业能力的影响因素。

拓展训练

　　训练目标:

　　1. 帮助大学生了解自身是否具备创业能力。

　　2. 培养大学生的创业意识。

　　训练内容:模拟创业团队销售商品。

　　训练步骤:

　　1. 将班级学生分为若干小组,分别扮演一家漠河市销售冰箱的创业团队。

　　2. 每位成员先分析个人所具备的创业能力及适合的公司职位,然后经讨论选出组长,即创业领导者。

　　3. 小组成员经讨论后写出详细的推销策略,由教师扮演漠河当地人。

　　4. 每组派出组长,谈一谈作为本次创业者,有哪些影响自身创业能力的因素,以及本次推销所具备的创业能力。

　　最终成果:了解自身创业能力并完成企业销售。

　　效果评价:成功说服教师购买冰箱的小组胜出。

识别创业机会和创业风险

→ 学习目标

1. 了解创意与机会的关系。
2. 理解创业机会的概念、来源和类型。
3. 了解如何从问题中获得创业机会。
4. 掌握创业机会识别的过程与技巧。
5. 了解创业风险类型。
6. 理解创业风险的管理过程。
7. 掌握创业风险的防范途径。

→ 思维导图

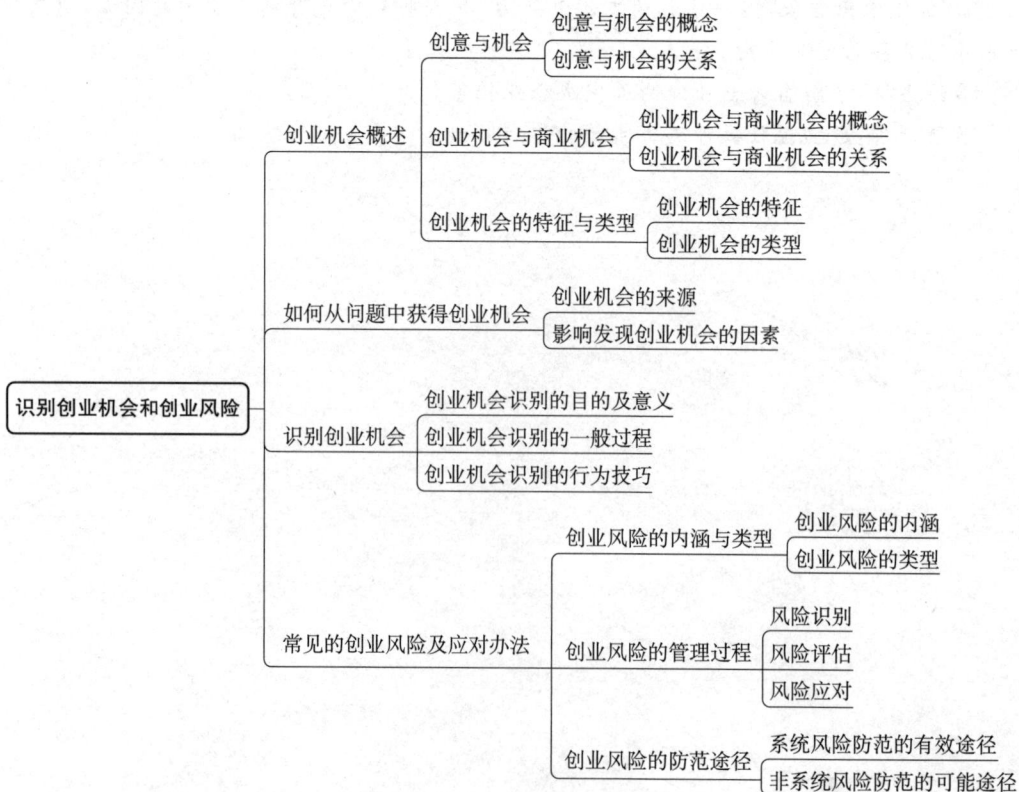

➡ 导入案例

作业帮:作业本上的移动互联网

2020 年 10 月 28 日,Quest Mobile 发布《2020 中国移动互联网秋季大报告》。报告公布了"2020 秋季中国移动互联网实力价值榜",作业帮作为中国用户规模最大的 K12 在线教育平台,成为 K12 在线教育领域唯一一款登榜 App。

2013 年年底,百度知识搜索产品部负责人侯建彬准备和同事一起研发一款新的移动垂直产品。他们有个雏形设想,就是将问答模式搬到孩子们的作业本上——在遇到不会做的难题时,孩子们用手机拍照或输入文字上传提交,便能跟全国的学习高手和老师探讨如何解题。

在此之前,百度知道一直在琢磨如何将用户原创内容(user generated content, UGC)问答生态移植到移动互联网上,这必须寻找到一个足够垂直的细分领域,要能获取足够多的用户,并能用上百度的 UGC 能力。起初,母婴、教育、医疗、法律等垂直领域都在考虑之列,不过他们发现越来越多的学生用户在搜索或主动提问有关作业的话题,小学一年级到高三(K12)市场就成了首选。

中国小学一年级到高三人口约为 1.5 亿,小学生的手机持有率在 40%,中学生的持有率在 60%~70%,其使用行为要受到家长与老师的限制,并有如下几个显著特点。一是使用时间段较为集中。大部分的中小学生过着两点一线的生活,玩手机的时间主要集中在晚上一两小时内,白天很少用,所以平时会呈现晚间与周末峰值访问的情况,而寒暑假期间则较为平稳。二是上网需求较为集中。除了玩游戏、听音乐等休闲需求,他们经常要做的事情是通过手机 QQ、微信等方式跟同学讨论作业答案,以及使用手机上网搜索答案。其中,在遇到不会的作业问题时,小学生倾向于先问家长,中学生则倾向于用电话或QQ 问同学。实在解决不了时,用百度搜索和百度知道提问,百度搜索和百度知道就成了他们问作业题的主要辅助方式。三是他们倾向于在熟人圈子交流。中小学生一般通过手机 QQ 和微信相互联系,甚至会建有一些秘密的 QQ 群和微信群,用以讨论作业答案。他们的交际范围也较为狭窄,主要是同学、亲戚等。他们一般只找熟悉可靠的网友交流,同时内心又希望成为关注的焦点,渴望被赞扬和认可。

作业帮找到了小学一年级到高三群体的真正刚需,切入点足够精准。"我们从后台发现,经常有很多孩子凌晨一点多时还在用作业帮提问,他们确实不会做,又找不到人问,这就是中国教育的现状。"产品经理邹婧说,在做用户调研时发现,全国有四成的孩子并不能每天见到家长,有学生甚至说有了作业帮,他终于敢去上学了。最终,这个名为"作业帮"的产品几乎是一路走红,增速超乎想象。自从上线安卓版 App,它仅在两个星期内就获得了超过 30 万次的下载。半年后,它的下载激活量攀升到 1000 万次,日活跃用户 50 万,全国 43 万多所中小学已覆盖 50%,处在绝对领跑的位置。邹婧称,作业帮希望将来能够拥有 3000 万用户,并不断完善产品服务,最终为小学一年级到高三的群体打造一个全方位的互联网教育平台。

问题探讨:

作业帮是如何发现和抓住创业机会的?

项目一　创业机会概述

生鲜新零售：叮咚买菜

　　叮咚买菜成立于2017年4月，创始人为原丫丫网、妈妈帮、叮咚小区的创始人梁昌霖，总部位于上海，是一款主要解决用户买菜难和买菜麻烦的生鲜新零售App，前身为叮咚小区。其平台上有近700种品类及各种蔬菜、水果、肉蛋禽、鲜活的鱼虾、日配（粮油、调料）等。平台秉持"绝不把不好的菜卖给用户"的理念，零起送费、零配送费，29分钟送菜上门。

　　叮咚买菜于2017年进入电子商务的生鲜市场，2016年中国电子商务市场交易规模为19.7万亿元，同比增长20.3%，其中本地生活O2O在电子商务市场交易总规模中占比小，仅为2015年中国电子商务市场总规模的5.3%，但发展势头较强。艾瑞咨询研究认为，本地生活O2O正在向生鲜垂直领域渗透，将成为电子商务市场发展的重要力量。这表明在技术不断进步、消费主力军不断转变的过程中，叮咚买菜所处的生鲜垂直领域的市场规模将较快增长，逐渐成为电子商务市场发展的重要力量，前景明朗。

　　艾瑞咨询在《2016年中国生鲜电商行业研究报告》中表示，生鲜市场"大而全"和"小而美"形成差异化竞争态势，各具优势。面对中国庞大的消费群体和万亿级的生鲜市场规模，任何一个具有特色的细分市场企业都足以抢占部分市场。"大而全"领域主要由综合电商平台掌控，例如阿里的喵鲜生，京东的京东到家，苏宁的苏鲜生。"小而美"领域即为叮咚买菜所处垂直领域，其主要竞争对手有我厨、U掌柜、每日优鲜、天天果园等。

　　根据公开资料查询整理，目前中国生鲜市场细分领域各玩家的主推产品大部分都为水果，主推家庭吃菜细分领域的玩家明显少于水果领域。例如，每日优鲜、天天果园都是以水果为其早期定位的主推产品，消费者也更倾向于用这些App购买水果，而不是蔬菜、肉蛋禽、水产。叮咚买菜的主推品类为"家庭吃菜"，从"叮咚买菜"的名字可以明显看出其主攻方向，定位清晰、明确。

　　以叮咚买菜主营业务所在地上海为例，如果叮咚买菜想用销售收入覆盖研发、物流、产品等成本，最后实现盈利，那么就需要2万～3万住户至少保证有1000单的销售量，以艾瑞咨询23.7%的数据保守估计，2万住户会有超过4700单的销量。

　　叮咚买菜的创始人梁昌霖表示："买菜是刚需、高频的事情，我们要解决的事情就是用户'买菜难'的问题。小区门口有很多水果店，但菜市场却非常少，有的小区甚至没有菜市场，用户下午去也很难买到新鲜的蔬菜，我们做的事情就是用最快的速度将新鲜的蔬菜、水产、肉蛋禽送到用户家中，零配送费，一根葱都免费送到家。"

　　叮咚买菜将大数据技术贯穿于整个产业链，通过订单预测、用户画像、智能推荐、智能调度、路径优化、自助客服等技术，提升用户体验。叮咚买菜的采购模式主要为成批采购＋品牌供应商直供，目前起步阶段为一天一采，其有专门的采购团队每日负责采购。成批采购的优势是品类齐全、质量有保障、运送方便、补货容易,但也有品类趋同化的问题,在进口有机蔬菜等品类方面缺少价格优势。叮咚买菜之所以选取成批采购的方式,主要是为了保证品类齐全、供应链及价格稳定,在初创期这是一种较稳妥的采购方式。相比于源头直采,成批采购价格波动较低,效率更高,采购效率更高,补货也容易。

采购完货品就运送到总加工仓,再由总加工仓运送至各社区前置仓。成本方面,研发运营费用、仓储费用、物流费用是叮咚买菜的三大主要成本。其主要采用如下成本控制方式。

通过把控上游品质,优化中游服务,保证下游效率,叮咚买菜利用自身优势,合理布局产业链。优良的产品品质是垂直类生鲜 App 增加用户黏性的关键要素,品质好是其长期的核心竞争力。叮咚买菜在品控方面有八大品控流程,覆盖了从采购到产品送至用户手中的全过程。品质的保证意味着用户黏性的增高,回购率较高。据叮咚买菜内部数据统计,其周人均单量超 20 次,周复购率超过 52%。

在流量方面,叮咚买菜现在有三种模式。首先,在妈妈帮上投放广告精准营销。妈妈帮的创始人即为叮咚小区的创始人梁昌霖,在其平台投放广告将更为精准。其次,采取拼团、分享红包的方式顾客拉顾客。叮咚小区的创始人梁昌霖表示,他们的很多客户都是通过邻里拼团、朋友分享红包过来的,产品的品质得到了大家的认可,效果非常不错。最后,采用微信等社会化媒体营销。用户可以在用户群里讨论水果品质和体验,如果有不满可以直接在群里反馈。

资料来源:据亿欧网资料整理,https://baijiahao.baidu.com/s?id=15788451177298622809&wfr=spider&for=pc.

问题探讨:

1. 叮咚买菜的创意是怎么来的?
2. 叮咚买菜是怎样精准把握创业机会的?
3. 你怎么看待叮咚买菜的主要用户?
4. 从叮咚买菜的发展历程中你学到了什么?

知识链接

一、创意与机会

(一)创意与机会的概念

创意是指产生创意,作为名词是指创业指向,创意是具有一定创造性的想法或概念,其是否具有商业价值存在不确定性。创意是一种普遍的智能,艺术家可以用创意来表现艺术,科学家可以用创意来表现创造力,而创业者可以用创意来创建产业。

创意经济(creative economy)又称创意工业、创造性产业等,是指那些从个人的创造力、技能和天分中获取发展动力的企业,以及那些通过对知识产权的开发创造潜在财富和就业机会的活动。

创意经济并不是与农业、制造业和服务业并存的又一门类,而是对所有产业的转型。创意经济被称为建立在头脑态度上的经济,这种智力对所有经济领域都会产生影响。创意经济转变了网络、技术和消费者需求,创意经济的发展在客观上改善了人们的生活方式,提高了人们的生活品质。目前,创意经济已经被视为一种全球现象。

具有价值潜力的创意具有以下几个基本特征。

1. 新颖性

新颖性可以是新的技术和新的解决方案,可以是差异化的解决办法,也可以是更好的措施。新颖性还意味着一定程度的领先性。不少创业者在选择创业机会时关注国家政策优先支持的领域,就是在寻找领先性的项目。不具有新颖性的想法在将来不仅不会吸引投资者和消费者,而且对创业者本人也没有激励作用。新颖性还可以加大模仿的难度。

案例分析

天猫国际 618:全球品牌"学说中国话"

天猫曾有一次 618 创意营销:"学说中国话"。天猫联合众多国际大牌,根据中国消费者的个性需求带来多款定制化商品,这些海外大牌"入乡随俗",观察中国老百姓生活,融入中国老百姓生活,勾勒出一幅最真实的市井生活图像。

女儿出嫁之时,妈妈用定制中国红戴森吹风机为女儿整理头发;厨房里准备家宴,杀鱼,切肉,削菜,三把日本旬刀各显身手,这是贝印大马士革刀具套餐为中国厨房多样化食材定制的多用刀具;一杯黑咖啡,一张报纸,一天倍儿精神,隅田川胶囊咖啡采用充氮锁鲜工艺,更符合中国人口味……接地气的景物,真实的人物,纪实抓拍的手法,每一张海报都还原了生活最本真的模样。

当下的消费者见多识广,普通的营销手段很难打动他们,他们对创意感、新鲜感的期待越来越高。天猫通过接地气的方式还原生活场景,成功融合了定制产品,这说明不能再走传统老路,只有以产品和品牌为基础,发挥创意,带给消费者眼前一亮的惊喜,才能吸引消费者的目光。

2. 真实性

有价值的创意不是空想,而是要具有实用价值。创意首先要可实现,一个简单的判断标准是能够开发出可以把握机会的产品或服务,而且市场上存在对产品或服务的真实需求,或可以找到让潜在消费者接受的产品或服务的方法。

3. 价值性

价值特征是创意的根本,好的创意要能给消费者带来真正的价值,要经得起市场检验。机会是未明确的市场需求或未使用的资源或能力。机会总是存在的,当一类机会消失了,另一类机会又会产生。未充分利用的资源意味着有机会,当一种需求得到满足,另一种需求又会产生。对机会的识别源自创意的产生。只有善于抓住机会者,才能为创业带来更大的成功。

(二)创意与机会的关系

创意是创业机会的一部分,创业机会还包括经验、人才、人脉、资金、管理等诸多方面。不同的行业或情况,每个方面所起的作用是不一样的。例如,在房地产行业,资金周转是最重要的。而在广告业创意是最重要的。同质化的产品,谁的广告创意好,谁就更能吸引人的眼球,更能增加消费者对该产品的印象,其产品卖得相对就好。

延伸阅读

创意产业主要是把技术、文化、市场、产品这四个方面有机地结合起来。创意产业不仅能为人们提供文化含量较高的产品和服务,满足人们的精神需求,而且能有效刺激内需,并与其他产业融合发展,促进产业创新和结构优化,有效地推动经济发展方式的转变。正因如此,称其为经济发展寒冬中的一股暖流。即使是在金融危机时期,创意产业也能够找到它发展的新机会。在金融危机中,人们巨大的心理压力需要缓解。以需求为导向的创意产业能为公众制造一个缓解现实生活压力的欢乐时间。

1997年亚洲金融危机爆发,韩国的经济出现衰退,许多失业的人购买《星际争霸》的光盘以求得到消遣。韩国政府因此发现了一个机会,人们需要快乐,而优秀的作品可带给他们很廉价的快乐。抓住这个机会,韩国政府开始发展动漫产业,从而成就了电子游戏产业在经济危机中的另类崛起。

好莱坞的电影也是如此,早在1929—1933年的大萧条中,人们希望在虚幻的世界中寻找快乐,所以一些无厘头的搞笑片、歌剧片和充满幻想的作品被市场前景看好。

资料来源:据知乎网资料整理,https://zhuanlan.zhihu.com/p/342211294.

有些创业者受到外部激励而决定创业,他们搜索并识别机会,然后创建新企业。而另一些创业者则受到内部激励,先识别出现实问题或未满足的需求,通过创业来解决这些问题或满足这些需求。不管创业者以哪种方式创建新企业,机会都是很难识别的。机会识别是一个既需要艺术眼光又需要科学方法的复杂过程。我们应该学习和掌握的就是机会识别的科学规律。

案例分析

依靠创意走创业之路

《三国杀》作为风靡全国的中国最成功桌游,其创始人黄恺正是依靠创意走上创业之路的。黄恺2004年考上中国传媒大学动画学院游戏设计专业,他在大学时期就开始“不务正业”,模仿国外桌游设计出具有中国特色、符合国人娱乐风格的桌游《三国杀》。2006年10月,大二的黄恺开始在淘宝网上贩卖《三国杀》,没想到大受欢迎。毕业后的黄恺并没有找工作的打算,而是借了5万元注册了一家公司,开始做起《三国杀》的生意。2009年6月底,《三国杀》成为中国被移植至网游平台的一款桌上游戏,2010年《三国杀》正版桌游售出200多万套。

粗略估计,《三国杀》迄今给黄恺带来了几千万元的收益,并且随着《三国杀》品牌的发展,收益还会继续增加。

从战略调整的市场环境角度分析,机会与风险是两种相对应的市场环境,机会是一种创意环境,决策者可以从中获利,可以拥有较好的控制权;而风险则意味着消极的市场环境,可能会给决策者带来损失,并且难以控制。

小故事

荧光键盘的失败

中关村一家经销商与北京大学的学生合作开发了一款能够在黑暗中发出荧光的键盘,这样,在黑暗中(比如有别人休息的夜晚)的计算机使用者不用开灯就可以敲打键盘。这个创意很好,但显然这样的产品成本一定比普通键盘的成本高,而经常使用计算机的用户绝大多数可以实现盲打,因而市场需求不会很大。正是这个原因,这个产品始终未能获得成功。

好的创意必须有好的机会,创意者制定创业战略,寻找创业机会,就是促进新创企业良性成长的过程。在创业战略的制定过程中,需要对创业机会进行深入分析,不同的创业机会只有通过不同的创意战略来支持,才能获得较好的成功。因此,创意好比春雨,机会好比农田,好的创意只有寻找好的机会,才能发挥它的作用。

二、创业机会与商业机会

(一)创业机会与商业机会的概念

创业机会是可以为购买者或使用者提供或增加价值的产品或服务,具有吸引力、持久性和适时性;创业机会是可以引入新产品、新服务、新原材料和新组织方式,并能以高于成本价出售的情况;创业机会是一种新的"目的—手段"关系。

凡是有利于企业生产,有利于企业产品开发和市场开拓,有利于企业经济利益的提高,有利于企业摆脱困境等方面的信息、条件、事件等,都可以称为商业机会。商业机会通常体现为市场上尚未满足和尚未完全满足的有购买力的消费需要,也称为市场机会。

大多数创业者都是由于把握住了商业机会从而实现成功创业的。例如,蒙牛的创始人牛根生看到了乳业市场的商机,好利来的创始人罗红看到了蛋糕市场的商机,在现实生活中,这样的例子不胜枚举。但是,仅有少数创业者能够把握创业机会并成功创业,创业一旦成功,不仅会改变人们的生活和休闲方式,甚至能创造出新的产业。随着人们对创业机会价值潜力的探索,会逐渐衍生出一系列的商业机会,从而滋生出更多的创业活动。

(二)创业机会与商业机会的关系

创业机会是创造机会,商业机会是寻找机会;创业机会是商业机会,但是商业机会不一定是创业机会。当然,创新性强的创业机会容易形成竞争优势,有利于创业活动的成功。创业机会与商业机会之间并不存在严格的界限。

小故事

小胡和小姜的人生

高中毕业后干起家电维修的小胡和小姜,每天都以修收录机、电视机为生,但前者是一个经营上的"不安分者",后者则是一个循规蹈矩的"老实人"。不久前,小胡又突发奇想,寻找到新的商机:他发现当地的农民用上自来水后,将来就有可能使用洗衣机,有洗衣机便会有维修洗衣机的业务。于是,他买回本地市场上常见品牌的洗衣机供周围的人使用,目的之一是让人们尝尝洗衣机的甜头,目的之二是学习洗衣机的结构、保养和维修。果不其然,一年后,一台台洗衣机进入农村,维修业务几乎全被小胡包揽了,而小姜只能眼睁睁看着自己失去一次扩大维修范围的机会。一般人总是等着机会从天而降,而不是通过努力工作来创造机会。殊不知,人们遇到的问题和未满足的需要总是不断提供着新的商机。

优秀创业者的一个基本素质,就是善于从他人的问题中发现机会,主动把握机会。

三、创业机会的特征与类型

(一) 创业机会的特征

《21世纪创业》的作者杰夫里·第莫斯教授提出,好的创业机会有以下四个特征。

(1) 它很能吸引顾客。

(2) 它能在你的商业环境中行得通。

(3) 它必须在"机会之窗"敞开期间被实施(机会之窗是指创意推广到市场上所花的时间;若竞争者已有了同样的思想,并已把产品推向市场,那么机会之窗也就关闭了)。

(4) 你必须有资源(人、财、物、信息、时间)和技能才能创立业务。

(二) 创业机会的类型

创业者对创业机会的发现与把握不同,创业活动也不同,创业结果也存在着差异,根据不同的标准,对创业机会可以有不同的分类。

1. 根据创业机会的来源分类

根据创业机会的来源可以将创业机会分为问题型机会、趋势型机会和组合型机会。

(1) 问题型机会就是由现实中存在的未被解决的问题所产生的一类机会。问题型机会在人们的日常生活中和企业实践中大量存在。例如,顾客的抱怨、大量的退货、无法买到称心如意的商品、服务质量差等。在这些问题的解决过程中,都会存在着价值或大或小的创业机会,需要用心发掘。例如,联邦快递的创业者史密斯因为在工作中发现采购的物品经常不能在要求的时间内到达而产生了创办联邦快递公司的想法。

案例分析

便携路由器 kisslink

2014年11月5日,一款史上最便捷路由器 kisslink 悄然登上京东众筹平台,在不到24小时内就获得近5000人支持,筹资金额超过百万元,再次刷新国内产品众筹纪录,创下了在24小时之内支持人数最高纪录,2个月内公司估值就蹿升至数亿元人民币。

这款路由器的创始人是张兆龙。他在2004年从中国科技大学毕业后,加盟了Arul路由器公司,之后当上了产品经理。但是他很快就发现了家用路由器一直存在一个问题。如果打开百度,输入"怎么"两个字,百度智能排序系统一定会自动联想出"怎么设置无线路由器"。一个看似不大的问题,却困扰了所有人。张兆龙找到了切入市场的机会。

经过多年技术积累,张兆龙在 2013 年为自己未来的路由器申请了拥有全球专利的 Kiss 认证技术。基于这个技术打造的 kisslink 路由器,只要插上网线和电源线就可以上网。而且不需要输入密码,只需把手机或其他移动设备靠近这个路由器并置于认证面板之上,路由器就会提取用户信息进行匹配,匹配成功就可以上网。这个产品不仅让上网更加"傻瓜",也从硬件层面阻断了蹭网、黑客等问题。因为没有密码,也就无码可破。kisslink 解决了人们的痛点,让人们不需要思考和记忆,用最少的精力去关注路由器,把更多的精力放在上网的体验上。

张兆龙几乎同时在美国众筹平台 kickstarter 发起预售。很快,kisslink 再次创造了中国项目在海外支持人数最多的纪录。与此同时,Wi-Fi 之父马修·加斯特(Matthew Gast)也在其社交网络中力推 kisslink。之后,kisslink 还在备受瞩目的国际消费类电子展览会(International Consumer Electronics Show)上高调亮相,并被 MSN 英文站列为 2015 年最佳发明之一,成为首个入榜的中国发明。

短短 50 天,kisslink 就凭借出色的工业设计、极简的操控及亲民的价格卖出了近 5 万台。通过国内外的两次众筹,kisslink 积累了第一批真正热衷于产品的粉丝级用户。

(2) 趋势型机会就是在变化中看到未来的发展方向,预测到未来的潜力和机会。这种机会一般容易产生于重要领域改革或时代变迁的时期。在这种环境下,各种新的变革不断出现,但往往不被多数人所认可和接受,一般处于萌芽阶段。一旦能够及早地发现并把握,就有可能成为未来趋势的先行者和领导者。趋势型机会一般出现在经济变革、政治变革、人口变化、社会制度变革和文化习俗变革等多个方面,一旦被人们所认可,它产生的影响将是持久的,带来的利益也是巨大的。

(3) 组合型机会就是将现有的两项或两项以上的技术、产品、服务等因素组合起来,以实现新的用途和价值而获得的创业机会。这种机会类型好比"嫁接",对已经存在的多种因素重新组合,往往能实现与过去功能大不相同或者效果倍增的局面($1+1>2$)。例如,芭比娃娃就是将婴幼儿喜欢的娃娃与少男少女的形象结合起来,形成了一个新组合,满足了脱离儿童期但还未成年的人群的需求,最终获得了创业上的巨大成功。

2. 根据"目的—手段"关系的明确程度分类

根据"目的—手段"关系的明确程度,可以将创业机会划分为识别型(目的—手段关系明确)、发现型(目的—手段关系有一方不明确)和创造型(目的—手段均不明确)三种类型(见表 5-1)。

表 5-1　根据目的—手段关系明确程度的机会分类

		目　的	
		明确	不明确
手　段	明确	识别型机会	发现型机会
	不明确	发现型机会	创造型机会

(1) 识别型机会是指市场中的目的手段之间的关系十分明显时,创业者可通过目的手段之间的关系连接来辨识机会。例如,当商品供求之间出现矛盾或冲突,不能有效地满

足需求时,就会出现大量的创业机会。常见的问题型机会大都属于这一类型。

(2)发现型机会是指目的或手段任意一方的状况未知,等待创业者去发掘机会。例如,一项技术被开发出来,但尚未有具体的商业化产品出现,因此需要通过不断尝试来挖掘出市场机会,如激光技术在出现数十年后才真正为人们所用。

(3)创造型机会是指目的和手段都不明确,创业者要比他人更具先见之明,才能创造出有价值的市场机会。在目的和手段都不明确的状况下,创业者想要建立起连接关系的难度非常大。但这种机会通常可以创造出新的目的—手段关系,为创业者带来巨大的利润。

在商业实践中,识别型、发现型和创造型三种类型的创业机会可能同时存在。一般来说,识别型机会多半处于供需尚未均衡的市场,创新程度较低,这类机会并不需要太繁杂的辨别过程,反而强调只要拥有较多的资源,就可以较快进入市场获利。而把握创造型机会就非常困难,它依赖于新的目的—手段关系,而创业者拥有的专业技术、信息、资源规模往往都相当有限,更需要创业者的创造性、资源整合能力与敏锐的洞察力,同时还必须承担巨大的风险。而发现型机会则最为常见,也是目前大多数创业者研究的对象。

3. 根据创业机会的导向分类

根据创业机会导向可以将创业机会分为市场导向型创业机会、技术导向型创业机会、竞争导向型创业机会和政策导向型创业机会。

(1)市场导向型创业机会

市场导向型创业机会主要来源于市场环境及结构的变化,如发达国家或地区产业转移带来的市场机会;市场供给结构变化带来的创业机会;市场垄断的打破带来的机遇等。

(2)技术导向型创业机会

技术导向型创业机会是指因技术进步或技术革新而为创业者带来的创业机会。现代技术飞速发展,任何技术上的变化都可能给创业者带来机会。例如,计算机的出现,人们借此进行信息的自动化管理、网络技术下的交易模式——电子商务。新技术的出现带来了一系列的机会,主要表现在新技术代替旧技术,实现新功能、创造新产品等。

(3)竞争导向型创业机会

竞争导向型创业机会是指为了比竞争者做得更好而为创业者带来的机会,它比其他创业机会来得更直接,创业者认为只要在产品或服务价格、功能或特色等方面能够做得更好,就可以抓住机会进行创业。竞争导向型机会是创业者自身驱动的结果。

(4)政策导向型创业机会

政策导向型创业机会是指由政府制定的法律法规、政策等带来的创业机会。此类型创业机会在我国尤为突出。随着社会、经济及技术等方面的变革与发展,政府必然会不断调整政策来适应新技术的发展,这就给创业者提供了创业机会。例如,在信息系统网络化、国际化、公众化的背景下,计算机信息系统及其网络安全已成为各国普遍关注的问题,于是我国政府出台了一系列支持和促进国产信息安全技术及产品发展的政策。在此背景下,从事信息安全技术及其产品开发的创业者,无疑会得到政府政策的支持。

项目二　如何从问题中获得创业机会

▶ **案例二**

马乃篪:探索养老新模式的外科大夫

马乃篪与丈夫都是三甲医院外科大夫,忙碌的工作使他们没时间照顾家、照顾孩子、照顾老人。马乃篪觉得自己应该更多地去关注家人,于是索性就辞职了。医生这个职业工作稳定、收入也高,她的举动在旁人看来自然是不可思议的。

辞职后的马乃篪想做点什么,但彼时的她没有丝毫想法。她从自身职业出发,细心观察生活,发现社区的医护需求很多。于是,她就投身志愿活动,成立了一个马医生志愿服务队,利用她的医学背景为社区里的居民们提供咨询、义诊等志愿服务。在做志愿服务的过程中,她渐渐地发现了诸多问题,比如老人们对肿瘤的预防了解甚少,对很多保健品不具有辨别能力,养老服务不完善、不合理等。起初,她只是带着她的志愿队在社区里做知识普及工作,后来考虑到一直做志愿者效率太低,她便成立了枫华老年服务中心。马乃篪的事业从此便开始了。

由于他们提供的老年服务十分出色,所以政府就提出要购买他们的服务,以弥补政府在养老服务方面的不足。起初,他们提供的服务很单一,无法完全解决社区内的养老问题。因为养老是一个刚性需求,政府在这方面有迫切的需求。政府就对马乃篪说:“你们能不能做得再多一点,提供的服务范围更广一点?”马乃篪注意到,尽管社区里有一些养老机构入驻,但还是有很多老人的需求得不到满足。她还注意到,由于老人的年龄不同,需求也不同,普通的养老机构确实做不到满足所有老人的需求。这时,一个想法诞生了:做一个统筹调度中心,把养老商家和老人们对接起来,先把老人们按年龄分层,再经过甄别引入商家,让对应的服务匹配对应的老人,而政府总是面对所有年龄段的老人,他们没办法做到统筹兼顾。这样,不仅满足了老人们的需求,同时也满足了政府的需求。

由于得到了切实的利益,当地的老人们对他们的态度也从不理解变成了感谢。马乃篪认为:给老人贴上“老人”的标签,其实就是歧视他们,有一些身体尚好,精神状态也好的老人其实是想继续为社会发光发热的,他们有表现欲,渴望被需要,而我们既然要满足不同情况老人的需要,自然是要为这一部分老人提供表现的机会与平台。如今,服务中心的影响力也越来越大,马乃篪相信,未来会更好。

资料来源:朱丽兰. 马乃篪:探索养老新模式的外科大夫[Z]. 微信公众平台,2019-04-10.

问题探讨:

马乃篪是如何发现和抓住创业机会的?

📖 **知识链接**

一、创业机会的来源

变化是创业机会的重要来源,没有变化,就没有创业机会。在现实中,许多人都充满了创业主意,富有创业幻想,但能否在众多的创业想法中发现真正的创业机会,并有能力抓住它,最终成为一个成功的创业者,却受到许多因素的影响。

在比较众多学术观点的基础上,人们认为美国凯斯西储大学谢恩教授的观点比较有代表性。谢恩教授提出了产生创业机会的四种变革,分别是技术变革、政治和制度变革、社会和人口结构变革及产业结构变革。

(1)技术变革可以使人们去做以前不可能做到的事情,或者更有效地去做以前只能用不太有效的方法去做的事情。新技术的出现也改变了企业之间竞争的模式,使得创办新企业的机会大幅增加。例如,网络电话协议技术使得传统的资本密集型的电话业务,转化为一种只需要少量资金就可行的业务,为那些缺乏资本的新企业提供了新的机会。

(2)政治和制度变革会革除过去的禁区和障碍,或将价值从经济因素的一部分转移到另一部分,或创造出更多新价值。例如,环境保护和治理政策的出台,会将那些污染严重、对环境破坏大的企业的资源,转移到推进生态文明建设的创业机会上来;专利技术的严格执行,通过专利费用的形式将价值转移到拥有专利的大公司,使得那些缺乏核心技术的公司,从品牌企业沦为加工厂或破产倒闭。

(3)社会和人口结构变革就是通过改变人们的偏好和创造以前并不存在的需求来创造机会。例如,西方国家的情人节、母亲节等诸多节日,正在逐渐影响着中国人的生活,因而会创造或即将会创造许多新的创业机会和价值增值。

社会趋势也可以为企业带来机会。随着越来越多的单身男女的出现,婚恋产业的投资机会频现。流行的电视节目有"非诚勿扰""我们约会吧"等,交友网站有"世纪佳缘""百合网"等。

(4)产业结构变革是指因其他企业或者为主体顾客提供产品或服务的关键企业的消亡,或者由于企业吞并或者互相合并,行业结构发生变化,进而改变行业中的竞争状态。因此,产业结构变革影响创业机会。

延伸阅读

2022年国家扶持的项目有哪些

政府往往代表了广大群众的利益,现在越来越多的助农产业发展了起来,既能够让农民获益,又能够让消费者享受到更好品质的食物。那么,哪些行业和社会发展趋势有关呢?

一、环保行业

随着社会的发展,近几年来,全球的生态环境遭到了严重的破坏,而且日益严重。由于我国是发展中国家,在大力开展的工业项目,带动经济发展的同时,也造成了一系列的环境问题。例如,现在的雾霾天气、地下水的污染等环境问题,总是困扰着人们的生产和生活。因此,政府加大了对环保类项目的支持力度,如废旧资源的回收、污水的处理、空气净化系统项目都有着较大的市场,值得创业者投资。

二、生产服务业

生产服务业包括第三方物流、连锁配送、商贸流通业、商务服务业、业务外包、电子商务等,面向生产的服务业打通了社会生产领域的各个关节点,有着极大的发展前景。

三、面向农村的服务业

"三农"问题是有关国民幸福指数的重要问题,如果不能好好解决生产方面的问题,那么人们的饮食就得不到保障。而且,就农村人口所占的比例而言,农村服务业也是有待完善的,农业信息服务体系、农业产业化服务体系等面向农村的服务业是将来创业的好方向。民生问题是国家一直关注的重中之重,农业和我们的生活息息相关,如果不能解决好生产方面的问题,人们的粮食就得不到保障,所以国家大力支持农业发展,农业产业将是国家重视的一个发展方向。

四、教育培训

在教育领域中,我国仍然存在教育资源分配不均的问题,严重影响了国家的整体教育水平。在科技快速发展的时代,人才储备至关重要,所以教育培训也是国家比较重视的领域。

资料来源:据腾讯网资料整理,https://new.qq.com/rain/a/20220913A04OKA00.

二、影响发现创业机会的因素

对于是哪些因素导致一些人更善于识别出有价值的创业机会,不少学者进行过研究,下面是取得共识的四类主要因素。

(一)历史经验

在特定产业中,历史经验有助于创业者识别机会。在某个产业工作,个体可能会识别出未被满足的市场。某个人一旦投身于某产业创业,就会比那些从产业外观察的人更容易看到产业内的新机会。

(二)认知因素

机会识别可能是一项先天技能或一种认知过程。有些人认为,创业者有"第六感",他们能看到别人看不到的机会。多数创业者都以这种观点看待自己,认为自己比别人更"警觉"。警觉在很大程度上是一种习得性的技能,在某个领域拥有更多知识的人,通常会比其他人对该领域内的机会更为警觉。例如,一位计算机工程师会比一位律师对计算机产业内的机会和需求更警觉。

(三)社会关系网络

个人社会关系网络的深度和广度影响着机会识别。建立了大量社会与专家联系网络的人,比那些拥有少量网络的人更容易得到机会和创意。一项针对65家初创企业的调查发现,半数创建者通过社会联系得到了他们的商业创意。一项类似的研究,考察了独立创业者(独自识别出商业创意的创业者)与网络型创业者(通过社会联系识别创意的创业者)之间的差别,研究人员发现,网络型创业者比单独创业者识别出的机会要多得多,但他们不太可能把自己描述为特别警觉或有创造性的人。

(四)创造性

创造性有助于产生新奇或有用的创意。从某种程度上讲,机会识别是一个创造过程,是不断反复的创造性思维过程。在听到许多趣闻轶事的基础上,你会很容易看到创造性包含在许多产品、服务和业务的形成过程中。

项目三　识别创业机会

▶ **案例三**

"85后"夫妻回国开小龙虾店创业，月入30万元

夏季来临，一家小龙虾店生意兴隆，一对年轻夫妇穿行在喧哗热闹的小店中。这对小夫妻便是毕业于加拿大纽芬兰纪念大学的汪洋与周娜。丈夫汪洋于8岁就加入了加拿大国籍，从小在国外长大，与妻子周娜是校友，两人经朋友介绍认识，2012年在加拿大圣约翰斯的市政厅注册登记。

这对"85后"的小夫妻非常喜欢吃小龙虾，两人回国时总会去各种地方吃小龙虾。两年前两人再次回国，一次偶然的机会他们发现很多小龙虾不是很卫生，商家清理总是不到位。于是他们看中了中国饮食市场强劲的发展势头和长远的前景。最后两人决定开一家北方口味的小龙虾店。夫妻两人在卫生方面认真把关，他们给每只虾清除虾线、腮囊等不能食用的部分，事情看似很小，但却是一项巨大的工程。

这对海归夫妻需要经常去龙虾店的库房清点货源，缺什么及时补充。他们的龙虾店在旺季5—9月，能销售10吨，门店月入高达30万元。周娜和店员搬着整箱已经处理干净的龙虾到后厨，每天都得搬3~5次，"别看我瘦，但我胳膊有劲儿！"周娜笑称自己是大力士女汉子。

"湖北出产的红虾比较适合麻辣油焖，因为要入味，炖煮时间长，红虾壳硬，适合较长时间烹饪。但青虾壳软，更适合蒜蓉口味，蒜蓉不能烹饪时间太长，这样能同时保证蒜蓉和青虾的味道。每年的5—8月，小龙虾的肉质最好，最Q弹。"汪洋说，"虾过油一定要快，油温不能过高，不能完全炸熟，否则在烧制过程中不好入味，口感要差很多。"汪洋每天需要在后厨搭配多达几十种炒虾的配料。夫妻二人经常营业到深夜12点多，目前他们的店已经有了固定客源，每天一到6点多，就陆续来人，有时忙到服务员紧缺，他们不得不亲自上阵帮忙。

问题探讨：
从他们身上你学到了什么？

🗂 **知识链接**

一、创业机会识别的目的及意义

创业机会的识别是创业过程的开始，是整个创业活动中非常重要的一个阶段。具体来说，机会识别就是要了解某个机会的方方面面，发现其吸引人和不吸引人的地方，创业者要判断某个特定机会的商业前景是什么。

（一）创业机会识别的目的

进行创业机会识别的目的是，在众多的机会中，通过分析、判断和筛选，发现利己的、可以利用的商业机会。

（二）创业机会识别的意义

1. 创业机会识别是创业活动的起点

创业者只有识别机会，才能利用机会进行创业活动。在机会识别的初始阶段，创业者可以非正式地调查市场的需求及所需要的资源，直到判定这个机会值得考虑或值得进一步深入开发。

2. 创业机会识别决定创业的机会成本

创业活动也存在机会成本，机会成本的大小取决于创业机会识别的质量，如果机会识别质量差，就有可能错过更好的创业项目。

3. 创业机会识别是创业成败的关键

创业机会识别是创业机会开发的前提和基础，如果创业机会识别出现重大失误，往往就会导致创业活动的失败。例如，美国铱星公司就是由于错误地评估了卫星电话的市场需求与开发成本的关系，从而导致了铱星公司的失败。

二、创业机会识别的一般过程

创业机会识别是创业者与外部环境（机会来源）互动的过程，在这个过程中，创业者利用各种渠道和各种方式掌握并获取有关环境变化的信息，发现现实世界中在产品、服务、原材料和组织方式等方面存在的差距或缺陷，找出改进关系的可能性，最终识别出可能带来新产品、新服务、新原料和新组织方式的创业机会（见图 5-1）。

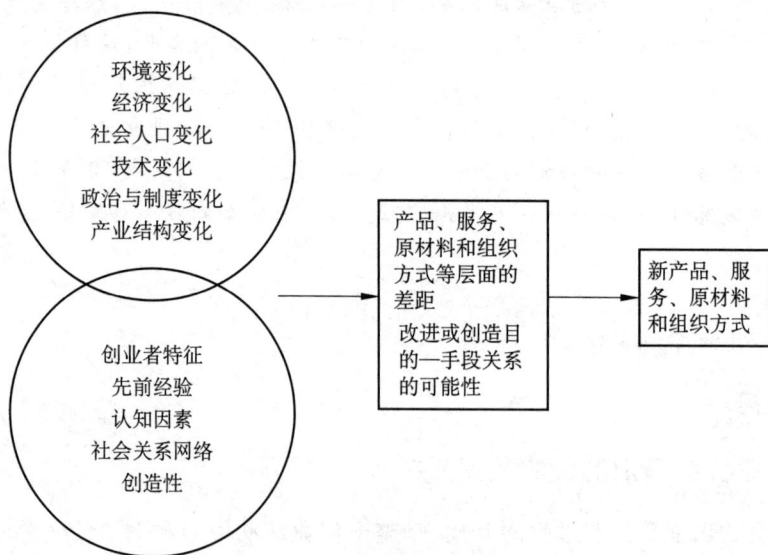

图 5-1 创业机会的识别过程

三、创业机会识别的行为技巧

借助多种技术和方法可以有效识别创业机会，这里主要归纳了几种较为常用的识别创业机会的行为技巧。

（一）着眼于问题把握创业机会

机会并不是无须代价就能获得的，许多成功的创业者都是通过解决遇到的问题发现并把握住机会的。问题的存在就是现实与理想的差距。顾客需求在没有得到满足之前就是问题，而设法满足这一需求，就是抓住了创业机会。

（二）利用变化把握创业机会

变化中常常蕴藏着无限商机，许多创业机会都产生于不断变化的市场环境。环境变化将带来产业结构的调整、消费结构的升级、思想观念的转变、政府政策的变化、居民收入水平的提高。通过这些变化，人们就会发现新的创业机会。在国营事业民营化的过程中，创业者可以在交通、电信、能源等产业中发现创业机会。私人轿车拥有量的不断增加，将产生汽车销售、修理、配件、清洁、装潢、二手车交易和陪驾练车等诸多创业机会。任何变化都能激发新的创业机会，需要创业者凭着自己敏锐的嗅觉去发现和创造。许多很好的商业机会并不是突然出现的，而是对"先知先觉者"的一种回报。聪明的创业者往往选择在最佳时机进入市场，当市场需求爆发时，他已经做好准备等着接单。

（三）跟踪技术创新把握创业机会

产业发展的历史告诉人们，几乎在每一个新兴产业的形成和发展过程中，都是技术创新的结果。产业的变更或产品的替代，既满足了顾客的需求，同时也带来了前所未有的创业机会。例如，计算机诞生后，软件开发、计算机维修、图文制作、信息服务和网上开店等创业机会随之而来。任何产品的市场都有其生命周期，产品会不断趋于饱和达到成熟直至走向衰退，最终被新产品所替代，创业者如果能够跟随产业发展和产品替代的步伐，不断进行技术创新，那么便能够不断寻求新的发展机会。

（四）在市场夹缝中把握创业机会

创业机会存在于为顾客提供价值的产品或服务中，而顾客的需求是有差异的。创业者要善于找出顾客的特殊需要，盯住顾客的个性需要并认真研究其需求特征，这样就可能发现和把握创业机会。时下，创业者热衷于开发所谓的高科技领域等热门课题，但创业机会并不只属于"高科技领域"，在金融、保健、饮食这些所谓的"低科技领域"也有机会。例如，随着打火机的普及，火柴慢慢退出了人们的视线，而创业者沈子凯却在这个逐渐被人淡忘的老物件里找到了新商机，他创造的"纯真年代"艺术火柴红遍大江南北。还有为数不少的创业者追求向行业内的最佳企业看齐，试图通过模仿快速取得成功，结果使得产品和服务没有差异，众多企业为争夺现有的客户和资源展开激烈竞争，企业面临困境。因此，创业者要克服从众心理和传统习惯思维的束缚，寻找市场空白点或市场缝隙，把握行业或市场在矛盾发展中形成的空白地带中的机会。

（五）在政策变化中把握创业机会

我国市场受政策的影响很大，新政策的出台往往会引发新的商机，如果创业者善于研究和利用国家政策，就能抓住非常关键的创业机会。2006年国家出台了新的汽车产业政策，鼓励个人、集体和外资投资建设停车场。在停车场日益增多的同时，对停车场建设中的智能门禁考勤系统、停车场系统、通道管理系统等的需求也随之增多,专门供应停车场所需的软硬件设备就成为一个重要商机。事实上,从政策中寻找商机并不仅仅表现在政策条文所规定的表面,随着社会分工的不断细化和专业化,政策变化所提供的商机还可以延伸,创业者可以从产业链在上下游的延伸中寻找商机。

(六)弥补对手缺陷把握创业机会

很多创业机会是缘于竞争对手的失误而"意外获得"的,如果能及时抓住竞争对手发展中的漏洞而积极创业,或许能比竞争对手更快、更可靠、更便宜地提供产品或服务。为此,创业者应追踪、分析和评价竞争对手的产品和服务,找出现有产品存在的缺陷,有针对性地提出改进方案,并开发具有潜力的新产品或新功能,这样往往能够出其不意,成功创业。

项目四　常见的创业风险及应对办法

▶ **案例四**

大学生创业要学会规避风险

在日趋严峻的就业形势下,政府出台了一系列相关措施,鼓励大学生自主创业,以创业带动就业。然而由于缺乏经验,大学生对创业风险的意识不到位,容易上当受骗,遭遇失败。这会使大学生的创业积极性遭到严重打击,为大学生和他们的家庭带来不小的伤害。

2007年12月,从保险公司出来的胡皓和同学张宏博打算在南京开一家卖饰品的小店,自己创业。在一个不是很熟的朋友的引荐下,他们认识了王浩。王浩自称在仙林大学城有两家店铺,可以通过押金形式把其中一个店铺交给他们打理。王浩拿着店面钥匙打开店铺让他们验货,并显得和周围的人很熟,在没有查看营业执照的情况下,胡皓相信了王浩。2006年1月,胡皓和张宏博把两万元交给王浩,双方只打了一张欠条,没有签订任何书面协议。"即便是人跑了,店还在,东西还在。"胡皓说,其间,王浩还多次找他们借钱。

三四个月后,王浩以原来的店铺还没有到期为由,让他们经营另外两个柜台,一个月后,经常有人过来要求胡皓交还柜台,有人说这家店的老板并不是王浩,他只是一名打工者。胡皓这才意识到出了大问题。

在追讨押金和欠款的过程中,一个又一个受骗者陆续出现。胡皓发现,王浩以那个店铺为诱饵,前后骗了7名大学生。

在读大学生薛彩萍是王浩的雇员。薛彩萍说,王浩口头许诺给她底薪1200元,还有交通补助和话费补助,最后一分钱没有给她,其间她进货还倒贴了不少钱。

另一个受骗者李晨刚,是浙江某高校即将毕业的学生,同样给了王浩两万元押金,和王浩签订了一份合作合同,说明李晨刚是以押金形式出资两万元,王浩以店面和劳务形式出资,共同经营。

李晨刚说:"王浩当时说肯定能赚钱,年终分红给我,别的我都不用管,即便是亏了,也算他的。"去年5月底,他们4个人了解到,王浩只是这两家店的打工者,店不能转让。事情败露后,王浩答应偿还他们所有的损失和钱款,结果一直拖欠未还。薛彩萍走后,另一名大学生张艳芳成了王浩的雇员,交给王浩8500元,她的室友也给了王浩2000元,两人手中连张欠条都没有。而刚上班的戴旭,也被王浩骗走6500元。几个被骗的人走到了一起,但多次讨债未果。去年11月,王浩的手机开始打不通,他们得知王浩已经不在南京了。

12月8日,胡皓和戴旭去南京市公安局报案,由于涉案金额过低,经侦大队未予立案受理。12月10日,胡皓和李晨刚又来到南京市公安局玄武区分局报案,但是仍未立案。

玄武分局经侦大队负责接待的民警说:"这些学生根本不懂法,他们手中大都是欠条,只能去法院打官司。"受骗后,几个人都很沮丧,胡皓已经放弃了创业的想法,怕再次被骗。

李晨刚表示,再也不会相信别人,尤其在钱财方面。戴旭已经不指望自己的钱能要回来,薛彩萍还在为王浩考虑,担心他这么小的年龄就要受到法律制裁,而张艳芳到现在还没有报案。

据有关资料显示,有85%的大学生自主创业以失败告终,其中不少是由于经验不足被骗。通王科技总裁王通认为:"大学生创业失败或被骗是很正常的事情,他们缺少社会经验,创业风险很大,创业者必须具备一定的社会经验,尤其要有风险意识。"他建议,大学应该开设一些实践性很强的创业教育课程。

据了解,为了推动大学生创业,近年来各高校也都陆续开始了大学生创业培训。江苏省教育厅分地区、分层次在全省100多所高校中,评选出13所江苏省大学生创业教育示范校,引领创业教育。

但据了解,即使是一些创业教育示范校,也只是举办一些定期、局部性的创业大赛,并没有单独开设大学生创业课程。对于一些创业知识,像如何取得经营资格、如何筹措资金、经营方面要遵守哪些原则、如何防止违规操作等,许多大学生并不熟悉。

在一些大学生创业园区,尽管大学生是独立经营,但他们无须支付店面费用、水电费,营业执照由学校代办,货物安全由学校保卫人员负责照看,合作者都是同学,不存在很复杂的利益关系。事实上,这些创业的大学生并没有真正地走出校园。大学生在创业时,必须学会规避风险。

问题探讨:

大学生应如何规避创业风险?

知识链接

一、创业风险的内涵与类型

(一)创业风险的内涵

1. 创业风险的概念

风险的基本含义是损失的不确定性。发生损失的可能性越大,风险越大。它可以用不同结果出现的概率来描述。结果可能是好的,也可能是坏的,坏结果出现的概率越大,风险就越大。

当创业机会面临某种损失的可能性时,这种可能性及引起损失的状态便被称为机会风险。例如,创业机会常常面临政策不利变化带来的损失、技术转换失败带来的损失、团队成员分歧带来的损失,等等,这些都表明创业机会中有各种风险存在。

2. 机会风险的构成

构成机会风险的主要要素包括风险因素、风险事件和风险损失三个方面。

(1)风险因素。风险因素是指能够引起或增加风险事件发生的机会或影响损失的严重程度的因素,是风险事件发生的潜在条件,一般又称为风险条件。创业风险因素从形态上可以分为人的因素和物的因素两个方面。物的因素属于有形的情况或状态,如技术的不确定性,经济条件恶化等;人的因素指道德、心理的情况和状态,如道德风险和心理风险因素等。

(2)风险事件。风险事件是风险因素综合作用的结果,是产生风险损失的原因,也是风险损失产生的媒介物。创业风险事件是指创业风险的可能性变成现实,以致引起损失后果的事件。如技术的不确定性确实引起了产品研发的失败,经济条件的恶化最终导致了销售数量的下降等。

(3)风险损失。风险损失是指非故意的、非预期的、非计划的利益减少,这种减少可以用货币来衡量。风险损失包括直接损失和间接损失。创业风险损失是指由于风险事件的出现给创业者或创业企业带来的能够用货币计量的经济损失。例如,由于产品研发失败或无法及时将产品投放市场而损失的经济利益,销售数量下降导致的收入减少等。

风险因素引起风险事件,风险事件导致风险损失,三者之间密切相关,共同构成了风险存在与否的基本条件。

(二)创业风险的类型

1. 按风险来源的主客观性分类

按风险来源的主客观性划分,机会风险可分为主观创业风险和客观创业风险。主观创业风险是指在创业阶段,由于创业者的身体与心理素质等主观方面的因素导致创业失败的可能性;客观创业风险是指在创业阶段,由于客观因素导致创业失败的可能性,如市场的变动、政策的变化、竞争对手的出现、创业资金短缺等。

2. 按风险影响的范围分类

按风险影响的范围划分,机会风险可分为系统风险与非系统风险。系统风险是源于创业者或创业企业之外的,由创业环境变化带来的风险,如商品市场风险、资本市场风险等,创业者或创业企业无法对其进行控制或施加影响;非系统风险是源于创业者或创业企业本身的商业活动和财务活动而引发的风险,如团队风险、技术风险和财务风险等,可以通过一定的手段进行预防和分散。

3. 按风险的可控程度分类

按风险的可控程度划分,机会风险分为可控风险和不可控风险。可控风险是指在一定程度上可以控制或部分控制的风险,如财务风险、团队风险等;不可控风险是指创业者或创业企业无法左右或控制的风险,如系统风险等。

4. 按创业的过程分类

按风险在创业过程中出现的环节划分,机会风险可分为机会的识别与评估风险、团队组建风险、确定并获取创业资源风险、准备与撰写创业计划风险和创业企业管理风险。

机会的识别与评估风险是指在机会识别和评估过程中,由于信息缺失、推理偏误、处理不当等各种主客观因素影响,使得创业面临方向选择和决策失误的风险;团队组建风险是指在团队组建过程中,由于团队成员选择不当或缺少合适的团队成员而导致的风险;确定并获取创业资源风险是指由于存在资源缺口,无法获得所需资源,或获得资源成本较高给创业活动带来的风险;准备与撰写创业计划风险是指创业计划的准备与撰写过程中各种不确定因素,或制定者自身能力的限制导致的创业风险;创业企业管理风险是指在管理方式、企业文化的选取与创建,发展战略的制定、组织、技术、营销等各方面管理中存在的风险。

5. 按风险内容的表现形式分类

按创业风险内容的表现形式划分,可将机会风险分为机会选择风险、环境风险、人力资源风险、技术风险、市场风险、管理风险和财务风险等。

机会选择风险是指创业者由于选择创业而放弃自己原先所从事的职业,从而丧失了潜在晋升或发展机会的风险。

环境风险是指由于创业活动所处的社会、政治、经济、法律环境等变化或由于意外灾害导致创业者或企业蒙受损失的可能性。如战争、国际关系变化或有关国家政权更迭、政策改变,宏观经济环境发生大幅度波动或调整,法律法规的修改,创业相关事项得不到政府许可,合作者违反契约等给创业活动带来的风险。

人力资源风险是指由于人的因素对创业活动的开展产生不良影响或偏离经营目标的潜在可能性。创业者自身的素质和能力有限,创业团队成员的知识和技能水平不匹配,管理过程中用人不当,关键员工离职等因素是人力资源风险的主要诱因。

技术风险是指由于技术方面的因素及其变化的不确定性而导致创业失败的可能性。技术成功的不确定性,技术前景、技术寿命的不确定性,技术效果的不确定性,技术成果转化的不确定性等,都会带来技术风险。

市场风险是指由于市场情况的不确定性导致创业失败的可能性。市场风险包括产品市场风险和资本市场风险两大类。市场供给和需求的变化、市场接受时间的不确定、市场价格变化、市场战略失误等原因会给创业活动带来一定的市场风险。

管理风险是指管理运作过程中因信息不对称、管理不善、判断失误等影响管理的水平而产生的风险。管理风险可能由管理者素质低下、缺乏诚信,权力分配不合理、不规范的家族式管理或决策失误等引起。

财务风险是指创业者或创业企业在理财活动中存在的风险。对创业所需资金估计不足、难以及时筹措创业资金、创业企业财务结构不合理、融资不当、现金流管理不力等可能会使创业企业丧失偿债能力,导致预期收益下降,形成一定的财务风险。

二、创业风险的管理过程

创业风险管理的基本程序一般包括风险识别、风险评估和风险应对三个阶段。

(一)风险识别

风险识别是创业人员对创业过程中可能发生的风险进行感知和预测的过程。风险识别应根据风险分类,全面观察创业过程,从风险产生的原因入手,将引起风险的因素分解成简单的、容易识别的基本单元,找出影响预期目标实现的各种风险。创业者可以采用绘制创业流程图、制作风险清单、建立风险档案、头脑风暴、市场需求调查、分解分析等方法进行风险识别。

(二) 风险评估

风险评估包括风险估计和风险评价。

风险估计是通过对所有不确定性和风险要素的充分、系统而有条理的考虑,确定创业过程中各种风险发生的可能性以及发生之后的损失程度。风险估计主要是对风险事件发生的可能性大小、可能的结果范围和危害程度、预期发生的时间、风险因素所产生的风险事件的发生概率四个方面进行估计。创业者在进行风险估计时应充分考虑风险因素及其影响,对潜在损失和最大损失做出估计。

风险评价是针对风险估计的结果,应用各种风险评价技术来判定风险影响大小、危害程度高低的过程。风险评价可以采用定量的方法,如敏感性分析、决策性分析、影像图分析等,也可以采用定性分析的方法,如专家调查法、层次分析法等。创业者应针对不同的风险选用不同的方法进行评价,并客观对待评价的结果,做好风险预警工作。

(三) 风险应对

风险应对是创业者在风险评估的基础上,选择最佳的风险管理技术,采取及时有效的方法进行防范和控制,用最经济合理的方法来综合处理风险,以实现最大安全保障的一种科学管理方法。

1. 风险应对方法

常用的风险应对方法有风险避免、风险自留、风险预防、风险抑制和风险转嫁等。

风险避免是指设法回避损失发生的可能性,从根本上消除特定的风险单位或中途放弃某些既有的风险单位。这种方法是一种消极的风险管理方法,通常在某种特定风险所致损失的频率或损失的幅度相当高时,或采用其他方法管理风险不符合成本效益原则时才会采用。

风险自留是指创业者自我承担风险损失的一种方法。风险自留常常在风险所致损失效率和幅度较低、损失短期内可以预测以及最大损失不影响创业活动的正常进行时采用。

风险预防是指在风险损失发生前为消除或减少可能引发损失的各种因素而采取的处理风险的具体措施,其目的在于通过消除或减少风险因素而达到降低损失发生概率的目的。风险预防通常在损失的频率高且损失的幅度低时使用。

风险抑制是指在损失发生时或在损失发生后为缩小损失幅度而采取的各种应对措施。损失抑制常常在损失幅度高且风险又无法避免或转嫁的情况下采用,如损失发生后的自救和损失处理等。

风险转嫁是指创业者为避免承担风险损失,有意识地将损失或与损失有关的财务后果转嫁给他人去承担的一种风险管理方法。具体来说,创业者可采用保险转嫁、转让转嫁和合同转嫁等方式。

2. 风险应对策略

创业者或创业企业需要针对风险评估的结果和具体的评估环境选择合适的风险应对方法,采用科学的风险应对策略。如对于损失金额小的风险采取风险自留的方式,对于那些出现概率大、损失金额高的风险采用风险转嫁的方式等。

三、创业风险的防范途径

(一) 系统风险防范的有效途径

系统风险是由某种全局性的共同因素引起的,创业者或新创企业本身控制不了或无法施加影响,并难以采取有效方法消除,因此,系统风险也称为"不可分散风险"。一般来说,环境风险、市场风险等属于系统风险。

对于系统风险,创业者或创业企业应设法规避,从以下三方面做好风险的防范。

1. 谨慎分析

创业者应对其所处的创业环境进行深入了解、谨慎分析。目前,我国实施了更加积极的就业政策,贯彻鼓励创业的方针,在自主创业税费减免、小额担保贷款、创业地落户以及场地、项目、技术、培训等方面,为大学生创业提供了一系列优惠和鼓励政策,创造了更为宽松的环境。创业者首先应对创业环境进行正确的认识和了解,采用"层次分析法"等方法对创业环境进行合理评估,通过层层细化、逐级分析,来熟悉创业的宏观环境、行业环境、地区环境等,以求准确深入地解释创业过程中可能遇到的系统风险。

2. 正确预测

创业风险中,有些是可以预测的,有些是不可预测的。创业者应尽可能运用所学知识和所掌握的资源,采用科学的方法对那些能够预测的风险进行深入分析,通过和团队成员探讨、请教外部专家等方法预测创业环境的可能变化,以及变化会对创业企业带来的影响,尽量对创业的系统风险做到心中有数,并制定相应的应对策略。

3. 合理应对

由于系统风险的不可分散性,创业者只能通过对系统风险的分析和预测来制定合理的应对措施,巧妙规避并尽可能降低系统风险发生对创业者自身或创业企业的不利影响。如预测到市场利率上升则尽量筹集长期资金,预测到未来经济低迷则尽可能持有较多现金等。

(二) 非系统风险防范的可能途径

非系统风险是由特定创业者或创业企业自身因素引起的,只对该创业者或创业企业产生影响。因此,创业者和新创企业可以在某种程度上对其进行控制,并通过一定的手段予以预防和分散。

1. 机会选择风险的防范

机会选择风险是一种潜在风险,是由于选择创业而失去其他发展机会所带来的最大收益的风险。因此,创业者在创业准备之初就应该对创业的风险和收益进行全面权衡,将创业目标和目前的职业收益进行比较,结合当下的创业环境、自己的生涯规划进行权衡分析。如果认为创业时机已经成熟,刚好有一个绝佳的商业机会可以转化为创业项目,而且该项目又可以和自己的生涯规划相吻合,那么就要狠下决心,立即着手创业。否则就不要急于创业,而是先就业或者继续从事目前的工作,边工作边认真观察,学习所在公司各层领导的工作方法和技巧,并用心学习所在公司开拓市场的技巧,以及公司高层管理者管理公司的技巧等;同时学会利用自己的工作机会建立良好的关系网络,待时机成熟再开始创业。

案例分析

仓促创业的李女士

李女士是永康市清溪人,对创业一直有很高的热情。早在几年前,李女士就决定摆脱打工者的身份自己当老板。不过,由于找不到好的投资项目,她一直没有开始自己创业。直到一天,一位亲戚告诉她,当前生产塑料粒子非常赚钱。那位亲戚本人在武义县经营塑料生意,赚了很多钱。李女士告诉记者,由于得到了亲戚的指点,再加上看到在塑料行业赚钱的人的确很多,她抛开了创业应有的谨慎,没有做任何市场调研和前期准备,就投入了4万元资金,在永康市办起了一家小型的塑料编织袋加工厂。

由于没有充分了解该行业,在创业初期李女士就犯了一个低级错误。经营塑料制品需要有场地堆放材料,可是,李女士却选择了一个很小的场地就动工生产了。由于材料堆放的原因,厂里的生产经常要停工。当发现这个问题时,在小场地上已投入不少资金,没有足够的资金再去寻找其他场地了。

创业的仓促与盲目使得李女士不断遇到困难,除了场地问题,销路问题也让李女士烦恼不已。李女士选择的是塑料编织袋生意,和亲戚的塑料粒子加工不一样。本来以为都是塑料加工企业,亲戚能在销售方面帮忙,可事实上,亲戚却无能为力。在创业初期片面倚重亲戚,当发现亲戚不能提供帮助时,李女士才发现凭自己的能力,并不能顺利销售产品。面对种种困难,根本不了解塑料行业的李女士对创办塑料厂失去了信心。她觉得,自己不适合这个行业。

问题探讨:

根据案例提供的材料,你认为李女士创业遇到了哪些风险?应该如何化解这些风险?李女士的创业经历给了你什么样的启发?

2. 人力资源风险的防范

人力资源是创业活动中最重要的资源,由此产生的风险对创业企业来说往往也是致命的风险,所以一定要予以充分关注。首先,创业者应不断充实自己,持续提高个人素质,使自己的知识和能力与创业活动相匹配;其次,通过沟通、协调、激励、奖惩、评价、目标设定等多种手段管理团队,并在创业团队发展的不同阶段确定相应的管理内容,科学合理地对成员进行绩效评价;最后,招聘那些具有良好职业道德和团队合作意识、拥有与岗位相匹配技能的员工,通过在合同中明确权利义务关系和适当授权,以及通畅的人力资源管理系统,使关键员工的工作管理与非工作管理相结合。

3. 技术风险的防范

技术创新能够给拥有者带来丰厚的回报,但掌控不好也可能会使创业者颗粒无收。因此,创业者一定要通过加强自身能力建设或建立创新联盟等方式减少技术风险发生的可行性。第一,应加强对技术创新方案的可行性论证,减少技术开发与技术选择的盲目性,并通过建立灵敏的技术信息预警系统,及时预防技术风险;第二,可通过组建技术联合开发体或建立创新联盟等方式来分散技术创新的风险;第三,提高创业企业技术系统的活力,降低技术风险发生的可能性;第四,高度重视专利申请、技术标准申请等保护性措施的采用,通过法律手段减少损失出现的可能性。

4. 管理风险的防范

通过提高管理者的素质、改变管理和决策方式可以有效应对创业企业的管理风险。具体来说,可以采取以下主要措施:第一,应努力提高核心创业成员的素质,树立其诚信意识和市场经济观念,并以此为基础搞好领导层的自身建设,建立能够适应企业不同发展阶段的组织机构;第二,实行民主决策与集权管理的统一,将企业的执行权合理分配,避免不规范的家族式管理影响创业企业发展;第三,明确决策目标,完善决策机制,减少决策失误。

5. 财务风险的防范

筹资困难和资本结构不合理是很多创业企业比较明显的财务特征和主要财务风险的来源。有效规避财务风险应做到以下几点:第一,创业者要对创业所需资金进行合理估计,避免筹资不足影响创业企业的健康成长和后续发展;第二,要学会建立和经营创业者自身和创业企业的信用,提高获得资金的概率;第三,创业者或团队一定要学会在企业的长远发展和眼前利益之间进行权衡,设置合理的财务结构,从恰当的渠道获得资金;第四,管好创业企业的现金流,避免现金断流带来财务拮据甚至破产清算的局面。

素养提升

如何培养大学生风险防范意识

当今时代正处在不断发展变革的阶段,当今社会正处于不断变革创新的时代,大学生所面临的社会环境,每天都在发生深刻的改变。

大学生所面临的社会现象也十分复杂,所接触到的各类新技术也是日新月异。在此情况下,大学生所受到的诱惑也是非常多的,例如消费贷,套路贷等。此外,由于我国高等教育发展非常迅速,学校的规模日益增大,越来越多的学校成了一个小城市。在校园里面交通安全,人身安全,财产安全经常是大学生们要面对的一些问题。

大学生应该如何提升自身的安全防范意识呢?

第一,积极参加学校组织的各级各类安全知识讲座。

通过参加讲座,可以了解到身边的安全问题,有针对性地进行防范和处理。每年大学开学,学校都会邀请相关领域的专家学者以及社会上各方面的人士前来,在大学生当中开展安全知识的主题讲座,对大学生经常会遇到的套路贷、消费贷、网络诈骗、电信诈骗、网购诈骗等问题做一些很精准的讲解。通过积极参加这些讲座,大学生不仅可以清晰地了解一些安全问题的基本表现及其隐蔽性,还可以学到相应的防范措施,这是增强自身安全防范意识最便捷、最有效的方法。因为只有了解到身边到底存在哪些安全问题,这些安全问题的表现是什么,隐蔽的地方是什么,才能够更好地防范。而且通过参加这些讲座,大学生可以得到实实在在的关于这方面的防范的举措。这将有利于防范和避免这方面问题的发生。大学生所处的社会环境是非常复杂的,可以说安全问题时时刻刻存在,只要稍不注意就有可能陷入其中,无法自拔。因此一旦学校组织开展了安全知识方面的讲座,就要积极报名去参加,通过参加讲座,增强自身的安全防范意识。

第二,杜绝一切消费上的诱惑,不要出现盲目消费的攀比心理。

很多大学生会出现安全方面的问题,最主要的原因就是自身的心理出现了问题。网络诈骗、电信诈骗、网购诈骗、套路贷、消费贷、信用贷这些问题之所以会产生,就是因为大学生有这方面消费的需求。因为周围的同学可能消费水平都很高,但是自己的现有条件,又无法满足这些高消费。那么就只能通过网络贷款等形式来获取金钱。在网上进行贷款,一旦陷入其中是非常麻烦的,小则可能损失一些金钱,大则有可能带来人身安全方面的问题。因为网络消费贷对于大学生来说,是一种高利贷,是国家禁止的一种行为。国家也经常打击针对大学生的这种套路贷和消费贷,但这种现象在网络上依然存在,而且严重影响了大学生的财产安全。因此作为大学生,一定要深刻认识消费贷、网络贷、套路贷的危害,不要产生盲目消费的攀比心理。攀比心理要适可而止,在生活上不攀比,在消费上不追求大额的消费,要结合自身的情况和家庭经济条件来适度消费,更不能超额消费,这是增强自身安全防范意识最重要的一个方面。

第三,不要参加影响自身财产及生命健康安全的活动。

在大学里面有各种各样的社团,也有各种各样的活动,他们在丰富大学生课外活动方面起到了积极的作用,是丰富大学生活、提高大学生综合素质能力的重要平台。

作为大学生,一方面要积极参加活动,提高自己的综合素质和专业知识水平,另一方面,在参加活动时,也要有所取舍,不能盲目参加。比如有可能会影响自身生命健康和财产安全的活动,不要参加。此外,在活动中结交朋友时,应先看清他的本质。

在遇到有关安全方面的问题时,一定要及时地向老师、家长报告,寻求解决方案。多多请教他人,毕竟多一个人看一看,多一个人了解一下,有助于更好地处理问题。

✎ 专题小结

本专题主要介绍了创意是创业机会的一部分,创业机会还包括经验、人才、人脉、资金、管理等诸多方面。不同的行业或情况,每个方面所起的作用是不一样的。好的创业机会有以下四个特征:很能吸引顾客;能在你的商业环境中行得通;必须在"机会之窗"敞开期间被实施;必须有资源(人、财、物、信息、时间)和技能才能创立业务。创业机会识别是创业者与外部环境(机会来源)互动的过程,在这个过程中,创业者利用各种渠道和各种方式掌握并获取到有关环境变化的信息,从而发现企业在产品、服务、原材料和组织方式等方面存在的差距或缺陷,找出改进关系的可能性,最终识别出可能带来新产品、新服务、新原料和新组织方式的创业机会。对于系统风险,创业者或创业企业应设法从以下三方面做好风险的防范:谨慎分析、正确预测、合理应对;非系统风险是由特定创业者或创业企业自身因素引起的,只对该创业者或创业企业产生影响。因此,创业者和新创企业可以在某种程度上对其进行控制,并通过一定的手段予以预防和分散。

拓展训练

训练目标:认识创意和创业机会。

成员构成:按学生的兴趣成立若干小组,每组 6~8 人。

训练要求:要求各组想出尽可能多的创意,分析创意的来源,并从产生的创意中讨论出若干可以构成创业项目的商业机会。

专 题 六

寻找创业项目

学习目标

1. 了解创业项目的含义和特征。
2. 理解常见的适合创业者的传统项目和新兴项目。
3. 掌握创业项目选择的基本原则与步骤。
4. 掌握如何运用 SWOT 法分析创业项目的可行性。

思维导图

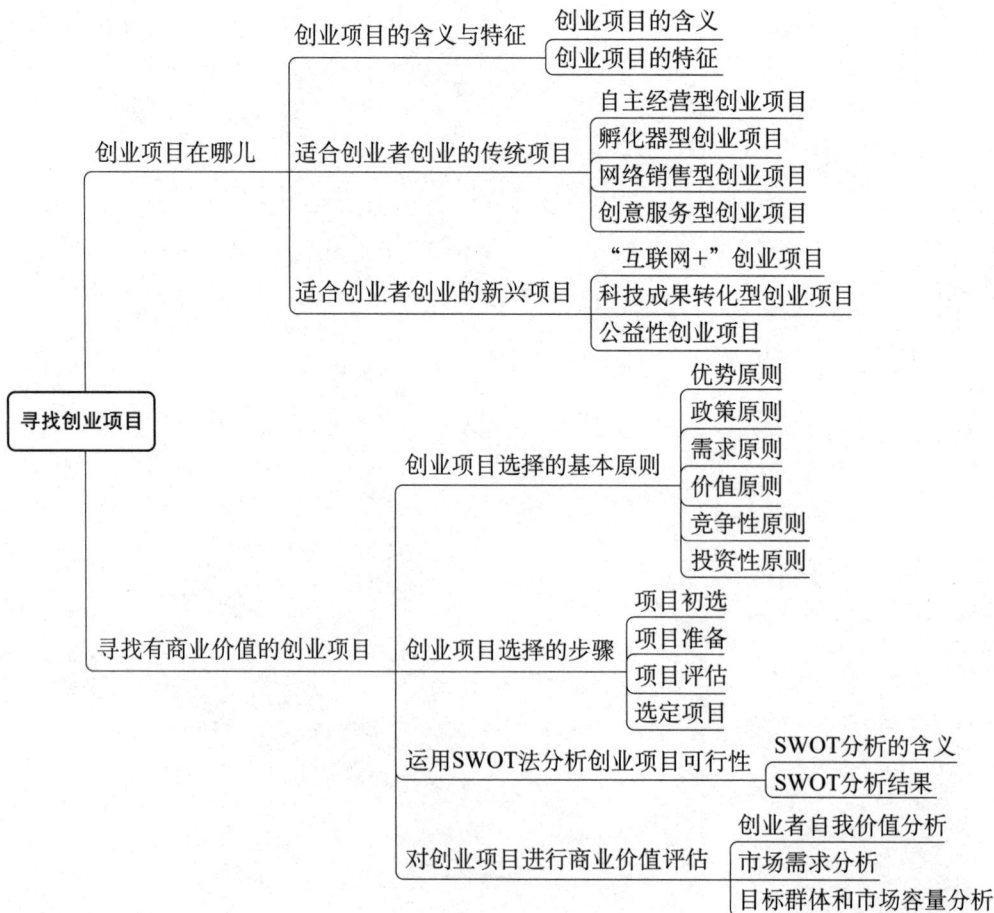

导入案例

定制化旅游市场破局者——"狼图腾"的逆风飞扬之旅

狼图腾国际旅游集团有限公司创始人,一位出生于黑龙江牡丹江市的"80后"创业者——王彦坤,被圈内人称为"狼人"。在还是东北林业大学旅游管理专业的一名普通在校创业者时,王彦坤就迷恋上了户外运动,在寝室几个好友的推动下,他成立了狼图腾户外俱乐部,一个"AA制旅游的学校社团组织"。2013年,他和同学一起注册成立牡丹江狼图腾国际旅游集团有限公司(以下简称"狼图腾"),主打房车游、深度游,进行成熟的市场化运作。为了引导行业健康发展,狼图腾发起并倡导"净旅行动",禁止任何形式的旅游购物行为以及增加自费项目的行为。如今,狼图腾主营的东北冰雪旅游以及房车游已经成长为飞猪细分领域的翘楚,王彦坤也在继续着他的"净旅"梦想。

一、创业项目选择与社会责任并行

"几年前,我们在青海湖附近因为走错路而误入了一处叫'腰巴村'的地方,有很多油菜花和伊斯兰风格建筑,非常美。"王彦坤说,2016年开发西北旅游期间,走错路误打误撞发现了这个小村庄,腰巴村四面被雪山包围,还有大片油菜花田,简直是人间仙境。

当时这里没有"两化",没有网络,甚至没有水厕,并不具备接待能力。王彦坤直接找到镇政府,商量在这里投资,发展乡村旅游。王彦坤投下500万元改善旅游基建,使其成为一个有接待能力的民宿村。淳朴的村民加上优美的自然环境,腰巴村从网络端走向全国,成为小有名气的民宿村。借助像腰巴村这样的精准选点,狼图腾的业务发展越来越好,覆盖东三省、内蒙古、青海、新疆等全国多地,员工超100名。

二、"冬奥"迎来冰雪旅游新机遇

众所周知,冰雪旅游是一项极具参与性、体验性的旅游产品。通过飞猪直播,狼图腾把东北、把冰雪旅游的神奇带给全国粉丝。"在冬奥的带动下,除了专业的滑雪发烧友在逐渐增多外,普通游客也开始主动咨询、接触滑雪项目,尤其是参加冬令营的孩子在增多。"王彦坤说。

凭借职业敏感,王彦坤已感受到了冰雪旅游"风口"的到来。从大环境来看,政府鼓励大众参与冰雪运动,提出"带动三亿人参与冰雪运动"的目标。此前,狼图腾开发过雪地穿越、滑雪、雪地CS等项目,经营过独立的雪村及雪乡的羊草山景区。为了抢占冰雪旅游的"风口",王彦坤还投身于家乡的冰雪资源开拓,参与建设了一些与冰雪旅游相关的项目。

三、梦想与坚持的力量

狼图腾辉煌的背后,王彦坤也体会到了很多创业的艰辛与不易。

2021年下半年,新疆、黑龙江等地又陆续出现局部疫情,王彦坤的公司运转遇到了创业以来最大的危机。但王彦坤知道,"此刻信心和士气才是最重要的",他迅速做出两个决定:其一,不裁员、不降薪,保证所有人的工资和基本收入;其二,王彦坤向同事们承诺,2021年只要疫情形势好转,赚到的钱全分给员工,公司不留一分钱利润。

得益于2022年上半年疫情形势的好转,疫情也让游客对私密性、定制化、深度游的房车旅行更加青睐,2022年四五月狼图腾的订单量是过去10年来最好时候的2.5倍。王彦坤也履行诺言,把所有利润全都分配给了员工。

王彦坤注意到,每一次疫情窗口下出行都会大爆发,可见国内依然存在强大的、升级的旅游消费需求。同时,疫情带来的另一个变化是,一定程度上熨平了此前旅游消费的波峰和波谷,让整个旅游消费的曲线更加平和,对旅游企业而言是一个更好的提升服务、获取和抓住顾客黏性的机会。

因此,部分旅游从业者疫情之下选择卖菜、带货等方式转型,而王彦坤选择做精做细服务,总结出80多条、近2万字的服务标准。他还投入大量精力研发新产品,开发更多像腰巴村那样原汁原味但又便捷舒适的深度游路线。重点运营飞猪平台和用户黏性,包括定制奇妙旅行节·大西北的精品路线,通过官方店铺运营和直播等方式,最大程度获取新的年轻用户、转化现有的忠实用户。改变带来了机会和增长。一段时间的调整后,狼图腾订单的40%来自飞猪平台,用户的复购率达到惊人的56%。

在信息飞速发展的时代,如何在几乎趋近于饱和的旅游市场中独辟蹊径,打造新型的旅游服务平台,使旅行能够真正地放松心灵,王彦坤和他的狼图腾作为一个自主创业的典范,无论是在商机的把握,还是在创业项目的选择上,都为所有的创业者提供了一个值得借鉴与深度学习的范本。

问题探讨:

1. 王彦坤和狼图腾公司的成功源于什么?

2. 如何看待王彦坤对于创业项目的考察与选择?你认为他在竞争激烈的旅游市场中是如何获得领先地位的?

项目一　创业项目在哪儿

▶ **案例一**

返乡创业——深耕风景留住乡愁

返乡创业大潮中,见过世面、吃过辛苦、有过收获的返乡创业者非常注重家乡生态资源、田园风光、乡土文化、民俗风情的挖掘、凸显。他们带领乡亲掘金、耕耘乡村旅游,家乡的风景变成了群众致富产业,群众的精神面貌和生产生活方式也发生了改变。

段玉梅和许多照金镇人一样常年外出打工挣钱,逢年过节才有时间回家探亲,2010年返乡过年的她被家乡的变化给"震"住了:晴天一身土、雨天两脚泥的村子铺上了水泥路、大广场,建起了整齐划一的居民楼,革命老区照金借助红色旅游的招牌游人如织,萧条的村庄变得欣欣向荣起来。

2015年在外打工的段玉梅回到照金,在当地政府组织的农家乐培训班里学习开设农家乐的技能、经验,在照金村商业街开了一家40平方米的农家蒸饺店,段玉梅感慨:"蒸饺店的日子过得忙碌而踏实,一年攒下3万多元,比以前打工挣得多了,家里的日子旧貌换了新颜。"

"我是农民的儿子,我富了也不能忘记乡亲们。"45岁的许宏斌是宝鸡市眉县西府印象玫瑰谷的董事长。一直在西安自己创业当老板的他,在2014年参加了当地政府组织的"在外成功人士返乡活动"后,看到乡亲们生活水平提高幅度不大,他觉得是带着资金回家乡创业、带动乡亲们一起致富的时候了。2015 年他回乡创办的西府印象玫瑰谷是一家集种植养殖、生产加工、餐饮住宿、休闲娱乐为一体的田园综合体,围绕食药用玫瑰采收深加工吸纳村里 100 多人就业。

返乡创业者用自己的新知识、新理念、新营销冲刷着农村的小农意识、保守思想和陈旧思维模式,带着乡亲干、围着市场转,让农民与市场对接,与新时代合拍,构建新农村,培养新农民,铺就乡村振兴的康庄大道。

问题探讨:

从乡村振兴的角度看,我们可以选择哪些创业项目? 如何去发掘这些项目?

知识链接

一、创业项目的含义与特征

生活中处处充满创意,如何抓住机会将创意转化为创业项目,是创业者发挥创造力的最佳切入点。创业项目是创业者为了达到商业目的具体实施和操作的工作。创业者想要创业成功,创业项目是关键,选到正确的创业项目就成功了一半。创业项目选得好,不仅便于资金、人才、技术等方面资源的支持,还有利于事业的可持续发展,因此,创业者要根据所把握的商业机会,寻找适合自己的创业项目。

(一)创业项目的含义

组织的活动可以分为两种类型,一类是连续不断、周而复始的活动,大家称为"运作"(operations),如企业日常生产活动;另一类是临时的、独特的、一次性的活动,人们称为"项目"(projects),如企业的技术改造活动。随着经济的不断发展和人们需求的多样化,项目对各类经济活动和人们日常生活的影响日益增加。

与一般的项目定义相比,创业项目的活动更为持久,因为大多数创业项目都是为了建立基业长青的企业,所以将创业项目定义为"在特定资源和环境约束下,创业者为创建新企业而进行的一系列的工作"较为准确。

(二)创业项目的特征

虽然创业项目也是"项目",但与一般或传统意义上的项目相比,创业项目还是具有一定特殊性的。 了解这些特殊性,对于选择和管理创业项目具有重要的作用。通过对比分析,可发现创业项目具有不同于一般项目的四个主要特征。

1. 管理者和管理方式不同

由于创业具有较高的不确定性,因此对于创业项目的管理不能按一般常规化的企业管理方式来进行,尤其是在创业初期。同时,初创企业需要建立新的管理方式、制度和方法,这对管理者的思想、素质和知识结构提出了更高的要求。而一般项目的管理团队通常由母公司组织内部的人力资源调配而形成,并且有相当成熟的管理制度和流程,对管理者的要求也相对较低。

2. 技术要求不同

创新和不确定性是创业项目的技术和工艺的主要特征,而一般项目的技术和工艺相对比较成熟。随着科学技术的发展,技术和工艺革新速度不断加快,一些技术型的创业项目时常面临技术开发时间紧,应用新技术、新工艺与批量生产时对稳定性和可靠性要求高等困境。

3. 获取收益不同

创业项目主要是通过企业的成长来使初始投入的资本不断增值,如果经营情况较正常,一般收益会随着时间的推移不断增加;而一般项目是通过产品投入运营后的营收来获取收益的,由于大部分项目产品会随着时间增加而不断降低性能,加上维护成本的不断上升,其收益呈现先多后少的趋势。从市场开拓的角度看,传统项目的产品依靠其母公司的影响力,一般具有一定的市场认知度和比较确定的需求量,容易进行市场调查和销售量预测。

4. 达成目标不同

创业项目的目标是把握创业机会,通过努力使新企业运营步入轨道,以形成较为完善的经营管理模式并获得相对稳定的收益为目标,而一般的项目只要完成项目建设并交付使用即为达到目标,前者是强调寻找、把握和利用的机会导向,后者是资源保证前提下的项目导向。

二、适合创业者创业的传统项目

创业其实就是创业者利用和整合资源对市场机会进行识别和捕捉,为市场提供产品和服务,通过创业项目实现自我价值和收益的过程。从观念上可以将创业项目分为传统项目和新兴项目。按照创业领域和途径又可以将传统项目划分为自主经营型创业项目、孵化器型创业项目、网络销售型创业项目和创意服务型创业项目。

(一)自主经营型创业项目

自主经营型创业项目主要是指那些传统的餐饮、服装、图书、商品的零售和开发等行业。自主经营的项目在创业初期一般都是自行筹措创业初始资金,是需要创业者付出必要劳动力的项目,该项目领域内的行业都需要创业者自负盈亏。这种项目对创业者的创新能力和科技敏锐度要求不高。自主经营项目的风险小,相应的收益偏低。

(二)孵化器型创业项目

孵化器型创业项目是指大学生创业者通过参加国家、地方政府或学校组织的创业比赛将自己的创业设想变为现实,通过各类创新创业大赛平台模拟创业的过程,帮助创业者积累实践经验,提升个人能力和创业素养。

孵化器型创业项目可以充分利用国家和高校的创业资源,帮助创业者进行创业。创业园区的设立为创业者创业提供了免费场地,还可以及时对创业者创业项目予以创业风险评估、创业项目咨询等服务和帮助,并对好的创意进行孵化和催熟。这种项目一般对创业者自身的要求比较高,除了要求其创业构思具有一定的新颖性、可行性外,还要求创业者具有一定的科技水平。孵化器型创业项目不仅风险小、成本低,还可以享受国家、政府、高校及科研机构提供的政策优惠和各种帮助。

（三）网络销售型创业项目

网络销售型创业项目需要创业者依靠现代网络工具，通过互联网、微博、微信、QQ 等网络社交工具进行线上营销。这种类型的创业项目可以销售特产、化妆品、日用品等一系列商品，其优点是准入门槛低，技术含量不高，只要会操作网络工具即可。同时因为是线上销售，经营成本较低，但是也存在规模小、创新性差、经营方式被动的问题。

（四）创意服务型创业项目

创意服务型创业项目主要需要创业者依靠自身的专业素养和艺术性思维，通过提供创意、设计、构思、策划、安排获取报酬。这种类型的项目主要涉及家装设计、婚庆策划、会议设计、艺术装饰等行业。这类项目对创业者的审美设计、创新思维有一定的要求，同时还要求创业者具有一定的美术和音乐素养。

三、适合创业者创业的新兴项目

随着现代科学技术的进步，互联网的创新发展，国家关于创业者创业扶持政策的出台和不断修正完善，"大众创业，万众创新"的社会氛围也日渐形成，创业者的创业项目也从传统项目不断向新兴项目演化。以下介绍三类比较适合创业者创业的新兴创业项目。

（一）"互联网＋"创业项目

"互联网＋"创业项目是利用云计算、物联网、大数据等现代信息技术，通过创业者本身的互联网思维将传统的创业项目进行优化升级或改造重组的活动。这种创业项目需要创业者熟悉互联网知识，能够利用互联网思维并依靠"互联网＋"的技术和特点来开展创业活动。

因此，"互联网＋"创业项目就是要充分运用这些现代信息技术，通过创业者的互联网思维，创新传统的创业项目，包括创新营销模式、创新运营模式和创新服务模式。"互联网＋"创业项目与传统创业项目相比，更加注重企业之间不同利益方式的连接，主要通过大数据、云计算等信息技术手段来帮助企业获取更多客户资源，重构企业价值网络，扩大利益来源。例如，淘宝网既为买卖双方提供了交易平台，又促进了支付宝电子支付的应用，从而实现了多方共赢的局面。

📚 小故事

通过互联网走出大山的土特产

位于四川盆地北部边缘的广元市青川县，以"其水清美"而始名于唐代。这里群山环抱，山水相连，有着优良的生态环境。良好的生态造就了丰富的物产，青川县拥有 7 个"国家地理标志保护产品"，这些农特产，也成为青川的一张名片。1988 年出生的赵海伶采用电子商务的模式，在网上销售家乡土特产。来自青川的土特产正在通过网络走出四川，销往全国。在大学时，赵海伶就曾在网上销售产品进行创业。这次她把目标放在了家乡的土特产上,为何不把青川特产通过网络销售出去呢? 于是在 2010 年,赵海伶成立了网店,以公司和农户匹配的形式来销售青川山货。赵海伶走进大山,向农户挨家挨户收购蜂蜜、竹荪、木耳等土特产,然后通过淘宝网店出售这些山货。

优质的货品,良好的信誉让赵海伶的网店赢得了来自全国各地客户的认可,2010 年 9 月,她被阿里巴巴评为"年度十佳网商"。2011 年,赵海伶开设了实体店铺,开始线上线下相结合的道路,供货的农户也由起初的 200 多户发展到了 2000 多户。如今,赵海伶的公司每年能收购 8000 斤蜂蜜,6000 斤椴木黑木耳,1000 斤竹荪……各种农产品已经通过互联网走出了青川县,走入了全国消费者的生活。

资料来源:中国网,http://photo.china.com.cn/2019-01/07/content_74347561.htm,2019-01-07(部分内容有删减).

(二) 科技成果转化型创业项目

科技成果转化型创业项目需要创业者具有敏锐的辨别市场需求的能力,依托高校实验室等科研场所研究出来的科技成果或核心技术,将其转化为产品开展创业。科技成果转化型创业项目具有科技含量高、准入门槛高、创新性等特点,一旦成功,创业者将会获得较高的收益。

科技成果转化型创业项目除了要求创业者具有敏锐的市场观察能力外,还要求创业者具有较高的科研水平和专业技术素养,这种类型的创业项目可以促进高新技术成果由科研项目向商业化转变,促进国家制造业的发展和优化,是值得鼓励的创业项目类型。

延伸阅读

2021 年我国高校专利授权量达 30.8 万项

2022 年 7 月 19 日,教育部举行新闻发布会,介绍党的十八大以来高校科技创新改革发展成效。教育部科学技术与信息化司司长雷朝滋在会上表示,高校专利授权量从 2012 年的 6.9 万项增加到 2021 年的 30.8 万项,增幅达到 346.4%,授权率从 65.1% 提高到 83.9%;专利转让及许可合同数量从 2000 多项增长到 15000 项,专利转化金额从 8.2 亿元增长到 88.9 亿元,增幅接近十倍。

雷朝滋表示,高校医药创新能力不断提升,产出一批重要成果,例如北京大学在全球首创胚胎着床前遗传学诊断系列新方法。浙江大学牵头在防控人感染 H7N9 禽流感等新发传染病防治体系方面取得重大突破。新冠肺炎疫情发生以来,高校快速响应,数十所高校万余名科研工作者第一时间投入疫情防控科研攻关,已联合企业研发出新冠病毒检测产品百余款;清华大学张林琦团队自主研发了我国首款获批上市的抗新冠病毒抗体药物;天津中医药大学张伯礼团队研制的宣肺败毒颗粒在缩短病程方面有着良好疗效。

中国农业大学、西北农林科技大学等一大批高校充分发挥学校特色优势,助力打赢脱贫攻坚战,与乡村振兴有效衔接。高校牵头承担了 40% 的农业农村领域重点研发计划,积极攻克种业技术难关。例如,云南农业大学朱有勇团队带领澜沧直过民族"拉祜族"农民走上了生态脱贫致富之路。华中农业大学牵头开发了当前唯一可处理百万级群体、兼具基因组选择和精准选配功能的猪基因组选配软件,选育"高繁""快长"瘦肉猪新品系11个,优秀基因年覆盖商品猪超1亿头。

此外,教育部先后和北京、上海签署了有关共建国际科技创新中心的战略合作协议,在京高校与北京市在集成电路、脑科学等领域共建了一批新型研发机构,打造多学科交叉平台;在沪高校牵头承担人工智能、超限制造等上海市重大专项。清华大学与浙江省共建长三角研究院,并以此为引领累计建设重大科研平台、创新创业平台50余个,引进培育海外高层次人才1000余人,孵化培育科技企业2700余家,其中规模超百亿企业近20家,推动了柔性电子技术、智能网联新能源汽车等大批重大科技成果转化落地。

资料来源:中华人民共和国教育部网站,http://www.moe.gov.cn/fbh/live/2022/54674/mtbd/202207/t20220719_647147.html,2022-07-19(部分内容有删减).

(三)公益性创业项目

公益创业作为一种新的创业模式,其内含的社会价值及公益理念备受社会青睐。当下,公益创业与时代、国家和社会发展深度融合,在创业内容、渠道、形式、载体等方面日趋多样,加之社会整体的舆论氛围好、国家支持力度大、风险相对较小、易于组织实施等优点,往往成为创业者尤其是大学生创业的首选。

公益性创业项目是指创业者改变原有公益项目的运营模式,将其市场化、商业化,通过商业运营模式帮助公益项目获得可持续发展的一种创业活动。公益性创业项目作为一种新兴的创业项目,既可以带动国家公益事业的发展,又可以通过公益组织促进创业者就业,从侧面拉动我国的经济增长。目前,这种类型的创业项目由于具有较强的创新性和社会意义而被国家、政府、高校以及各类非营利性组织所重视。公益性创业项目需要创业者有爱心、有恒心并且要有较强的社会责任感和奉献精神。此外,创业者选择的公益性创业项目必须符合社会发展与伦理道德的要求。

案例分析

公益创业项目助力南疆脱贫攻坚

为南疆困难群众提供就业、助其脱贫的"小巴扎"公益创业项目受到欢迎。有的"小巴扎"餐饮店在新疆落地,让当地贫困户能在家门口就业;有的"小巴扎"餐饮店开在北京、上海、深圳等地,给贫困户提供外出就业的机会。此外,还积极探索"餐饮+零售"模式,将来自新疆的农副产品销往全国,带动群众脱贫致富。

在新疆,"巴扎"(维吾尔语,意为"集市")遍布城乡。每到"赶巴扎"日,方圆几十里的群众纷纷前来,一时热闹非凡。

"我爱新疆,我的心里一直有个愿望,为新疆做点事情。""小巴扎"项目创始人王钧正表示。"小巴扎"公益创业项目,就源自新疆独具特色的巴扎文化。2017年10月,"小巴扎的春天——和田原生态大盘鸡餐馆"项目创立,旨在为南疆困难群众提供就业机会,助力其脱贫。2018年元旦,小巴扎新疆特色餐饮第一家测试店在北京开业。目前,小巴扎已在北京、上海、深圳、和田等地开设门店近20家,在提供工作岗位的同时,也打通了南疆农产品的输出渠道和当地群众的就业脱贫路。

除了解决就业,小巴扎还积极探索"餐饮+零售"的模式,将来自新疆的农副产品打造成产销链条,销往全国各地。在店里,顾客们在用餐的同时,可以微信下单,购买来自和田和喀什的大枣、核桃、无花果。

资料来源:中国新闻网,https://www.chinanews.com.cn/sh/2019/04-03/8798946.shtml,2019-04-03(部分内容有删减).

项目二　寻找有商业价值的创业项目

▶ 案例二

文旅融合创业项目的新方向——晋江梧林村青普文化行馆

自2013年起,福建省旅游发展委员会持续开展"八大示范工程"以期促进文旅产业融合。晋江市也将乡村旅游作为规划的重点内容,并制定出《晋江市乡村旅游助推乡村振兴三年行动方案》,聘请专家进行深入研究和专业指导。

位于晋江市新塘街道的梧林,辖区面积约1平方千米,户籍人口有1855人,海外华侨1.5万人,是闽南地区著名的侨乡,华侨文化与闽南文化交相融合,成为梧林的特色名片。梧林村的90余栋华侨建筑保存完好,是一个原生态村落式建筑博物馆,2016年12月被住建部列入第四批中国传统村落名录。

2019年11月,晋江政府与北京青普旅游文化发展有限公司签约,采取"国企投资建设、国企持有产权、组建运营公司,自营核心资源、公私合营管理"模式,对相关建筑进行整合,打造传统非遗体验工坊和沉浸式戏剧演出点,通过原住民的讲述、展示,实现了独具地方特色的文旅活态文化体验新名片。梧林村青普文化行馆坚持"原汁原味、原貌重现"原则,采用传统工艺对梧林村的传统洋楼大厝进行保护修缮后引入高端业态,在此开启这些古建筑的新篇章。行馆落地后获得《Elle Decoration 家居廊》中国"室内设计大奖酒店奖"、环球日志2020—2021年度酒店精选"最佳目的地酒店奖"、第十三届时髦避世外滩设计酒店大奖、"年度小而美酒店奖"等多项荣誉,青普公司"回到原初"的品牌理念和古今相宜的设计备受业内人士的认可和赞誉。梧林青普运营团队全面梳理梧林的建筑、历史、人文等资源,赋予每栋建筑不同的文化表达,构建以"体验"为核心的活态村落式度假运营体系。梧林村越来越多的传统建筑开始入驻与其在风格上相和谐、发展上相适应、能够共同生长的业态,如咖啡馆、书局、文化馆、体验店、文创坊、餐饮店等,实现闽南传统文化与现代乡村旅游新业态的融合。在业态提升过程中,梧林社区还采取将集体土地折价入股运营公司和业态投资公司的方式,让居民变股东,更加深入地参与到村域文旅融合项目中,共享发展红利。这一模式不仅实现了土地资源的活化利用,更让群众腰包"鼓起来",推动乡村经济可持续发展。

资料来源:周舒阳.乡村振兴背景下文旅融合项目商业模式研究[D].商务部国际贸易经济合作研究院,2022(部分内容有删减).

问题探讨:

你认为梧林村青普文化行馆的成功是否说明了文旅融合项目将会成为下一个蓝海市场?

知识链接

一、创业项目选择的基本原则

创业者在筛选创业项目时,首先要考虑项目是否符合优势、政策、需求、价值、竞争性、投资性这六大原则(见图 6-1)。如果项目符合这六大原则,就可以重点锁定这个项目,进行进一步的考察与筛选。

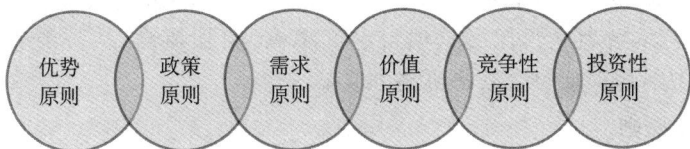

图 6-1　创业项目筛选的六大基本原则

(一)优势原则

优势原则是指创业者在选择创业项目时要能突出自己的优势,做自己最擅长的事,做自己最熟悉的领域,做自己资源最多和优势最明显的项目。也就是创业者做这个项目最有优势,最能突出自己在专业知识、专业技能、人脉关系、市场资源、行业经验等方面的优势。比如从专业优势角度去分析,如果创业者是学计算机专业的,那么就比较适合做电子信息类项目或互联网项目;如果创业者是学旅游管理专业的,那么就比较适合做与旅游相关的创业项目;如果创业者是学电子商务和市场营销专业的,那么就比较适合做电商平台类项目。

(二)政策原则

政策原则是指创业者选择的创业项目一定要符合国家政策、产业政策和地方政策。在国家、产业和地方扶持政策背后都有资金和税收等方面的支持,如果创业者选择的这个项目在政策的风口里,就有机会获得政策的扶持,就有可能借力政策发展自己的创业项目。例如,如果创业者想做一个智能垃圾分类的项目,而国家政策提到要扶持绿色清洁和垃圾分类产业,那么所选择的创业项目方向是契合政策导向的;如果创业者想做一个会产生污水废水排放的生产型项目,而国家已经出台了相关的污水治理政策,这样创业者的项目就与国家政策方向相违背,不能够成为创业项目。

(三)需求原则

需求原则是指创业者所选择的创业项目一定要有市场需求,最好是有刚性需求和紧迫性需求,同时还要有一定的潜在服务需求,而且这个市场要足够大,市场容量在 10 亿元、50 亿元或 100 亿元以上。比如随着我国老年化社会的不断发展,老年人群体越来越多,对于养老和健康的服务需求也越来越多,那么面向养老院、老人护理、健康美食、健康旅游就会有很多新的市场机会和创业机会。随着人工智能技术的快速进步和发展,在智能驾驶和智能机器人方面会有许多新的市场需求,这里面也存在很多的创业项目选择方向。

（四）价值原则

价值原则是指创业者所要选择的创业项目一定要有价值，不仅要能挣钱，要能产生利润，还要对社会有贡献价值，并且这种项目产品与服务创造的附加值越高越好，创业者要去寻找产品销售后净利润和毛利润高的项目产品。比如创业者想做一个从幼儿园至初中毕业的培训项目，年收益可达 10 万元，而另一个亲子游项目年收益可达到 20 万元，很明显，这两个项目从同等时间内获得的收益角度来说，自然应该选择第二个项目。再如创业者想做一个传统餐饮的项目，利润率只有 10%，而另一个游泳培训项目的利润率可以达到 20%，很明显游泳培训项目比餐饮项目利润率高，附加值高，从价值原则的角度去考虑，自然是选择游泳培训项目会获得更高的收益。

（五）竞争性原则

竞争性原则是指创业者所选择的创业项目市场竞争对手数量不能太多，竞争对手的实力不要太强，这样创业者才有赢得市场份额的机会。如果创业者进入一个红海市场，竞争对手林立，市场竞争早就已经很残酷很激烈，创业者很难在市场中占有一席之地，创业项目会做得很吃力、很费劲；而如果创业者进入一个行业细分的蓝海市场，竞争者很少，竞争对手的市场竞争力也不强，创业者就有机会迅速抢占市场，把创业项目做大做强，获得快速的成长与发展。

（六）投资性原则

投资性原则是指创业者所要做的项目要满足投资规模不大，投资周期不长，投资回报率高，投资回收期短，而且投资风险还比较小的要求。投资规模不大意味着项目容易启动，投资周期不长意味着项目可以很快上马，投资回报率高意味着项目投资收益比较理想，投资回收周期短意味着可以尽快收回项目投资，投资风险小意味着容易把控项目的风险。比如，创业者想做一个游泳培训的项目，计划投资 5 万元就可以启动项目，每期培训大概可以招生 50 人，每期培训班可以盈利 5000 元，1 年就可以收回投资。而如果创业者想做一个扫地擦地一体化机器人项目，计划启动资金 1000 万元，可能研发出成熟产品需要 2 年时间，产品年销售额和利润额都不确定，什么时候能够收回投资也不确定，这种项目的投资风险就较大，投资风险也不可控，不如游泳培训的项目安全。

案例分析

印萌——用科技赋能文印行业

当房租人工等成本不断增加，传统文印店会消失吗？如果回溯到几年前，线下的传统便利店也面临过相同的疑问。最终，时间给出了答案。随着阿里、京东、苏宁等纷纷用科技赋能传统小店，它们非但没有消失，反而逆势增长。2018 年，广东印萌科技有限公司（以下简称"印萌"）开始为传统文印店提供无人自助解决方案，试图通过科技赋能文印行业。截至目前，印萌一共改造了 3700 多家传统高校打印店，覆盖清华大学、北京大学、复旦大学、浙江大学等 800 多个高校，日订单量超过 30 万，累计为超过 1300 万大学生提供便捷的自助打印服务。

坚信传统文印店不会消失，印萌依托团队多名阿里技术专家、30 多名研发人员，聚焦于如何解决行业痛点。印萌推出了国内首创专门针对传统文印店的无人自助解决方案,通过物联网技术,实现所有文印店的打印机在线化。目前,印萌系统适配了所有主流软件和2326款打印机参数适配,并能与百度网盘互通。由于先发优势,印萌已逐步完成传统文印店各项数据及用户的深度积累,系统已经超过6000万订单。在此基础上,印萌将逐步打通行业上下游资源,为商家提供更具性价比的供应链资源。据团队透露,印萌的营收主要来源于企业主广告费用,由于其用户聚焦于高校大学生,广告主能够有效实现精准投放和营销,如智联招聘、华图教育等都是其重要的合作伙伴。

印萌的发展也得到了资本的认可,获得来自丰泰资本、易聚资本、柠檬网联的数千万元融资。团队表示,融资将用于团队的进一步升级,目前技术投入占比70%以上,未来也将围绕着技术、产品、服务等进行投入。印萌还与百度网盘、微软等达成了战略合作,实现各种文档的打印。

资料来源:曾淮,倪斯钰."青创100"广东大学生创新创业引领计划优秀创业案例集[M].广州:华南理工大学出版社,2021.

二、创业项目选择的步骤

创业者了解了创业项目筛选的六大原则之后,就可以筛选创业者可以想到的创业项目了。一般来说,创业项目筛选也是有流程的,创业者可以把项目筛选分为以下四个步骤(见图6-2)。

图 6-2 创业项目筛选的四个步骤

(一)项目初选

选择一个项目是创业开始的第一步,项目初选是指在众多项目中进行筛选,初步选定若干项目进行进一步的分析。创业者在筛选创业项目时,首先要从市场痛点入手,从市场服务需求入手。如果确实存在刚性和紧迫的需求,那就有购买服务的市场机会,可能就是创业项目的一个机会点;如果是潜在需求,可能市场还需要培育一段时间,那就可以多关注一下,但不要急于马上启动这个项目。比如我国当前居民生活水平逐渐提高,健康养老、智能养老已经成为刚性、紧迫性和潜在的市场需求,如何为老年人提供健康与养老的服务就能够成为创业项目选择的一个切入点。

(二)项目准备

创业者要对初步选定的项目进行可行性研究,编制项目可行性研究报告。可行性研究是为项目投资决策提供依据的一种综合分析方法,具有预见性、公正性、可靠性、科学性。通常来说,不同类型的行业创业项目可行性研究内容侧重点差异较大,但一般应包括以下八个主要内容。

（1）投资必要性。创业者要根据市场调查及预测的结果，以及有关的产业政策等因素，论证项目投资建设的必要性。创业者在筛选创业项目时，要看看这个项目的投资回报如何，如果能够投资少、回收快、附加值高，那么项目的投资性就比较好。

（2）技术可行性。创业者要从项目实施的技术角度出发，合理设计技术方案，对选择的各专业工艺技术方案进行技术和经济上的比较和评价后，提出最优的方案。

（3）财务可行性。创业者要从项目及投资者的角度，设计合理财务方案，从企业理财的角度进行资本预算，评价项目的盈利能力，进行投资决策，并从企业的角度评价股东投资收益、现金流量计划及债务清偿能力。创业者可以用几个有代表性的财务指标去评估，如项目的投资额、投资回收期、投资收益率、内部收益率等。

（4）组织可行性。创业者还应当从项目建设及建成后需要的人力角度出发，制订合理的项目实施进度计划，设计合理的企业组织机构、劳动定员和人员培训计划等，判断在组织上是否可行。

（5）政策可行性。创业者要评估项目是否在国家政策、产业政策和地方政策的风口上，如果这个项目符合国家扶持方向，符合产业发展政策，符合地方重点发展规划，那么就有可能借政策之力来发展项目；如果这个项目不符合国家产业发展政策，不属于地方发展重点方向，那么就比较难以"借政策的东风"。

（6）社会可行性。创业者要分析项目对国家（或地区）政治和社会的影响，如增加就业机会、减少待业人口带来社会稳定的效益；项目与当地科技、文化发展水平的相互适应性；项目与当地基础设施发展水平的相互适应性；项目对保护环境和生态平衡的影响；等等。

（7）经济可行性。创业者要对不同的项目方案进行经济效益分析评价，判断项目在经济上是否可行，在营利性方面是否具备优势。创业者可以将项目所有可能的支出科目列出来，包括人工费用、房租费用、研发费用、材料费用、生产费用、办公费用、营销费用、各种税费和其他费用等，计算出拟支出总和，另外再预测出项目产品的年销售额、年净利润额、年利润率等主要财务指标，大致就可以判断出项目的盈利情况。

（8）风险因素及对策。创业者要对项目存在的风险进行评价，制定规避风险的对策。一般来说，创业公司面临的风险有很多，常见的包括政策风险、技术风险、市场风险、资金风险、管理风险、人才风险等，如果能分析清楚项目存在哪些风险，并能提出应对风险的措施和预案，就可以为项目全过程的风险管理提供依据。

（三）项目评估

创业者要对可行性研究报告进行全面、详细的审核和估价，为项目的投资决策提供最终的依据，并写出评估报告。项目评估报告实际上是可行性研究的结论和决策性建议，包括可行性研究的关键问题。一般来说，针对项目可行性的评估可以围绕以下几个方面来进行。

（1）是否具有管理优势？创业者需要在项目管理、研发管理、生产管理、流程管理、财务管理、人员管理、客户管理、品牌管理、制度管理等方面评估创业者是否具有管理优势。如果创业者具备一定的管理优势，那么可以考虑做这个项目，如果没有什么优势，那就要慎重考虑是否要启动这个项目。

（2）是否具有技术优势？创业者需要评估自己的项目在技术方面是否具有优势，采用的技术较市场上竞争对手的技术水平如何，如果技术水平高于市场上的竞品，并且还有进一步技术升级的可能，同时还有自主知识产权保护，那么在技术层面还是具备一定优势的。

（3）是否具有团队优势？创业者需要评估一下创业团队的能力是否足够强，是否具有优势。如果创业团队在专业性、互补性、创新性、协作性、执行力、学习力等方面都不错，就说明具备一定的团队优势；反之，如果各项指标都不太理想，说明团队能力较弱，那么启动这个项目可能就会因团队能力而遇到问题。

（4）是否具有渠道优势？产品能够销售出去，销售渠道起到关键的作用。创业者需要评估项目在销售渠道方面是否具备一定的优势。如果有一些线上和线下的销售渠道可以帮助销售项目产品，说明在渠道方面具备一定的优势；如果缺乏渠道和人脉关系，那么渠道可能会成为项目产品销售的一个难题。

（5）是否具有资金优势？创业者需要评估有多少可以使用的创业资金，这些资金用于支撑产品研发、生产制造、包装物流、市场营销、公司宣传、房屋水电、人员工资等方面的支出可以维持多长时间？如果创业者的资金比较雄厚，并且后面还能源源不断地融到资金，那么这个项目就具有可行性；反之，创业者就要慎重启动这个项目。

（四）选定项目

通过可行性研究，再分析今后发展设想、可利用资源、项目风险和项目之间的依赖性等，创业者就可以选定最符合要求的创业项目，开启自己的创业之旅。需要提醒创业者的是，选择了某个项目后，最好适量介入，先以较少的投资来了解认识市场，"船小好掉头"，即使出现了失误，也有挽回的机会；等到有把握时，再大量投入，放手一搏。

【小测试】

使用名义小组技术方法进行创业项目选择

如果你的创业团队面临多个可行的项目机会，但正处于初创期的你们显然没有足够的资金和精力发展所有项目，此时你和你的团队就需要对各个项目机会进行详细比较并做出选择，将有限的资源投入更好的项目中，以确保创业团队后续发展，这里可以选用名义小组技术的方法来进行选择。

方法介绍：通过项目评估，小组成员进行独立思考，对项目的选择进行投票，最终得到集体决策的结果。

测试步骤：

第一步，你作为创业团队的管理者，先选择一些对要解决的问题有帮助并且有经验的人作为你的团队成员，并向他们提供与决策问题相关的信息。

第二步，团队中的各个成员先不通气，由成员进行独立思考，每个人尽可能把自己的备选方案和意见写下来，然后依次陈述自己的方案和意见。

第三步，代表不同意见的陈述完毕后，团队成员对提出的全部备选方案进行投票，根据投票结果选择最终方案。

三、运用 SWOT 法分析创业项目可行性

(一) SWOT 分析的含义

SWOT 分析法是指从企业内部因素优势(strength)和劣势(weakness)以及企业外部因素机会(opportunity)和威胁(threat)分析项目可行性的方法。以上四个单词的首字母组成 SWOT。进行 SWOT 分析时,要考虑项目的实际情况,并写下企业的所有优势、劣势、机会、威胁。优势和劣势是存在于企业内部可以改变的因素;机会和威胁是存在于企业外部无法施加影响的因素。

(1) 优势。优势是指企业的长处。例如,企业产品比竞争对手好的方面,企业员工的技术水平较高等。

(2) 劣势。劣势是指企业的弱点。例如,企业产品比竞争对手的贵,企业没有足够的资金按自己的意愿做广告宣传,企业无法像竞争对手那样提供综合性的系列服务等。

(3) 机会。机会是指周边地区存在的对企业有利的事情。例如,某个企业制作的产品越来越流行,许多新的住宅小区正在这个地区建设,潜在顾客的数量将会上升等。

(4) 威胁。威胁是指周边地区存在的对企业不利的事情。例如,在这个地区有生产同样产品的其他企业,原材料价格上涨导致企业出售的商品价格上升,不知道企业的产品还能流行多久等。

(二) SWOT 分析结果

SWOT 分析有四种不同类型的组合,分别是 SO 策略、WO 策略、ST 策略、WT 策略。

(1) SO 策略。SO 策略就是依靠内在优势去抓住外部机会的策略。例如,一个资源雄厚(内在优势)的企业发现某一市场未曾饱和(外部机会),那么它就应该采取 SO 策略开拓这一市场。

(2) WO 策略。WO 策略是利用外部机会来改进内部弱点的策略。例如,一个 IT 企业,面对不断增长的计算机服务需求(外部机会),却十分缺乏技术专家(内在劣势),那么就应该采用 WO 策略培养技术专家,或收购一个高技术的计算机公司。

(3) ST 策略。ST 策略就是利用企业的优势,去避免或减轻来自企业外部的威胁。例如,一个企业有很多的销售渠道(内在优势),但是由于各种限制又不允许它经营其他商品(外在威胁),那么就应该采取 ST 策略,走集中型、多样化的道路。

(4) WT 策略。WT 策略就是直接克服内部弱点和避免外部威胁的策略。例如,一个商品质量差(内在劣势)、供应渠道不可靠(外在威胁)的企业应该采取 WT 策略,强化企业管理,提高产品质量,稳定供应渠道,或走联合、合并之路以谋生存和发展。针对自身企业的项目,最终会有以下几种选择。

① 坚持自己的企业构思并进行全面的可行性研究(SO 组合)。

② 修改原来的企业构思(ST 组合)。

③ 改善自身不足,利用好市场机会(WO 组合)。

④ 完全放弃这个企业构思(WT 组合)。

当运用 SWOT 分析完创业项目的可行性后,创业者应当对自己创业项目的商业价值进行评估,并做出决定,教师或专家只是告诉我们如何进行分析,最终的判断(决策)必须

由创业者自己做出。

四、对创业项目进行商业价值评估

（一）创业者自我价值分析

首先创业者要了解创业过程中必须经历的几个阶段，然后衡量自己的性格、爱好、特点，看创业者是否适合创业，是否适合做这个项目。

1. 是否为创业做好了心理准备

创业开始后的前三年，也称为企业的初创期，这时创业者不仅要有实现创业梦想的强烈欲望，还要能忍受创业初期的寂寞。要知道，无论多么好的项目，都要经历一个潜伏期才会盈利，创业者必须做好忍耐的心理准备。同时要有危机意识，时刻准备承受困难和坎坷，具有坚韧的心理素质，不要轻易喜怒，要保持平和心态。

2. 是否为创业做好了知识准备

创业是一个漫长的实践过程。创业之初的创业者，定是一个多面手。创业者的企业是否具有核心技术是生存的关键。创业者的盈利模式要不断调整，因为一旦创业者踏上创业的征程，就已经回不到起点了，必须用坚强的毅力坚持下去，并且为了企业生存要不断学习。创业其实是一个不断学习、不断提高的过程，在"干中学，学中干"，不断提高自己的知识水平。

3. 是否为创业做好了能力准备

创业也是分阶段的，不同的时期对经营者有不同的要求。当事业取得阶段性的成功时，创业者一定要清醒。企业的经营成果说明了创业者的经营能力，增加了创业者的信心。但是，创业者要用平和的心态去面对暂时的成功，每个企业要建立自己相对稳定的盈利模式，都需要对市场进行长时期的研究和适应。

所谓自身条件评估，就是要思考创业者是否为创业做好了心理和生理的准备，是否做好了资金和场地的准备，是否做好了应对失败和成功的思想准备，是否具备了经营管理一个企业的基本技能。如果在评估中发现自己的素质还有欠缺，就要注意在创业中应不断学习提高，以适应创业的需要。

（二）市场需求分析

这部分内容既是选择创业项目的关键内容，也是一个创业者必须学会的经营企业的第一步。任何成功的企业都是以市场需求为导向的。任何有市场的产品都是可以满足顾客多种需求的，所以说，企业的产品最终是由顾客需求决定的，没有需求就没有市场前途。市场需求分析的考虑因素，如图 6-3 所示。

图 6-3 市场需求分析的考虑因素

1. 找到了市场需求就找到了利润之源

如何确定目标顾客和细分市场？为了确定创业者的产品或服务是否有市场需求，首先需要找出创业者的目标顾客，即创业者要将产品或服务卖给谁？顾客的利益是创业者行动的唯一指南。

2. 根据地域、目标群体、购买力与经营规模估计、顾客购买行为分析等细分市场

（1）地域。创业者的目标顾客分布在哪些地区？在消费习惯上各有什么异同？客户是本地顾客还是外地顾客？创业者的产品销售范围是国内市场还是国外市场？

（2）目标群体。创业者的产品是为谁服务的？谁最需要创业者的产品？对需要创业者产品的目标顾客按照年龄、性别、家庭收入、职业等要素进行划分，对批发客户可按照行业、规模等要素进行划分。

（3）购买力与经营规模估计。创业者的销售额预计可以达到多少？顾客需要的周期如何？各类顾客分别需要什么样的产品特性？创业者的产品可以满足顾客的哪些需求？

（4）顾客购买行为分析。客户购买创业者的产品的动机是什么？创业者生产出来的产品使用时间、使用频率和方式是怎样的？创业者的产品如何获得顾客的信赖？

（三）目标群体和市场容量分析

目标群体有多大，将直接决定市场有多大。在分析目标群体有多大时，要重点思考以下三个问题。

（1）目标群体的数量有多少。目标群体的数量直接决定了利润空间的高低。因此，在选择进入一个行业之前，要做系统的分析，目标群体数量越大，发展的空间才会越大。

（2）产品是否符合目标群体的特点。没有万能的产品，只有符合特定目标需求的产品。创业者应当针对自己的目标群体，提供满足这一人群特点和需求的产品和服务，只有这样，开发出的产品和服务才能最大限度地得到认可并被接受。

（3）对市场增长率进行估算。创业者在开始创立一个项目之前，需要考虑未来市场可能的变化趋势。因此，创业者需要通过同类产品/服务的销售情况确定未来该市场增长率。创业者可以借助同类产品服务的销售额数据估算未来市场增长率。具体计算公式为

$$市场增长率＝[比较期市场销售量（额）－前期市场销售量（额）]$$
$$÷前期市场销售量（额）×100\%。$$

示例：如果创业者要开一家主题餐厅，前期已经通过实地调查法了解到一家"喜羊羊与灰太狼"主题的二次元餐厅 2021 年全年的销售额是 900 万元，2020 年全年的销售额是 800 万元，则主题餐厅市场增长率即为（900－800）÷800×100%＝12.5%。

🖥 素养提升

"绿色"创业项目的寻找与选择

现阶段，我国经济的发展不再仅仅局限于经济的快速提升，而逐步倾向于实现绿色、环保、可持续发展，在这种时代发展背景下，绿水青山生态环境发展理念应运而生。当代高校大学生作为现代城市的建设者与未来社会的铸造者，不仅肩负着实现中华民族伟大

复兴的历史使命,也承载着保护绿水青山环境的重要职责。随着近年来鼓励大学生自主创业的势头不断加大,国家也对大学生创业活动给予了进一步支持,考虑到绿水青山生态环境治理理念下的经济发展需求,大学生在进行创业项目选择的过程中,应当多从科学技术创新或生产管理理念创新出发,避免高耗能、高污染的创业项目,使创业项目与绿水青山生态保护环境相结合。

为进一步优化生态环境状况并提高生态环境治理水平,大学生可以选择环境保护与生态治理类的创新创业项目。同时,大学生还可以立足于思想理念创新与文化精神创新项目,结合自身所学的理论知识与实用技术为绿色生态环境理念的传播做出贡献,如利用互联网技术对环保思想进行宣传或使用新兴媒体技术对环保精神、环保文化进行推广,等等。

专题小结

本专题包括"创业项目在哪儿"和"寻找有商业价值的创业项目"两个项目。"创业项目在哪儿"项目主要阐述了创业者创业成功的关键是创业项目的选择,创业项目选得好,不仅便于资金、人才、技术等方面资源的支持,也有利于事业的可持续发展,此外,该模块还介绍了创业项目的含义、特征以及适合创业者创业的常见项目。"寻找有商业价值的创业项目"项目主要介绍了创业项目选择的六大基本原则:优势原则、政策原则、需求原则、价值原则、竞争性原则和投资性原则;讲解了创业项目选择的步骤:初选、准备、评估、选定;阐述了怎样运用SWOT法来分析创业项目可行性,以及从哪些方面来对创业项目进行商业价值评估。

拓展训练

训练项目:选择创业项目并运用SWOT分析法进行验证。

训练内容:将每个小组选择的创业项目作为分析对象,通过SWOT分析法验证创业项目的可行性和商业价值;随后由各组使用PPT进行本组创业项目的展示,展示结束后其他组各派出一位代表对展示完的项目进行点评。

自由讨论:

1. 你认为刚才展示的创业项目是否具有可行性?是否具有商业价值?请给出具体理由。

2. 如果是你,你会选择哪种类型的创业项目?说一说你的理由。

商 业 模 式

➡ 学习目标

1. 了解商业模式的内涵;掌握商业模式的构成要素。
2. 理解商业模式设计和开发的思路。
3. 掌握利用商业模式画布进行商业模式设计和开发的技巧。
4. 了解"互联网+"商业模式的创新类型。

➡ 思维导图

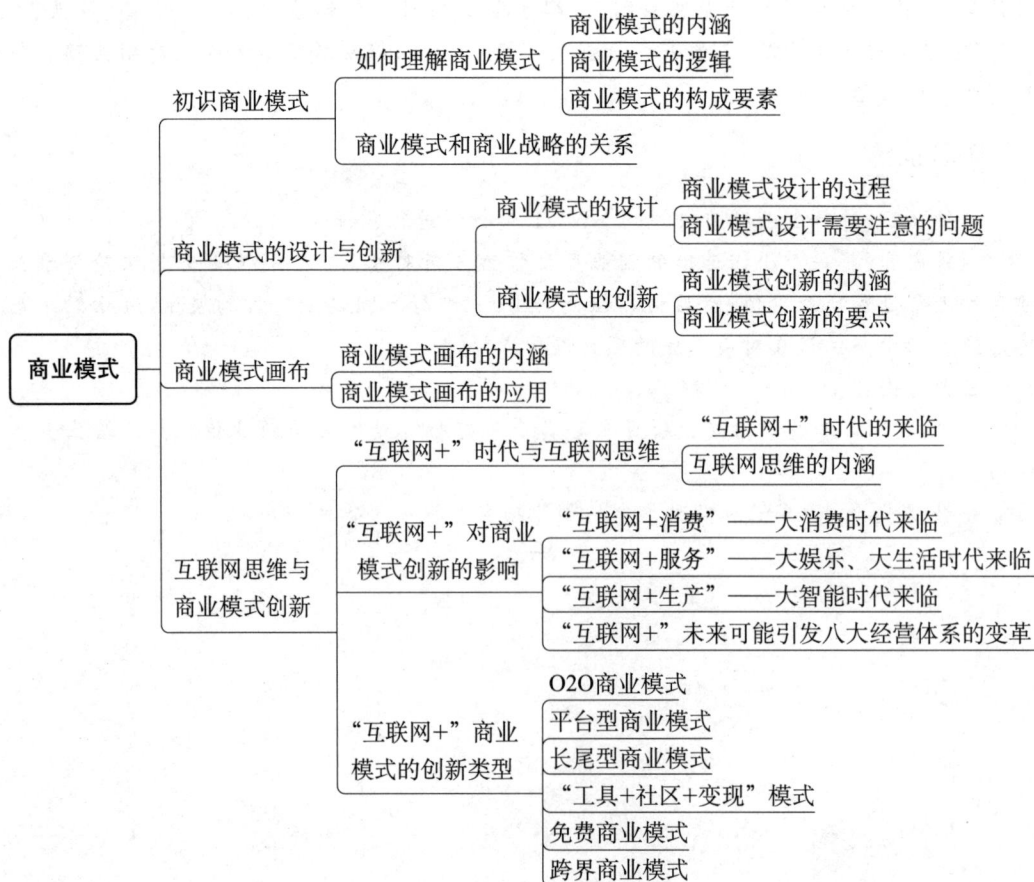

→ 导入案例

新零售先锋——盒马鲜生的商业模式

提起新零售,从业者不约而同地就会想到盒马鲜生在其行业中的亮眼表现。盒马鲜生正是以生鲜产品为突破点的新型零售模式的代表之一。

在价值主张方面,盒马主张以线上＋线下＋物流的新零售方式为客户提供安全新鲜的食品和快捷方便的配送服务,避免客户花费大量时间和精力到零售点挑选蔬菜。客户只需要下载盒马鲜生 App,在线上挑选好蔬菜下单,静候 25 分钟左右就会有新鲜的蔬菜送货上门。

在客户细分方面,盒马鲜生店内食材丰富,新鲜时蔬、水果、进口零食、各类高档农副水产品等应有尽有。此外,盒马鲜生还售卖各种小吃,针对水产等海鲜类产品还提供商品加工服务。

在渠道通路方面,盒马鲜生在各大一二线城市都有自己的专营店,打破了传统电商无法满足顾客体验式消费需求的弊端,顾客可以到店里自行选购鲜果蔬菜,同时还可以通过下载盒马鲜生 App,或者在淘宝的"淘鲜达"页面上购买,实现了线上线下的协同盈利。

在客户关系方面,为了建立顾客的信任感,盒马鲜生规定完全无条件、无理由退货。盒马鲜生还推出了"生熟联动"的模式,顾客选好菜后由后厨负责加工。此外,盒马鲜生还经常在假日期间推出优惠券让利给客户。

在核心资源方面,盒马鲜生背靠阿里巴巴,与阿里巴巴共享客户信息资源以及互联网、云端、大数据等技术平台和技术人员的支持。盒马鲜生建立在菜市场、超市、餐饮、物流配送等复合业务上,构建了完整的供应链。

在关键业务方面,盒马鲜生的关键业务主要是餐饮服务、物流、App 管理与粉丝运营。盒马的"一体式"供应链降低了成本,大数据等先进设备为物流人员提升了配送效率。盒马鲜生还通过与消费者进行情感营销形成了关系链。

在重要伙伴方面,盒马鲜生的重要合作伙伴主要是企业、物流公司、大型超市。2020 年,中国医药集团旗下医药电商平台运营公司国药健康在线有限公司与上海盒马网络科技有限公司成为医药新零售合作伙伴。同年 7 月浙江省衢州市人民政府与盒马达成战略合作协议,合力打造全国"数字农业"的样板地。盒马鲜生还参股各大超市,以此优化配置企业资源。

在成本结构方面,盒马鲜生的成本有产品成本、门店运营成本和物流成本。其中,产品成本包括蔬菜、海鲜、肉类、零食等商品的采购成本;门店运营成本包含管理开支、生产成本、租金、人力资源和营销成本等;物流成本则是物流费,包括配送员的岗前培训、工资、补贴等。

在收入来源方面,盒马收入来源虽然比较多样,但收入结构较为简单,主要是线下门店引流、线上贡献利润,这种顶层设计确定了电商的主体地位。

资料来源:蒋雨桐.新零售背景下盒马鲜生的商业模式分析——基于九要素画布模型[J].投资与创业,2022,33(15)(部分内容有删减).

问题探讨:

1. 盒马在商业模式方面有什么独到之处?

2. 如何看待盒马的商业模式设计?这种成功是否可以被其他平台复刻?

项目一　初识商业模式

安踏的"品牌＋零售"商业模式

安踏在 2016 年提出"单聚焦、多品牌、全渠道"这一商业模式对品牌进行升级,目的在于将品牌定位从大众市场开始向中高端市场转移,在国内市场站稳脚跟的前提下开始进行全球化布局。

一、不断加大研发投入,专注于体育用品行业的单聚焦发展

在商业模式连续转型升级后,安踏的焦点不曾改变,依旧是鞋服领域,安踏不断在研发上加大投资力度,自身掌握的核心科技也在不断升级,这种核心能力是在竞争中取胜的法宝。通过对研发的大力度投入,产品的专业性及科技性也得到大幅提升,使公司产品与竞争对手产品之间保持差异性,从而提升安踏产品的核心竞争力。

二、多品牌发展满足各层次消费者购物需求

为满足不同消费者的差异需求,安踏推行多品牌发展模式,在产品性能、款式、价位等各方面的设计都极具个性化。安踏品牌是公司最初创立的品牌,面向的消费群体是普通大众,对于主品牌安踏来说,其任务就是生产性价比比较高的体育鞋服产品。为支持多品牌模式的推行,安踏从 2009 年开始,先后收购了斐乐、斯潘迪、迪桑特、可隆体育、小笑牛以及 Amber Sports 等多个品牌,实现对中高端户外产品领域、跑步用品等领域的全方位布局。

三、实行全渠道管理,分销渠道全覆盖

安踏在"品牌＋零售"模式升级的前提下,为了与互联网快速发展的潮流相匹配,进行了线上线下销售渠道的整合,并且对物流配送以及大数据等资源充分利用,在销售环节实行全渠道管理。在线下店铺管理上,安踏采用"千店一面"策略,增强顾客的品牌意识及体验感。针对线上销售渠道的管理,安踏选择部分网上专供款来满足消费者的购物需求。为了避免线上与线下销售之间产生冲突,安踏制定了严格的制度来规范产品的款式及上市时间等问题。

四、搭建系统化平台,增强品牌间的协同效应

在进行多品牌布局的同时,为了各品牌之间不相互孤立,而是可以相互赋能,实现协同效应,从而获得规模效益,安踏搭建了包含供应链、物流以及财务系统等多个模块的系统化平台,通过这一平台的连接,一方面旗下新品牌可以通过其他品牌赋能获得快速成长,另一方面企业资源可以得到更好的配置,各品牌实现协同发展,获得共赢。

资料来源:刘美玉. 安踏商业模式转型对企业绩效的影响研究[D]. 兰州:兰州财经大学,2022(部分内容有删减).

问题探讨:

1. 安踏为什么要进行商业模式的改革与创新?

2. 安踏的做法给了你什么启示?

📖 知识链接

盒马鲜生通过商业模式创新,在互联网新零售行业实现了突破;安踏通过商业模式创新,实现了在体育用品赛道上的"弯道超车"。实际上,对于任何类型的创业者来说,商业模式设计都是创业的关键和必要内容。

商业模式是企业为顾客创造价值获取利润以求生存的核心逻辑。对于创业者而言,成功的商业模式有助于提高创业成功率。如果创业者从机会开发的起始阶段,就注重利用商业模式对创业活动进行协调,适时把握创业机会的内在经济逻辑,全面地对创业活动进行思考并用于指导经营实践,那么就能有效避免企业因匆忙、盲目创业而造成的失误,从而提高创业成功率。

一、如何理解商业模式

对商业模式的广泛关注始于 20 世纪末期的互联网创业潮。互联网兴起以后许多新的经营模式涌现,同时在网络经济条件下,也出现了各种不同的业务流程、不同的收入模式、不同的信息流通方式,迫使企业重新思考竞争优势的来源、结构以及过程,此时企业商业模式受到了从创业者到投资家的广泛关注。人们逐渐认识到,企业必须选择一个适合自己的、有效的和成功的商业模式,从而保证自己的生存和发展。

(一)商业模式的内涵

商业模式是商业运行的内在机理。随着信息技术和网络时代的到来,创新的商业模式在规模和速度上对当今产业格局的改变是前所未有的。例如,从选择快捷酒店和网络购物等日常生活中,可以明显地感受到商业模式的变化以及创新的商业模式所发挥的作用。商业模式以价值创造为核心,描述并规范了企业创造价值、传递价值、获取价值的核心逻辑和运作机制。

目前,对商业模式的最新解释为:一个企业满足消费者需求的系统,这个系统组织管理企业的各种资源(资金、原材料、人力资源、作业方式、销售方式、信息、品牌和知识产权、企业所处的环境、创新力,又称输入变量),形成能够提供消费者无法自力而必须购买的产品和服务(输出变量),因而具有自己能复制且别人不能复制,或者自己在复制中占据市场优势地位的特性。

(二)商业模式的逻辑

1957 年,"商业模式"首次出现在学术论文中,1998 年蒂蒙斯对商业模式的概念进行了系统的定义。他认为商业模式可以作为产品、服务和信息流的框架,其基本要素包括产品、服务、信息、商业参与者、价值以及收入来源等。

好的商业模式可以回答谁是顾客,顾客看重什么,管理者如何通过商业活动赚钱,企业如何以合适的成本向顾客提供价值。图 7-1 展示了商业模式的逻辑。

价值发现 ➡ 价值匹配 ➡ 价值创造

图 7-1　商业模式的逻辑

　　价值发现明确了价值创造的来源,这是对机会识别的延伸。通过可行性分析,可发现创业者所认定的创新性产品和技术只是创建新企业的手段,企业最终盈利与否取决于它是否拥有顾客。创业者在识别创新产品和技术的基础上,需进一步明确和细化顾客价值所在,确定价值命题,这是商业模式核心逻辑的起点。

　　价值匹配就是寻找合作伙伴,整合社会资源,以实现价值创造。创业者发现了新的商业机会,然而新企业不可能拥有满足顾客需要的所有资源和能力。即便新企业愿意亲自去打造和构建客户需要的所有功能,也常常面临着很大的成本和风险。因此,为了在机会窗口内取得先发优势,最大限度地控制机会开发的风险,几乎所有的新企业都要与其他企业形成合作关系,整合价值网络资源,以使其商业模式有效运行。

　　价值创造包括制定竞争策略、享有创新价值,这是价值创造的目标,是新企业能够生存下来并获取竞争优势的关键,因此是有效商业模式的核心逻辑之一。许多创业企业是新技术或新产品的开拓者,却不是创新利益的占有者。这种现象发生的根本原因在于这些企业忽视了对创新价值的获取。

　　总的来看,价值发现、价值匹配和价值获取是有效商业模式的三个逻辑性原则,每一项都不能忽略,新企业只有认真遵循这些原则,才能真正开发出同时为顾客、企业以及合作伙伴创造经济价值的商业模式。

(三) 商业模式的构成要素

　　结合对商业模式内涵的理解,将商业模式的构成要素概括为以下九个内容。

　　(1) 价值主张。价值主张即公司通过其产品和服务能向消费者提供何种价值。表现为:标准化/个性化的产品/服务/解决方案、宽/窄的产品范围。

　　(2) 客户细分。客户细分即公司经过市场划分后所瞄准的消费者群体。表现为:本地区/全国/国际、政府/企业/个体消费者、一般大众/多部门/细分市场。

　　(3) 渠道通路。渠道通路是指企业将价值传递给目标客户的各种途径。表现为:直接/间接、单一/多渠道。渠道通路主要是通过沟通、分销和销售渠道向客户传递价值主张。

　　(4) 客户关系。客户关系阐明了公司与其客户之间所建立的联系,主要是信息沟通反馈。表现为:交易型/关系型、直接关系/间接关系。客户关系主要在每一个客户细分市场建立和维护客户关系。

　　(5) 收入来源。收入来源描述了公司通过各种收入流来创造财务的途径。表现为:固定/灵活的价格、高/中/低利润率、高/中/低销售量、单一/多个/灵活渠道。

　　(6) 核心资源。核心资源概述了公司实施其商业模式所需要的资源和能力。表现为:技术/专利、品牌、成本/质量优势。商业模式构建的重点工作之一就是了解业务系统所需要的重要资源和能力有哪些,如何获取和建立。

　　(7) 关键业务。关键业务描述了业务流程的安排和资源的配置。表现为:标准化/柔性生产系统、强/弱的研发部门、高/低效供应链管理。通过执行一些关键业务,运转商业模式。

　　(8) 重要伙伴。重要伙伴即公司同其他公司为有效提供价值而形成的合作关系网络。表现为:上下游伙伴、竞争/互补关系、联盟/非联盟。企业有些业务要外包,而另外一些资源需要从企业外部获得。

（9）成本结构。成本结构即运用某一商业模式的货币描述。表现为：固定/流动成本比例、高/低经营杠杆。

商业模式的这九个要素是互相作用、互相决定的。例如，业务系统相同的家电企业，有些企业可能擅长制造，有些可能擅长研发，有些则可能更擅长渠道建设；同样是门户网站有些是收费的，有些则不直接收费。商业模式的构成要素中只要有一个要素不同，就是不同的商业模式。一个能对企业各个利益相关者有贡献的商业模式需要企业家反复推敲、实验、调整和实践这九个方面才能建立。

延伸阅读

商业模式差异化，林氏木业如何成为"斜杠青年"

家居行业未来的竞争不会是单一维度的品牌竞争或是产品竞争，而是商业模式的竞争，商业模式的差异化，才是未来的竞争关键。林氏木业最新发布的"综合新业态"新零售商业模式很明显地体现了这种战略倾向。

一、以大数据为核心，向消费者回归

林氏木业的最新战略变化是转向"新零售综合新业态"。所谓综合新业态，就是在原来的成品家具基础上实现横向一体化，提供"成品＋家居用品"的一站式整居配搭的拎包入住服务。深入剖析我们会发现林氏木业的这次战略变化有一个核心差异：以消费者需求为导向取代了品类融合为导向。为了做到产品的快速迭代，林氏木业实现了数据化组织架构，每周针对大盘进行趋势预判、通过线上线下市场调研进行消费者洞察和跨行业的竞品分析。基于掌握的大数据，林氏木业更懂消费者。而向消费者的回归、对消费者的极致研究，让林氏木业对家居业态有了更为新颖的理解。

二、重构"人货场"共生体系，破局新零售边界

林氏木业的综合新业态还有一个重要的定语是"新零售"。最早提出新零售概念的马云曾用一句话定义了新零售：人、货、场的重构。林氏木业通过对消费者的深入研究，在"货"的问题上以消费者需求为导向实现产品的快速迭代，在"场"的问题上进行更为细致的场景化、人格化细分。这两者放眼整个家居行业都极具独特性。而"人"的问题，林氏木业不单从消费者的维度给出答案，还进一步从流量的维度解构"人"。

三、新业态新视角，破界融合新发展

林氏木业提倡"适度定制"，坚持"精定制·全屋购"理念为消费者提供定制＋成品＋家居用品的一站式购齐的极致性价比整居配搭服务，以轻量化定制充分实现高颜值成品家具与空间设计的完美融合，打造更具人性化的理想家居生活。

林氏木业基于消费者的需求打破行业的边界，又在新零售的加持下实现多维产品的融合，可以说是家居行业一次很重要的视角转换。林氏木业没有执着在品类定位或是产品概念的营造上，而是从消费者需求的视角出发，构建自身独特的商业模式。

资料来源：增长黑客（Growth Hacker）. https://www.growthhk.cn/cgo/model/35292.html, 2021-03-23（部分内容有删减）.

林氏木业创新的商业模式助其产品迅速占领市场，公司迅速成长；生态链新零售模式

助其度过瓶颈期,走向更广阔的发展领域。由此可见,商业模式是关系到企业生死存亡、兴衰成败的大事,企业要想获得成功就必须从制定适合本企业的商业模式开始,新成立的企业是这样,发展期的企业更是如此。商业模式是企业竞争制胜的关键。

二、商业模式和商业战略的关系

商业模式侧重于创造顾客价值的基础架构和系统,本质上在于回应"企业提供什么"以及"如何提供"这两个基本问题;而商业战略则侧重于回应环境变化和竞争,进而通过恰当的企业行为选择来赢得优势。

对于创业企业而言,商业模式在很大程度上决定了其成长潜能,商业战略则是将潜能转变为现实的重要手段,商业模式和商业战略之间是互补关系而不是相互替代的,在既定商业模式基础上选择恰当战略更有助于发挥其商业模式所蕴含的成长潜能。商业模式是衔接战略制定与战略实施的中介平台,具体而言,战略制定以商业模式建构为基础,而战略实施则建立在商业模式的运行和改进的基础之上。创业团队的首要任务就是设计与其他企业不同的商业模式,在此基础上制定恰当的战略选择可能会更加有效。

商业模式以价值创造为核心,而商业战略则是对所创造价值的保护机制,落脚于对外部环境或竞争的回应。商业模式是企业创造价值的基础架构和体系,而战略则是在此架构基础上,在环境和竞争约束条件下以效率最大化为目标的行为与活动选择。商业模式在很大程度上可能影响着企业的盈利能力,但其与创业企业绩效之间并非简单的直接作用关系,可能嵌入战略选择,作用于创业企业绩效。

项目二　商业模式的设计与创新

▶ 案例二

六百岁的新晋网红——故宫 IP 的新生商业模式

2020 年是紫禁城建成 600 年,也是故宫博物院成立 95 周年,这成为全社会的一件文化盛事。这座明清两代的皇家宫殿,在"服务观众中心"的经营理念与核心价值观的指引下,创新打造了博物馆的"IP＋文创＋新消费"的商业模式,为故宫带来了可观的经济价值,更好地反哺了故宫文化的传播,实现了经济与文化的双重回报。

一、以 IP 衍生为核心的商业模式

故宫的商业模式以及变现能力的基础与核心,是故宫这个具有 600 年历史的文化 IP,这一中国知名文化 IP 复苏,同时启迪了同类型博物馆、旅游景点等 IP 的探索之路,更丰富了传统文化的传播。对于消费者来说,文化 IP 代表着某一类标签或文化现象,能够引起他们的兴趣,所以他们愿意去追捧并且有越来越大的可能转化为消费行为。

二、以开放多元为思想的商业版图

如果把故宫看作一个公司,那么故宫文创无疑是公司中的"现金牛"板块。从商业模式的角度看,故宫采用多元化的合作战略,在自由竞争的状态下,鼓励故宫 IP 的多样化商业化发展,同时采用了自营、合作经营和品牌授权等方式,文创产品丰富多元,并且逐渐探索餐饮等不同品类的文创业务,充分挖掘了IP衍生价值。

在合作经营方式多元化的同时,故宫也积极地开拓人脉关系,跨界进行品牌授权,故宫与腾讯已经合作三年之久,先后推出故宫QQ表情、互动H5《穿越故宫来看你》、音乐专辑《古画会唱歌》等十余款优秀代表作,用数字科技推动文化破壁;和手游《奇迹暖暖》合作开设故宫传统服饰专有板块;和招商银行信用卡合作推出了定制款"奉招出行"行李牌;还有稻香村的糕点礼盒、周大福的故宫文化珠宝等。

三、新消费形式扩大触达、升级体验

随着互联网＋时代的逐渐深化,通过电商平台挑选博物馆文创产品已成为趋势。在网络消费端,故宫主要以故宫博物院文创旗舰店、故宫淘宝,以及故宫博物院出版旗舰店这3家天猫、淘宝店铺形成文创产品消费矩阵。

在积极拓展电商渠道之外,随着此番消费升级潮流的席卷,六百岁的故宫也紧跟新零售时代的潮流,进行线上线下的融合。快闪店就是故宫文化"出宫"的一次有益尝试。故宫"朕的心意"首家快闪店于2018年2月登陆三里屯,以"朕偷溜出宫"为主题,以故宫太和殿为基础进行了富有创新的再设计,将紫禁城的传统文化IP与三里屯的潮流文化IP巧妙融合,用更"接地气"的方式传承中国优秀传统文化,用轻松有趣的方式将宫廷文化带出宫,这种方式迅速吸引大量忠实粉丝,同时更让故宫文化触手可及。

资料来源:营创实验室文章"IP＋文创＋新消费"的品牌启示:故宫IP新生的商业模式改革.旅发网,https://www.lvfacn.com/article/16101.html,2019-08-05(部分内容有删改).

问题探讨:

你认为传统博物馆如何利用打造IP的方式来实现营销方式创新?

知识链接

一、商业模式的设计

商业模式设计是分解企业价值链条和价值要素的过程,涉及要素的新组合关系或新要素的增加。

（一）商业模式设计的过程

商业模式设计大致分为三个阶段:构思、成型和评估。其中,构思阶段的主要任务是进行商业模式设计的准备工作。然后,通过调查访谈等方式深入研究客户技术和环境。成型阶段的主要任务是把前一阶段中获取的信息和方法加工成商业模式原型,并清晰明确地传达给企业员工、投资人、政府管理部门、客户等利益相关者。评估阶段的主要任务是对商业模式原型不断进行探索和测试,选出最恰当的商业模式。商业模式设计三个阶段的示意图如图7-2所示。

1. 第一阶段——构思

商业模式创新就是对企业以往的基本经营方法进行变革。那么,该如何系统地构思设计全新的商业模式呢？亚历山大·奥斯特瓦德和伊夫·皮尼厄提出了六种商业模式的设计方法:客户洞察、创意构思、可视思考、原型制作、故事描述和情境构建。这里重点介绍其中的五种设计方法。

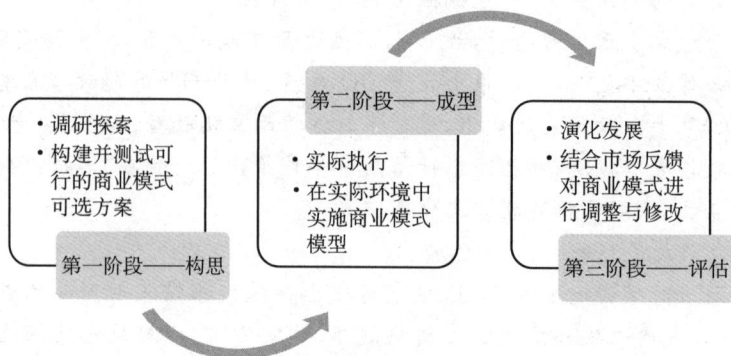

图 7-2　商业模式设计三个阶段的示意图

（1）客户洞察

客户洞察是对消费者行为趋势的一种分析，旨在提高产品或服务对消费者的有效性，并增加商业模式的适应性。客户洞察的主要目的是了解消费者为什么关心品牌以及他们潜在的思维方式、情绪、动机、欲望、愿望，从而激发并触发他们的态度和行为。借助客户洞察，企业可以直接与目标客户或感兴趣的客户进行沟通，更新现有的商业模式。因此，商业模式创新者应该避免过度聚焦于现有客户细分群体，而应该盯着新的和未满足的客户细分群体。许多商业模式创新的成功，都是因为它们满足了新客户未曾得到满足的需求。

（2）创意构思

设计新的商业模式需要产生大量商业模式创意，并筛选出最好的创意，这是一个富有创造性的过程，这个收集和筛选的过程被称为创意构思。商业模式的创意构思应该是由简到难、由点到面、由部分到系统逐步进行的。商业模式设计者要拥有模式创新所需的技术研发、团队管理、财务金融、市场营销和行业信息等系统知识，并通过综合这些系统知识产生具有创造性的价值表达。

（3）可视思考

可视思考是使用图像、草图、图表和笔记等视觉工具来构建和讨论事物。因为商业模式是一个复杂的概念，便笺式思考有助于商业模式的可视化和简单化。在每个便笺中编写一个想法，然后将其在商业模式画布中移动，或是绘制画布，从而讲述画布中的商业模式故事。可视思考还可以帮助构想商业模式，并且可以使用不同的方法来创建原型。

（4）故事描述

故事描述是指将商业模式通过形象具体的讲故事的方式呈现出来，既能让更多人理解商业模式的运行过程，又能在描述过程中发现现有模式的问题。单纯的叙述商业模式会较为抽象，但是通过故事叙达商业模式是如何形成、运行并创造价值的，就如同用色彩来装饰画布，能够使新概念更为清晰、易懂，可以清楚明白地把整个想法介绍给听众，为推广商业模式提供了很好的支撑。

（5）情境构建

情境构建是指将具体的实施情境与设计的商业模式进行结合的过程。基于商业模式所要传递的客户价值，情境构建把所要解决的问题细化为各种不同的情境，包括商业模式具体需要解决哪些用户的需求,这些用户的背景、特征有哪些,另一种是客户是如何使用产品和服务的,他们使用的目的、愿望有哪些,使用中遇到的具体问题有哪些。

2. 第二阶段——成型

成型阶段需要把构思阶段中获取的信息和方法加工成商业模式原型,并将这种商业模式投入市场中,向企业员工、投资人、政府管理部门、公众等利益相关者传达商业模式的具体内容和价值。

(1)原型加工

在商业模式构思阶段中初步成型的商业模式构想虽然涵盖内容较为全面,但仍然是碎片化的,有待于进一步形成商业模式原型。在商业领域,原型是指未来潜在的商业模式实例。原型加工即将构思阶段的商业模式进行分析、整合、体系化。可以通过草图、商业计划书等将商业模式进一步完整化、体系化,把详细的商业原型转换成电子表格来评估商业模式的盈利潜力。

(2)市场应用

市场应用是指在实际环境中实施商业模式原型。可以根据细分市场的分析,邀请潜在客户细分群体的候选人试用,让商业模式原型落地。测试中,与客户进行交流,倾听客户的反馈,调查客户的接受性和可行性。同时也可以选择具体的场景进行测验,以检验商业模式运行的完整性、适应性,也可以初步检测客户能否感受到商业模式的价值主张。

(3)模式传达

一旦确定了商业模式,就要着手如何实施的工作。包括确定所有项目,制定各阶段的里程碑,制定法律条文等。创业活动需要将产业链不同的主体进行整合链接,商业模式成型中很重要的一步是将商业模式传达到不同的利益相关者中。商业模式为企业的各种利益相关者(如供应商、客户、其他合作伙伴、部门和企业内的员工)提供了连接各方交易活动的链接。在商业模式成型中,商业模式的测试需要打通不同利益相关者的功能职责,并使其全面理解商业模式的价值。

3. 第三阶段——评估

对商业模式进行测试评估也是必要的过程。可以按照商业模式画布的逻辑,从市场、行业和团队三个方面,运用对机会的把握程度来测试商业模式,具体包括测试市场吸引力、行业吸引力、创业者、创业团队(团队成员执行关键成功要素的能力)、价值链上下游以及行业横向价值链的关系网络。商业模式测试象限图如图 7-3 所示。

(1)市场吸引力测试

市场吸引力测试首先需要衡量消费者的消费,包括市场上消费者的总数和相关产品或服务的总支出。其次从市场层面进行测试,包括测试目标细分市场的兴趣和吸引力。主要从以下方面来衡量:是否有一个目标细分市场能够以消费者愿意支付的价格进入,为他们提供清晰而有吸引力的利益并解决问题。

(2)行业吸引力测试

行业吸引力是企业进行行业比较和选择的价值标准,也称为行业价值。在这方面,需要借助波特的五力分析模型:新进入者的威胁、购买者议价的能力、供应商议价的能力、替

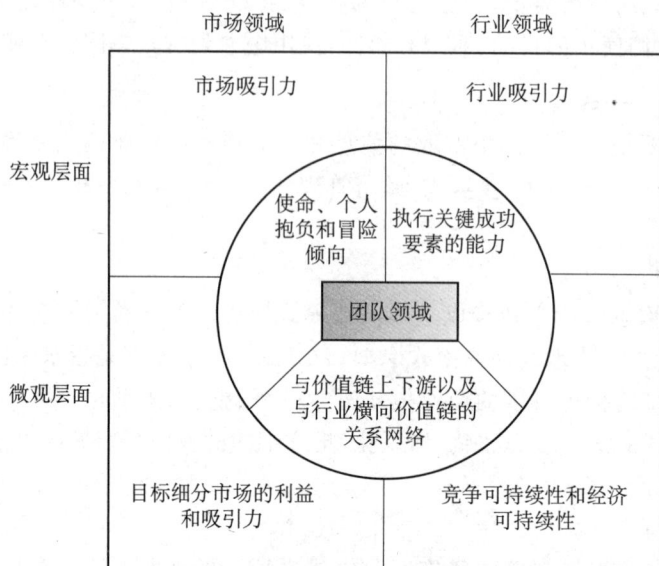

市场领域　　　　　　行业领域

市场吸引力　　　　　　行业吸引力

宏观层面

使命、个人
抱负和冒险
倾向

执行关键成功
要素的能力

团队领域

微观层面

与价值链上下游以及
与行业横向价值链的
关系网络

目标细分市场的利益
和吸引力

竞争可持续性和经济
可持续性

图 7-3　商业模式测试象限图

资料来源：Mullins J. The New Business Road Test：What Entrepreneurs and Executives should Do before Writing a Business Plan [M]. London：Pearson UK，2012.

代品的威胁、已存在的竞争对手。首先，如果自己作为新的进入者，一般设备、人员和公司规模都比提前进入该行业的老公司小，那么企业是否要增加产量达到规模经济，还是衡量自身水准生产自己能力范围内的产品收取较低的利润？其次，对于新企业来说，自己的产品与竞争者的产品有没有不同，是不是靠不同取胜，或者自己进入行业的阻拦等都是需要考虑的实际因素。再次，分析供应商和购买者的议价能力，其中供应商的议价能力取决于供应商的数量和可以供应的原材料的数量，购买者的议价能力购买者数量或购买者购买公司产品的数量。最后，分析另一个行业遥相对望的替代品，例如航空业的替代品不是同行业下的不同航空公司，而是轮船、火车等其他方式的交通工具。当创立一个新的企业，就要考虑自己的产品是否很容易被替代品所取代，替代品越少，行业越有吸引力。

（3）创业者测试

每个成功的企业家都会给自己的企业带来一些关键因素，包括企业使命，即决定创建什么样的企业或服务什么样的市场，以及一系列个人愿望，从而引导企业取得高水平的成就。此外，在追求梦想的过程中，有一些风险和牺牲是值得和必要的。

（4）创业团队测试

在创业团队测试中需要具体衡量的因素，包括团队成员对成功关键要素的理解、掌握和执行情况，团队成员对于把握关键机会实现卓越价值的能力，以及团队成员是否掌握了必要的经验和行业诀窍，最重要的是团队成员是否有坚定的使命感、抱负和冒险倾向。

（5）价值链上下游以及行业横向价值链关系网络测试

可以通过以下方面进行测试：团队有没有建立与供应商处理商业模式间的协同和冲

突的关系网络？（这些供应商可能同你的行业中的领先企业打交道，也可能与其他行业中可能成为你产品替代品的企业打交道）有没有建立与竞争对手的关系网络？有没有建立与替代性行业的关系网络？有没有建立与经销商和最终用户的关系网络？

测试商业模式后，可以调整测试结果。科学的方法是假设大多数商业模式的生命周期非常短，通过不断调整管理和商业模式，可以延长企业生命周期，直到新思维的出现。商业模式调整过程示意图如图 7-4 所示。

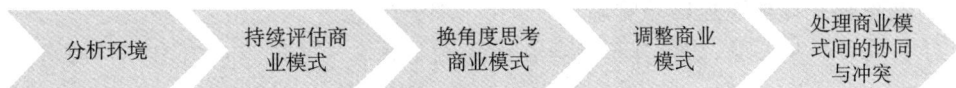

图 7-4　商业模式调整过程示意图

案例分析

一飞冲天的"小猪短租"

随着互联网的飞速发展、共享经济理念的逐步渗透，实现房屋租赁行业闲置资源充分利用的在线短租模式逐步走进人们的视野。小猪短租致力于挖掘中国房屋闲置资源，自 2012 年 8 月上市以来，已累计挖掘超过 20 万套房源，遍布全国超过 300 个城市，是中国分享经济领域中比较有代表性的企业之一。

一、个性化市场定位核心范畴

小猪短租怀揣着成为中国"住宿方式变革引领者"的企业使命与愿景，致力于为房客提供具有人文情怀和家庭氛围的住宿空间。立足于这一个性化市场定位，小猪短租从为房客营造有别于传统酒店的住宿体验、拓展能满足多样化需求的住宿空间入手，从众多住宿分享经济平台中脱颖而出。

二、总体战略规划核心范畴

小猪短租在发展初期并不急于寻求盈利，而是树立"长跑心态"，通过拓展房源和定位布局来获取先发优势；发展中期，通过对市场的精细运作来提升房东和房客的用户体验，实现培育用户和积累口碑的目的；发展后期，商业模式闭环已比较成熟、用户规模达到一定数量、市场份额相对可观，平台型商业模式的利润迎来爆发式增长。

三、平台底层支撑核心范畴

小猪短租为潜在房东提供了实拍服务，确保房源真实可靠；搭建了高效的信息发布平台，使供求双方信息得以高速匹配；构筑了健全的交易安全体系，全面保障房客利益和房东的个人财产安全；首推"小猪管家"服务，制定标准化保洁服务指标，破解短租民宿保洁难题。以上述业务为核心构建的平台底层支撑体系，实现了服务链条全面升级，是小猪短租商业模式的根基。

四、平台生态圈构建核心范畴

在以短租业务为核心的基础上，小猪短租通过发挥网络外部效应、构筑平台底层支撑、深化本地运营、升级服务体验，来为生态系统筑起屏障，并通过"互联网＋"传统企业提升小猪用户落地体验，也为生态系统的建立拓宽渠道。随着产业链的延伸与升级，逐渐构筑起以在线短租业务为核心，包括就业、摄影、旅游、长租、装修、保险、智能设备等服务的住宿生态系统。

资料来源:郝金磊,尹萌.基于扎根理论的分享经济商业模式创新要素及路径:以小猪短租为例[J].首都经济贸易大学学报,2019,21(3)(部分内容有删减).

(二)商业模式设计需要注意的问题

一般来说,企业商业模式的设计一般需要关注以下问题。

1. 商业模式需要紧抓市场需求

对于一个企业来说,如果其价值要在市场端与顾客端才能呈现出来,那么设计商业模式首要考虑的便是市场中各种不同顾客的需求。新企业可采取市场区隔分析的方法来明确顾客的需求,进而寻求产品在市场中的定位。对于大众市场来说,市场细分程度高,基本上都被现有厂商以各种各样的类似产品所占有,在新企业创立初期,一项创新的差异化产品想要立即挑战大众市场,几乎是不可能完成的任务。因此,在设计商业模式时,需深入运用市场区隔分析,挖掘尚未满足的需求,并用差异化产品来应对这类市场需求。

2. 商业模式需要明晰企业利润结构

一个成熟的商业模式必须能将成本、收入结构以及计划实现的利润目标清晰地表现出来,并且让股东知道未来存在的投资回收方式。为实现利润目标,商业模式中有关成本与收入结构设计的内容必须包括:定价方式、收费方式、销售方式、收入来源比重、价值链中各项活动的成本与利润配置方式等。

3. 商业模式需要突出企业竞争优势

一个好的商业模式需要显示企业能在利己市场有效率地提供差异化产品,创造价值满足顾客需求。同时,商业模式还需显示维持竞争优势的能力,通过各种方式,努力扩大领先于其他企业的优势。例如,处在知识经济产业领域的新企业,商业模式大多呈现正向回馈的效应,随着市场规模的不断扩大,其价值/成本效应将会越来越显著。

二、商业模式的创新

(一)商业模式创新的内涵

商业模式创新是指企业价值创造提供基本逻辑的变化,即把新的商业模式引入社会的生产体系,并为客户和自身创造价值。通俗地说,商业模式创新就是指企业以新的有效方式赚钱。新引入的商业模式,既可能在构成要素方面不同于已有的商业模式,也可能在要素间关系或者动力机制方面不同于已有的商业模式。

(二)商业模式创新的要点

商业模式创新的目的是更好地创造顾客价值。因此,产品或服务的创新、顾客界面的创新,或将这些元素进行组合创新,都要以客户价值创造为主线。在全球化、网络化等背景下,商业模式创新越来越复杂和艰难,这就要求创业企业的管理者在商业模式的创新方面要有丰富的想象力和商业经验。一般而言,商业模式的创新需要把握以下要点。

1. 正确理解商业模式的本质与内涵

商业模式本质上是企业为客户创造并传递价值的基本逻辑,即企业在一定的价值链或价值网络中如何为客户提供产品和服务,并使企业自身获取利润的"商业逻辑"。商业模式的具体内涵是"整体解决方案",即企业为了实现客户价值的最大化和企业利润的最大化,把能使企业有效运行的各种要素整合起来,形成完整、高效、具有独特竞争力的运营系统,并通过提供产品和服务而使系统持续实现盈利目标的"整体解决方案"。因此,只要从"商业逻辑"和"整体解决方案"出发,去思考具体业务的相关要素和需要解决的问题,创业者就有可能设计出可行的商业模式。

2. 善于把握"由简到繁"的设计过程

商业模式是要具体实施的。要使创新的商业模式达到可以实施的程度,就需要把它具体化为"整体解决方案"。其中,客户价值即客户的需求和满意程度,企业既要去满足客户显在的需求,又要去激发客户潜在的需求。基于此,企业需要借助价值工程的方法,将企业产品或服务的功能与客户的显在、潜在的需求连接起来,并尽可能地创造"消费者剩余"。

企业通过为客户创造并传递价值,而使自己获取利润的商业途径与方式,是商业模式设计的难点所在。在企业内部价值链的每个环节需要考虑成本、效率和新增的价值;在企业外部价值网络的每个节点,需要考虑本企业可能得到的利益和其他利益相关者期望得到的利益。

3. 适时根据商业模式的变化调整企业的价值链与价值网络

在企业经营中,商业模式不应是一成不变的,而应根据企业为客户创造并传递的价值的变化、企业内外环境的变化等来调整企业的商业模式。调整企业的商业模式,本质上是调整企业的商业逻辑,具体是调整企业内部的价值链与企业外部的价值网络,以区二者之间的关系。随着企业内部价值链上基本价值创造活动的调整,辅助价值创造活动也需要进行相应调整。而企业外部价值网络的调整,除了调整外部价值网络上的节点外,还需要调整节点之间的关系。

项目三 商业模式画布

▶ 案例三

哔哩哔哩网站的商业模式

哔哩哔哩网站(www.bilibili.com)是现今深受年轻人喜爱的在线视频网站,又称"B站",2009年创办,2018年3月在美国纳斯达克上市,截至2018年8月24日,公司市值30.38亿美元。2017年中国在线视频用户数逼近5.8亿,手机移动在线视频App用户数超过5亿,付费广告数量快速增长,在线视频行业市场规模接近1000亿元。现阶段,中国在线视频网站三巨头是爱奇艺、优酷、腾讯视频,这三家视频网站占所有在线视频用户数量的近80%,其他视频网站用户量较少,哔哩哔哩虽然是一个小众的视频网站,却非常受年轻人的欢迎,其商业模式与爱奇艺、腾讯视频、优酷有较大的不同。哔哩哔哩的商业模式画布如图7-5所示。

重要合作： 庞大的 UP 主	关键业务： 提供 ACG（动漫、漫画、游戏）、影视等相关内容	价值主张： 打造一个服务于对二次元感兴趣的年轻用户的娱乐平台	客户关系： 建立活跃的用户活动社区	客户细分： 年轻的泛二次元用户
	核心资源： 构建二次元生态圈		渠道通路： 在线视频网站和手机 App	
成本结构： 收入分成 48%，宽带成本 24%，其他成本 28%			收入来源： 游戏 83%，直播 7%，其他 10%	

图 7-5　哔哩哔哩的商业模式画布

　　哔哩哔哩建立了一个泛二次元年轻用户的生态圈，通过 PUGC（专业用户生产内容）等方式提供动画、漫画、游戏等内容，并通过搭建服务于广大 UP 主的平台来获取流量，主要通过游戏或直播获得分成收入。哔哩哔哩与主流视频网站不同，首先它聚集了一批同质化、黏性高的二次元年轻用户；其次它主要靠游戏或者直播获得分成，而主流视频网站主要靠广告和会员获得收入。哔哩哔哩也有劣势，它针对二次元用户，市场相对较小，未来可以通过提供更为综合的服务获取更多的客户与收入。哔哩哔哩作为在线视频网站行业较为典型的公司，其商业模式具有自己的特色和成功之处。现阶段中国在线视频网站行业竞争激烈，大部分企业还处于亏损状态，哔哩哔哩已经有了较好的盈利前景。分析哔哩哔哩的商业模式，总结其优势与劣势，对行业发展具有重要意义。

　　资料来源：周杏颖. 基于商业画布模型的哔哩哔哩商业模式研究[J]. 价值工程，2020(1)（部分内容有删改）.

　　问题探讨：

　　哔哩哔哩网站的商业模式与其他互联网视频平台相比，具有什么特殊之处？

知识链接

一、商业模式画布的内涵

　　商业模式画布是一种能够帮助团队催生创意、降低猜测、确保他们找对目标用户、合理解决问题的工具。奥斯特瓦德（Osterwalder）和皮尼厄（Pigneur）提出的商业模式画布使得商业模式可视化，它使用统一的语言讨论不同的商业领域，是用来描述和分析企业、组织如何创造价值、传递价值、获得价值的基本原理和工具，它能够帮助企业了解商业规则，是目前广泛运用的商业模式分析工具之一。该分析法从"为谁提供？提供什么？如何提供？成本多少及收益多少？"四个视角描述了企业创造价值、传递价值、获取价值的基本原理。商业模式画布中有九个模块：价值主张、客户细分、客户关系、渠道通路、收入来源、成本结构、核心资源、关键业务和伙伴网络（见图 7-6），这九大模块通过分别覆盖价值主张、客户界面、基础设施和财务生存能力四个方面，对组织的商业模式进行较为全面的分析。可以看出，商业模式画布是"一种用来描述商业模式、可视化商业模式、评估商业模式

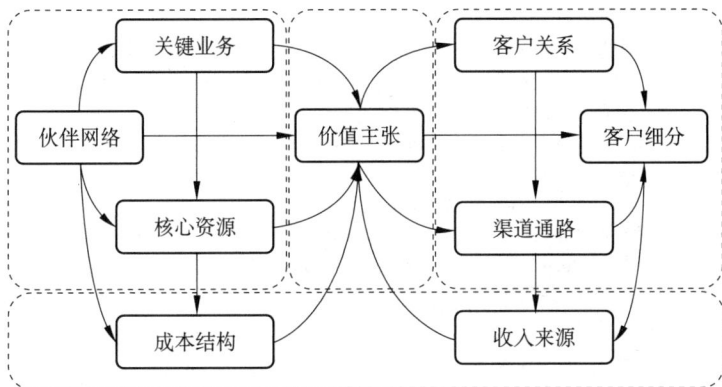

图 7-6　商业模式画布九大模块

以及改变商业模式的通用语言"。

客户细分介绍了企业为谁创造价值,企业的客户定位是什么,往往要求区分客户种类、客户需求、客户痛点。

价值主张则回答了企业希望给客户提供什么价值,满足客户哪些需求。

渠道通路是企业向客户传递价值,解决客户痛点的方式渠道,例如生产企业通过直销、零售等提供产品,服务企业则提供门店服务、上门服务等。

客户关系关注企业是如何吸引并留住客户的,关注企业与客户之间的关系。

核心资源是指企业产生核心竞争力的资源能力,可以是实体资产、人力资产、知识专利、渠道等,要考虑核心资源是否容易被复制。

关键业务是企业能够创造价值、传递价值、取得收入的重要业务,要考虑关键业务的形式类型。

伙伴网络(或重要合作)是指在企业经营过程中与企业产生重要合作的其他企业或客户,可以是上游企业、下游企业,也可以是个人客户群体。

收入来源回答了企业如何取得收入,能够取得哪些收入,例如产品销售、使用收费、租赁收费、广告收费、授权收费,等等。

成本结构是指企业经营、管理等活动产生的成本,可以通过优化成本结构来优化企业的盈利状况。

商业模式画布理论作为可视化的模型(见图 7-7),也可以将九个模块归入定位、业务系统、盈利模式等企业运营中的关键要素,使得模型本身更为清晰。

二、商业模式画布的应用

前面已经介绍了商业模式构成的九个模块,相信只需通过九个模块就可以很好地描述并定义商业模式,它们可以准确地展示出企业创造收入的逻辑,清晰地勾勒出一张商业模式的战略蓝图,而商业模式九模块及模块之间的关系就构成了商业模式画布。

KP 伙伴网络： 谁可以帮助你？你所在行业中的合作方有哪些？如何与之进行合作？	KA 关键业务： 你需要完成哪些关键任务才能够达到目标历程？关键业务的形式、种类、来源有哪些？ KR 核心资源： 要实现你的项目，有哪些核心资源是已经具备的？是否容易被复制？有哪些必备的核心资源是欠缺的？	VP 价值主张： 描述你的项目能够为目标客户群体带来什么价值？你如何帮助目标客户群体？	CR 客户关系： 怎样和目标客户打交道？希望和客户建立什么样的关系？如何建立和维护与客户的关系？ CH 渠道通路： 价值主张如何传递给目标客户？有哪些渠道和方式能够让客户知道你的产品与服务？哪种渠道最快速高效？	CS 客户细分： 你能够帮助谁？目标客户的种类有哪些？他们的痛点、需求都有什么？
CS 成本结构： 这个商业模式运作下所引发的成本有哪些？			RS 收入来源： 你能够从这个商业模式中获得收益吗？收入来源的种类有哪些？如何进行收费？	

图 7-7　商业模式画布理论模型

应用商业模式画布第一步，你需要回答以下几个问题。

（1）谁是你的付费用户。回答应尽量用具体名词而非抽象名词，比如"大学生"代替"客户"。本问题需要注意以下三个要点：第一，只写直接收费的用户。如果你做收费订餐服务，就可能会有以下两种情形：客人在餐厅消费以后，餐厅给你提成，那你的用户就是餐厅；你从吃客处收取餐费，扣去提成后把余钱给餐厅，那你的用户就是食客。第二，如果有不同用户，比如你做快递业务，你的用户有企业和个人，你可以将企业、个人列为两种不同用户。第三，如果你的业务"免费"，而且永远免费，请停止进行创业；如果现在免费，将来会收费，请写明将来的付费用户。

（2）你给客户带来什么好处。回答应尽量细化，而不只是给顾客带来价值，这样过于笼统。这个问题回答的是客户选择你的公司而非另一个公司的原因，尤其应该多思考你和竞争对手不一样的方面，例如你解决了什么样的用户困扰或者满足了什么方面的客户需求。对于这个问题的回答，既可以是定量的（如价格、服务速度），也可以是定性的（如设计、用户体验）。

（3）如何让用户知道你。回答应具体，比如搜索引擎优化、投放电视广告等。这个问题的本质是你通过哪些具体方法做营销推广，从而帮助客户评估公司价值主张，提升公司产品和服务在客户中的认知。

（4）如何将产品送达用户。回答应具体，比如顺丰快递配送、开设直营门店等。前一个问题是用户如何知道你，但知道你并不等于会买你的产品或服务；而这个问题是如果用户付钱下单，他们如何拿到购买的产品或服务，问题的本质是"渠道"。沟通、分销和销售这些渠道共同构成了公司与客户的接口界面。

（5）你的核心任务是什么。本问题要求你写下从现在开始，到证实你的商业模式成功之时（业务相对稳定、收支持平、略有利润）所必须完成的主要事项。这些事项是企业得以成功运营所必须实施的最重要的动作。核心任务会因商业模式的不同而有所区别,例如对于软件制造商而言,其核心任务包括软件开发;对于计算机制造商来说,其核心任务则包括供应链管理。

(6) 你还缺少什么。这个问题对于创业者来说是最清楚的,创业过程中困难重重(同样是指从现在开始,到你业务相对稳定、收支持平、略有利润时所缺少的东西),你可能缺少实体资产或金融资产,也可能缺少知识资产或人力资源。

(7) 谁能帮助你。该问题不要写投资人,创业中很多东西不是金钱可以解决的,要分析除金钱以外的业务伙伴。业务伙伴一般有以下几种类型:非竞争者之间的战略联盟关系;竞争者之间的战略合作关系;为开发新业务而构建的合资关系;为确保可靠供应的购买方—供应商关系。

(8) 你有多少种赚钱的产品。看看华为公司就应该能明白:手机、笔记本电脑、平板电脑等设备带来大笔硬件收入;各种软件增值服务和华为在线商店则带来部分内容收入。

(9) 你需要投入多少成本。列出投入大项的数额,包括固定成本和可变成本,再合计成总数。此外,企业同时会受益于规模经济或范围经济带来的成本降低。

项目四　互联网思维与商业模式创新

▶ 案例四

喜茶成功背后的数字化特征

"互联网+"是信息技术发展的结合,其显著的数字化特征深刻地影响着商业的发展。喜茶正是"互联网+"时代孕育出来的一个典型企业,喜茶抓住数字化浪潮,凭借"产品端创新+数字化运营"的理念以及富有特色的商业模式成功成为市场头部厂商。

一、价值主张

(1) 数字化运营能力——提升门店效率。喜茶在经营早期,常常面临顾客排队埋单导致门店拥挤的情况,为了解决排队问题,喜茶在 2018 年上线了小程序"喜茶 GO",消费者只需要使用微信小程序,就可以进行堂食、外卖、预约等类型的点单。

(2) 数字化营销能力——构建私域流量池。喜茶目前在数字化营销能力上的思路主要是构建私域流量池,营销重点转向留存和提频。目前,喜茶在微信布局了四款小程序以及一个公众号,全面记录了用户选购、下单、支付等环节,沉淀了海量的用户属性与行为数据。

(3) 数字化供应链能力——更标准化、柔性化。喜茶通过收集顾客偏好数据的方式,改进种植工艺,实现原料品种、制茶工艺定制化。同时还通过数字化工具打通供应链的上下游。喜茶在 2017 年就上线了 ERP 系统,实现供应链上下游的全程打通。

二、价值创造

(1) 产品全流程创新。喜茶作为"互联网+"背景下的新茶饮品牌,其关键业务主要围绕着产品开展,基于产品研发、制作工艺、产品包装、用户反馈的流程打造热销单品,形成创新渠道的闭环。

（2）主打下沉市场的子品牌。为了与蜜雪冰城、益禾堂、一点点等价格更低的茶饮厂商竞争,喜茶打造了价格更低、但仍与喜茶同一供应商的旗下品牌——喜小茶,产品均单价仅13元,更能吸引价格敏感的消费群体。

（3）主打商超电商平台的零售产品。除了手工现制茶饮,喜茶为拓宽消费地点和场景,推出了无糖气泡水系列产品喜小瓶,目前已全面布局便利店、商超以及天猫、京东等电商平台。

三、价值传递

（1）目标客户群体。喜茶的门店选址一般都在年轻人群和高消费人群集中、人流量大的一、二线城市。此外,喜茶还布局了黑金店、LAB实验店等主题装修风格不同的店铺,满足中产消费者对于品牌人设的心理需求。

（2）销售渠道。喜茶自成立至今,采取稳步扩张战略,一直不接受加盟,只开设直营店,为喜茶带来了更大的规模效应以及更好的品牌口碑,避免出现加盟店模式为了降低成本而牺牲产品和服务质量的情况。

（3）联名合作。喜茶已与74个品牌进行联名,联名品牌领域涉及食品、服饰潮牌、生活用品、美妆护肤等多个热门消费领域。

四、价值获取

（1）成本结构。喜茶的成本结构主要由"原料成本＋铺租成本＋人工成本"构成。作为消费升级背景下的新式茶饮品牌,喜茶兼顾了产品的口味以及标准化,这就使得喜茶的成本相对较高。

（2）收入来源。目前而言,喜茶的收入来源主要由4部分组成:门店营收＋付费会员＋电商平台收入＋商超收入。喜茶还在2020年上线了电商旗舰店并推出商超零售产品。

资料来源:黄嘉陶.喜茶的商业模式分析——基于价值论视角[J].中国市场,2022(23)(部分内容有删减).

问题探讨:

你认为传统的线下行业应如何借势"互联网＋"进行变革?

知识链接

一、"互联网＋"时代与互联网思维

"互联网＋"为"大众创业、万众创新"带来了可能,中国已经进入"互联网＋"时代,这为企业提供了更为良好的条件,新一轮互联网创业浪潮正在形成。"互联网＋"是在"创新2.0"背景下应运而生的一种新型互联网经济形态,也是在技术催生下所产生的经济社会发展新模式。"互联网＋"催生了新的商业业态和商业模式,形成了更为强大的生产力,也蕴藏了无限的商业机会。

（一）"互联网＋"时代的来临

2015年3月5日,第十二届全国人民代表大会第三次会议政府工作报告首次提出"互联网＋"。"互联网＋"代表一种新的经济形态,即充分发挥互联网在生产要素配置中的优化和集成作用,将互联网的创新成果深度融合于经济社会各领域中:提升实体经济的创新力和生产力,形成更广泛的以互联网为基础设施和实现工具的经济发展新形态。

【小知识】

制订"互联网＋"行动计划,推动移动互联网、云计算、大数据、物联网等与现代制造业结合,促进电子商务、工业互联网和互联网金融健康发展,引导互联网企业拓展国际市场。

——《2015年国务院政府工作报告》

所谓"互联网＋",就是以互联网为主的一整套信息技术(包括移动互联网、云计算、大数据技术等)和互联网思维在企业发展各环节的融合、渗透、延伸、演进。具体而言,"互联网＋"以云网端为基础设施,以大数据为新生产要素,以大规模社会化协同的分工体系为支撑,具有平台经济、贴近用户等特点,是我国工业化和信息化深度融合的"升级版"。

"互联网＋"是现实的物理运动空间与虚拟的智能网络的结合。"互联网＋"运用在存量实体经济中,将促进企业转型升级与产业结构调整优化;"互联网＋"运用在增量的新创企业中,将进一步推进"大众创业、万众创新";"互联网＋"运用在经济发展绿色化方面,会推动经济的绿色集约式发展。与传统仅注重技术的信息化不同,"互联网＋"注重人,提倡以平台经济为主要模式,以消费者的需求为中心,为消费者带来更方便、更快捷的消费体验,满足个性化需求。

互联网的作用实质上是赋予企业新的能力,形成更多更快的"新竞争手段"而颠覆传统企业,"互联网＋"在实践中要求实体经济中的企业与互联网企业建立紧密联盟来进行数字化渗透并改变价值创造方式,"互联网＋"是一种以"跨界经营"为表象的颠覆和创造性破坏现象。

（二）互联网思维的内涵

互联网思维是在信息技术高速发展、互联网大数据逐渐日常化的背景下产生的,这里的互联网,不单指桌面互联网或者移动互联网,而是指泛互联网,因为未来的网络形态一定是跨越各种终端设备的,包括台式机、笔记本、平板、手机、手表、眼镜等,不是因为有了互联网,才有了这些思维,而是因为互联网的出现和发展,这些思维得以集中性爆发。无论是传统企业,还是互联网企业,都要主动迎接变化,大胆进行颠覆式创新,这是时代发展的必然要求。

1. 互联网思维的概念

互联网思维就是在"互联网＋"、大数据、云计算等科技不断发展的背景下对市场、用户、产品、企业价值链乃至对整个商业生态进行重新审视的思考方式。

2. 互联网思维的层级

互联网思维分为三个层级。第一层级:数字化。互联网是工具,能提高效率,降低成本。第二层级:互联网化。利用互联网改变运营流程,如电子商务、网络营销。第三层级:互联网思维。用互联网改造传统行业,改变商业模式和价值观。

3. 互联网思维的显著特点

(1)便捷性。互联网的信息传递和获取比传统方式快捷很多也更加丰富。这也是为什么PC取代了传统的报纸、电视,而手机即将取代PC——这都是由人们对于信息获取的便捷性和时效性决定的。

（2）表达和参与性。互联网让人们表达、表现自己成为可能。每个人都有表达自己的愿望，都有参与一件事情创建过程的愿望。

（3）免费性。从没有哪个时代让人们享受如此之多的免费服务，所以免费必然是互联网思维里的一个显著特点。

（4）数据思维性。互联网让数据的搜集和获取更加便捷，并且随着大数据时代的到来，数据分析预测对于提升用户体验有着非常重要的价值。

（5）用户体验性。用户体验就是指用户在使用产品过程中的实际感受。任何商业模式的根本都是用户，都是让用户满意。

案例分析

"互联网＋"下的芒果 TV 商业模式创新

当前，即便是在新媒体"开花"的时代，互联网视频行业仍存在入不敷出的现象，广告利润及会员充值带来的营收仍不敌版权费及网站维护费用，绝大多数视频平台还处在巨额亏损的阶段。据财报显示，截至 2020 年年末，爱奇艺视频亏损 70 亿元，自 2015 年来累计亏损 300 亿元；腾讯视频 2019 年亏损 30 亿元；优酷视频 2019 年亏损 150 亿元。但值得注意的是，在各大视频网站都持续亏损的情况下，芒果 TV 却在行业里独树一帜，早在 2017 年扭亏为盈，率先实现中国视频行业盈利 4.89 亿元。据 2020 年芒果超媒年度报告披露，芒果 TV 营业收入达 100.03 亿元，同比增长 23.36％；净利润 17.75 亿元，同比增长 83.17％，可以说，湖南广电打造的视频网站"芒果 TV"是我国传统广电融合转型里较为成功的例子。

从商业模式的创新上来看，芒果 TV 建立的是一个依托"互联网＋"、以芒果为品牌的媒体生态圈，通过持续打造传媒全产业链路，以独到的资源优势与超前的、创新的思维融入互联网，提供了以综艺、独播剧、自制剧为主的内容，并通过搭建以追星为核心的饭团广场来为平台获取流量，主要通过打造爆款综艺，引进优质影视剧来抢占市场。与爱奇艺与腾讯视频打造的"剧集市场"不同，芒果 TV 延续着以"综艺制人"的发展模式，再得益于 IPTV＋OTT 的双牌照优势，虽然会员数远远少于前两家，但日活数量却是遥遥领先的。芒果 TV 作为互联网视频网站的佼佼者，其找到了自身的定位，发展了有自己特色的商业模式，因此在普遍亏损的互联网视频市场环境中，上演着持续盈利的奇迹。

资料来源：彭馨雨，张学知．基于商业画布的芒果 TV 商业模式创新研究[J]．新闻传播，2022(11)（部分内容有删减）.

二、"互联网＋"对商业模式创新的影响

"互联网＋"下的商业模式已经逐渐形成了多样化发展的态势，创业者可以根据自身实际需要进行选择和再创造，可见"互联网＋"对企业商业模式的创新有着巨大的影响。

（一）"互联网＋消费"——大消费时代来临

人类社会的快速发展离不开科技，以人为本的理念已经成为当下时代的主旋律。因此，人们的消费是紧密围绕着"衣食住行"展开的。生活服务是以人为中心的，也是互联网

化速度最快、最成熟的行业。比如,人们吃饭、看电影可以上大众点评,先看看评价,再决定是否消费;人们出差、出游,可以上携程,先了解价格、评价,再轻松预订酒店、机票;人们出行可以用打车软件。下一步,人们还可以与左邻右舍分享停车位信息,分享汽车使用权;人们买衣服、鞋帽,可以将自己的身材数据输入计算机进行网上试镜,再提出个性化要求,很快人们就可以拿到有自己名字、照片和纪念日的衣服、鞋帽。这些想法都已经成为现实,共享经济已经向我们走来。

(二)"互联网＋服务"——大娱乐、大生活时代来临

"互联网＋服务"是围绕用户医疗、卫生、文化、娱乐等展开的生活服务,也是以人为中心的。比如,人们预约医生看病,可以上网挂号,提前预约;人们可以在互联网上学习各种各样的网络课程,可以使用钉钉、腾讯会议等软件进行在线办公,可以用微信、QQ等交流分享生活点滴;当人们需要做一桌美味佳肴来庆祝纪念日时,可以在网上请厨师上门进行菜肴的烹饪,这些曾经的想法都已经成为现实,而且这些服务将会越来越丰富。

案例分析

小红书独创新一代社区电商模式

借助用户生产UGC内容、活跃的移动社交网络分享以及跨境电商的独特选品,小红书独创了新一代社区电商的模式。小红书的用户既是消费者,又是分享者,更是同行的好伙伴。小红书的产品定位是:一个由全用户贡献内容的产品信息分享平台,用户可以在这里发现全世界的好东西,将线下的购物场景搬到线上,并加入真实的购买用户的背书。

小红书的主要服务人群是"85后"和"90后"的个性化消费者,他们是新一代消费主力,也是生活方式的先行者,他们对消费的要求较高,也习惯于移动购物的方式。而且这类用户正代表了未来的主流人群消费特征:精致、对品质关注、消费力较强、习惯于在社交中自我展示,他们代表了即将来临的大众级市场的消费人群。

以社区购物模式切入,2014年12月开始,小红书进行了战略升级,从海外购物社区升级为社区型电商。和许多摸索中的互联网社区不一样的是,小红书仅用不到一年的时间就寻找到了自己的商业模式。小红书的快速成长正是由于其准确切入了跨境电商的痛点:信息不对称。通过社区内容生产打破了跨境消费商品信息的不对称,使得"国外的好东西"在社交网络中被更多人知道,并与潜在用户建立起强纽带,上线的电商又打破了地域的限制让用户对跨境商品触手可得。

小红书主导的新型社区电商模式以信息驱动,用户生产内容,通过真正的社交信息流方式,将线下闺蜜逛商场时的冲动消费场景搬到了线上。告别了互联网电商比价场景,而代之以口碑营销的新模式。信息平台会注重优质内容的累积,适合新入品牌,然后通过搭建供应链完成产品闭环。

资料来源:中国投资咨询网,http://www.ocn.com.cn/touzi/201506/joyxg08113023.shtml,2015-06-08(部分内容有删减).

(三)"互联网＋生产"——大智能时代来临

"互联网＋生产"是正在出现和即将发生颠覆性变化的,以物联网为中心的,智能化、

智慧化的生产和生活服务。比如,人们身上的一个手环,可以 24 小时不间断地将人们的热量消耗、血压、心跳数据传送到健康中心,健康中心会自动提醒我们应该注意的生活习惯。

信息物理系统(cyber-physical systems,CPS)将世界互联起来。互联网、物联网将渗透每一个角落。整个世界互动起来以后,企业和组织的边界都会被彻底打破,新一轮产业融合将会出现,新一轮社会大分工即将全面到来。

(四)“互联网+”未来可能引发八大经营体系的变革

如何寻求未来“互联网+”所能产生的社会生产、服务、生活方面新的联接点和联接口,是一个值得思考和探索的问题。“互联网+”未来可能引发八大经营体系的变革,这八大经营体系是研发体系、生产体系、服务体系、组织体系、采购体系、营销体系、运营体系以及生态体系。

三、“互联网+”商业模式的创新类型

在当前“互联网+”的风口上,传统和初创企业都在商业模式上发生了新的变化。其显示出来的新特点主要有:以用户为主导,以互联网为媒介,以大数据为支撑。“互联网+”商业模式没有固定的模式,只要能给顾客提供长期价值的,就是一个好的模式。互联网呼唤新的商业模式出现,创新是互联网的基本驱动力,而创新最直接的体现是业务的专业化提供,并在此基础上,不断深化技术与市场拓展。

(一)O2O 商业模式

O2O 即 Online to Offline,是指将线下的商务机会与互联网结合,让互联网成为线下交易的平台,这个概念最早来源于美国。对 O2O 的理解从狭义上来说就是线上交易、线下体验消费的商务模式,主要包括两种场景:一种是线上到线下,用户在线上购买或预订服务,再到线下商户实地享受服务,目前这种类型比较多;另一种是线下到线上,用户通过线下实体店体验并选好商品,然后通过线上下单来购买商品。

广义的 O2O 就是将互联网思维与传统产业相融合,未来 O2O 的发展将突破线上和线下的界限,实现线上线下、虚实之间的深度融合,该模式的核心是基于平等、开放、互动、迭代、共享等互联网思维,利用高效率、低成本的互联网信息技术,改造传统产业链中的低效率环节。

在 O2O 模式 1.0 早期,线上线下初步对接,主要是利用线上推广的便捷性等把相关的用户集中起来,然后把线上的流量导到线下,主要领域集中在以美团为代表的线上团购和促销等。在这个过程中,存在着单向性、黏性较低等主要特征,平台和用户的互动较少,基本上以交易的完成为终结点,用户更多是受价格等因素驱动,购买和消费频率等也相对较低。发展到 2.0 阶段后,O2O 基本上已经具备了目前大家所理解的要素,这个阶段最主要的特色就是升级为服务性电商模式,包括商品服务、下单、支付等流程,把之前简单的电商模块转移到更加高频和生活化场景中。到了 O2O 的 3.0 阶段,开始出现了一些明显的分化,一个是真正的垂直细分领域的一些公司开始凸显出来,另外一个就是垂直细分领域的平台化模式的发展,由原来的细分领域的解决某个痛点的模式开始横向扩张,逐渐覆盖到整个行业。

案例分析

唱吧 App——不去 KTV 也能实现"K 歌"自由

2012 年是互联网的爆发年,市面上还缺乏优质的娱乐类 App。线上产品唱吧 App 设计独具匠心,定位于移动端 K 歌工具,2014 年 11 月 30 日,唱吧 App 激活客户端数目突破 2 亿,开启了 O2O 之路,取得市场良好反馈。

唱吧 App 具备以下产品特点:①无账号系统设置,用户使用第三方登录工具即可使用。②组建独特的"陌生人"社交模式,唱吧 App 好友添加端口仅有手机通讯录和微博,为用户提供足够的隐私空间。③简单好用,适当修音,自带混响、回声、幻灯片功能,完美同步用户声音与伴奏。为用户提供展示自我的空间与优质的音响效果。④提供作品打分及全国排名榜,赋予用户演唱成就感,使用户自发地将作品同步分享至自己的微博、朋友圈。

唱吧 O2O 商业模式的核心价值在于形成了线上平台唱吧 App、线下 KTV 唱吧麦颂、线下迷你 KTV 三个不同的音乐场景,通过三方产品提供的优质体验感,增加了粉丝黏性,即线下产品唱吧麦颂、咪哒唱吧得到了线上平台唱吧 App 的粉丝引流,促使唱吧 App 粉丝用户线下消费,扩大了盈利空间。同时唱吧麦颂、咪哒唱吧也可以通过优质的产品体验感为整个唱吧系产品不断地吸引新用户,共同扩大粉丝群体。

资料来源:樊洁滢. 生活服务 O2O 商业模式及核心价值分析[D]. 广州:广东财经大学,2019(部分内容有删减).

(二)平台型商业模式

平台型商业模式的核心是打造足够大的平台,产品更为多元化和多样化,更加注重用户体验和产品的闭环设计。互联网平台的基础是大规模的用户量,这就要求一切必须以更好地满足用户的需求为导向。平台模式的精髓,在于打造一个多方互利共赢的生态圈。平台模式属于行业和价值链层级的代表模式,可吸引大量关键资源,实现跨界整合,并能以最快的速度整合资源,使企业家将眼光从企业内部转向企业外部,思考行业甚至跨行业的机遇和战略。建立平台型商业模式的企业,不仅可以迅速扩张市场,还可以完全脱离诸如价格战等一般层次的竞争。平台型商业模式具有其自身的特点。

1. 以核心王牌产品做切入点,打造平台模式基础

有了此基础,才可以让各方在此基础上推出产品,并提供延展的各项服务。同时明确游戏规则,用无限生产满足无限需求,不仅可以革命性地降低成本,还可以实现收入倍增、盈利倍增。平台型商业模式的企业需要设计一套能使生产和需求双方互动运转起来的游戏规则和算法,而需求和供给买卖都是根据设定好的游戏规则和算法自动完成匹配的。在这个平台上,服务和产品被无限延展。海量的产品和企业在平台上大规模、生态化聚集大幅度降低了企业的协作成本,并创造出一个竞争力足以与大企业相比拟,但是灵活上更胜一筹的商业生态集群,在这种协同模式下,商业的进入成本和创新成本都会明显降低。

2. 平台模式服务的基础在于足够多的用户数量

实际上,平台模式的成功证明了梅特卡夫定律:每个新用户都因为别人的加入而获得更多的交流机会,信息交互的范围更加广泛,交互次数更加频繁,因而网络价值随着用户

数量的增加而增加,"物以稀为贵"变成了"物以多为贵"。

(三)长尾型商业模式

互联网创业具有门槛低、轻资产、发展快等明显的特点,越来越成为新一代创业者,特别是成长于移动互联网时代的高校大学生的选择。当前大部分大学生的创业项目都与互联网相关,相对集中在 O2O、物联网、智能硬件以及电子商务等领域。目前互联网是产业经济的风口,再加上近年来世界互联网高速发展,技术创新给互联网经济带来"长尾",互联网创业面临新的机会。

长尾(long tail)最早由克里斯·安德森(Chris Anderson)于 2004 年提出,用来描述亚马逊和 Netflix 等网站的商业和经济模式。安德森从 Ecast 首席执行官那里了解到数字音乐点唱的"98 统计法则":听众对占 98% 的非热门音乐有无限的需求,非热门音乐总体市场巨大无比。于是他开始研究亚马逊、谷歌、eBay 和 Netflix 等互联网零售商的销售数据,并与沃尔玛等传统零售商的销售数据进行对比,得出结论:观察到的网络销售统计现象符合大数定律的统计规律,在平均销售数量和销售种类的二维空间中,大头市场后面拖着一条长长的尾巴。

🌸 延伸阅读

长尾理论的经济分析

安德森把长尾理论表述为:基于成本和效率的因素,当商品储存和展示的场地及渠道足够宽广,商品生产成本急剧下降以至于个人都可以进行生产,并且商品的销售成本也足够低时,几乎任何以前看似需求极低的产品,只要有人卖,就会有人买。这些需求和销量不高的产品所占据的共同市场的份额,甚至可以比主流产品的市场份额更大。从单纯的统计现象看,长尾理论表达的是较为平缓的帕累托分布现象。帕累托分布通常用来表述一种收入分配关系,在此则用来表述销售的分配关系。如图 7-8 所示的旧经济和长尾经济销售分配图,横轴表示按顺序排列的销售产品类型,纵轴表示平均的销售量。

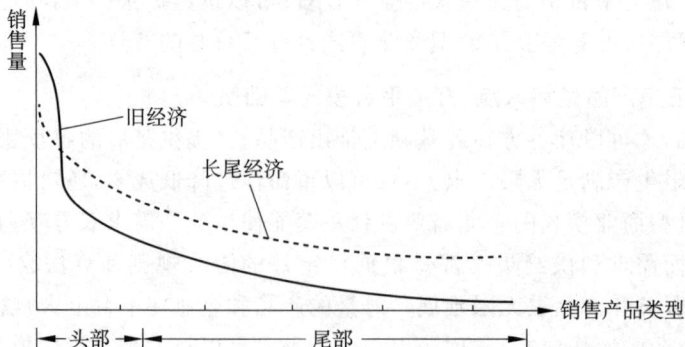

图 7-8   旧经济和长尾经济销售分配

图 7-8 中更为陡峭的分布曲线描述的是传统经济的销售分布,更为平缓的分布曲线描述的是长尾经济的销售分布,在长尾经济中,分布曲线的头部并没有消失,只是头部所

占的份额远低于 80%，曲线后面长长的尾巴代表利基市场，其所占销售的份额再也不能被认为不重要而被丢弃。因此，长尾理论可以看作是对二八法则的超越，虽然二八法则在新经济中仍有应用的价值，但是长尾理论足以开拓出在市场容量上与头部市场相提并论甚至有所超越的利基市场。

资料来源：杨连峰.长尾理论的经济分析[J].生态经济，2010(12)(部分内容有删减).

随着互联网经济的快速发展，传统的商业和文化的未来不在热门产品，不在需求曲线的头部，而是集中在无限延长的需求曲线的尾巴上。在追求利润最大化的现代企业竞争中，很多企业过于注重需求曲线的头部，扎堆进入商业红海，导致不良竞争和产能过剩，处于尾部的蓝海市场却往往被忽略。工业时代的商业模式是 B2C，它是以商家为核心来推动消费，而长尾模式一个很重要的特点就是"大规模定制"以用户为核心的 C2B 模式，根据消费者的需求来生产消费者想要的个性化定制产品，核心是"多款少量"。长尾模式需要低库存成本和强大的平台，并使得兴趣买家很容易获得利基产品，而定制最大的价值在于消灭存货，因为定制具有先销后采的特点，所以原则上是没有存货的。从传统的大规模生产变成大规模定制，最后走向个性化生产，效率越来越高。

案例分析

网易云音乐运营中的长尾理论应用

网易云音乐于 2015 年 4 月正式上线，截至 2019 年年中，网易云音乐的用户数量超过了 8 亿，仅用 4 年的时间成为中国数字音乐市场上最活跃的音乐平台。网易云音乐将自己定位为一款专注于发现和分享的音乐产品，立志于不放弃 1% 的用户，充分开发长尾市场。

一、丰富长尾资源，牢抓细分市场

网易云音乐独辟蹊径，发现了目前数字音乐市场中长尾音乐的价值，从中寻找到新的蓝海市场。网易云音乐在详细分析音乐市场需求后，重点打造数字音乐细分领域的优势。以电音这个领域来说，网易云音乐在市场中就占有绝对的优势。在中国收听电音的用户群体中，超过 92% 的人群在网易云音乐聚集。同时，网易云音乐是众多数字音乐平台中最早推出支持原创音乐人计划的，早在 2014 年，网易云音乐就开始帮助独立音乐人举办线下的演唱会，制作音乐人的专属节目等。2018 年 5 月网易云音乐启动"云梯计划"，升级扶持原创音乐人的力度，加大资金投入，系统的支持计划让网易云音乐成为原创音乐人的培养皿，每年都有大量的新人活跃在音乐市场里。

二、多渠道宣发，增加小众音乐曝光度

网易云音乐意识到原创音乐人自己推广歌曲的短板，大力发挥平台自身传播优势，为原创歌曲搭建展示窗口。在网易云音乐的排行榜单中，原创音乐拥有单独的排行榜。同时，网易云音乐为了拓宽原创音乐的传播形式，选择帮助原创音乐人拍摄制作 MV，同时也增加了自身频道的内容。网易云音乐还与多方面的下游平台都有合作，以期帮助原创音乐内容进行全方位的宣传推广，将原创音乐用更多样化的形式呈现在人们面前，这有利于让小众音乐接触更大众的媒体。不止步于国内，网易云音乐还将原创作品带到世界舞台。

三、发挥音乐社交力量

网易云音乐为自己打造的定位是音乐社交,这也是它的核心功能。网易云音乐为推广原创音乐市场,邀请歌手入驻。歌手入驻后是以网易云音乐的用户身份出现,就像身边的朋友一样,一来多了一个展示自己音乐的平台,二来通过这个平台能够直接接触到喜欢自己音乐的粉丝。从用户角度来说,每个人都会将自己喜欢的歌曲分享至微博、微信等社交平台,为这些音乐带来平台之外的关注度。同时,网易云推出的歌单服务极大地丰富了社交链接。

四、精准个性化需求,提供多元服务

网易云音乐基于大数据的技术,获取用户的基本信息,再根据这些数据为不同需求的群体提供不同的服务。这些数据可以通过建模的方式应用于还没有发布的歌曲,在筹备阶段就能直接定位到其受众群体。除了提供精准的音乐服务外,网易云音乐还提供了多样的附加服务,增加用户忠诚度。例如,在用户主页设置因乐交友功能,点开后可以跳转至交友小程序,匹配音乐兴趣相似度极高的好友,这样的社交利于增加用户黏性,刺激用户更加积极地分享。

资料来源:符笑欢.长尾理论视角下的数字音乐运营优化策略研究[D].杭州:浙江传媒学院,2020(部分内容有删减).

(四)"工具+社区+变现"模式

2014 年,"快的"和"嘀嘀"打车软件之间的烧钱打车之战,让国人见识到了打车软件竞争之激烈。腾讯和阿里为了一个小小的打车软件不惜巨资血拼街头,表面上来看只是打车软件这一产品之争,但实际上说到底这场"打车之战"是用户之争,那是掌控用户的入口之争,意味着谁拥有了用户,谁就拥有了市场话语权。移动互联网正在催生新的商业模式杀手锏,"工具+社区+变现"的混合模式已经浮现。比如美丽修行、妈妈帮、小红书等,最开始就是一个工具,都是通过各自工具属性、社交属性的核心功能过滤到了大批的目标用户,然后才培养出自己的社群,在成长为社区后,开始逐步嫁接支付业务。

"工具+社区+变现"的三位一体化模式是移动互联网时代催生的新模式,工具、社区和变现这三者是"入—留—付"的关系:工具可以作为入口,通过其工具属性、社交属性、价值内容等核心功能来满足用户的痛点需求,从而过滤到大批目标用户。但它无法有效沉淀粉丝用户,需要通过社交属性培养出自己的社群,之后通过点赞、评论等交互手段,保证用户活跃度,形成社区以沉淀、留存用户,之后逐步开始变现业务,例如电商广告、流量、数据和金融等,实现盈利。

互联网的商业模式有三个层次:最底层以产品为中心,其次以平台为中心,而最高层是以社区为中心,这样就会出现社区商业:"内容+社区+商业"。内容是媒体属性,用来做流量的入口;社群是关系属性,用来沉淀流量;商业是交易属性,用来变现流量价值。用户因为好的产品、内容、工具而聚合,然后通过社区来沉淀,因为参与式的互动、共同的价值观和兴趣,形成了社群,从而有了深度链接,用定制化 C2B 交易来满足需求,水到渠成。

(五)免费商业模式

"互联网+"时代是一个"信息过剩"的时代,也是一个"注意力稀缺"的时代,怎样在

"无限的信息中"获取"有限的注意力",成为"互联网＋"时代的核心命题。互联网产品最重要的就是流量,有了流量才能够以此为基础构建自己的商业模式,所以说互联网经济就是以吸引大众注意力为基础,去创造价值,然后转化成盈利。很多互联网企业都是以免费、好的产品吸引到很多的用户,然后通过新的产品或服务给不同的用户以不同的消费体验和价值主张,在此基础上再构建商业模式。互联网颠覆传统企业的常用打法就是在传统企业用来赚钱的领域免费,从而彻底把传统企业的客户群带走,继而转化成流量,然后再利用延伸价值链或增值服务来实现盈利。

中国互联网里面最早进行颠覆式创新、最早进行免费革命的典型案例就是奇虎360和淘宝。当年淘宝和eBay对战,市场规则都是实力强大的eBay制定的,例如eBay对买卖双方收取交易费,对卖家要收店铺入驻费。为了维持这套收费体系的运转,eBay禁止买卖双方直接联系沟通。但是,淘宝用免费模式打败了eBay。既然eBay对买卖双方要收交易费,那淘宝就对买卖双方都免费。既然eBay不允许买卖双方直接沟通,那淘宝就允许他们通过阿里旺旺这一即时沟通软件进行联系。淘宝丢弃了eBay原来的模式,创新了自己的商业模式。为方便买卖双方交易,淘宝创新出来新的支付手段——支付宝,能够以此来进行便捷的支付,为用户创造了价值。当海量用户使用这个支付工具时,它就为淘宝创造了商业价值。另外,为了尽可能促成交易,淘宝不仅不收买家和卖家的交易费,而且创新出来一个淘宝旺旺,方便买卖双方进行交流,打破了在eBay的体制下买卖双方不能直接交流的弊端。商业模式的颠覆式创新,把原有的收费变成免费,表面上看起来是自绝后路,但创新是被逼出来的,只要关注并满足用户的需求,只要能够为用户创造价值,自然就会产生商业价值。

案例分析

奇虎360的"免费增值"商业模式

互联网对很多传统商业模式的颠覆是依赖免费模式而做成的,奇虎360正是互联网商业模式的典型:免费＋增值服务,通过开放免费服务平台战略吸引用户,在此基础上获取增值服务收入。

(1)发现行业痛点。致力于解决用户痛点,将80％的不愿付费购买杀毒软件的用户定位为目标用户,解决用户的计算机、手机安全问题,更重要的是免费,使用方便。

(2)创新商业模式。360采用免费的商业模式,免费模式是通过免费的产品吸引大量用户,通过其他方式盈利,快速打击竞争对手,快速抢占大量用户的入口,让企业快速规模化,快速建立品牌形象的创新商业模式。

(3)产品线战略。360在实施免费的商业模式的同时,规划好了产品线战略布局,主要核心盈利产品有360浏览器、360手机助手、360搜索、360游戏等上百产品线,涉及不同领域与入口,包括金融战略、物联智能、硬件手机、路由器、智能手表等,彻底让对手无法反击。

(4)用户黏性。360杀毒在用户黏性的打造上,将明星产品免费杀毒作为主打的用户黏性产品线之一,为用户免费提供清理、杀毒、应用管理、安装包管理、骚扰阻拦等实用功能,真正解决了用户前期使用安卓手机的麻烦与不便,提高了用户的选择权与用户的黏性频次。

从现在的角度来看,360 的成功,是因为当时中国互联网的网民在饱受流氓软件的危害,又没有人愿意出来解决这个问题。所以,360 出来解决这个问题,实际上就迎合了广大用户的需求。360 不仅做到了免费,而且做到了以用户需求为核心。

资料来源:奇虎 360 如何做活免费商业模式?搜狐网,https://www.sohu.com/a/400876377_120512309,2020-06-10(部分内容有删减).

(六) 跨界商业模式

互联网模糊了所有行业的界限,使跨界成为一种新常态。跨界思维的核心就是颠覆性创新,而且一般都是源于行业之外的边缘性创新,于是很多互联网企业纷纷在传统行业的领域内大展拳脚,跨界模式也就应运而生。小米做了手机,做了电视,做了农业,还要做汽车、智能家居,互联网之所以能够如此迅速地颠覆传统行业,实质上就是利用高效率来整合低效率,对传统产业核心要素进行再分配,即生产关系的重构,并以此来提升整体系统效率。互联网企业通过减少中间环节,减少所有渠道不必要的损耗,减少产品从生产到进入用户手中所需要经历的环节来提高效率,降低成本。因此,对于互联网企业来说,只要抓住传统行业价值链条中的低效或高利润环节,利用互联网工具和互联网思维,重新构建商业价值链就有机会获得成功。互联网对传统行业的颠覆性创新主要体现在以下两个方面。

1. 从侧翼进攻,颠覆性破坏

互联网创新从来都不是从传统行业经营多年的正面优势进行的,而是从传统行业所忽视的侧翼进行创新,发起进攻。比如苹果能够击败诺基亚,并不是凭借打电话、发短信、机身抗摔而获胜的,而是靠能上网、看视频、听音乐、玩游戏的智能手机开启了智能新时代。

2. 以用户为中心,得用户者得天下

百度、阿里巴巴和腾讯之所以能够站在互联网食物链的顶端,分别占据信息端、交易端、社交端,就是因为他们三家都有庞大的用户群,而庞大的用户群正是这三家企业经营多年最牢靠的根基,也是它们每次成功跨界的关键。

案例分析

京剧产业的跨界化、融合化商业模式创新发展

京剧,作为中华民族传统文化的重要表现形式,其中的多种艺术元素被用作我国传统文化的象征符号。2006 年 5 月,京剧被国务院批准列入第一批国家级非物质文化遗产名录;2010 年,京剧被列入联合国教科文组织人类非物质文化遗产代表名录。作为文化产业,在互联网科技与新媒体技术的快速发展下,京剧产业也开始向着跨界化、融合化、资本化的创新商业模式发展。

2020 年国务院提出全面复兴传统文化的重大国策,要求形成传统文化继承发展体系,提高传统文化影响力。故宫等京剧相关文化产业在普及手段、产品创新、市场运营模式创新等方面创新商业模式的成功,为京剧产业创新商业模式的发展奠定了基础。2006 年

迄今,国家每年都会拿出专项资金扶持京剧产业。2020 年,国务院提出全面复兴传统文化的要求,京剧的发展获得了国家的大力支持。

京剧的跨界化创新模式的尝试,在传统的文本和舞台演出的传播形式上,经历了广播传播、电影传播与电视传播三个阶段,这三种跨界模式满足了戏迷听戏、看戏和唱戏的需求。京剧产业通过跨界化的创新模式与 VR、AR 等新型视听觉技术产业结合,通过其沉浸感、交互性、立体性等特征,将真实的环境和虚拟的物体实时叠加在同一空间,让观众拥有超越现实的感官体验,从而增强观众的代入感。例如,2019 年春节期间,在北京坊新春文化坊会上亮相的"数剧京韵国粹体验展",采用科技领域中最前沿的体积捕捉、动作捕捉、3D 扫描等技术,满足了观众与京剧周边互动的体验需求。同时,体验展通过激光全息投影、多人大空间沉浸式 VR 交互等形式,重现 200 多年前的京剧盛景,并实现京剧戏楼等文物的全景活态展示、经典戏出的虚拟还原。通过 AR、VR 等沉浸式技术手段,京剧等传统艺术产业与现代科技跨界结合,打造了更加生动立体的"新京剧",强化了京剧艺术的传播效果,吸引了越来越多的年轻人。

京剧的融合化创新模式,为文化赋能、潮牌联名、借力打造流量 IP 的创新商业模式。京剧承载的艺术文化底蕴与丰富的历史价值,为京剧 IP 频繁出现在漫画、电影、游戏等多个场景中,成为超级 IP 奠定了艺术文化基础。例如,《京剧猫》将京剧元素通过角色形象、性格定位、音乐植入等方式与动画艺术融合,是中国首部将京剧产业与现代动画艺术产业成功结合的动漫 IP。《京剧猫》团队通过 IP 打造了电影、主题公园、音乐节、图书、游戏等全产业链,助推京剧产业与相关产业融合化的商业模式创新。2018 年以来,《京剧猫》系列在海外掀起京剧热潮,覆盖新加坡、马来西亚等 60 多个国家和地区,赢得了收视和口碑的双丰收。

资料来源:徐杜鑫,翟光宇. 京剧产业的创新商业模式发展研究[J].商展经济,2022(11)(部分内容有删减).

随着信息技术的更新换代,曾经充满燥热的互联网产业被敲打得更加务实。近年来,互联网悄然改变了我们的生活模式、经营模式、资本模式,其对经济和社会各个方面的影响力远远超出了原来的预期。作为创业者,应该了解如何利用互联网思维去创新我们的商业模式。

📖 素养提升

商业模式创新中的中国传统文化涵养

中国历史上的优秀商人如璀璨繁星,在历史长河中熠熠生辉,他们开创与践行的商道商策、商业思想、经商哲学,奠定了中国传统商业哲学体系基础,是中国古代乃至现代商业文化的活水源头。中国传统优秀文化中的经营管理、策划谋略、商业道德、商业智慧等为今天的社会主义市场经济提供了坚实的文化支撑,也为当今我国企业的商业模式创新方向与路径提供了深厚的民族文化传统涵养。

创业者的思维必须具备灵活多变的特点,还要有预见性,要敢于创新、敢于挑战和冒险。古代法家思想中一个非常鲜明的特点就是推崇改革创新、锐意进取,这种不断进取、不断变革的精神,在今天也为创业者带来了源源不断的精神动力。学习与传承这种思想,有利于创业者在当今飞速变化发展的"互联网＋"时代对商业模式进行改革与创新。

如何在传承中创新,如何在彰显传统文化的同时符合市场需求,如何实现传统文化和现代商业模式的融合创新来为传统文化注入新时代的生命力,需要我们的创业者在创业实践中去寻求答案。

专题小结

本专题包括"初识商业模式""商业模式的设计与创新""商业模式画布"和"互联网思维与商业模式创新"四个项目。"初始商业模式"项目主要阐述了商业模式是企业为顾客创造价值获取利润以求生存的核心逻辑,对于创业者而言,成功的商业模式有助于提高创业成功率。"商业模式的设计与创新"项目主要介绍了商业模式设计的三个阶段:构思阶段、成型阶段和评估阶段,同时介绍了商业模式设计需要注意的问题以及商业模式的创新。"商业模式画布"项目主要介绍了商业模式画布的内涵及九大模块,绘制商业模式画布时,需要注意的方面有哪些。"互联网思维与商业模式创新"项目介绍了"互联网＋"的含义,介绍了互联网思维对创新模式的影响,以及目前"互联网＋"商业模式的常见创新类型。

拓展训练

用商业模式画布设计商业模式——融入创新思维。

1. 任务:以 6～8 人的小组为单位,根据商业模式的相关理论,设计一个创业项目并为其绘制商业模式画布,将商业模式可视化;将本组成员讨论的内容通过便笺纸记录下来贴在商业模式画布上;以小组为单位展示商业模式设计的过程与结果。

2. 自由讨论:你认为哪个企业的商业模式设计得最有创新性、最富有吸引力? 给出你选择的理由。

撰写创业计划书

学习目标

1. 了解创业计划书的作用。
2. 了解创业计划书的基本结构、编写过程。
3. 掌握市场信息搜集和整理的方法。
4. 掌握创业计划书的撰写方法。

思维导图

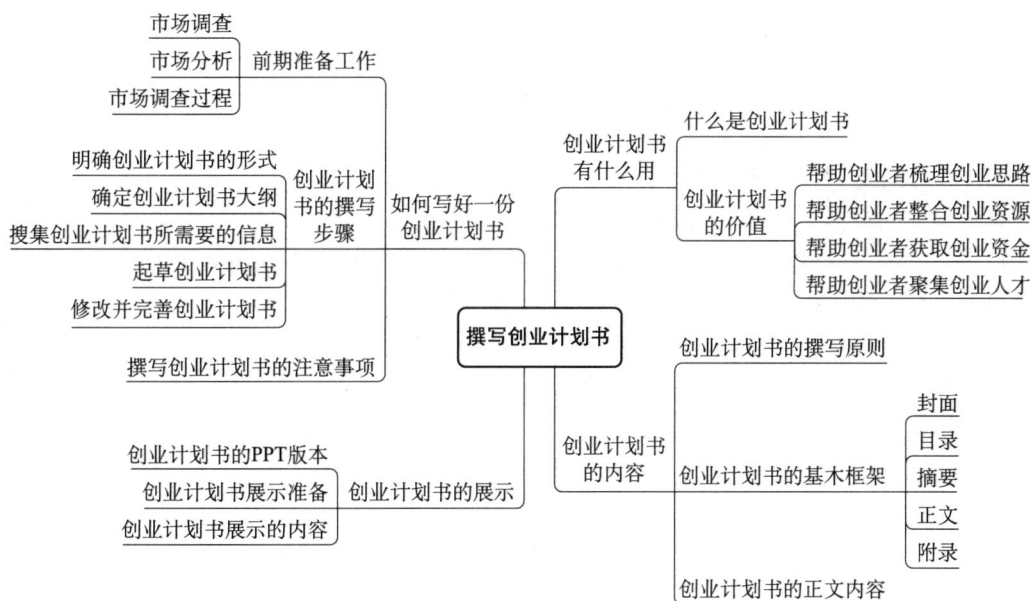

导入案例

一份创业计划书叩开 240 亿美元的女鞋市场大门

凯瑟琳·科里甘身高 1.8 米多,从初中开始,就穿男孩子的运动鞋。对她来说,要找到特殊场合穿的鞋子,简直太困难了。她父亲曾经带她跑了很多商店,依然无法给她买到一双合适的舞鞋。上学时科里甘并不在意鞋子是否时尚,但她选择读 MBA 以后,发现她能穿的都是平淡无奇的鞋子。MBA 课上要求写一份创业计划书,于是她就写下她要创建一家时尚女鞋公司的计划,而且专门设计、销售大号女鞋,当时她仅仅是为了完成作业。

她为了写计划书而访谈了 200 位高个子女性,其中 175 位都和他有着相同的抱怨。她在鞋类协会查找资料,发现压根就没人生产这种超大女鞋。毕业后,她把创业计划书带到银行,科里甘的准备以及她对鞋类市场的了解,使银行家印象深刻。最后她得到 3.5 万美金贷款,开始了创业之路。第一个障碍就是她不懂设计和销售女鞋,后来父母朋友圈帮她在西班牙找到合作商,于是她的设计理念是意大利的,生产厂家是在西班牙。2006 年,科里甘卖出第一双鞋,6 个星期以后,她的营业额就达到了 26950 美元,库存告罄。2007 年 7 月,她开了 7 家旗舰店,8 月开始投资高个女装,目前在许多欧美国家都可以看到她的产品。

资料来源:李肖鸣. 大学生创业基础 [M].北京:清华大学出版社,2021.

问题探讨:

1. 科里甘为何初次创业就取得成功?

2. 科里甘说筹资最难的就是让别人相信你,那如何才能获得别人的信任?

项目一　创业计划书有什么用

▶**案例一**

"恋爱笔记"直击大学生恋爱痛点

今年 22 岁的付小龙,是华中科技大学本科生,他进入大学第一天就确定自己要走创业路。通过创建校内资源发布与交流平台"乐享群"、加入互联网社团"冰岩作坊",付小龙开始触摸到互联网创业的气氛,并逐渐形成了自己的圈子。2012 年,他向小伙伴征求意见:"如果做一个情侣分享应用软件,会不会有市场?"他想做一个 App,在 App 上能看到情侣最新的心情、状态,不仅可以增进感情,而且是爱情最好的回忆。2013 年 1 月,"恋爱笔记"上线,情侣使用同一个账号登录,通过语音、图片、文字、视频,随时随地记录恋爱点滴。截至当年 8 月,这款直击大学生"痛点"的情侣专属社交 App,已拥有 15 万用户。

付小龙没有撒网式地给投资人发放创业计划书,而是直接报名参加创业邦的"创新中国创业大赛"并顺利进入全国总决赛。因为这个比赛的强大影响力,开始不断地有投资人主动联系他。在与各投资人的谈判中,付小龙不断发现自己的稚嫩和问题,不断地完善创业计划书,在谈判的过程中提升自己。他总结出一套介绍项目的方法,在介绍自己的项目时应按照这样的顺序进行介绍:正在做的是什么、为什么要做这件事、它的市场前景有多大、竞争环境怎么样、接下来准备怎么做、团队是否适合做这件事、需要多少钱同时愿意出让多少股份等这些问题,最终他顺利获得世纪佳缘 1000 万元的 A 轮融资。

问题探讨:

1. 创业是一种实践活动,但是为什么还需要在行动前撰写创业计划?计划书是为谁而写?谁会看?

2. 付小龙的成功融资给了你什么创业启示?

知识链接

一、什么是创业计划书

创业计划书是指企业家在创业的初期所编写的一份书面创业计划,用以描述创办一个新的风险企业时所有相关的外部及内部要素。即指创业者在正式启动创业项目之前,基于前期对整个项目的调研、策划的成果,对创业项目进行全面说明的计划性文件。

创业计划书与商业计划书之间,既有联系又有区别。相同的地方在于商业计划书和创业计划书都是关于当前公司或项目的一份说明性的文件,一般都会详细说明以下内容:团队介绍,市场分析,产品介绍,盈利模式等,都会对企业的发展方向造成一定的影响。不同的地方有如下四点。

(1)使用者不同。一般来说创业计划书是创业团队使用的,成熟的公司一般不会用创业计划书。而商业计划书则是谁都可以用的,无论是初创企业、中型企业,还是大型企业甚至上市公司,都可能需要一份商业计划书。

(2)目的不同。创业计划书是创业者在创业之前,详细了解了市场等因素之后,对整个项目进行的一个初始的剖析,目的是梳理创业思路并有效地避免某些疏漏,而商业计划书一般是企业用来融资的工具。

(3)阅读对象不同。创业计划书一般是给创业者自己或创业合伙人看的,不要求格式,只是为了给创业前期工作提供一定的指导,让整个公司有一个统一的指导方针。而商业计划书一般是提供给投资人看的,也就是要求商业计划书要有一定的格式,尽量不要遗漏信息。

(4)侧重点不同。创业计划书的侧重点是工作流程、环节和重点内容,目的是让所有员工都围绕创业计划书开展工作。而商业计划书的侧重点是盈利预期,目的是打动投资人让其投资。

创业是充满不确定性的,那么为什么我们还要写创业计划书呢?撰写创业计划书的过程,其实是根据自身的实际情况,认真分析各种环境因素,选定自己的目标市场,梳理创业项目的基本逻辑的过程。创业计划书是一份梳理创业思路,并规划未来发展计划的书面文件。它是创业者创业的蓝图,也是筹措创业资金的重要依据。

二、创业计划书的价值

创业计划书不仅仅是一种业务构思策划和一份吸引投资的宣传书,更是以后公司运作的指导书。一份完整的创业计划为企业提供了发展的方向,是经营决策的重要工具。创业计划书作为宣传和包装企业的文件,通过向投资者、银行、供应商以及内部员工等各利益相关者阐述新创企业及其经营模式,为新创企业未来的经营发展提供了必需的分析基础和衡量标准。在创业准备阶段,规划设计好一份创业计划十分重要。创业计划书的价值表现在以下几点。

1. 帮助创业者梳理创业思路

创业计划书是创业全过程的纲领性文件,是创业实践的战略设计和现实指导。一个酝酿中的项目,往往很模糊,通过制订创业计划书,把正反理由都写下来,再逐条推敲,可以为创业者、创业管理团队和企业雇员提供一份清晰的、关于创业企业发展目标和发展战略的说明书,引导企业创业实践过程的不同阶段,让人了解"做什么"和"怎样做"。一份完整的创业计划能帮助你认清前进的方向,如果只是在自己的脑海里形成一幅蓝图,那么就很容易偏离自己原先预定的方向。很多创业者之所以与他们的雇员分享创业计划书,就是为了让团队更深刻地理解自己要做的事情。也有很多大企业利用创业计划,通过周期性地反复讨论和仔细推敲,最终确定组织未来的行动纲要和某一阶段的行动计划,并让组织上下的思想和行动得到统一,便于进入后期的实质运作。

2. 帮助创业者整合创业资源

创业计划书的整合作用是一个最根本、最重要的作用。在创业的过程中,企业的产品服务、市场营销、人事、财务、运营等各种要素是分散的,各种信息是凌乱的,各种工作环节是互不衔接的。只有通过编写创业计划书,梳理思路,开展调研,完善信息,找到各种程序之间的衔接点,最终把各种资源有序地整合起来,形成增量资源,才能为创业实践提供条件。

3. 帮助创业者获取创业资金

创业计划书中要说明创办企业的目的,创办企业所需的资金,为什么值得投资人为此注入资金等,因此创业计划书是企业获得融资的基础性文件。资金是企业的血液,是创业企业能够获得快速发展和崛起的前提。创业企业要获得风险投资的支持,其中一个重要的途径就是做好符合国际惯例的高质量的创业计划书。只有内容翔实、数据丰富、体系完整的创业计划书才能吸引投资人,让他们认可你的项目运作计划,以使你的融资需求成为现实,创业计划书的质量对创业者的项目融资至关重要。也可以说,创业计划书为潜在顾客、商业银行和风险投资家提供了一份推销创业企业的报告。

4. 帮助创业者聚集创业人才

对于创业企业而言,人力资源是决定企业命运的最重要的资本。创业活动往往需要一个强有力的创业团队,创业团队需要拥有各种技术、资源和抱负的人才聚集。一份优秀的创业计划书就像一个招聘广告,能够起到招贤纳士的作用,主要表现在四个方面:一是吸引创业人才进入,他们通过创业计划来熟悉企业,了解企业的目标;二是吸引新股东加盟,引入潜在的投资者;三是吸引有志之士参加创业团队,团队中不仅需要创业领袖和创业人才,而且也需要对此项目感兴趣、有志于从事该项工作的普通工作者,创业计划对新员工的招聘很有价值;四是吸引对创业计划感兴趣的组织赞助和支持,其他组织可能会出于对项目的兴趣或其他原因为创业者提供帮助,从而为创业的成功提供了保障。

延伸阅读

七招看你的创业计划是否可行

当你认为自己适合创业后,不必急着马上付诸实际行动,而应先评估一下自己的创业计划是否可行。

(1)你看过别人使用这种方法吗?一般来说,一些经营红火的公司的经营方法比那些特殊的想法更具有现实性，在有经验的企业家中流行这样一句名言："还没有被实施的好主意往往可能实施不了。"

（2）你真正了解你所从事的行业吗？许多行业都要求选用从事过这个行业的人，并对其行业内的方方面面有所了解。否则，你就得花费很多时间和精力去调查诸如价格、销售、管理费用、行业标准、竞争优势等。

（3）你能否用语言清晰地描述你的创业构想？你应该能用很少的文字将你的想法描述出来。根据成功者的经验，不能将这想法变成自己的语言的原因大概也是一个警告——你还没有仔细地思考吧！

（4）你的设想是为自己还是为别人？你是否打算在今后5年或更长时间内，全身心地投入这个计划的实施中？

（5）你的想法经得起时间的考验吗？当未来企业家的某项计划真正得以实施时，他会感到由衷的兴奋。但过了一个星期、一个月甚至半年之后，将是什么情况？这项计划还那么令人兴奋吗？或许已经有了完全不同的另外一个想法代替了它。

（6）你有没有一个好的网络？开始创办企业的过程，实际上就是一个组织诸如供应商、承包商、咨询专家、雇员的过程。为了找到合适的人选，你应该有一个服务于你的个人关系网。

（7）明白什么是潜在的回报。每个人投资创业最主要的目的就是赚最多的钱。可是，在尽快致富的设想中隐含的绝不仅仅是钱。你还要考虑成就感、爱、价值感等潜在回报。如果没有意识到这一点，那就必须重新考虑你的计划。

经过自我分析后证明你适合创业，同时你也能正确回答上述几个问题，那么你创业成功的胜算将会很高，你可以决定着手去创业。

资料来源：大学生创业网，https://www.yjbys.com/chuangye/ziliao/chuangyejihuashu/36672.html（部分内容有删减）.

项目二　创业计划书的内容

▶ 案例二

优秀的创业计划书就是讲好一个故事

小飞从小就随父母做点小生意，受家庭环境影响，养成了自立且独立思考的习惯。读高中时，小飞就有一个创业的小点子，但一直没机会展示。最近他就读的学校团委号召大家踊跃参加一个创业大赛，参赛者必须提交一份创业计划书，他想借此机会历练一下，让专家们看看他的创业点子是否可行。但他不懂怎样写好一份创业计划书。他在网上发现了很多创业计划书的写作教程，如"创业计划书模板免费下载"等。他认为这很容易，就找来伙伴组成了一个创业小组，把模板的内容分给小组成员去编写，然后他负责将其合成一份完整的创业计划书。

当他把第一稿交给了指导老师时，老师翻阅了一下后，基本赞许了他的创业方向，但发出了一个灵魂拷问：大赛的评委专家们，每年收到数不清的创业计划书，每一篇都大同小异,他还会有兴趣对你的项目深入了解吗?可以想象一下,每一份创业计划书背后都是一个创业的故事;每一份创业计划书都有其独特性。创业计划书的标准模板就像是一个躯壳,缺少一点有血有肉的表达,完全照搬格式的创业计划书打动不了自己,不能让自己兴奋,谈何让你的投资人兴奋?

小飞顿时明白了:一个好的创业计划书就是一个好的故事。他决定回去好好修改,在保证一份计划书的基本信息完整性的前提下,运用自己独特的叙述思路和呈现方法,让自己的创业计划书成为耀眼的那颗星。

资料来源:黄萧萧. 创新创业创未来[M]. 成都:电子科技大学出版社,2020.

问题探讨:

怎样才能把你的故事讲得动听呢?

知识链接

一、创业计划书的撰写原则

1. 力求简洁清晰

阅读创业计划的人往往惜时如金,他们可能会有意无意地通过你对自己企业的描述作判断。因此创业者对新创企业的介绍务必做到简洁、结构清晰。创业计划的篇幅内容(不包含附录)一般不超过 50 页 A4 纸。

2. 设定美好愿景

创业者在撰写计划时要善于使用鼓舞人心的词汇,凸显出资源、经验、产品、市场及经营管理能力的优势,在短时间内激发阅读者的兴趣,让投资者产生欲罢不能的感受,通过对企业的发展趋势和前景的描述,说明产品所蕴含的巨大潜力和即将带来的巨大财富,突出经济效益。

3. 准确描述目标市场

明确市场导向的观点,对目标市场进行合理区分,阐明对市场现状的掌握与对未来发展的预测能力,明确指出企业的市场机会与竞争威胁,突出关键风险因素,展现创业者的危机管理能力,向投资者说明未来面临的风险是可以驾驭和控制的。

4. 避免言过其实

一切数字应尽量客观、实际,以具体资料为证,并尽量同时分析可能采用的解决方法。销售潜力、收入预测估算、增长潜力都不要夸大,好的创业计划以其客观性说服阅读者。一份像煽情广告的计划,会大大降低计划的可信度。最好的、最差的、最有可能的方案都要在计划中体现出来,工作安排应循序渐进,有条不紊,可操作性强。

5. 展示优秀创业者团队

撰写创业计划的管理部分,一定要让阅读者接收到创业者团队具有较强管理能力和资源整合能力的信号,这个信号是潜在投资者最想收到的信息。对创业者团队的介绍,应尽可能突出专家的带动作用,高管人员的管理优势,专业人才队伍的结构水平,明确领军人物,展现组建经营团队的思路、人员的互补作用。

6. 排版装订要专业

计划书要有符合内容的设计风格,字体大小、字符间距、行间距适中,装订和排版印刷不能粗糙,用订书钉装订的创业计划书看上去非常不专业。目录、实施概要、附录、图表等各部分编排合理,美观整洁。语法正确是高质量创业计划的表现之一,切忌出现印刷及拼写错误。

二、创业计划书的基本框架

创业计划书一般包括封面(标题页)、目录、摘要、正文、附录五部分内容。

1. 封面(标题页)

封面上应明确创业项目的名称,体现企业的经营范围,同时以醒目的字体标示出创业计划书的标题,如《××创业计划书》,可以放一张企业的项目或产品彩图,还要包含企业名称、地址、电子邮件地址、电话号码、日期、主创业者的联系方式和企业网址等信息,这些信息放在封面页的上半部分;如果企业已有徽标或商标,将其置于封面页正中间;封面下部应有一句话,读者对计划书的内容保密。需要注意的是,封面上最重要的一项内容是计划书撰写者的联系方式,创业者应该让读者很容易地与自己取得联系。创业计划书的封面描述了创业者对于新企业的基本想法,投资者非常看重此页,他们会通过此页来判断该项目是否值得投资。

2. 目录

目录是正文的索引。这里需要按照章节顺序逐一排列每章大标题、每节小标题以及章节对应的页码。目录可以自动生成,显示到二级或三级小标题为宜,要注意确认目录页码同内容的一致性。

3. 摘要

摘要是对整个创业计划书的概括,目的在于用最简练的语言将计划书的核心、要点、特色展现出来,吸引阅读者仔细读完全部文本。因此,摘要一定要简练,一般要求在两页纸内完成。摘要十分重要,它是出资者首先要看的内容,因而必须要让投资者有兴趣并渴望得到更多的信息。摘要应从正文中摘录出投资者最关心的问题:包括对公司内部的基本情况、公司的能力以及局限性、公司的竞争对手、营销和财务战略、公司的管理团队等情况的简明而生动的概括。如果公司是一本书,那么摘要就像是这本书的封面,做得好就可以把投资者吸引住。

4. 正文

正文是创业计划书的主体部分,要分别从公司基本情况,经营管理团队,产品(服务),技术研究与开发,行业及市场预测,营销策略,产品制造,经营管理,融资计划,财务预测,风险控制等方面对投资者关心的问题进行介绍,要求既要有丰富的数据资料,使人信服,又要突出重点、实事求是。

5. 附录

附录是对正文中涉及的相关数据、资料的补充。受篇幅限制,不宜在主体部分过多描述的,或不能在一个层面详细展示的,或需要提供参考资料或数据的内容,一般放在附录部分,以供参考。例如专利证书或专利授权证书、相关的调研问卷、荣誉证书、营业执照等。

三、创业计划书的正文内容

撰写创业计划书主要是为了供读者从中获取信息,读者分为两部分:一部分是内部使用者,一部分是外部使用者。内部使用者包括创业者团队以及雇员。创业团队需要明确创业的目标及实现路径,雇员需要了解创业目标以及在实现目标过程中所需要做的工作和可能的收获。因此,创业计划书中要阐明创业的目标及实现目标的详细计划和措施,包括企业拟从事的产品和服务,创意的合理之处,计划的顾客和市场,创意方案的开发路径——如何研发、生产和销售等,同时,要对竞争者状况进行一定分析,使团队成员及其未来的雇员了解企业可能的前景,并对创业企业的发展进行预测,从而进行恰当选择。

外部使用者包括投资者及其他利益相关者。投资者主要关注企业拟筹集的资金数额,筹集资金的目的和种类,准备采用的筹资方式,筹资的时间,筹资的回报等;潜在的商业合作伙伴、顾客等其他利益相关者会关注企业的盈利状况,资产负债情况,持续经营能力等,并以此作为其商业信用政策的制定依据,以及选择产品或服务的理由。

延伸阅读

创业计划书关注重点见表 8-1。

表 8-1　创业计划书关注重点

6M 的内容		6C 的内容	
名　称	含　义	名　称	含　义
商品 (merchandise)	商品与服务中最重要的利益是什么	概念 (concept)	让读者很快了解企业生产的产品或服务
市场 (markets)	要影响的人是谁	顾客 (customers)	明确顾客的范围,即产品的市场定位
动机 (motives)	顾客为何要买,或为何不买	竞争者 (competitors)	波特的五力模型中的五种力量
信息 (messages)	传达的主要想法、信息与态度	能力 (capilities)	强调创业团队能力
媒介 (media)	信息如何传递给潜在顾客	资本 (capitals)	可以是现金,也可以是资产
测定 (measurements)	以什么准则测定所传达的成功和所要预期达成的目标、创业计划团队的最佳组合、专业技术人员	永续经营 (continuation)	未来计划的制订,随时检查、随时更正

正文是创业计划书的主要内容,应包括企业介绍、产品或服务、管理团队介绍、行业分

析、市场分析、人员和组织结构、市场营销、生产运营计划、财务规划、融资计划、风险管理和结论。

1. 企业介绍

该部分能体现创业者是否善于把抽象的创意转换成具体的企业。企业描述应包括简介、企业历史、使命陈述、产品或服务、企业现状、启动资金、法律地位和所有权、选址等内容。

（1）简介。企业描述从简介开始，对企业名称、概况、创业原因，企业的基本信息，如创建者姓名、企业地址、核心创业者的联系方式等进行简要介绍。

（2）企业历史。描述企业历史的文字要短，只要能清晰地解释商业创意的来源和创业动机即可。如果是新创企业，可以直接说明企业还在初创期；如果企业已经经营一段时间，就要简要陈述企业的大事记和主要成就，还应写出企业的历史收入、净利润和销售增长率、投资回报率等指标。

如果创意来源很有趣、很感人，也可以写出来，使计划书更有人情味，引发读者的共鸣；如果没有有趣的故事，就简单说明创意如何满足消费者需求。

（3）使命陈述。使命是企业存在的最重要的理由，它提供了一个企业存在的目的及其活动范围等方面的信息。使命陈述是企业存在目的的持久性陈述，它界定了一个组织与另外一些类似组织的差别。一个好的企业使命陈述应该向公司全体员工解释我们到底干什么的问题。创业计划书中的使命陈述可以表明企业目标明确，同时表明创业者对此理解深刻清晰。

创业者应使用尽可能少的字数对企业使命进行描述。如中国移动通信的使命是"创无限通信世界，做信息社会栋梁"，联想电脑公司使命是"为客户利益而努力创新"。有的公司用口号或 Logo 来传达目标、树立品牌。如果创业企业有标语或口号，在这部分也应该提到。

（4）产品或服务。对创业企业产品或服务的独特之处及其市场定位进行简要描述，解释清楚产品或服务的专利性质以及对知识产权的保护情况。

（5）企业现状。最好以重大事件为主线来对企业的发展历程进行介绍，企业已经做过或待完成的工作都要提及。如果已经完成产品或服务的可行性分析，就应该把调查结果进行汇总，指出消费者对产品或服务的反应及其可行性。

（6）启动资金。对创业所需要的启动资金情况进行说明，包括需要的资金总额、资金来源，及资金大致的使用情况。

（7）法律地位和所有权。描述企业选择的法律形式，并简要说明选择该法律形式的理由，对企业的所有者及所有权分配情况以及是否签署创业协议等问题进行阐述。

（8）选址。说明企业选择的经营地址，并说明选择该经营地址的理由。

2. 产品或服务

在进行投资项目评估时，投资人最关心的问题就是：风险企业的产品、技术或服务能在多大程度上解决现实生活中的问题；风险企业的产品、服务能否帮助顾客节约开支，增加收入。产品介绍应包括以下内容：产品的概念、性能及特性，主要产品介绍，产品的市场竞争力，产品的开发和研究过程，发展新产品的计划和成本分析，产品的市场前景预测，产品的品牌和专利。这一部分是向战略合伙人或者风险投资人介绍融资企业或项目的基本情况。

具体来说,如果企业处于种子期或创建期,现在只有一个美妙的商业创意,那么,应重点介绍创业者的成长经历、求学过程,并突出其性格、兴趣爱好与特长,创业者的追求,独立创业的原因以及创意是如何产生的。如果企业处于成长期,应简明扼要地介绍公司过去的发展历史、现在的状况以及未来的规划。

在产品或服务介绍部分,企业家要对产品或服务做出详细的说明,说明要准确、通俗易懂,产品介绍都要附上产品原型、照片或其他介绍。一般来说,产品介绍必须回答以下问题。

(1) 顾客希望企业的产品能解决什么问题,顾客能从企业的产品中获得什么好处?

(2) 企业的产品与竞争对手的产品相比有哪些优缺点,顾客为什么会选择本企业的产品?

(3) 企业为自己的产品采取了何种保护措施,企业拥有哪些专利、许可证,或与已申请专利的厂家达成了哪些协议?

(4) 为什么企业的产品定价可以使企业产生足够的利润,为什么用户会大批量地购买企业的产品?

(5) 企业采用何种方式去改进产品的质量、性能,企业对发展新产品有哪些计划等。

3. 管理团队介绍

投资者非常看重管理团队,这部分内容主要是向投资者展现企业管理团队的结构、管理水平和能力,以及职业道德与素质,使投资者了解管理团队的能力,增强投资信心。

在创业计划书中,这部分内容应包含管理团队、技术团队、营销团队的工作简历、取得的业绩介绍,尤其是与目前从事工作有关的经历。在编写过程中,必须先对公司管理的主要情况做一个全面介绍:企业管理人员的性格特质应该是互补型的,而且要具有团队精神。此外,在这部分计划书中,还应对公司组织结构做一个简要介绍。

计划书中还必须阐明企业的管理结构及主要管理人员的相关情况,重点展示管理团队的凝聚力和战斗力,使战略伙伴和风险投资人了解企业的管理团队是由一批具有丰富的管理经验和有较高职业道德的人员组成的。优秀的管理团队将确保企业紧紧抓住好的商业机会并以有效的方式实现企业的经营目标。

(1) 管理机构。创业者首先要全面介绍企业管理团队的主要情况,包括公司的主要股东及他们的股权结构,董事和其他一些高级职员、关键雇员以及公司管理人员的职权分配和薪金情况,然后将管理机构、股东情况、董事情况、各部门的构成情况等,以书面形式清晰地展示出来。

(2) 关键管理人员。要详细介绍公司的重要成员,包括他们的职务、工作经历和经营业绩,受教育程度等,特别是有关的专业知识技能和成就;描述管理团队中每个关键人员的确切职责。

(3) 激励和约束机制。要说明企业准备设立哪些机构,各机构配备多少人员及成员的年收入情况;是否考虑员工持股问题。如果考虑,就需要说明股票期权实施办法和红利分配原则;企业如何对加盟员工进行持久激励;阐明企业内部的约束机制和外部约束机制。

4. 行业分析

对企业所在行业的基本情况,企业的产品或服务的现有市场情况、未来市场前景进行分析,使投资者对产品或服务的市场销售状况有所了解。这是投资者关注的重点问题之一。行业分析主要介绍行业发展趋势、行业发展中存在的问题、国家有关政策、市场容量、市场竞争情况、行业主要盈利模式、市场策略等。关于行业分析要回答以下问题。

(1) 该行业发展程度如何? 现在的发展动态如何? 发展趋势怎样?

(2) 创新和技术进步在该行业扮演着一个怎样的角色?

(3) 该行业的总销售额有多少? 总收入为多少? 价格趋势如何? 该行业的一般回报率有多少?

(4) 经济发展对该行业的影响程度如何? 政府是如何影响该行业的? 是什么因素决定着它的发展?

(5) 竞争的本质是什么? 你将采取什么样的战略? 进入该行业的障碍是什么? 你将如何发展?

5. 市场分析

市场分析的重点在于描述企业的目标市场及其顾客、竞争者,以及如何展开竞争和潜在的市场份额等信息。企业在进行市场细分之后,要选择其中的一个细分市场作为目标市场。进入前对目标市场的规模、影响目标市场发展的趋势等进行评估,确保拟进入的目标市场规模足够大且有增长空间,以促进企业目标的实现。

关于目标市场要回答以下问题。

(1) 已有的市场用户情况。公司在以往经营中拥有了什么样的用户以及有多少用户? 市场占有率如何? 是否已经建立了完整的市场营销渠道?

(2) 对需求进行预测。市场是否存在对这种产品的需求? 需求程度是否可以给企业带来所期望的利益? 新的市场规模有多大? 需求发展的未来趋向及其状态如何? 影响需求的因素有哪些? 新产品的潜在目标顾客和目标市场是什么?

竞争对手分析有助于企业了解主要竞争对手所处的位置,掌握在一个或多个领域获得竞争优势的机会。竞争对手分析的方法和途径见市场调查部分的"竞争对手调查"。这里需要提醒的是,千万别轻言"市场空白""蓝海市场"或"行业培育期"等,一般情况下这样的语言可能意味着以下几层含义:对市场调查不够充分,对行业分类不够准确,或许这是他人已经尝试过而且放弃了的、无法实现的创意等。

关于竞争对手要回答以下问题。

(1) 谁是业务最接近的竞争者? 他们的业务如何? 你和他们业务的相似程度如何? 是否存在行业垄断?

(2) 从市场细分分析竞争者所占的市场份额是多少?

(3) 主要竞争对手的情况如何? 如公司实力和产品的种类、价位、特点、包装、营销、市场占有率等,你从他们那里学到了什么? 你如何做得比他们好?

(4) 潜在竞争对手情况和市场变化分析。

6. 人员和组织结构

对于所有企业来说,人是最宝贵的资源。因此在创业计划书中,应阐明主要管理人员的情况,介绍他们所具有的能力,他们在企业中的职务和责任,他们过去的详细经历和背景。此外,还应对公司的结构做一些简要介绍,包括:公司的组织架构图,各部门的功能与责任,各部门的负责人和主要成员,公司的报酬体系,公司的股东名单,公司的董事会成员,各位董事的背景资料等。作为创业者,要回答以下问题。

(1) 现在、半年内、未来三年内的人事需求是什么? 有专业技术的人在哪里? 还需要引进哪些专业技术人才?

(2) 是需要全职的,还是非全职的人? 所提供的福利有哪些?

(3) 采用何种组织结构形式? 是否设立职能部门? 每个职能部门预期有多少人? 职责有哪些?

7. 市场营销

对创业企业来说,由于产品和企业的知名度低,它们很难进入其他企业已经稳定的销售渠道中。因此,企业不得不暂时采取高成本低效益的营销战略,如上门推销,大打商品广告,向批发商和零售商让利,或交给任何愿意经销的企业销售。对发展企业来说,它们一方面可以利用原来的销售渠道,另一方面也可以开发新的销售渠道以适应企业的发展。企业的盈利和发展最终都要拿到市场上来检验,营销的结果直接决定了企业的命运。不同的市场、不同的客户都有不同的营销方式。什么叫市场营销? 就是先找到客户是谁,然后想办法,让客户从口袋里把钱拿出来买你的东西。在做创业计划书时,需要创业者回答的问题如下。

(1) 真正的客户在哪里?

(2) 产品对客户有什么样的利益?

(3) 要用哪种营销方式?

(4) 通路是直销还是要找经销商?

在创业计划书中,要阐明你面对的市场机构和营销渠道,明确产品定位和品牌策略;说明现在和未来五年内的营销策略,包括销售和促销的方式、销售通路和销售点的设置方式、产品定价策略,不同销售水平下的定价方法,以及广告和营销计划的各项成本;还要说明顾客服务体系建制构想和顾客关系管理的运转方式等。

营销策略的内容应包括:营销机构和营销队伍的建立,营销渠道的选择和营销网络的构建,广告策略和促销策略,价格策略,市场渗透与开拓计划,市场营销中意外情况的应急对策等。在介绍市场营销策略时,创业者要讨论不同营销渠道的利弊,明确哪些企业主管专门负责销售,主要适用哪些促销工具,以及促销目标的实现和具体经费的支出等。

一般来说,中小企业可选择的市场营销策略有以下几种。

(1) 集中性营销策略,即企业只为单一的、特别的细分市场提供一种类型的产品(如制造汽车配件)。这种方法尤其适用于那些财力有限的小公司,或者是在为某种特殊类型的顾客提供服务方面确有一技之长的组织。

(2) 差异性营销策略,即为不同的市场设计和提供不同类型的产品。这种战略大多被那些实力雄厚的大公司所采用。

（3）无差异性营销策略，即只向市场提供单一品种的产品，希望它能引起整体市场上全部顾客的兴趣。这种策略对于需求广泛，市场同质性高且能大量生产与销售的产品比较合适。

8. 生产运营计划

创业计划书中要详细提到产品制造及运营计划。在创业及寻求资金的过程中，为了提高企业在投资前的评估价值，风险企业家应尽量使生产运营计划更加详细、可靠。

生产运营计划旨在使投资者了解产品的生产经营状况。这一部分应尽可能把新产品的生产制造及经营过程展示给投资者。其主要的内容包括以下几个方面。

（1）公司现有的生产技术能力，企业生产制造所需的厂房、设备情况。

（2）质量控制和改进能力。

（3）新产品的生产经营计划，改进或将要购置的生产设备及其成本。

（4）现有的生产工艺流程，生产周期标准的制订及生产作业计划的撰写。

（5）物资需求计划及其保证措施，供货者的前置期和资源的需求量。

（6）劳动力和雇员的有关情况。

9. 财务规划

财务规划的重点是现金流量表、资产负债表和损益表的制备。流动资金是企业的生命线，因此企业在初创或扩张时，需要预先对流动资金制订周详的计划并在进行过程中严格控制；损益表反映的是企业的盈利状况，它是企业在一段时间运作后的经营结果；资产负债表则反映了某一时刻的企业状况，投资者可以利用资产负债表中的数据得到比率指标来衡量企业的经营状况以及可能的投资回报率。财务规划一般要包括创业计划书的条件假设和预计的资产负债表、预计的损益表、现金收支分析、资金的来源和使用情况。

一份创业计划书概括了在筹资过程中风险企业家需要做的事情，而财务规划则是对创业计划书的支持和说明。因此，一份好的财务规划对评估风险企业所需的资金数量，提高风险企业取得资金的可能性是十分关键的。如果财务规划准备得不好，会给投资者留下企业管理人员缺乏经验的印象，降低风险企业的评估价值，同时也会增加企业的经营风险。那么该如何制订好财务规划呢？这首先要取决于风险企业的远景规划是为一个新市场创造一个新产品，还是进入一个财务信息较多的已有市场。

企业的财务规划应保证和创业计划书的假设相一致。事实上，财务规划和企业的生产计划、人力资源计划、营销计划等都是密不可分的。要完成财务规划，就必须明确经营计划的条件假设、预计的资产负债表、预计的损益表、现金收支分析、资金的来源和使用等问题。除此之外，还要回答好下列问题。

（1）同时满足市场和产品开发计划需要的资金是多少？

（2）预期创业在什么时候会具备重组的现金流？

（3）预期的初始状态和稳定状态将会有多少财务利润？

（4）其他公司在利润和发展上的表现与本次创业有什么相似之处？

（5）哪些是关键的财务设想？

10. 融资计划

融资计划是指从企业的自身发展出发,根据企业的经营计划提出企业资金需求数量,融资的方式、工具,投资者的权益、财务收益及其资金安全保证,投资退出方式等。它是资金供求双方共同合作前景的计划分析。创业者需要说明募资的资金需求,获利保障或限制条款;募资前后的股权结构变化,指出一些关键投资人和经营团队在募资前后股权数量的变化情形;募资的使用计划,应尽量明确指出资金的具体用途;募资未来可能的投资报酬,包括回收方式、时机,以及获利情形。融资计划的主要内容包括以下几个方面。

(1) 融资数额是多少? 已经获得了哪些投资? 希望向战略合伙人或风险投资人融资多少? 计划采取哪种融资工具,是以贷款、出售债券,还是以出售普通股、优先股的形式筹集?

(2) 公司未来的资本结构如何安排? 公司的全部债务情况如何?

(3) 公司融资所提供的抵押、担保文件,包括以什么物品进行抵押或质押,由什么人或机构提供担保?

(4) 投资收益和未来再投资的安排如何?

(5) 如果以股权形式投资,双方对公司股权、控制权、所有权比例如何安排?

(6) 投资者介入公司后,公司的经营管理体制如何设定?

(7) 投资资金如何运作? 投资的预期回报如何? 投资者如何监督、控制企业运作等?

(8) 对于吸引风险投资的,风险投资的退出途径和方式是什么,是企业回购、股份转让还是企业上市?

这部分是融资协议的主要内容,企业既要对融资需求、用途给出令人信服的理由,又要有令人心动的投资回报和投资条件,同时也要注意维护企业自身的利益。其基础是企业的财务分析与预测。

由于与资金供给方合作的模式可能有多种,因此还需设计几种备选方案,给出不同盈利模式下的资金需要量及资金投向。

11. 风险管理

经营企业会有一定的风险。在创业计划书中对风险进行展示,就是为了向投资者展示企业可能面临的各种风险隐患,以数据方式衡量风险对投资计划的影响,以及融资者将采取何种措施来降低或防范风险、增加收益等。如果风险估计不那么准确,应该估计出误差范围。最好是对关键性参数做出最好和最坏的设定。风险管理主要包括以下内容。

(1) 企业自身各方面的限制,如资源限制、管理经验的限制和生产条件的限制等。

(2) 创业者自身的不足,包括技术上的、经验上的或者管理能力上的欠缺等。

(3) 市场的不确定性。

(4) 技术产品开发的不确定性。

(5) 财务收益的不确定性。

(6) 针对企业存在的每一种风险,企业进行风险控制与防范的对策或措施。

对于企业可能面临的各种风险,融资者最好采取客观、实事求是的态度,不能因为其产生的可能性小而忽略不计,也不能为了增大获得投资的机会而故意缩小、隐瞒风险因素,而应该认真地对企业所面临的各种风险都加以分析,并针对每一种可能发生的风险做出相应的防范措施。这样才能取得投资者的信任,也有利于引入投资后双方的合作。

12. 结论

综合前面的分析和计划,最终说明你所创立的企业的整体竞争优势,指出整个创业计划的利基所在,并再次强调投资者投资你的企业所能够得到的远大前景。结论是对整个创业计划书内容的总结式概况。它和摘要首尾呼应,体现了文本的完整性。

在编制创业计划书时,可以根据具体情况进行安排。上面的有些内容可以整合,一般以 7～10 个部分为宜。

延伸阅读

创业计划书撰写的四个阶段

第一阶段:经验学习

下面是美国麻省理工学院斯隆管理学院在创业方案大赛中积累的取胜诀窍。

(1)组建一个包括技术人才和管理人才在内的具有综合性技能的团队;组建起来的团队成员每人都能力十足,堪称创业家,同时又能灵活、协调、有效地工作。这是历届胜出的团队的经验总结。

(2)开发出一种盈利模式,而不仅仅是一项发明。仅仅说明你的产品或服务的性质还不够,还要清楚地阐明谁、为什么、在哪里、什么时候、如何做这些关键问题。

(3)从各方面人士那里获取忠告,无论他们是同学、教师,还是竞争对手或家庭成员。

(4)分析顾客:他们在寻找什么?

(5)分析竞争对手:你有什么他们没有的长处?

(6)展示你的一种持续的、有竞争力的优势,例如你能够设立市场进入障碍或是拥有自主知识产权,使得对手们无法夺取你的市场。

(7)撰写的文字要直接、中肯,切勿夸大其词、使用大量修辞辞藻。

(8)制订创业方案和进行时间安排时一定要实事求是、有根有据,注意避免好高骛远。

(9)不要刻意在技术方面、质量方面和价格方面展开竞争。

(10)能够吸引潜在投资者的是如何分析出一大片市场空间,他们喜欢的是潜力巨大、增长快速的业务。"如果你学到的是如何创造一项业务,那你就已经获胜了。"

第二阶段:分析创业可能遇到的问题和困难

俗话说:"凡事,预则立,不预则废。"创业之初,亦同此理。事先预想到创业过程可能会遇到的各种问题和困难,并事先考虑一些解决之道或应对之法,将为今后的创业之路扫清诸多障碍,因此,创业之初,对于创业者来说,最好的方法是要先学会换位思考,站在投资人的角度认真思考以下问题。

(1)市场机遇与开发策略:社会/国家/市场现存哪些问题?我们准备以什么产品或服务来解决这些问题?我们的产品或服务可能的潜在销售额有多大?如何实现这些销售额?我们的目标顾客何在?

(2)产品与服务构思:我们的产品或服务能否满足顾客的真实需要,帮助解决他们面临的实际问题? 我们将来如何销售自己的产品或服务? 我们的收入来自何处? 要撰写我们构思的产品或服务简介,以便向潜在顾客展示。

(3) 竞争优势:我们的竞争对手是谁? 在哪里? 我们的产品或服务与竞争对手相比,在使用价值、生产成本、外观设计、环境和谐、上市时间、战略联盟、技术创新、同类兼容等方面有何长处?

(4) 创业管理团队:如果团队已组建好,那么应详细说明团队的组织架构、分工以及各人在其中承担何种角色,特别应该强调各人具备的相关从业经验、特长等背景。如果创业团队尚未组织好,则可以强调核心团队成员所需的知识和技能。

在仔细思考以上问题之后,接下来需要认真思考和回答下述问题。

(1) 所说的业务是否具有高速增长的潜力?

(2) 所说的业务能否抵御竞争对手的竞争?

(3) 所说的业务需要多少前期投资?

(4) 所说的业务需要多长时间才能推向市场?

(5) 所说的业务是否具有成为该市场领先者的潜力?

(6) 所说的业务的创意在目前阶段开发得如何?

(7) 经营这项业务的团队队员的素质水平与技能互补如何?

(8) 凭什么说这项业务在今后五年能够茁壮成长?

第三阶段:凝练创业计划书中的执行概要

执行概要是商业计划书中最重要的内容。许多投资者都是根据这一部分内容来决定是否继续进一步的讨论(如严格调查等)的。该部分内容应该囊括其他部分阐述的关键定位和推理。前景和任务表达都应该简洁,并协助对重要创业机遇的表述。

(1) 为什么这是一个巨大的难题? 为什么客户会情愿为解决办法付费?

(2) 创业计划是如何解决客户的难题和需求的?

(3) 为什么只有这次创业能够这样做?

(4) 经济条件对人们的吸引程度如何? 为什么这是一个令人兴奋的发展机会?

执行概要和企业描述是创业计划书中最重要的两个部分。一份好的执行概要能够让投资者确信这个新创企业的吸引力所在,能够使投资者看到关于企业长期使命的明确论述,以及人员、技术和市场的总体情况。如果说执行概要和企业描述好比一个人的脸,而封面、目录及企业名称好比眉毛、眼睛和鼻子,那么最先进入眼帘的是后者。因此,要认真"修饰"这些部位,以期给风险投资者留下一个良好的印象。

第四阶段:把创业构想变成文字方案

创业构想的文字转换,是撰写创业计划书的一个关键环节。完整的创业计划书应当阐述有关公司、项目、企业生产经营等方面的基本情况,而如何有效、简约地行文,其中包含很多方法和技巧。对于常见的创业计划书的文档制作,以下撰写技巧值得我们借鉴和思考。

(1) 重视开篇。应有一个精彩的前言,吸引投资者的注意。

(2) 掌握投资者的兴趣点,构想应能被市场接受并有前景。

(3) 了解投资者的投资禁忌。

（4）注重格式规范、语言的准确、篇幅的长短和行文逻辑。

（5）客观真实并有强烈的针对性。

（6）简约而不简单。以2～3页的执行大纲为序言,主体内容以7～8页为佳。初次撰写,应避免在企业内部经营计划和预算部分着过多笔墨,一些具体的财务数据可根据实际情况和投资方要求留待下次详述。

（7）让创业计划书的阅读者知道公司的业务类型,忌在最后一页才提及公司发展过程及性质。

（8）阐述为达到目标所制定的策略与技术。

（9）陈述公司需要的资金量、使用期限和方法。

（10）写明清晰和符合逻辑的资金撤退策略。

（11）提交企业的经营风险分析。

（12）准备具体的支持文件资料,来佐证结论的客观真实性。

（13）为创业计划书设计一个创意简约的封面,吸引读者的目光。

（14）预备额外的拷贝件以作快速阅读之用,还要准备好财务数据。

（15）忌用过于专业化的术语形容产品或描述生产运营过程,尽可能用通俗的语言描述条款,便于内容被读者接受。

（16）忌用含糊不清或无事实根据的陈述或结算表,例如,不宜用粗略的文字说"销售在未来两年会翻两番",又或是在没有细则陈述的情况下就说"要增加生产线"等。

在创业计划书定稿前,应委托专业人员进行审查。如有律师,可请其审查是否存在误导性陈述、不必要的信息和不合法的做法等。也可由负有盈亏责任的非计划书撰写者如高层管理人员进行评价,以审查计划的可行性和由非潜在投资者审查创业计划的吸引力。这些审查是必要的,因为无论创业者和管理团队多么优秀,都有可能存在忽视的问题和不适宜的地方。很少有创业者既是一个擅长计划者,又是一个好的沟通者。一个创业计划书的审查者可以在开发解决问题的备选方案和回答投资者可能提出的问题方面发挥重要作用。

在写完创业计划书之后,最好再检查一遍计划书,看一下计划书能否准确回答投资者的疑问,争取到投资者对本企业的信心。通常,可以从以下几个方面对计划书加以检查。

（1）你的创业计划书是否显示出你具有管理公司的经验。

（2）你的创业计划书是否显示了你有能力偿还贷款。要保证给预期的投资者提供一份完整的比率分析。

（3）你的创业计划书是否显示出你已进行过完整的市场分析。要让投资者坚信你在计划书中阐明的产品需要量是确实的。

（4）你的创业计划书是否容易被投资者领会。创业计划书应该附有索引和目录,以便投资者可以比较容易地查阅各个章节。此外,还应保证目录中的信息流是有逻辑的和现实的。

（5）你的创业计划书中是否有计划摘要并将之放在最前面,计划摘要相当于公司创业计划书的封面,投资者首先会看它。为了引起投资者的兴趣,计划摘要应写得引人入胜。

（6）你的创业计划书是否在文法上全部正确。如果你不能保证，那么最好请人帮你检查一下。计划书的字符错误和排印错误会使企业家丧失机会。

（7）你的创业计划书能否打消投资者对产品（服务）的疑虑。

创业计划书中的各个方面都会对筹资的成功与否产生影响。因此，如果你对你的创业计划书缺乏成功的信心，那么最好去查阅一下计划书编写指南或向专门的顾问请教。

资料来源：刘升学，陈善柳，胡杨．大学生创新创业基础[M]．成都：电子科技大学出版社，2020.

项目三　如何写好一份创业计划书

▶ 案例三

错误的行动正确的结果

她没有撰写创业计划，但是 10 年后，她成了新西兰最成功的企业家之一。布里吉特·布莱尔在 10 年前成立 Linden Leaves 公司时，打破了黄金规则，没有撰写创业计划。"5 年计划？"她笑道，"我们甚至没有 5 周计划。"

10 年后，从奥克兰到伦敦，处处可见产自新西兰 Linden Leaves 公司的护肤产品。成长于克赖斯特彻奇市、现年 54 岁的布莱尔女士成了一位政府商业顾问，这是企业家乐于参与的政府工作部门。

"事实上我并不知道自己在没有创业计划的情况下将要面临什么？我犯了错误。4 年间我只向韩国和日本出口——也许这两个国家是世界上最难打入的市场。如果真正地思考了这个问题，也许我就不敢迈出第一步了。我想激情和勤奋的工作能够走得长远。"

资料来源：李伟，王雪，范思振，等．创新创业教程[M]．2 版．北京：清华大学出版社，2019.

问题探讨：

1. 从布莱尔的经验来看，你是仍然建议大家撰写创业计划，还是有所动摇？

2. 在没有计划书的情况下，她的成功秘诀是什么？

知识链接

创业者的创业行为往往起始于一个大胆的想法，其过程是感性甚至充满激情的，但是创业需要团队的长期协作，也需要投资人的支持。面对不同角色的人群，不能单靠激情感染，更需要理性分析。这时就要求团队能够冷静下来，最好在一定的理论框架下进行理性思考，这时候行业信息搜集，尤其是对（潜在）竞争对手信息的搜集就显得特别重要。计划书中若有完整的行业信息数据，显然能增加说服力，但计划书中所有的数据、信息都必须有来源。

一、前期准备工作

计划的制订需要以充分、有效的信息为依据，所需要的信息主要是市场信息、生产信息和财务信息。市场信息主要是为了细分市场和确定目标市场，以及确定目标市场的规模、增长速度、竞争状况、发展潜力等,从而为制订营销计划提供依据。生产信息是有关生产经营场所、供应商、劳动力市场,以及有关技术和发展趋势方面的信息。这些信息决定着生产能力、生产成本、产品质量、生产经营环境等。财务信息包括融资的渠道和条件、销售前景和费用支出预算等。这些信息是为了确定新创企业的资金需求和投资回报的方式和潜力。以上信息搜集可以通过各种方式获得,如网络、媒体、研讨会、展销会、研究报告等。

(一) 市场调查

互联网往往是获取信息最方便快捷的方式,作为项目发起人,一般都会密切关注与自身想做的产品相关的新闻。但是通过搜索引擎等找到的资料往往是不完整的,十分零碎,需要撰写者重新组织内容。采用权威组织发布的数据是一种比较可靠的渠道,有必要的话应该购买。若实在找不到数据,撰写者应该考虑进行市场调查,或聘请专业公司做市场调查。

问卷调查是市场调查的典型方法之一。不过市场调查并不仅仅包括问卷,还有许多其他方法,如观察法、询问法等。只要实施的方法科学,获得的信息或数据都可以作为论点支撑。

观察法分为直接观察法和实际痕迹测量两种。所谓直接观察法,是指调查者在调查现场有目的、有计划、有系统地对调查对象的行为、言辞、表情进行观察记录,以获得第一手资料,它最大的特点是总在自然条件下进行,所得材料真实生动,但也会因为所观察的对象的特殊性而使观察结果流于片面。实际痕迹测量是通过某一事件留下的实际痕迹来观察调查,一般用于对用户的流量、广告的效果等的调查。例如,企业在几种报纸、杂志上做广告时,在广告下面附有一张表格,请读者阅后剪下,分别寄回企业有关部门,企业从回收的表格中可以了解在哪种报纸杂志上刊登广告最为有效,为今后选择广告媒介和测定广告效果提供可靠资料。

询问法是将所要调查的事项以当面、书面或电话的方式向被调查者提出询问,以获得所需要的资料,它是市场调查中最常见的一种方法,可分为面谈调查、电话调查、邮寄调查、留置询问表调查四种,它们有各自的优缺点。面谈调查能直接听取对方意见,富有灵活性,但成本较高,结果容易受调查人员技术水平的影响。邮寄调查速度快,成本低,但回收率低。电话调查速度快,成本最低,但只限于在方便接听电话并同意配合接受询问的用户中展开调查,整体性不高。

(二) 市场分析

市场分析是指通过分析投资项目的外部宏观环境、行业竞争结构、市场结构、竞争态势等,做好市场细分和市场定位。

外部宏观环境分析是对投资项目的外部环境总体情况的分析,包括政治、经济、社会文化、技术等,常用的分析框架是 PEST 分析,在分析方法上没有什么需要创新的地方,但是这些宏观环境都是不断变化的,因此分析过程中必须以时间为线索,充分考虑环境的动态变化。

行业竞争结构分析是指一个行业中各个相关主体之间的关系。行业结构一定程度上决定了一个行业的利润水平,影响行业内部的竞争激励程度。产业内部的竞争根植于其基础经济结构,并且远远超越了现有竞争者的行为范围。迈克尔·波特在《竞争战略》一书中新创了行业结构的分析框架——五力模型,供应商、买主、潜在竞争者、替代品以及行业内竞争对手,五种力量互相作用,互相影响,平衡点决定了行业的最终利润水平。当然,这五种力量的地位不是完全一样的,在不同的行业中,起关键作用的力量也往往有所差异。决定供应商议价能力的因素主要有供应商产业的集中度、原材料是否存在替代品、该行业是否是供应商集团的主要客户、供应商产品是否是顾客业务的主要投入品、供应商集团前向一体化的能力;决定顾客议价能力的因素主要有购买批量的大小、客户从产业中购买的产品占其成本或购买数额的比例、顾客对产品差异化要求的程度、客户转换成本的大小、客户盈利水平、客户实行后向一体化的可能性;应该引起极大重视的替代品主要有改善产品性价比从而可以排挤本行业产品的新产品、新研究开发出来的具有同等或更高功能的产品,由盈利很高的企业生产的具有相似功能的副产品。对于行业内竞争对手的分析就要引入市场结构和竞争态势分析。

市场结构分析的主要目的是研究当前市场是处于完全竞争状态、垄断竞争状态还是寡头垄断状态等,从而为进一步分析竞争对手做准备。为了得到一个行业的市场结构状态,可以计算该行业的赫芬达尔指数,如果低于0.2,则其处于完全竞争或垄断竞争状态。垄断竞争状态中的企业可以基本平等地参与竞争,单个企业的行为对整个市场的影响不大。

竞争态势分析主要是分析本企业和主要竞争对手在行业中所处的地位,主要框架有竞争态势矩阵(CMP)。竞争态势矩阵中对于关键因素的权重和打分都是由专家进行的,具有一定的主观性,需要在市场调研的基础上做出分析,否则其可靠性、可信度不高。

在对外部市场进行宏观到微观的全面分析后,最后可以用SWOT分析。它是把内、外部环境相结合的一种分析方法,与以上分析的视角不同,SWOT分析是由外到内分析的转折点,起到承上启下的作用。

分析完内外环境后,市场分析的视角要转向投资项目本身,要根据实际情况做市场细分,确定该项目产品的目标市场,并做好市场定位,这部分内容因投资项目的不同而有所差异,没有什么共同点,在此无法展开说明。市场分析是在动态的基础上,由宏观环境到行业环境再到企业内部环境,循序渐进,一环紧扣一环的逻辑过程。

(三)市场调查过程

市场调查工作必须有计划、有步骤地进行,以防止调查的盲目性。一般来说,市场调查可分为四个阶段:调查前的准备阶段、正式调查阶段、综合整理分析资料阶段和提出调查报告阶段。

1. 调查前的准备阶段

对企业提供的资料进行初步的分析,找出问题存在的征兆,明确调查课题的关键和范围,以选择最主要也是最需要的调查目标,制定出市场调查的方案。主要包括:市场调查的内容、方法和步骤,调查计划的可行性、经费预算、调查时间等。

2. 正式调查阶段

市场调查的内容和方法有很多,因企业情况而异。市场调查的内容,综合起来,分为以下四类。

（1）市场需求调查，即调查企业产品在过去几年中的销售总额、现在市场的需求量及其影响因素，特别要重点调查购买力、购买动机和潜在需求，其核心是寻找市场经营机会。

（2）竞争者情况调查，包括竞争对手的基本情况，竞争对手的竞争能力、经营战略、新产品、新技术开发情况和售后服务情况，还要注意潜在的竞争对手。

（3）本企业经营战略决策执行情况调查，如产品的价格、销售渠道、广告及推销方面的情况、产品的商标及包装情况、存在的问题及改进情况。

（4）政策法规情况调查，政府政策的变化，法律法规的实施，都对企业有重大的影响，如税收政策、银行信用情况、能源交通情况、行业的限制等都与企业和产品关系重大，也是市场调查不可分割的一部分。市场调查的方法，可分为两大类：统计分析研究法和现场直接调查法。统计分析研究法就是在室内对各种资料进行研究的方法，其前提是对已有的统计资料和调查资料进行系统研究和分析。一般来说，生产资料市场研究较多地采用这种方法，消费资料市场研究则以现场调查为主。

3. 综合整理分析资料阶段

当统计分析研究和现场直接调查完成后，市场调查人员便拥有了大量的一手资料。该阶段首先要编辑这些资料，选取有关的、重要的资料，剔除没有参考价值的资料。其次对这些资料进行编组和分类，使之成为某种可供备用的形式。最后把有关资料用适当的表格形式展示出来，以便说明问题或从中发现某种典型的模式。

4. 提出调查报告阶段

通过对调查材料的综合整理分析，便可根据调查，得出调查结论。值得注意的是，调查人员不应把调查报告看作是市场调查的结束，而应继续注意市场情况变化，以检验调查结果的准确程度，并发现市场新的趋势，为改进以后的调查打好基础。

二、创业计划书的撰写步骤

创业计划书是对整个创业团队构思的凝练，对于没有撰写经验的创业团队而言，虽然直接套用现成的创业计划书模板是一种比较快捷的方式，但是通常此类计划书的结果都是有其形而无其质，很多的内容容易陷入空泛。其原因在于负责撰写的创业成员并未深刻理解把握创业实质及读者所需，只是把它作为一般意义上的文字材料来组织，运用惯有的写作手法行文，这种为撰写而撰写的结果，难以引发风险投资人阅读的兴趣和投资热情。那些既不能给投资者以充分的信息，又不能说服投资者使其感兴趣的创业计划书，没有任何价值。为了确保创业计划书更加具备说服力，应该紧密围绕产品、市场、竞争、行动的方针、创业队伍和计划摘要来完成。

1. 明确创业计划书的形式

不同的读者对创业计划书的关注点不同，因此，创业者撰写创业计划书的第一步就是确定读者是谁，他们想要的是什么，哪些问题必须有针对性地呈现给他们，进而明确创业计划书的形式。

2. 确定创业计划书大纲

明确了创业计划书的形式后，接下来创业者就需要确定创业计划书的大纲。大纲应该确定创业计划的目标和战略、创业计划书的编写流程、创业计划书的总体框架和主要内容。

3. 搜集创业计划书所需要的信息

根据创业计划书大纲,创业者需要搜集撰写计划书要用而目前尚不清楚的信息。创业计划书的内容涉及面很广,因此需要搜集的信息也非常多。具体来说,创业者需要搜集行业信息、生产与技术信息、市场信息、财务信息等。信息的搜集是一个十分重要的过程,信息的质量直接关系到创业计划书的质量。创业者可以通过现有资料的检索、实地调查、互联网查找等方式来搜集信息。

4. 起草创业计划书

搜集到足够的信息后,创业者就可以开始草拟创业计划书了。这一部分的主要工作是全面地撰写创业计划书的各个部分:摘要、企业描述、战略、生产计划、市场营销计划、人力资源计划、财务计划等。通过这一步骤,可以形成比较完整的创业计划书初稿。

5. 修改并完善创业计划书

创业计划书的初稿完成以后,创业者必须从目标读者的角度来检查创业计划书的客观性、实践性、条理性和创新性,看其能否打动目标读者。这一阶段,创业者应该根据客观实际情况,充分征求各方意见,对创业计划书进行补充、修改和完善,力求最终定稿的创业计划书能够打动读者支持创业项目。

三、撰写创业计划书的注意事项

1. 尽量精练,突出重点

撰写创业计划书的目的是让投资者了解创业计划,其内容必须紧紧围绕这一主题,开门见山,使投资者在最少的时间内了解最多的关于创业计划的内容。如要第一时间让读者知道公司的业务类型,避免在最后一页才提及经营性质;要明确阐明公司的目标及为达到目标所制定的策略与战术;陈述公司需要多少资金以及时间和用途,并给出一个清晰和符合逻辑的让投资者撤资的策略。一般摘要以 2 页为佳,主体内容以 7～10 页为佳;注重企业内部经营计划和预算的撰写,而一些具体的财务数据则可留待下一步会见时面谈。

2. 换位思考

撰写创业计划书的一个重要方法就是换位思考,即融资者要设身处地,假设自己是一位战略合伙人或风险投资人,自己最关心的问题是什么,自己判断的标准是什么。也就是说,要按照阅读创业计划书读者的思路去写作,这样就会知道哪些是应该具体描述的重点,哪些可以简单描述,哪些是不必要的,从而获得投资者的青睐。

3. 以充分的调查和数据信息作为撰写依据

市场销售情况是投资获利的基础,融资人要充分考察市场的现实情况,广泛搜集有关市场现有的产品、现有竞争、潜在市场、潜在消费者等具体信息,使市场预测建立在扎实的调查、数据之上,否则阐述的生产、财务、投资回报预测就都成了空中楼阁。所以创业计划书中忌用含糊不清或无确实根据的陈述或结算表。

　　搜集资料时,要做到客观公正,避免只搜集对自己有利的信息,而不去搜集或者故意忽略对自己不利的信息。一般来说,战略投资者或风险投资家都是一些非常专业的人士,提出的问题会非常尖锐,如果只搜集对自己有利的信息,在遇到质疑时就会显得考虑和准备不充分。

4. 实事求是,以平实打动人

　　创业计划书的作用固然重要,但它仍然只是一个敲门砖。要开门见山地切入主题,用真实、简洁的语言描述你的想法,不要浪费时间去讲与主题无关的内容,过度华丽的词语是无益的,企业应该在盈利模式打造、现场管理、企业市场开拓、技术研发等方面下硬功夫,表现你语言的煽动力。

5. 注意细节,不拘泥于格式

　　创业计划书约定俗成的格式正在被读者忽略,他们更加关注想要看到的东西。因此,企业在组织撰写创业计划书的过程中,应尽可能地搜集更多资料,对于市场前景、竞争优势、回报分析等要从多角度加以分析和总结;对于可能出现的困难或问题要有足够的认识和预估,同时准备多位顾客的事前采购协议,帮助投资者强化项目可行性认识,不要过分拘泥于固定的格式,只需把企业的优势、劣势都告诉别人,就可能是最后的赢家。

6. 条理清晰

　　尽可能按照如何实现营业循环和盈利来设计创业计划书,这样能够让你的条理性更清楚。投资者往往会在创业计划书看到一半时,向你提问前面或后面的问题,甚至是你没有想到的新问题。如果没有成熟的思考脉络,很可能无言以对。

延伸阅读

创业计划书的"十要"与"三忌"

1. 十要

一要精简。执行大纲2～3页,主题内容7～10页。注重内部经营计划和预算。

二要第一时间让读者知道公司的业务类型,不能在最后一页才提及经营性质。

三要声明公司的目标。

四要阐述未达到目标所制定的策略与战术。

五要陈述公司需要多少资金?用多久?怎么用?

六要有一个清晰和符合逻辑的让投资者撤资的策略。

七要提交企业的经营风险。

八要有具体资料,有根据和有针对性的数据必不可少。

九要为企业计划书附上一个吸引人但得体的封面。

十要预备额外的拷贝件以作快速阅读之用,还要准备好财政数据。

2. 三忌

一忌用国学及书画的用词形容产品或生产营运过程,尽量通俗,容易被接受。

二忌用含糊或无根据的陈述或结算表。

三忌隐瞒事实之真相。

资料来源：孙茜芸，祝瑞玲，王磊．大学生创新创业教程［M］．上海：同济大学出版社，2021．

项目四　创业计划书的展示

▶ **案例四**

电梯演讲

　　麦肯锡公司曾经得到过一次沉痛的教训：该公司曾经为一家重要的大客户做咨询。咨询结束时，麦肯锡的项目负责人在电梯间里遇见了对方的董事长，该董事长问麦肯锡的项目负责人："你能不能说一下现在的结果呢？"由于该项目负责人没有准备，而且即使有准备，也无法在电梯从 30 层到 1 层的 30 秒内把结果说清楚。最终，麦肯锡失去了这一重要客户。

　　从此，麦肯锡要求公司员工凡事要在最短的时间内把结果表达清楚，凡事要直奔主题、直奔结果。麦肯锡认为，一般情况下人们最多记得住一二三，记不住四五六，所以凡事要归纳在 3 条以内。这就是如今在商界流传甚广的"30 秒电梯理论"或称"电梯演讲"。

资料来源：刘飒，邢红彬．创新创业教程［M］．北京：清华大学出版社，2021．

　　问题探讨：

　　电梯演讲和创业计划书展示有什么相似之处？

知识链接

　　创业计划书的展示是个极其重要的关键环节，众多创业者都是在本行业或市场身经百战的实干家，从业经验丰富，但往往在人际沟通、表达方面能力不足。沟通的本质在于思想传递，沟通方法不恰当，就会使得思想无法传递给他人（包括投资者或合作伙伴），致使企业失去融资或合作机会。很多团队意识到了这个问题，会外请表达能力强的成员与投资人或合作伙伴进行沟通。不过大量的实际经验表明，外请的非创业团队核心成员常对公司产品的理解不够深刻，在融资过程中的沟通中并不到位，这反而会使情况更糟糕。

　　演示创业计划虽然短暂，但却是决定性的。如果一个项目或者企业非常好，当然可以相信即便你的演示过程平淡无奇，甚至有些差错，也足以吸引风险资本家拿出大把的钞票。但是，绝大多数的创业计划并不能达到这样的高度。更何况风险资本家投资时，除了考虑项目本身的优劣外，更重要的是基于创业者的能力和个人魅力，而演示创业计划是创业者展示自己能力的难得机会。风险资本家绝对不会把巨额的资金投给一个说话结巴、连自己的创意都讲不清楚的个人。

　　因此，由团队核心成员向投资人或者合作伙伴展示创业计划则显得更为重要，即使创业团队成员实在不善言谈，也常能以真诚、务实、客观的形象及激情获得投资方的好印象。还有一种方法，邀请业内精英扮演主持人的角色，以问答的方式引导不善言谈的队员将想要表述的问题逐步陈述出来，随后加以加工润色再呈献给创业计划的受众。

一、创业计划书的 PPT 版本

大多数创新创业竞赛,在书面网评环节,都需要项目团队提交一份商业计划书的 Word 版以及一份 PPT 版本。你认为在评委专家评审时,会先看 PPT 版本,还是先看 Word 版本呢?

事实上,你经过充分调研,撰写了几万字的文字版计划书,也许都不会被评委打开,因为评委没有那么多时间仔细阅读。大多数评委倾向于先看 PPT 版本,包括在创业项目实际寻求投资的过程中,投资人也是青睐于看 PPT 版本。这是由于投资人和评委每天要看大量的计划书,他们希望在尽可能短的时间内快速判断出这是不是一个他们值得去跟踪的项目,或者是不是一个可以给予晋级下一轮比赛的项目。因此看完 PPT 版本,如果觉得项目有价值,希望更深入地了解,或者需要从详细的文字版中得到更多 PPT 版本的支撑材料时,很多投资人和评委才会去花更多时间看 Word 版本。因此一份简明扼要、页面精美的 PPT 版本,重要性不言而喻,需要创业者非常用心地制作。

我们准备计划书的过程中,还是要先完成详细的 Word 版本,这个版本不但是给投资人看的,更是自己厘清思路的过程,随后再根据使用场景的需要,浓缩成 PPT 版本去进行展示。

二、创业计划书展示准备

1. 具体准备工作

演示创业计划要有一个基本的演示战略,精心准备和经常锻炼是使创业计划书展示变得精彩的基本方法。巧妙构思展示的内容、制作专业的演示文稿,可以提高展示者的信心,使展示获得满意的效果,因此我们需要把展示准备工作做细做好。展示准备包括演讲前的准备和演讲过程中的准备两个方面。

在展示自己的创业计划之前,首先需要搜集听众的相关信息,以便和观众建立各种联系。通过搜索风险投资网站,可以了解参加展示的风险投资家或天使投资者的信息,分析自己的创业计划和这些听众之间是否存在某种联系,或演讲者本人与这些听众之间是否有个人联系。如果创业计划能够和听众的某些活动联系起来,或演讲者曾经和听众有过同学关系或相同的兴趣爱好,就会让投资者感觉到给予支持可能带来的益处,那么展示工作就会达到事半功倍的效果;准备和展示场合相符的服装,按照合理分配的展示时间多进行练习,尽可能多地了解展示场地的信息,都是准备阶段应该做的工作。

首先,展示过程应决定由谁来负责展示,一般的创业计划大赛都会要求所有创业团队成员参加展示,但是并不要求所有成员都要进行陈述,因此选择合适的人员进行陈述是成功的关键因素之一;其次,展示过程中的核心元素是展示的人,而不是展示的幻灯片,展示的幻灯片一定要做得简明扼要,只提供展示的总体框架并强调发言内容的重点,展示者一定要将听众的目光吸引在自己身上;最后,想方设法使展示变得生动有趣、充满激情。麻省理工学院的一项权威调查表明,沟通涉及三个层面,视觉(身体语言)占 55%,声音(语音语调)占 35%,口头表达(用语用词)占 7%。因此,在展示过程中,通过提问观众而有意停顿,或提高音量,或使用丰富的表情感染鼓舞观众,吸引观众注意力,多和观众沟通等都是不错的展示技巧。

2. 需要注意的问题

创业者在演示创业计划时应注意的一些基本问题如下。

(1) 准备充分。当创业者奔波于多个演示会时，在前一轮会议结束后，管理层的协商应该是具有重要意义的"总结和准备大会"，而不仅仅是一次例行小结。应事先推测对方可能会提出一些什么问题，展示的重点何在，还要准备回答在会议期间出现的其他问题。对此千万敷衍不得。

(2) 演示时不要只顾自说自话，而要创造机会让到场的投资者也参与发言或演示，实现相互之间的交流和互动。演示应保持条理清晰的风格，突出市场前景，刺激投资者的兴奋点。演示一开始，就声明演示过程允许双向参与，任何时候都可以被提问或打断。如果在最初的五分钟内无人提问，本方成员应该主动提问，有意地打断演示过程。这样做的意图是活跃现场气氛，带动投资者的参与积极性。

(3) 不要过分强调技术因素或故意使技术环节复杂化。关于技术问题，可以准备一份专门介绍的活页，在需要的时候可以适时插入。技术类图表的出发点应该是为支持市场与产品定位预测服务，如果没有特殊要求，不必多做解释。

(4) 分别做两份完整的结算表，一份面向技术背景有限的私人投资部门，另一份则面向熟知专业技术的精明投资者。演示应针对投资者的技术基础和专业背景。例如，如果投资者的背景是财会专业，则有侧重地应用账务举例。

(5) 引用业内专家或行业期刊的评论，其观点应明显支持产品和市场定位。

(6) 实际执行演示的人员应具备突出的沟通表达能力。演示者不一定是经理，这样安排的效果可能更好。因为此时经理可以观察听众们的反应，当注意到听者出现困惑或茫然的表情，或发现投资者的参与热情有所减退时，应及时打断演示，再次强调一些能激起兴趣和参与热情的方面，增加内容的可信性。

三、创业计划书展示的内容

当你向他人口头介绍自己的创业计划书时，首先要考虑如何准备这项任务以及如何进行演讲，你怎样向他人展示自己以及你与演讲对象的互动方式，这些与计划书本身一样重要，当你向他人推荐你的计划时，你的观众不仅仅只关注你的计划书，他们同样关注你（和你的团队）。你怎样推荐自己、你的面部表情、你的幻灯片是否清晰、你怎样应对投资者的提问以及一些突发状况，对于你的观众或评委来说，都是评判你是否是一个有效经营者的线索。一般来说，风险投资家或评审专家阅读一份创业计划书的时间在 5 分钟左右，他们主要关注业务和行业性质、项目性质（借钱还是风投）、资产负债表、团队、吸引人的地方等内容。因此，在展示创业计划书的 PPT 时要着重说清这五方面内容。

准备创业计划书演讲要做到尽可能多地搜集你演讲对象的信息，了解有关演讲时的注意事项，如发言时间限制、着装要求、名片等，还要反复练习，了解演讲场地的情况，并学习演讲技巧，精心制作 PPT。

进行创业计划书展示的一个重要指导思想，就是不仅要向你的观众传达信息，而且要感染鼓舞他们；既可以以明显的方式，也可以在不知不觉中感染他们。例如通过介绍个人经历或传奇逸事向观众表明为什么你认为你的事业如此重要并全身心致力于它的成功。

你不可能在一份 25～35 页的创业计划书或 15 分钟的演讲中传递所有信息。所以,必须把重点放在观众认为最重要的部分。而且展示的演示文稿应尽可能简单,一些专家给出了 6-6-6 法则,即每行不超过 6 个词语,每页不超过 6 行,连续 6 张纯文字的幻灯片之后需要一个视觉停顿(采用带有图、表的幻灯片)等;一场二三十分钟的演讲最多不超过 12 张幻灯片。例如,要求用十张 PPT 展示创业计划书,可以如表 8-2 所示来组织展示内容。

表 8-2　展示创业计划书的十页 PPT 内容

顺序	内容	顺序	内容
1 标题	• 公司名称/标志 • 创始人姓名、联系方式 • 致谢人 • 日期	6 竞争	• 详述你的直接、间接、未来竞争者 • 展示你的竞争者分析表格 • 通过竞争者分析表格说明你与竞争对手相比的竞争优势 • 为什么你的竞争优势是持久的
2 概述	• 产品或服务的简要介绍 • 演讲要点的简单介绍 • 这项商业活动带来的潜在收益的简要介绍	7 市场和销售	• 描述总体市场计划 • 描述定价策略 • 说明销售过程 • 行业内消费者(厂商)的购买动机 • 怎样引起消费者对你的产品或服务的注意 • 产品怎样到达最终消费者手中 • 自己培育销售力量还是与中间商合作
3 问题	• 说明亟待解决的问题:问题在哪里 • 为什么顾客对现有结果不满意 • 未来的出路是什么 • 通过调查研究证实问题:潜在顾客的需求是什么? 专家的观点是什么	8 管理团队	• 介绍你现有的管理团队中个人的背景与专长,对这份事业的成功发挥的作用 • 介绍团队如何展开合作 • 说明管理团队现存的缺陷以及你打算如何弥补 • 介绍你的董事会或顾问委员会成员
4 解决办法	• 说明问题解决办法:展示你的解决办法与其他解决方案相比的独特之处 • 展示你的解决方案能在多大程度上改变顾客的生活,是更富足、更搞笑还是更实用 • 说明为了防止他人短期内抄袭你的方案设置了什么障碍	9 财务规划	• 未来 3～5 年总体收入规划 • 现金流规划 • 融资的渠道 • 资金使用方式
5 机会和目标市场	• 清楚地定位具体目标市场:描述保持目标市场广阔前景的商业和环境趋势 • 用图表展示目标市场的规模、预期销售额(至少三年)和预期市场份额 • 说明达到你的销售额的方法 • 准备好解答对于数据的疑问	10 总结	• 总结企业最大的优势 • 团队最大的优势 • 企业的整体战略

素养提升

"互联网+"大学生创新创业大赛红旅赛道注意事项

在全国"互联网+"大学生创新创业大赛上,特别开辟了"青年红色筑梦之旅"赛道,鼓励青年学子关注农村、关注弱势群体,并把精准扶贫作为大赛的主要赛事之一。"红旅"立足实际需求,立足强国建设,组织百万大学生深入革命老区、贫困地区和城乡地区,接受思想洗礼,助力精准扶贫、乡村振兴和社区治理,用创新创业的生动实践汇聚起民族复兴的磅礴力量。

"青年红色筑梦之旅"项目类别将会分化为乡村振兴和社区治理。具有公益性质并且可以带来一定的社会效益的项目均可以参加此赛道。常见的红旅项目有:①文艺晚会文化下乡;②关爱留守儿童;③培训残疾人再就业创收;④帮助农民销售农产品;⑤开发特色农村旅游。

红旅赛道还分两组:商业组和公益组。红旅商业组具有公益性质,能带来一定的社会效益,并且具有良好正当的盈利情况;红旅公益组也具有公益性质并能带来一定的社会效益,但项目无盈利模式或盈利能力极差,是免费帮助受众人群和地区的。

在设计红旅商业赛道和公益赛道的商业模式时需要注意很多问题。红旅商业组,比如特色农村旅游项目的开发。可以设计一部分公益属性,例如引导当地农民开设农家乐增加收入、在项目中设置扶贫公益岗位等,这个项目就变成了红旅项目,可以参赛红旅商业组。红旅公益组,例如文化下乡活动,本身项目盈利能力极差,靠收门票根本无法维持项目运营,这种情况下就可以不收门票,改走红旅公益组。

专题小结

本专题包括"创业计划书有什么用""创业计划书的内容""如何写好一份创业计划书"和"创业计划书的展示"四个项目。创业计划是一份全方位描述企业发展的文件,是企业经营者素质、融资能力的重要体现。一份精心打造的创业计划书,其最重要的作用是吸引潜在的投资者,为项目的运作和发展提供一个平稳、良好的开端。"创业计划书有什么用"项目中介绍了什么是创业计划书以及创业计划书的价值。"创业计划书的内容"项目中介绍了创业计划书撰写的原则、框架以及正文的主体部分内容。"如何写好一份创业计划书"项目中介绍了完成一份计划书需要做的前期准备工作、撰写的步骤以及写作的注意事项。"创业计划书的展示"项目中主要介绍了如何把一本详细的计划书用最精练的语言向评委或者投资人展示出来。

拓展训练

训练目标:撰写创业计划书。

成员构成:与你熟悉的同学或朋友组成6~8人小组。

训练要求:小组完成一个创业项目或选择一种创业模式,撰写创业计划书并完成PPT制作。

　自由讨论：

　1. 如果让你创业,你会选择哪种类型创业?

　2. 创业者通常应该具备何种价值观?

　3. 作为创业者,针对拟进入的领域,你认为该领域或行业对价值观是否有特殊的要求?

商 业 路 演

学习目标

1. 了解商业路演的概念、形式及要素。
2. 掌握路演 PPT 的制作。
3. 掌握商业路演的主要技巧。

思维导图

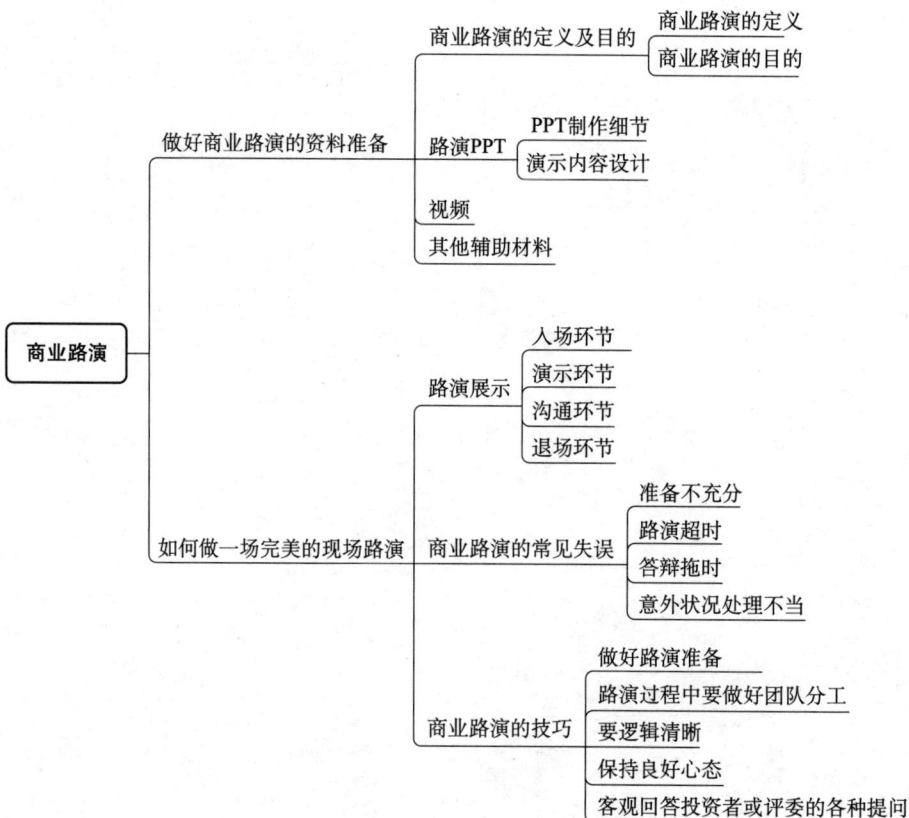

导入案例

两 次 路 演

向辉是某大学师范专业的学生,他不满足于未来做老师,想自己创业,于是组建了一支创业队伍,借助互联网的东风做了一个基于微信的移动互联网教育平台。由于创业资金短缺,因此他决定进行创业路演。

第一次路演,台下坐着几排的投资人和许多观众,参加推介会的创业者也很多。向辉在中间上场,他有兼职授课的经历,也有一定的演讲基础,因此他一点也不怯场,将自己的项目完整地讲述了出来。他的表现不错,但是投资人并不买账,觉得向辉的想法太大,要完整地实现这个想法需要很大工作量,建议他选择其中一项进行深挖,如专注升学辅导,因此,并没有人表示出明确的投资意向。向辉在台上没有反驳,但是他坚持自己的想法是正确的,虽然现在项目还没上线成型,具有投入大、盈利慢、周期长的缺点,但是项目的市场空间很大,单独深挖某一项内容并不能支撑项目长期稳定的盈利。

路演结束后,向辉特意留下来,找了对他项目提出强烈疑问的投资人吴先生,单独跟吴先生交流了半个多小时,确定其完全明白了这个项目才告辞。半个月后的一天晚上,向辉接到了一个电话,对方是万格资本,表示从吴先生处知道了向辉的项目,对此很感兴趣,想要约一个时间进一步沟通。几天后,向辉带上3个负责技术的成员去了万格资本,他们进行了第二次路演。万格资本也是做好了约谈准备,4个专业的投资人和向辉面对面地交谈了项目,还给了向辉很多指点,辅导其完善《创业计划书》、梳理商业模式,讲解创办经营企业应注意的问题等。

约谈在友好的气氛中结束,万格资本拟向向辉团队提供50万元的种子轮投资,并在推广、技术等方面为向辉提供帮助。向辉很高兴,他的移动互联网教育平台终于迈出了从设想变成现实的关键一步。

资料来源:姚波.大学生创新创业基础(项目式)[M].北京:人民邮电出版社,2022.

问题探讨:

向辉两次路演对你有什么启示?

项目一 做好商业路演的资料准备

▶ **案例一**

Mind Band:随心而动的音乐创作平台

在第四届中国"互联网＋"大学生创新创业大赛中,来自浙江大学的"Mind Band:随心而动的音乐创作平台"荣获金奖。健康数据、自由哼唱、浪漫的大自然以及视频图片等元素,都可以通过平台变成音乐的合奏。通过原创音感模型、VAE模型、GAN模型等强大的技术,支持AI作曲音乐联想,支持多元传感数据,智能生成音乐短视频。

Mind Band是一个非常有意思的项目。它不是传统意义上那种音乐院校或专业的音乐创作,而是给有配乐需求的游戏影视公司、喜欢音乐有创作热情但是不会音乐制作的年轻人使用的音乐创作平台。一段哼唱就可以根据场景、图片等元素转换为古典、民族等各种风格的音乐,其中以人工智能技术为基础。

项目路演中插入了大量的音乐片段,很好地诠释了项目的优势、特点、使用的效果等。对于评委(投资人)非常有说服力。

资料来源:据腾讯网资料整理,https://mp. weixin. qq. com/s?_biz＝MzI3ODM2ODIwMg%3 D%3D&mid＝2247484902&idx＝1&sn＝0b12ded1f4da216729605b9206226ec1&scene＝45 # wechat_redirect.

问题探讨:

你认为一次"夺目"的路演应该准备哪些材料?

知识链接

一、商业路演的定义及目的

进行商业计划书推介的最好的方式就是路演,路演可以将创业者的想法推介出去,增强投资者的信心,使商业计划书有"用武之地"。

(一)商业路演的定义

路演是指通过现场演示的方法,引起目标人群的关注,使他们产生兴趣,最终达成销售。它是在公共场所进行演说、演示产品、推介理念,并向他人推广自己的公司、团体、产品、想法的一种方式。

路演最初是国际上广泛采用的证券发行推广方式,是证券发行商通过投资银行家或支付承诺商的帮助,在发行证券前针对机构投资者进行的推介活动。路演是在投资、融资双方充分交流的条件下促进股票成功发行的重要推介、宣传手段,它可以促进投资者与股票发行人之间的沟通和交流,以保证股票的顺利发行,并有助于提高股票潜在的价值。

商业路演是指在规定时间内,企业代表在公众场合运用路演的方式向众多的投资方讲解自己的企业产品、发展规划、计划,把自己和项目或公司推销出去,是创业大赛、项目融资、展示的重要手段。

(二)商业路演的目的

商业路演的优势是可以同时让多个投资者认真倾听创业者的讲解和说明,同时还可以让他们有一个思考和交流的过程。通常情况下,投资者每天看到的商业计划书和接触的项目很多,有的投资者甚至一天就要阅读上百份商业计划书,所以他们只能凭借市场份额、盈利水平等硬性指标来筛选项目,很难了解项目的独特之处,很多优秀的创业设想也因此与投资者擦肩而过。商业路演是为了促进投资者与创业者之间的沟通和交流,让创业企业达到融资的目的。所以,路演不是目的,融资才是目的。

延伸阅读

企业孵化器的服务内容

据全美孵化器协会的研究资料显示,企业孵化器的服务项目通常包括网络支持、互联网或信息技术服务、咨询、联系战略合作者、商业计划支持、协助获取天使投资或风险投资、联系大学研发机构、帮助学生实习或就业、管理团队发展、财务管理支持、知识产权支持、法律服务、提供专业实验设施、人力资源管理支持、产品或技术开发支持、与技术相关工艺的支持,国际贸易支持等。

我国学者则将中国企业孵化器提供的服务概括为以下四类。

(1)一般性服务,包括场地、商务设施等。

(2)管理咨询服务,包括一般性商务代理服务,制定战略、管理制度、人力资源管理制度,进行市场分析、专业知识培训等。

(3)投融资服务,包括协助企业获得政府资金、申请担保贷款、直接对企业进行投资、与风险投资结合等。投融资服务是企业孵化器的核心服务功能之一。

(4)专业技术服务,包括提供工程管理技术检测计算测算及其他各类专业技术支持。

资料来源:据百度文库网资料整理,https://wenku.baidu.com/view/34292767cc84b9d528ea81c758f5f61fb736280f.html。

二、路演 PPT

路演时一定要让台下的人在最短的时间内听明白"我"是谁、我的项目是什么、为哪类客户服务、提供什么服务、满足什么需求、现在成果如何,然后就是尽一切办法让他们记住你、选择你。

在确定了演示内容之后,如何将这些内容更好地呈现给评委或投资者,这是一个值得注意和思考的问题。通常情况下,大家都是利用演示文稿来展示商业计划书的核心内容。制作一份一目了然、具有视觉美感的演示文稿需要一定的技巧。

一般情况下,演示文稿的制作分为三步:理解内容、构思框架、制作美化。理解内容要求演示者充分理解商业计划书中的全部关键内容,并将这些内容串联起来,形成一个完整的故事线,然后将故事线划分为几个情节,根据撰写商业计划书时的团队分工情况来完成各自模块的情节内容。构思框架是指各个故事情节之间磨合的过程,包括内容上的衔接和结构上的统一,在此基础上形成一个清晰明了的演示文稿制作思路。制作美化是指演示者根据确定的演示内容和制作思路,从商业计划书中提取图文素材,并将这些内容放到演示文稿里,然后对每一页演示文稿的内容进行调整与美化,以便更有效地向评委或投资者传递商业计划书的主要内容。

(一)PPT 制作细节

1. PPT 尺寸

PPT 常见的尺寸有 16∶9 和 4∶3,建议大家制作 PPT 时将 PPT 尺寸设置为 16∶9,许多同学把 PPT 尺寸设置为 4∶3,这就会导致路演时 PPT 两边会留下大块黑色区域非常影响美观。4∶3 的尺寸偏正方形,16∶9 的尺寸更偏长方形。相较于 4∶3,16∶9 的尺寸可以填充整个屏幕,不会在两边留下黑色区域,在视觉上更能给人一种沉浸和投入的效果。这也是为什么电影的尺寸都是偏长方形的。调整 PPT 尺寸的步骤:选择菜单栏中的"设计"→"页面设置"→"幻灯片大小"→"全屏显示(16∶9)"选项。

2. 路演时长

制作 PPT 之前,要先确定自己的路演时长,这样就能够对路演 PPT 制作有一个初步的页数概念。

比如 8 分钟的比赛路演和 4 分钟的项目路演之间就会有很大的区别:时间越短,对于 PPT 的页数和凝练程度的要求就越高;而时间长的路演,就要考虑哪些出彩的地方可以在规定时间范围内做完善和补充。

在制作 PPT 时,如果没有时间观念,就会没有取舍,容易导致 PPT 里的内容没有重点,没有核心,甚至会出现路演超时或演讲语速过快的情况。有时可以在 PPT 制作完成之后,反复试练和修改,使内容在规定时间内可以有最好和最大程度的呈现。

3. 框架逻辑

好的路演 PPT 都是逻辑清晰、结构完整的,所以在制作 PPT 之前要先对 PPT 的内容和逻辑做一个架构。

例如,在创新创业比赛中(如"互联网+""挑战杯""发明杯"等),参赛者需要将商业计划书、调研报告、创意方案等转化成路演 PPT,这些都需要提前设计好路演的逻辑思路。

情形一:加入目录页或分隔页

加入目录页或分隔页有一个好处,就是能让整体内容有区分、架构更清晰,比较适合页数较多的 PPT。目录页如图 9-1 所示。

图 9-1　目录页

情形二:不加目录页或分隔页

不加目录页或分隔页有一个好处,就是中间会更连贯,但是这要求演讲者要对项目内容的整体逻辑有更充足的把握。

例如,有些创业 PPT 只有几页,市场痛点、商业模式、盈利模式、客户分析、推广方案、财务分析、融资计划等内容可以顺畅连贯地将项目阐释清晰,这时就不需要再加目录页或分隔页了。

4. 选择主题

路演的 PPT 模板可以选择从网上下载或自己制作。在自己制作 PPT 时,应注意整体风格的统一,否则观看者会眼花缭乱、无所适从。主题的选择包括选择主题图片和主题色。主题色可以有很多选择,只要整体美观,不影响观看就可以了。如果无法驾驭,就不要选一些太辣眼的颜色。整体排版用色和文字用色要"统一风格、符合项目"。

5. 排版美观

排版是 PPT 设计和制作中最关键的环节,其要点有:加大对比的力度;让视觉元素重复出现,保持一致;任何元素都不能随意摆放,必须与同页面的另一个元素有某种视觉联系;避免使用居中对齐;避免使用复杂或延时较长的动画效果;背景颜色和图片要合理、适当。

演示文稿的背景应尽可能与创业计划书表现的主题相关,要求简洁大方,不宜采用过多的颜色,能够体现项目或产品特色即可。在这里,演示者可以选择比较好的演示文稿模板或自己制作,如果采用演示文稿模板,应注意将其中多余的要素删除,如模板中已有的公司标识、来源标志等。

字体:字体稍微大些比较好,不低于 16 磅;不建议使用默认的、平庸的宋体;不建议使用标新立异的字体;同一页面最好不要超过三种字体。

好看的 PPT 排版会让人赏心悦目,更能让演讲者如虎添翼。多学习优秀的 PPT 排版和设计,一定会让你技艺大增,如果团队里有美工则更好。

6. 内容简介

采用演示文稿进行展示的最大忌讳就是文字太多,因为这样做会导致人的视觉疲劳、无法抓住关键信息,影响演示效果。因此,为了避免这些问题,演示者可以多采用图表、动态视频、不同的字体颜色和大小等形式,来增强内容的可视性。

PPT 总篇幅应根据路演时间进行控制,路演不是把所有内容都写到 PPT 中,而是列举出关键的提纲,拓展的内容都是创业者口述出来的。

切忌堆砌文字,PPT 上的内容最好与演讲内容有所区分,可以是演讲内容的浓缩要点,也可以是生动化和可视化的内容。能用图,少用表格;能用表格,少用文字;切忌用大段的文字,每页中的内容不要过多,保证必要的信息量即可。路演现场,大家并无心思去阅读,更多的是聆听,所以 PPT 做得丰富多彩,不让下面的观众视觉疲劳即可。减少不必要的动画效果,便于制成 PDF 格式。

(二)演示内容设计

1. 核心元素

在短短几分钟的项目路演中,要想引起台下观众的兴趣,路演就必须满足简洁、清晰、有力三个要求。路演时要着力阐述观众最关心的三个问题。

(1)"我们"是谁?

（2）"我们"在做什么？

（3）为什么选择"我们"？

这三个问题的叙述顺序可以调整,但绝不可以省略。至于很多细节的东西,比如股权结构、公司名称、坐标等,甚至融资数额,都不是最重要的。回到首要理念,如果他们对你都不感兴趣,再完整的细节也没有意义。

2. 组成

（1）开门见山页

元素：项目名称和LOGO；简洁的描述。

目的：用一句话把项目说清楚；用最大的亮点引人入胜。

（2）需求与时机页

元素：发现的需求；目标用户的痛点；为什么现在是最好的时机等。

目的：提出关键问题、营造真实的应用场景,尽力让投资人产生共鸣,例如,Mind Band是根据场景信息生成音乐,并且采用AI作曲,支持全音乐的类型。针对游戏/影视/动漫行业中配乐制作从业者匮乏、音乐版权费用高昂的现状,为这些行业提供了准确的模式化产品的配乐服务。这个市场不仅巨大而且在不断地成长。从投资的角度看,市场足够大并且客户清晰,可复制性强,成长性自然可期；专利等构筑了一定的护城河,能够保持一定的竞争优势；可投资性强；从最终的投资意向能够看出,项目还是比较有吸引力的。

（3）解决方案页

元素：现状的解决方案及其短板；自己的解决方案；自己方案的优点及量化分析；如果以前压根没解决方案,也要阐述原因。凭什么你是第一个发现的？很有可能别人都试过了,压根就是需求伪命题,不需要要解决方案呢？

目的：对现有解决方案进行展示,进而阐明新的解决路径及其示意图。

（4）市场规模页

元素：市场增长的阶梯图——用以说明这个行业前景很好,增长迅猛；同心圆——用以描述目前市场已被瓜分的比例,如果比例很小,说明市场前景很好；推导依据——如果是完全新兴的市场,则要有很强的逻辑依据说明现在所做事情的潜在市场足够大。

目的：直击风险投资人最关心的问题,增强说服力。如果是人人皆知的市场,一笔带过即可,否则需要详细解释。也可拿已成功的案例类比自己的项目。

（5）产品服务、业务数据页

元素：产品截图、视频演示或实物演示——根据经验,产品视频或实物演示能在众多项目一起路演的活动中格外吸引投资人的注意力；目前项目的核心业务指标、业务数据可以用醒目的数字标示、曲线增长图或市场占领地图来充分调动投资人对项目产品的激情（一般到这个页面,路演者必须调动起所有投资人的激情,否则会丧失后续演示内容对观众的吸引力）。若没有数据,则多谈产品。

目的：以实打实的产品展示来突出产品的核心竞争力,在最具深刻洞察力的方面建立优势。把产品的特色转化为投资人的利益,以此来吸引投资人的注意力,调动其激情。

（6）竞争能力页

元素：表格图。纵轴是竞争对手,横轴是关键功能或指标。

直接列举,包括直接对手及潜在对手。对手有哪些,到什么阶段,做到什么程度。你的市场定位是什么？

如何防止竞争对手夺走你的市场份额？

你的秘诀是什么？你将如何变得比竞争对手更优秀？

目的：展示你在适应市场和获得市场份额上的信心，同时展示你当前的客户满意度和忠诚度。

（7）商业逻辑页

元素：商业模式画布图；盈利的模型。商业模式的逻辑是否成立？

你的商业模式如何通过实验或案例研究获得了验证？

目的：参考商业模式画布、梳理业务逻辑与客户、用户、合作伙伴之间的关系，说明盈利的方式。

例如 Mind Band 的市场主要针对有配乐需求的游戏影视公司，并且也针对喜欢音乐、有创作热情但是不会音乐制作的年轻人。其盈利模式在于为企业提供针对特定化场景配乐的技术服务，以及个人端的会员订购和音源包的加购。

（8）团队展示页

元素：创始人 CEO＋创始人团队风采展示；核心员工团队展示，头像、姓名这些都不重要，重要的是亮点，比如名校高才生、名企高管、连续创业者。有何独占资源可以帮助项目更好地发展等。

目的：展现出团队志同道合、互信互补、业务强、契合度高的优良风貌，提高投资人的信任度（见图 9-2）。

图 9-2　团队展示页

（9）融资规划页

元素：股权分配方式；股份出让比例；融资数额；融资用途。

目的:为了支撑前述的项目策略,此时需要提出融资需求。时至现在,投资人已大概明白了这个项目是否是一个好的投资机会,现在他们需要明白这个项目需要多少资金来推动。

如果路演 PPT 非融资型或时机未到,此页可去掉。

(10) 结束页

元素:项目愿景＋一句话描述:产品下载地址、个人微信、二维码。

注意:不需要加感谢页,以免画蛇添足。

目的:最后一次强化该项目的最大亮点,提醒投资人为什么要投资这个项目。

以上就是撰写路演 PPT 时所要涵盖的一些内容要素,在实际操作时,项目路演者可以根据自己的需要灵活调整顺序。

三、视频

路演视频和路演 PPT 一样,起辅助作用。其主要内容是企业的基本架构、商业模式、核心竞争力和投资价值。在制作路演视频时,不必反复提及一些基本概念,突出核心亮点和竞争优势(独家专利技术)即可,目的性较强。

路演视频的时间应控制在 1 分钟以内。

放在开场:介绍产品,特别是典型应用场景;放在结尾:展示用户真实反馈。放在开场的作用是抛砖引玉,为自己的演讲设定基调。因此视频风格必须与 PPT 以及演示风格一致。

制作视频时,应注意以下两点。

(1) 告诉他们你想传递什么信息,将信息传递出去,最后再总结一下。将视频简单明确地分成几个部分来传递你的信息非常重要,这样投资者和其他观众才会被视频内容吸引而参与其中,不会因无聊而失去兴趣。

(2) 重要的是公司,而不是个人。视频的着重点建议放在公司本身、整体成就或几个关键的部门员工身上,而不是单单着重介绍一个有远见的 CEO。

四、其他辅助材料

(1) 产品实物原型、与项目符合的工具。例如,Mind Band 项目路演很好地诠释了项目的优势、特点、使用的效果等。

(2) 演讲逐字稿。过多地使用专业术语会阻碍投资人快速理解项目并做出判断。可以先把每一页的字数/图片砍掉一半,然后把剩下的再砍掉一半。对着页面上的每一个元素——拷问自己:"为什么我要这样做?"若答不出,则删掉。

项目二　如何做一场完美的现场路演

▶ **案例二**

2022雷军年度演讲新品发布会

在大家的眼中,新品发布就是新品发布,今年雷军把演讲和新品发布会结合在一起了,看点颇多。雷军在 8 月 8 日发布微博称,他计划举办雷军年度演讲,主题估计会戳到很多人的痛点，"穿越人生低谷的感悟"！并且，他说，这是他第三次举办年度演讲，这次想讲点不一样的！可能是大家之前没有听说过的。去年我曾经说过，如果大家喜欢，我会坚持继续办下去。过去两年，大家的反馈还可以，我就决定今年继续。演讲，不是我擅长的，只是想每年有机会和米粉朋友们做一次深度的交流。

虽然我不擅长讲段子，但这次的内容，一定不会让你失望。会讲 1 小时的时间，内容都是我精心准备的，希望大家能坚持听完。演讲之后是我们秋季新品发布会，内容非常丰富，还会披露我们在技术探索上的一些新进展。演讲＋新品发布，预计 3 小时左右，也许会超时一刻钟，请大家提前做好准备。雷军称这次他投入了大量的时间和精力（见图 9-3）。

图 9-3　雷军年度演讲

在这场发布会上，雷军回忆和总结了自己的几段经历，尤其是带领金山软件开发盘古失败后推出 Windows 版本的 WPS，历经千辛万苦走出国产软件的一片天，推动金山上市取得成功获得财务自由，其中的酸甜苦辣各种滋味溢于言表，同时在看好移动互联网从天使投资到亲自创建小米也是浓墨重彩的一个环节，这也跟他这次发布会的重头——小米新品发布无缝衔接。

看得出雷军和营销团队花费了大量心思，也不难看出雷军将小米的品牌和自己的奋斗完全绑定在一起，我们完全可以说"小米就是雷军，雷军就是小米"。

随着年岁的增长，雷军的营销能力和演讲话术越来越娴熟，连他不太标准的普通话发音也成为他的一个标志。

资料来源：据搜狐网资料整理，http://news.sohu.com/a/579294554_100118156.

问题探讨：

路演时应该说些什么？该怎么说？哪个更重要？

知识链接

商业计划演示过程不仅包括演示内容设计,还包括现场展示的 4 个重要环节,即入场、演示、沟通、退场。入场环节是指从团队进入场地到第一位成员开始讲解;演示环节是指从第一位成员开始讲到最后一位成员完成讲解;沟通环节是指从第一位评委开始提问到最后一位团队成员回答完毕;退场环节是指从致谢评委和投资者到团队最后一名成员离开演示场地。这 4 个环节对于演示来说至关重要,评委和投资者可以通过这个过程全方位审视团队的整体表现,并对演示项目进行评判。

一、路演展示

(一)入场环节

在大多数人看来,演示的开始时点是演示者开口讲解的那一刻,而不是演示者入场的那一刻。实际上,在演示团队入场时,演示就已经开始,此时评委和投资者便开始观察和评判团队的行为表现。因此,演示者在入场环节就需要做好相应的准备工作。

1. 熟悉演示设备的使用

演示团队入场后,各成员应根据事先安排尽快行动起来。负责演示的人要保持站姿、面带微笑、平稳心情、准备演示;负责播放演示文稿的人要试一试计算机能否正常操作,看一看演示文稿中的内容格式是否发生变化;其他成员可以查看一下话筒能否正常使用,熟悉激光笔的相关操作按钮,若发现存在故障,应及时与工作人员沟通,尽快更换设备;此外,如果准备了宣传册和样品,相关演示者可以早点交给评委预览。上述准备工作是为了保障后面的演示环节正常进行,同时也是演示者向评委展示团队成员积极准备、团结协作的好机会。

2. 开口讲解时点的把控

通常情况下,演示者在基本工作准备就绪之后就开始进行演示,往往会忽视与场下评委们的举动。需要注意的是,演示者在开口讲解前应当先观察评委是否看向前方大屏幕,如果评委还在讨论一个项目或低头看材料,那么演示者就不要匆忙开始演示环节,可以通过静候或提问的方式唤醒各位评委。等评委们都将注意力放在台上时,再正式开始演示文稿。

(二)演示环节

案例分析

路演以失败告终

动漫设计专业的张小由于专业技能过硬,毕业后许多动漫企业都向他抛出了橄榄枝,但他都没有动心,因为张小早就下定决心自己创业了。他组建了自己的团队,经过几个月的调研,团队撰写了一份关于动漫工作室运营的商业计划书。商业计划书做好后,为了使其能付诸实施,就需要将商业计划书推介给投资者,也就是进行路演。

张小做好了充分的路演准备,反复操练路演 PPT 的播放。但在实际演讲时,由于太紧张,在整个演讲过程中不断出现"嗯"或"啊"这样的词汇,而且演讲思路也不清晰,没有陈述清楚该项目最大的价值。不难想象,路演以失败告终。

资料来源:杨京智.大学生创新创业基础(大赛案例版)[M].北京:人民邮电出版社,2022.

演示环节是整个商业计划演示的核心环节,一般从主讲人介绍项目名称开始。在这个环节,相关演示者需要把握以下几个重点问题。

1. 站姿、面部表情和声音

首先,演示者一般是团队中表达能力最强的人,是原地不动地讲解还是走动讲解,取决于演示者自身的风格,只要能保证最好的演讲效果就行。其次,演示者在讲解过程中应当面带微笑,与台下的评委和投资者多一些眼神交流。最后,演示者的声音应当洪亮。节奏要把控得当,比如在讲解关键内容时,提高音量同时放慢语速。此外,其他团队成员应当保持乐观积极的状态,站姿要端庄、有活力,避免交头接耳。

2. 演示时间把控

演示时间一般有5分钟以内、10分钟、15分钟和30分钟等,这需要结合创业大赛的要求来确定。如果演示时间短,演示者就略讲不重要的内容,详细地讲解关键内容,例如市场痛点、市场需求、产品、市场分析、资金筹措与运用等问题。由于每部分内容都具有很强的专业性,因此其他成员在必要时也需要讲解,这就要求团队成员们要把控好时间分配。从以往演示经验来看,如果时间少于10分钟,其他成员就不需要讲解,一人讲解即可。如果时间比较长(如15分钟),其他人可以针对相应的内容进行讲解。无论怎么安排,演示者只要能在规定的演示时间内讲完并保证演示效果就可以。

3. 有效传递项目信息

评委和投资者听演示者讲解项目内容,就如同学生听老师上课一样,前10分钟能集中精力去听并有效接收项目信息,而后面可能就会注意力分散,无法集中精力。演示者可以采取以下措施来使评委和投资者全程集中精力。第一,借助目录,演示者提前声明要讲的问题有哪些以及对应的内容;第二,演示者在阐述问题时要直截了当、清晰明了,可以利用数据和图片来辅助说明,这样做可以减少评委和投资者的反应时间,提高理解效率;第三,演示者合理运用声音的大小,比如在开始讲重要的内容或另一个方面的内容时,演示者可以提高音量,以唤起评委和投资者的注意力。以上措施只是一部分,只要能够吸引评委和投资者的注意力,有效传递项目信息,演示者可以采取多种方法。

(三)沟通环节

沟通环节是商业计划演示的有益补充,评委会就一些关心的问题进行深入探讨,以便更准确、全面地了解项目。同时沟通环节也可以帮助创业团队梳理商业计划,解决仍存在的明显问题。这个环节有很多需要注意的事项和细节。

1. 保持平和稳重的心态

在沟通过程中,演示者要认识到评委和投资者是帮助自己完善商业计划而非评判自己,所以要以正常的心态来回答评委和投资者提出的问题,不要紧张。

2. 准确认知评委和投资者提出的问题

评委和投资者提出的问题要么是商业计划书中没有体现的内容,要么是在演讲时没有听到或看到的信息。因此,在听到问题之后,演示者应该先判断这个问题属于哪一类。如果是商业计划书中的内容,那么由负责该内容模块的人来回答这个问题,回答之后评委和投资者如果不能理解,那就再详细耐心地讲一遍;如果是商业计划书中没有的内容,那么能回答多少就回答多少。如果实在回答不上来,那么演示者可以表示希望与评委和投资者一起探讨这些内容。

延伸阅读

问答环节常见互动答辩问题

以"互联网+"大赛现场路演环节为例,一般由两部分构成:第一部分是项目路演呈现,由团队进行项目完整介绍,时间为5分钟或8分钟;第二部分是问答环节,就是现场的互动答辩,即评委提问,创业团队回答,时间一般在5分钟左右。这个环节考验的是选手的综合能力。

一、创新性

(1) 创新/创新成果(商业模式、运营模式、营销推广等)有哪些?

(2) 相比于市面上已有的产品/竞品,差异在哪/区别是什么? 项目团队是如何做到的?

(3) 产品的应用场景有哪些? 和竞争对手相比的优势是什么?

(4) 专利相关:取得专利名称、核心专利是什么? 专利所属是否为项目团队专利,是否获得授权?

(5) 客户的哪个需求是别人没满足,但是被你们满足了的?

(6) 如何保障项目持续增长?

二、商业性

(1) 融资及出让股份怎么算的?

(2) 项目目前处在什么阶段? 做到什么程度了? 项目何时盈利? 何时收支平衡?

(3) 为什么项目能做成? 资源支持有哪些?

(4) 核心优势是什么?

(5) 项目的收入来源有哪些? 财务报表的制作依据是什么?

(6) 营销策略是什么?(价格、销售、推广、渠道、文化、故事等)目前探索的渠道取得了哪些成效?

(7) 销售额最高的产品和利润额最高的产品分别是什么?

(8) 哪个产品和服务的收益可复制? 高增长?

(9) 之后几年如何保障持续增长和稳定收益?

(10) 覆盖了多少客户? 客户是否有复购? 是否愿意为你们推广产品? 转化率是多少?

(11) 简述产品成本的构成。收益是否覆盖成本?

(12) 和某某客户合作到什么程度?

(13) 产品复购率是多少?

(14) 作为创意组,也还没成立公司,团队是如何跟客户签署协议的?(创意)

三、项目团队

(1) 你的项目团队有哪些优势? 在项目中怎么体现的?

（2）团队具备的资源和能力能否支撑项目后续发展？

（3）简述项目的权益结构和股权结构。

（4）项目团队有多少人，具体分工是什么？

（5）简述团队的决策机制。

（6）介绍下外部专家等对项目的支持情况。

（7）举例说明团队成员在项目中的贡献度。

（8）介绍下团队成员/主力成员。

四、公益性（针对红旅赛道）

（1）如何让更多人从项目中受益？

（2）项目的服务模式是怎样的？有何优势？

（3）这个项目的公益性体现在哪里？

（4）服务了多少人？多少人从中受益？

五、可持续性

（1）项目是否形成了成熟的运营模式？是怎样的？

（2）项目可持续性具体体现在哪里？

（3）如何解决项目持续发展中的资金和人员问题？

（4）项目是否可以复制到其他地方？是否具有示范效应？

六、教育维度

（1）在做项目的过程中，你应用了哪些所学知识技能？解决了什么问题？

（2）团队成员都是哪些专业？有何特长？

（3）请谈一谈在校期间，你是如何想到要做这个项目的？

（4）做这个项目，你最大的收获和成长是什么？

七、实效性

（1）当地人是如何评价你们的？

（2）项目中直接就业和带动就业的数字是怎么算出来的？

（3）目前多少员工？

（4）项目间接能带动多少人就业？带动的是哪些人？

（5）项目对当地的贡献是什么？

（6）项目进行前后，当地最大的改变是什么？有无数据证明？

资料来源：据知乎网资料整理，https://zhuanlan.zhihu.com/p/544988822.

3. 沟通问题要有礼有节

为了向评委和投资者展示良好的团队形象，在他们提出问题之后，演示者应首先对他们的提问表示感谢。其次针对问题，先让熟悉该领域的成员回答，之后其他成员如果有补充，再依次有礼貌地进行补充。最后评委会根据回答情况提出一些建议或进一步询问，此时演示者要虚心接受这些建议。对于进一步提出的问题，如果演示者难以回答，那么演示者需要向评委表示后期会对这个问题做进一步的分析。

（四）退场环节

商业计划演示的最后一个环节是退场。"退场不等于结束"，当沟通结束之后，团队成员要站成一排,依然保持积极乐观的精神风貌,对评委和投资者表示感谢,然后从一个方向有序退场。演示者退场时要轻声关门,不要大声喧哗。这些细节在演示过程中非常容易被演示者忽视,但可能会直接影响全局,因此演示者一定要特别注意。

二、商业路演的常见失误

一个好的创业项目或参赛作品可以通过创业路演让创业项目或参赛作品顺利推广出去,让融资方与投资人或评委零距离接触,使投资人或评委了解项目或参赛作品。当然,路演过程中也难免会出现一些问题,那么创业路演现场有哪些常见的失误呢?

1. 准备不充分

路演者事先对创业路演的参与者不了解、路演时照本宣科,无法突出创业项目优势。不了解所在行业,未做到知己知彼,这些都属于准备不足。

2. 路演超时

参赛路演超时,且不适时停止路演,是参赛大忌,表明准备不充分。不适时结束更是不遵守比赛规则。遵守时间规则是商业素质的体现。

3. 答辩拖时

由于担心评委问更多问题,在回答一个问题时,故意拖延时间。评委没有问完问题,对项目了解不充分,降低对项目的评估分数。

4. 意外状况处理不当

现场比赛易出现设备故障、人员调整等各类问题,身为参赛选手应积极配合场务人员解决问题,对于涉及自身利益的状况,应礼貌提出或寻求合理的解决方案,一味地指责抱怨,只会给评委留下不好的印象。

三、商业路演的技巧

案例分析

看乔布斯如何准备一场发布会

史蒂夫·乔布斯(Steve Jobs)多年来都以自己超凡的个人魅力以及跌宕起伏的演讲风格吸引了无数消费者及在场媒体人士的注意力。然而许多人或许没有意识到的是,乔布斯通常会在产品发布会举办前数月就开始对其进行精心的策划和准备。

乔布斯主讲的每一场苹果发布会,给人的感觉都是一位穿黑色高领衫牛仔裤的男子,站在黑色背景的大屏幕前开讲。像讲故事一样,简单、平静,但动听、震撼。如果你读了他为发布会所做的一切准备,就会理解"台上一分钟,台下十年功"这句话的真正含义。

乔布斯通常会提前数月准备自己的新品发布会以及其他一些公关场合的出席安排。上百人参与其中。5分钟的舞台演示,是他的团队花了数百个小时准备的成果。他本身要熟知所有可能涉及的产品技术资料。比如软件,程序员可能仍在研发中,但他仍要从这个未完成的产品中获得初步的决断。

一般的发布会只租两天现场,而乔布斯却舍得花钱租下来整整两个星期进行彩排,这常常会令同行不解。

乔布斯对细节的要求之高,可以说让人叹为观止。也正是如此,苹果发布会从没令人失望过。

设定好主题:把主题放在发布会开头,以达到开门见山的效果。

参加的人都会对乔布斯条理清晰的大纲印象深刻。图形化的幻灯片:乔布斯在发布会上使用的幻灯片非常简洁,只有一些相关的图片和简单的文字,比如乔布斯在讲到"我今天想要告诉你们的第一件事"之时,幻灯片上只显示了一个数字"1"。

精心准备高潮场景:一场演讲一定要有一个令人印象极其深刻的时刻。在乔布斯的发布会上,会提前设计好高潮场景。比如乔布斯发布 Air 的时候说,"它非常薄可以装进一个信封",然后他就从一个信封里拿出了一台 Air,全场惊叹。

完美主义:演讲稿色调、聚光灯角度、PPT 都是乔布斯不能放过的细节。

一天,由于对现场布置的灯光不满,乔布斯曾手托着腮帮子在台上坐了整整 15 分钟。虽然那次他没有像从前那样大发雷霆,但现场几乎所有人都在等着乔布斯冷静下来。

现在,乔布斯已经离开了我们,但果粉依旧一如既往地享受着每一场苹果发布会。

资料来源:乔布斯活着的时候是这样开发布会的.搜狐网,https://www.sohu.com/a/191738427_221483.

(一)做好路演准备

无论是投资者还是各种创新创业竞赛的评委,留给路演者的时间并不会很多,有时是 5 分钟,有时是 8 分钟,最多不会超过 20 分钟,那么如何在这么短的时间内让投资者或评委能够记住并认可创业项目,这就需要项目路演者做好充分的前期准备:做好一份供项目路演使用的答辩 PPT,在制作 PPT 时,尽量提取关键词,力求 PPT 页面简洁但是内容充实,选取关键词要按照陈述的顺序进行,关键词最好是在陈述时能起到提示思路的作用;对创业项目的相关情况以及商业计划书要非常熟悉,并且准备好各种项目路演材料,提前准备好投资者或评委可能会提问的问题和相关答案;正式路演之前可以下载一些成功的路演视频进行观摩,并且提前进行多次项目路演模拟。

(二)路演过程中要做好团队分工

在创业项目路演中,尤其是参加竞赛路演时,不要一个人,至少要 3 个人一起出现在路演现场,不同的路演参与者承担着不同的角色,不要单独由某个人全程承担下来,要相互分工,以体现创业项目的团队性。有些人负责播放 PPT,有些人负责讲演,有些人负责回答问题,相互间也可以进行交互。要让投资者或评委感觉整个创业团队协调性非常高,以此来增强投资者或评委对团队的好感。

(三)要逻辑清晰

时刻保持与投资者或评委互动,并在路演中充分体现创业者及其团队的正能量。在路演过程中,一定要有个清晰的逻辑,这样便于投资者或评委在最短的时间内了解创业项目,而且由于不同的投资者或评委对项目的关注点是不一样的,因此在路演中要时刻关注投资者或评委表情的变化,如果发现投资者或评委对正在路演的内容不感兴趣,就应该缩减该部分路演内容和时间,反之则要拓展该部分内容延长时间。与此同时,在项目路演过程中,不要为了路演而路演单纯念 PPT,而要用比较生动和自信的语言吸引投资者或评委的注意力,同时要在路演过程中展示创业者及其团队的个人魅力和团队魅力,如充沛的精力、优秀的领导和管理能力、创新能力、刻苦努力的精神、诚实守信的态度等。

（四）保持良好心态

（1）不卑不亢。遇到不同观点时不要和投资人发生争执,应做到回答真心、提问走心、交谈保持平常心,很多问题没有标准答案,不必纠结对错;在非常不确定的情况下可以适当把投资人的问题引入自己熟悉的领域。

（2）求务实。客观评价竞争对手才是成熟的表现,对行业的理解,对未来竞争的态势的理解也要客观,最有价值的是可触达市场,所以要认真分析和表达对此市场的考量和信心,动辄几亿的市场其实会给人不理性的感觉。

（3）沉着冷静。很多时候,路演会遇到突发状况,令人措手不及,这时一定要沉着冷静,尽快地调整好自己的心态,随机应变。很多时候评委选择的不仅是你的项目,也是你这个人。

（五）客观回答投资者或评委的各种提问

路演结束,投资者或评委一定会根据路演内容进行相关问题的提问,对于这些提问,一定要据实回答;而且在回答问题时,要简明扼要,不要拖泥带水;对于无法回答或未曾考虑过的问题,也实事求是地承认暂时无法回答,或据此讨教投资者或评委;对于与投资者或评委不同的观点,也不要在路演现场争辩,避免在路演现场与投资者或评委产生激烈冲突,可以留待项目路演结束后私下与投资者或评委探讨;与此同时,还要尊重投资者或评委,要待他们提问完成之后再回答问题,对于没听清楚的问题,要及时向投资者或评委询问,不要问题不明随便回答。

📖 **素养提升**

诚信对于人生和职场的重要性

距今两千多年前,我国古代伟大的思想家孟子曾说:"诚者,天之道也;思诚者,人之道也。"可见,古人很早就懂得重视诚信了。今天,诚信在我们心中的分量,丝毫不逊于先哲。因为我们每个企业、每个人都面临着很大的竞争压力,而诚信恰恰是我们解决问题的核心所在。

诚信是个人在职场安身立命之本。对个人而言,它既是社会伦理规范,也是职场规则。如果诚信成为一个企业或一个人的品牌,那么它就会产生强大的软实力和不可估量的助推力。对于企业来讲,客户都希望和诚信的企业做交易和合作,企业拥有了诚信就等于拥有了市场营销力与竞争力;对于我们每个人来说,拥有了诚信,就等于拥有了一张人生信誉保证卡,因为每个人都希望同诚信的人交往,每个企业都希望留住诚信的员工并重用诚信的人才。

1. 最可靠的力量

诚信是一种永恒的力量。诚信是生命的皇冠和荣耀。诚信是一个人最宝贵的财产,它是信誉的不动产；它赋予每个人以尊严，提升人们的品位，促进人们的发展。

诚信的品德是在人类文明发展进程中积累起来的，无论在哪个时代、哪个国度都永远不会过时。

王充《论衡·感虚篇》上有句关于诚信的至理名言："精诚所至，金石为开。"可见，我国古人已经深刻意识到诚信的巨大力量。

在当今社会，诚信缺失的现象非常普遍，并且越来越严重。以职场为例，如果我们在工作中没有职业诚信，会造成怎样的后果？

诚信是我们在工作时必备的职业素质。即使我们的专业知识和职业技能再好，如果没有诚信，有谁会相信你？所以诚信是我们立足职场的基础。只有讲诚信的人才能得到企业的认同和重视。

没有一个人不渴望成功，但遗憾的是我们未必都具备成功人士的品格——诚信、坚忍、勤奋、顽强、执着。

很多成功的人，不管是身处逆境还是顺境，都能一直表现出诚信、勤奋和执着，通过自己的努力不断赢得社会的认可。

诚信成就未来。我们如果在工作过程中为自己建立起了诚信的口碑，就像为自己的不断发展装上了助推器，我们会得到更多晋升和发展的机会。

"北有同仁堂，南有庆余堂"。这是人们对中国两个传统企业诚信的高度认可，这两个企业也因此稳固屹立，可见诚信的力量有多大。

不守诚信，经常言而无信、制造假冒伪劣、进行欺诈的企业或个人，会如过街之鼠，人人喊打。

2. 成就事业的基石

参天大树挺拔耸立，离不开深扎大地的根的默默支撑；高楼大厦的屹立，脱离不了厚重坚硬的基石支撑；那么，我们人，又是靠什么来成就无比辉煌的事业呢？

那就是——诚信！

众所周知，天赋、运气、机遇、智力等因素对于个人的成功非常重要。但是，我们如果仅仅有这些条件却没有诚信的品德，是不会成功的，最多只能够昙花一现而最终一败涂地。

成功与诚信，二者貌似没有关联，但事实恰恰相反。许多成功人士之所以能够取得常人想都不敢想的成就，主要是因为他们能把诚信当作自己的信仰，从始至终地坚守诚信原则。

诚信不仅是一个人的品行和人格魅力的闪光点，而且是孕育、奠基并成就事业的基石。

因为诚信，所以成功。诚信是成功的前提，有了它，可以造就一切功德，可以使一切经营技巧得以成功地运用，这就是李嘉诚事业成功的奥秘所在，也是所有人成就成功事业的基石。

如果个人不将诚信作为自己立足职场的基本准则，那么最终将会落个出局的下场。

人在职场，背弃诚信原则，终将被职场抛弃。个人在职场的一次诚信背弃，可能成为其终身的信用污点，导致其职场处处碰壁。

📚 小故事

职场生存有浅滩，诚信成就未来

小杨是法国某名牌大学的留学生，成绩一直非常优异。2007年毕业后，他留在了法国，打算在法国开拓自己的事业。按理说，这样一个高才生应该很容易找到理想的工作才对。

然而，小杨的求职路途却布满障碍。尽管他拜访了很多家大公司，但都不明缘由地被婉拒。于是他不得不降低要求，狠狠心选了个小公司去应聘。出乎他意料的是，这个小公司居然也拒绝了他！

一次次的求职，一次次的被拒。小杨终于忍无可忍，这次，他决定问个水落石出。

面对小杨的质问，对方表现得出奇安静，嘴角还若有若无地挂着一丝冷笑。他示意小杨坐下，然后从计算机人才档案文件夹里调出一份资料——这是一份诚信记录。

小杨略略扫了两眼，羞愧得一言不发，逃一般地离开了这家小公司。

原来，小杨大学期间曾经在法国某知名烟草专卖店兼职做营业员，表现非常不错。然而，就在将要结束兼职生涯时，他却犯了一个致命的错误。

那一天，店内其他人员临时有事离开，生意也挺清淡。百无聊赖之中，小杨的烟瘾犯了，四顾无人之下，小杨不由自主就将柜台中的一盒名贵的香烟揣进了自己的兜里。

后来，店主一行人回来之后，小杨依旧表现得若无其事，店主也似乎没有发现，许多天过去了，也没有追查，这让小杨着实庆幸和得意了一阵子。

然而，小杨不知道的是，当他把手伸向那包香烟时，店内的摄像头捕捉了他的一切。

小杨万万没有想到，自己奋斗多年，最后竟然输在了这次香烟事件上！诚信，从此让他刻骨铭心。

诚信是成就事业的基石，更是立足职场的原则。身在职场，我们一定要严格要求自己，建立良好的职场信用。

资料来源：职场生存有浅滩，诚信成就未来．搜狐网，https://www.sohu.com/na/537967811_121337977.

✏️ 专题小结

本专题包括"做好商业路演的资料准备"和"如何做一场完美的现场路演"两个项目。"做好商业路演的资料准备"项目主要阐述了商业路演的定义及目的，PPT制作细节、演示内容设计以及制作视频的注意事项。"如何做一场完美的现场路演"项目主要对路演入场、演示、沟通以及退场几个环节提出了建议，在路演过程中，一定要有清晰的逻辑，这样便于投资者或评委在最短的时间内了解创业项目，接下来介绍了路演中常见的失误有哪些以及商业路演的技巧，如应客观回答投资者或评委的各种提问等。

🖥️ 拓展训练

训练目标：模拟路演。

成员构成：分小组活动，每小组6～8人。

场地及道具：活动场地为教室，需要桌椅若干、书写纸若干。

　　训练要求:各小组自行讨论出一个创业项目,并分配各自在该创业项目中担任的角色,然后针对这个创业项目编写《创业计划书》,要求各自编写与自己角色相关的内容(如担任财务主管的同学编写财务规划部分的内容),路演的内容一定要符合路演所讲的主题,并具备良好的逻辑性,在介绍时一定要抓住要点。在路演前可以多排练,以保证对内容充分熟悉。

备战创业大赛

➡ 学习目标

1. 了解我国主要的创新创业大赛种类。
2. 理解"互联网＋"大学生创新创业大赛的目的与任务。
3. 掌握创新创业大赛评审的七个要点。

➡ 思维导图

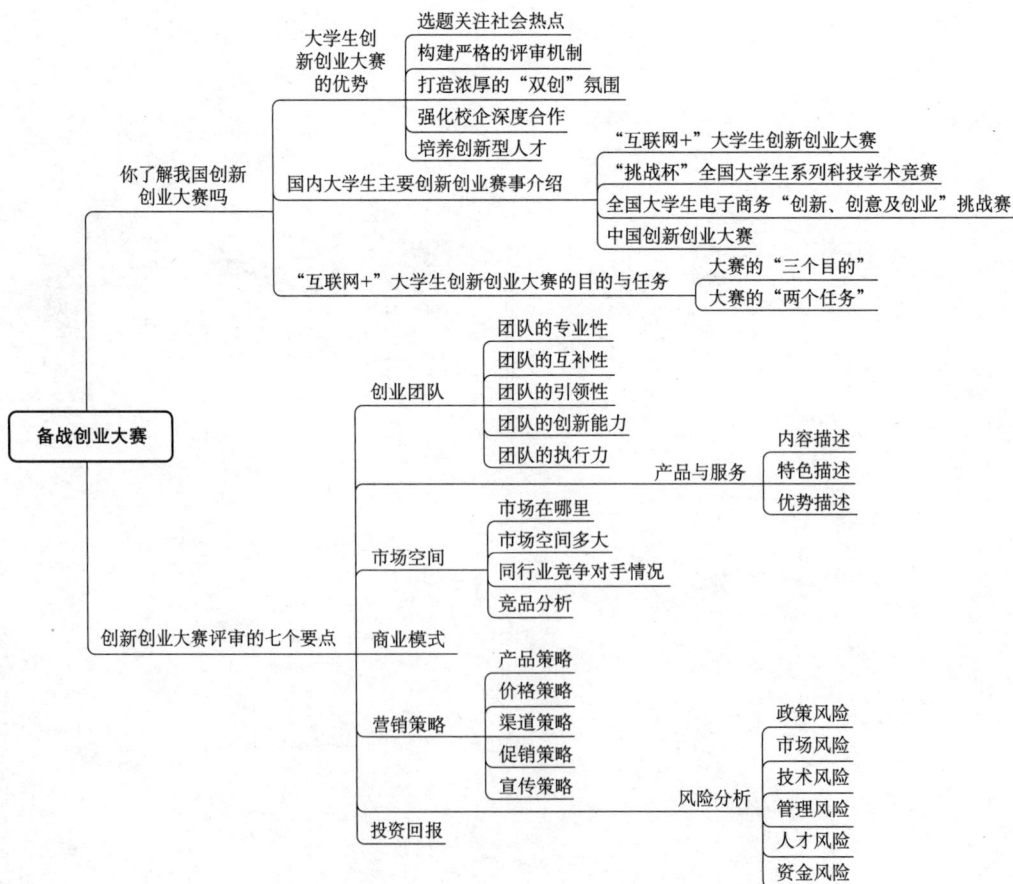

导入案例

一飞冲天的"翱翔系列"微小卫星

2016 年 10 月 14 日晚,经过 2 小时的精彩对决,第二届中国"互联网＋"大学生创新创业全国总决赛结束——"翱翔系列微小卫星"项目以全场最高分赢得此次大赛冠军(图 10-1)。

图 10-1　创业大赛上的微小卫星项目

"翱翔之星"是由西北工业大学师生团队自主研制的第一颗微小卫星。2016 年 6 月 25 日,随长征七号一起飞入太空。这是国际上首颗 12U 立方星,其主要任务是开展地球大气层外光学偏振模式测量,为偏振导航技术的研究提供数据支撑,未来的"翱翔"系列卫星还可应用于伴飞巡视、对地遥感、数据中继等领域。其次"翱翔之星"也是世界首次开展在轨自然偏振光导航技术验证,该技术从偏振导航信息获取的角度出发,开展大气层外偏振模式测量,这在国际上具有"开创意义"。

西北工业大学"翱翔系列微小卫星"团队制定了立方星总体设计、系统集成和总装测试的研制规范,并提出基于"互联网＋航天"的商业模式,提供面向团体和个人用户的低成本、模块化的功能定制卫星平台和定制化、个性化的空间信息服务等。

传统卫星的研制生产多半是国家行为,微小卫星则可以由企业或个人来完成。"具备一定专业知识的个人甚至可以购买相关组件,自己组装微小卫星。"团队成员周军说,"就像搭积木一样,并不复杂。甚至,你可以拟定你所属的卫星的功能、轨迹等,实现你的'星途'你做主。想想看,你坐在家中,边喝茶边通过计算机看着你自己的卫星……那该是件多惬意的事情啊。"

此外,这个"造星团队"还有多名国外研究生参与其中。基于国家国际科技合作基地"移动平台环境感知及空天应用国际联合研究中心",荷兰代尔夫特理工大学先后有 5 名研究生,参与了飞轮、小型抗辐射计算机和地球敏感器的研究。

走近"翱翔之星"研制团队,给人最直观的感受就是"严"。这支由 12 名教师和 20 多名研究生组成的团队,对这个字可谓感触良多,体会深刻。"在航天企业参观时我们注意到,技术员连上一个螺丝需要拧几圈,都有严格规定。这样的严格规范让我印象深刻。"航天学院研究生朱翔感慨地说。

如今，"翱翔之星"团队依然孜孜不倦地探索着，夜以继日地探寻着，看着微小卫星在无边的太空中翱翔，成为夜空中最亮的那颗星。

资料来源：搜狐网，https://www.sohu.com/a/141628205_787510,2017-05-18(部分内容有删减).

问题探讨：

1. 你认为大学生参加创新创业大赛有什么意义？
2. 什么样的项目才能够在创新创业大赛中走得更远呢？

项目一　你了解我国创新创业大赛吗

▶ **案例一**

第六届"互联网＋"大学生创新创业大赛冠军项目：星网测通

2020年11月19日，中央电视台《新闻直播间》报道了以宋哲为项目负责人的北京理工大学"星网测通"项目勇夺第六届中国国际"互联网＋"大学生创新创业大赛总决赛冠军。

在第六届中国国际"互联网＋"大学生创新创业大赛总决赛冠军争夺赛中，全球六支入围决赛的项目团队通过线上线下互联竞技。经过激烈角逐，来自北京理工大学的"星网测通"项目以1310分夺得总决赛冠军。

卫星互联网是重要的太空基础设施，是由成千上万颗通信卫星组成的新型互联网。2020年4月，国家发改委将卫星互联网纳入"新基建"范围。测量是卫星的"体检"，是卫星互联网建设和运用中至关重要的一个环节。"星网测通"项目打破了国外对我国航天领域测量技术的严格封锁，解决了制约我国通信卫星发展的卡脖子问题。

宋哲团队针对现有产品功能单一、性能不足、价格高昂等痛点问题，开拓创新，发明了一系列卫星通信测量仪，用一台仪器就能测数百种场景，测量效率提升了100倍，为客户节省了90%的成本，真正做到测得了、测得快、测得起。

该项目以参加项目的学生团队为第一发明人申请国家发明专利21项，授权11项，获得软件著作权8项，实现了核心技术自主可控，得到了王小谟院士、樊邦奎院士、周志成院士等多位院士及大批航天领域龙头企业的高度评价。

北京理工大学"星网测通"项目负责人宋哲谈道："卫星在上天之前、发射之前、在轨运营时，其实都需要去测量，我们就把这个叫作给卫星的体检，所以我们做的这件事情其实是一个守护者的位置，我们希望能守护咱们中国发上天的每一颗卫星，兢兢业业把体检这件事情做到最好。我们的目标是将来不管什么时候，以任何形式，能通过自己的科研技术，服务国家在重要研究领域实现突破，用科技为国家和人民做出贡献。"

"我的梦想就是成为像邓稼先一样的科学家，为国家献身，为国家尖端科技助力。"宋哲一直将这个梦想铭记在心，见诸行动。

第六届中国国际"互联网＋"大学生创新创业大赛总决赛11月17日在广州华南理工大学拉开帷幕，共设置了高教主赛道、"青年红色筑梦之旅"赛道、职教赛道、萌芽赛道，首次将原国际赛道并入高教主赛道。根据大赛当晚公示的结果，在总决赛的高教主赛道中，共产生中国大陆参赛项目金奖 57 个、港澳台地区项目金奖 5 个和国际项目金奖 40 个。

资料来源：搜狐网，https://www.sohu.com/a/436272738_654808（部分内容有删减）.

问题探讨：

你了解当前我国常见的创新创业大赛的种类吗？你认为应当如何选择合适的创新创业参赛项目？

知识链接

深化高等学校创新创业教育改革，是推进高等教育综合改革、促进高校毕业生更高质量创业就业的重要举措。自 2015 年起，由国务院倡导，教育部联合多家中央单位和省级人民政府，以"互联网＋"为主题，已成功举办八届中国国际"互联网＋"大学生创新创业大赛，大赛已经成为深化创新创业教育改革的重要载体和平台，成为世界大学生实现创新创业梦想的双创全球盛会。

一、大学生创新创业大赛的优势

大学生创新创业大赛通常采用校级初赛、省级复赛和全国总决赛三级赛制，大赛覆盖全国所有高校、面向全体大学生，已成为高等教育领域影响最大的赛事，也成为高校开展"双创"人才教育的重要载体，更是检阅高校"双创"人才教育的重要途径。与此同时，随着信息化社会的到来，大赛的内容和形式不断创新，如"互联网＋"大学生创新创业大赛已举办多届，在推动人才培养、推进资源融合、创造社会价值等多个方面表现出卓越的优势。

（一）选题关注社会热点

大学生创新创业大赛的选题多为经济社会热点议题，如新能源开发、机器人设计、人工智能程序编写等，或与高校特色有关的方向，如机械、电力专业参赛队伍多选择机械电力方向的选题，农业专业参赛选手多选择农林养殖方向的选题。可以说，依托专业科研优势促进产学研结合，使高校智力成果服务于社会各个行业，成为大赛成果的有力体现。

（二）构建严格的评审机制

大学生创新创业大赛得到了有力的组织支持。大赛得到了中国高校创新创业教育联盟、全国高校创新创业投资服务联盟，以及诸多企业家、投资人的积极参与，他们为参赛者提供了创新创业指导和融资服务。受此影响，大赛评审人员也不再局限于教育领域，大量社会投资人也会参与项目评审，这些社会投资人往往更加重视参赛项目的市场转化潜力和经济投资价值，他们能为参赛者提供更接近创新实践的评价和指导，这有利于高校听到社会各界对学生培养、教育的评价与建议，从而对现行教育规划进行调整和优化。可以说，大学生创新创业大赛是一个由社会评判、由市场检验的经济舞台，是对学生洞察力、分析力、思维力、协作力乃至"双创"能力的综合考量。

（三）打造浓厚的"双创"氛围

大学生创新创业大赛带动了一大批活动、项目的同步开展，极大地拓展了大学生创新创业的内涵和外延，不仅形成了浓厚的创新创业氛围，还形成了比赛时竞技、比赛前后经验交流、比赛期间多方互动的模式,促使高校与社会接轨,不断思考和反思自身教育,依托竞赛思维带动"双创"人才教育的改革和创新。

(四)强化校企深度合作

在历届创新创业大赛中,有很多项目是已经落地成型的初创项目,通过参加创新创业大赛,一是能够利用合作企业成熟的研发模式、优秀的管理经验、前瞻的经营理念助推大学生创新创业项目的发展;二是能够借用合作企业的供应链渠道,降低大学生创新创业项目关键物资的采购风险,探讨通过捆绑销售、销售渠道互通等模式,拓展大学生创新创业项目产品的销售渠道;三是能够让参赛团队的学校、学院以及指导老师通过多种渠道对已经创建公司的大学生创新创业项目进行帮扶、指导,并持续关注;鼓励已经创建公司的创新创业项目积极参加"互联网+"大学生创新创业大赛,通过参赛进一步理顺公司的发展战略、优化公司营销策略、提升创业团队的凝聚力,助推大学生创业公司发展,进一步深化校企合作。

(五)培养创新型人才

首先,能够切实增强大学生的创新意识。对于大学生而言,要想在创新创业大赛上取得优异成绩,需要自身拥有新颖的项目设计、工艺技术以及方法理论。基于此,大学生要在产品创新、商业模式设计、核心队伍建设、市场调研、风险评估等环节进行实践,才能增强创新意识,使创新能力得到新的飞跃。

其次,能够促进大学生创新思维的培养。创新创业大赛能够较好地培养大学生的创新思维和创新能力,但在整个举办过程中,依然要重视各个环节的细节。为了吸引大学生的目光,提高大学生的参赛热情,创新创业大赛可以邀请业内知名创业者担任评委,通过知名创业者指导大学生,能够培养大学生的创新思维。

最后,能够推动大学生综合素质能力的发展。传统的大学生创新训练方式较为单一,并且训练内容难以满足大学生的实际需求。因此,通过创新创业大赛的激励作用,能够让高校及时转变创新教学理念,并采用项目制学习的方法,提高创新训练教学质量,培养大学生的创新综合素养。

🌱 延伸阅读

部分省份和高校"双创"经验

湖北省注重搭建创新创业大环境,优化各类"双创"政策的落地落实。在武汉、宜昌、鄂州分别采取投贷联动试点、成立科技支行和"五权"担保方式开展金融政策扶持。同时注重加强众创空间载体链建设,如武汉市硚口区三新材料孵化器的"专业化服务+创业辅导+科技金融+全链条"的"三加模式",武汉市武昌区东创创业"众创空间+创业苗圃+孵化器+加速器"的"管家+专家"服务模式。

浙江省大胆创新改革,推行"最多跑一次"的改革,进一步强化政策支持,充分发挥众创空间汇聚各类创新人才和要素的特点,建立了一批创业园区和孵化基地。在学科竞赛方面,省教育厅办公室会同省团委、省体育局、学联等部门深化高校创新创业教育改革,为培养大学生创新创业意识、展示高校创新创业教育成果,联合组织开展举办浙江省大学生创新创业大赛,统筹安排宣传浙江省大学生创新创业教育的最新成果,在全省掀起创新创业的新高潮。由此可见,浙江省在"双创"教育方面走在全国前列。

江苏省充分发挥各类创新创业人才的优势,以核心创新创业人才为中心,打造一流团队,把人才放在最合适的位置,积极调动人才的主观能动性,结合江苏社会需求热点,创新解决社会生产实际问题,深化产学研之路。同时,采取七项举措深化高校创新创业教育改革,将创新创业教学成果作为高等教育教学成果评选表彰的重要内容。

资料来源:王安东,陈龙,罗丹. 历年中国"互联网＋"大学生创新创业大赛获奖作品分析[J]. 创新创业理论研究与实践,2021,4(6)(部分内容有删减).

二、国内大学生主要创新创业赛事介绍

(一)"互联网＋"大学生创新创业大赛

"互联网＋"大学生创新创业大赛由教育部、中央统战部、中央网络安全和信息化委员会办公室、国家发展改革委等 14 部委与各高校共同主办。大赛自 2015 年创办以来,涌现出一大批科技含量高、市场潜力大、社会效益好的高质量项目,呈现了当代青年大学生奋发有为、昂扬向上的精神风貌。大赛已经成为我国覆盖面最广、影响最大、成果最多的大学生创新创业盛会。

(二)"挑战杯"全国大学生系列科技学术竞赛

挑战杯是"挑战杯"全国大学生系列科技学术竞赛的简称,由共青团中央、中国科协、教育部和全国学联共同主办,是一项全国性的大学生课外学术实践竞赛。"挑战杯"竞赛在中国共有两个并列项目:一个是"挑战杯"中国大学生创业计划竞赛(简称为"小挑"),另一个则是"挑战杯"全国大学生课外学术科技作品竞赛(简称为"大挑"),这两个项目都由共青团中央牵头主办,交叉轮流开展,每个项目每两年举办一届。

2015 年后,"小挑"更名为"创青春"(大学生创业计划竞赛、创业实践挑战赛、公益创业赛),基本延续了小挑原本的赛制与规定。"大挑"不变,简称为"挑战杯",下设三个参赛类别(自然科学类学术论文、哲学社会科学类社会调查报告和学术论文、科技发明制作)。"挑战杯"与"创青春"依旧由共青团中央牵头主办,每年交替举办,今年举办"创青春",明年将举办"挑战杯"。

(三)全国大学生电子商务"创新、创意及创业"挑战赛

全国大学生电子商务"创新、创意及创业"挑战赛简称"三创赛",是由全国电子商务创新产教联盟主办,由"三创赛"竞赛组织委员会统一策划、组织、管理与实施。"三创赛"由校赛、省赛和国赛三级竞赛组成。分别由教育部认可的全国高校提出申请,经"三创赛"竞赛组织委员会批准分别组成全国竞赛承办单位、分省选拔赛承办单位和各参赛学校具体实施的全国性三级学科性竞赛。

(四)中国创新创业大赛

中国创新创业大赛是由科技部、财政部、教育部、国家网信办和中华全国工商业联合会共同指导举办的一项以"科技创新,成就大业"为主题的全国性创业比赛。大赛采用"政府主导、公益支持、市场机制"的方式,旨在搭建为创新创业服务的公共平台,弘扬创新创

业文化,营造良好的创新创业氛围,支持中小微企业的创新发展,推进大众创业、万众创新。

【小知识】

我国常见的大学生创新创业大赛官方网址见表10-1。

表 10-1　我国常见的大学生创新创业大赛官方网址

赛 事 名 称	网　址
中国"互联网＋"大学生创新创业大赛	https://cy.ncss.cn//
"挑战杯"全国大学生系列科技学术竞赛	http://www.tiaozhanbei.net/
全国大学生电子商务"创新、创意及创业"挑战赛	http://www.3chuang.net/
中国创新创业大赛	http://www.cxcyds.com/
"学创杯"全国大学生创业综合模拟大赛	http://www.xcbds.com/

三、"互联网＋"大学生创新创业大赛的目的与任务

2021年,教育部高教司司长吴岩在介绍高校 2021 年春季学期教育教学工作情况时,直接提到第七届中国"互联网＋"大学生创新创业大赛属于国家战略级赛事,"我们将聚焦五育并举的双创教育实践,完善线上线下相融合的赛事组织形式,举办一届共建共享、融通中外的由百国千校、数百万青年学子参加的全球最大的一场创新创业盛会。"

始于 2015 年的中国"互联网＋"大学生创新创业大赛已经成为高校学科竞赛的主流赛事,参赛高校、提交作品与参赛学生人数均呈现显著增长趋势。在中国高等教育学会发布的《高校竞赛评估与管理体系研究》和《全国普通高校学科竞赛排行榜内竞赛项目名单》中,一直高居首位,所占评估权重第一。2019 年 2 月 22 日,中国高校创新人才培养研讨会暨 2018 年度全国高校学科竞赛排行榜发布,显示从 2015 年 5 月开始举办的中国"互联网＋"大学生创新创业大赛位列榜单第一。

(一)大赛的"三个目的"

(1)以赛促学,培养创新创业生力军。实现从高等教育、职业教育到基础教育的全链条、全覆盖,努力培养学生成长为德才兼备的有为人才,服务构建新发展格局和高水平自立自强,激发学生的创造力,激励广大青年扎根中国大地,了解国情民情,在创新创业中增长智慧才干,坚定执着追理想,实事求是闯新路,把激昂的青春梦融入伟大的中国梦,努力成长为德才兼备的有为人才。

(2)以赛促教,探索素质教育新途径。大赛的举办,既充分展示了深化高校创新创业教育改革的阶段性成果,又倒逼高校创新创业教育改革全面深化,有利于全面推进高校深化创新创业教育改革,引领各类学校人才培养范式深刻变革,建构素质教育发展新格局,形成新的人才培养质量观和质量标准,切实提高学生的创新精神、创业意识和创新创业能力。

(3)以赛促创,搭建成果转化新平台。大赛打造了产学研用紧密结合的"新一极",推动高校的智力、技术和项目资源与经济社会发展需求紧密对接,推动并引领新一轮产业变革有力深化了高校与科技界、产业界、投资界合作。

（二）大赛的"两个任务"

1. 大赛是聚合资源的平台

目前国内主要创新创业赛事聚拢了海量资源，各个大赛聚焦不同细分领域，突出办赛特色，各有特点，但像"互联网＋"大赛一样，每届结合承办地省级人民政府的区域文化和特色，以一项主体赛事为依托，同期开展多项相关活动的类似比赛实属不多。笔者认为创业活动是在创业精神驱动下，对创业机会进行识别和开发的活动过程，是创业者主导下高度综合的不确定管理活动。

2. 大赛是展示成果的舞台

多个主流媒体的关注和报道对高校、项目团队、品牌、产品等都非常重要。一是对学校而言。大赛早已不仅仅是项目团队之间的较量，而已经成为"学生、学科、专业、学校、校友生态圈、项目所在区域区位相对优势"综合实力的展现，不少院校特别是独立学院、新办本科院校、高职高专院校，希望通过大赛积累社会声誉和美誉度，赢得政策倾斜，提高招生质量。二是对项目而言。通过大赛打磨项目商业模式，对接各种创业资源，借助大赛巨大的曝光量，助力项目推广传播、寻求合作伙伴、建立商业生态。三是对项目团队而言。大赛是一堂最具特色的创新大课，实现了基础教育、职业教育、高等教育的贯通。四是对创投机构而言，高校渠道的优质项目百里挑一，专家评审有一半以上都是创投机构负责人或天使投资人，在大赛后期投资和孵化了一大批高质量参赛项目。

延伸阅读

第六届"创客中国"中小企业创新创业大赛成效显著

2021 年 10 月 31 日至 11 月 1 日，第六届"创客中国"中小企业创新创业大赛全国总决赛在重庆市举办，大赛取得圆满成功。本届大赛参赛项目再创新高，各省级中小企业主管部门会同财政部门组织区域赛 33 场，工业和信息化部信息中心（大赛秘书处办公室）举办专题赛 5 场，工业和信息化部中小企业发展促进中心举办境外区域赛决赛 1 场。参赛项目超过 30000 个，较 2020 年增长 24.7%。项目对接成果丰硕，据统计，1016 家小型微型企业创新创业示范基地、993 家中小企业公共服务示范平台参与赛事活动，累计举办近 1133 场对接活动，较 2020 年增长 41%，1253 个项目获得了 100 多亿元的投资，91 家银行为参赛项目提供了 63.4 亿元的授信，595 个龙头企业与 653 个项目达成合作意向。

资料来源：第六届"创客中国"中小企业创新创业大赛成效显著[J].电子世界,2021(22):3(部分内容有删减).

项目二　创新创业大赛评审的七个要点

▶ 案例二

工匠精神助力建院学子圆梦"互联网＋"大创赛

2021 年 7 月 30 日第七届中国国际"互联网＋"大学生创新创业大赛湖北省复赛在湖北工业大学落下帷幕，在报名参赛的 6.8 万个项目中，共决出金奖 133 项，涵盖高教主赛道、"青年红色筑梦之旅"赛道、职教赛道。湖北城市建设职业技术学院的"匠心造艺"项目团队一路披荆斩棘荣获湖北省金奖,并在职教赛道金奖排位赛的 32 个项目中脱颖而出成功闯入国赛。

匠心造艺脱颖而出

"造艺公社"始于 2017 年,是由城建职院装饰专业学生自发创办的专注于建筑装饰领域内技能创新、职业工人培养以及施工管理完善的校园社团。一直以来"造艺公社"都肩负着培养世界技能大赛瓷砖贴面赛项备赛选手的职责,每一任的社长都是世赛的获奖选手。依靠校友资源精准对标大型岩板装饰贴市场,同时有了学校省级特色专业——建筑装饰工程技术专业和世赛光环的加持,双创中心在校内迅速组建起了一支由世界技能大赛瓷砖贴面项目的获奖选手组成的创业学生团队,项目负责人由建筑装饰工程技术 1901 班的刘宇豪同学担任,自此开启了世赛获奖选手们的创业之路。相较于世赛,"互联网＋"大赛不只是一种体力上的比拼,更多的是一种思维的碰撞,一场来自湖北省各个大学生创业团队的综合实力的较量。

卧薪尝胆厚积薄发

在挑战中提升创新能力,在拼搏中培养创新精神。在最开始的校赛历程中,"造艺公社"项目团队还没有意识到比赛的激烈程度,但随着突破校赛进入省赛备赛阶段和湖北省金奖排位赛的集训阶段,整个项目团队才慢慢意识到这场竞争所带来的前所未有的压力。首先是商业计划书的撰写,从项目简介到市场分析,从商业模式到风险控制,经历了迷茫到豁然开朗的过程,经过整整五个月的努力,一百五十多个日夜的奋斗,团队抱着破釜沉舟的决心和永不言败的毅力克服了重重困难,一路披荆斩棘走到了湖北省入围赛现场并赢得了最后的胜利。

资料来源:李丽,卢汉明,董倩. 工匠精神助力建院学子圆梦"互联网＋"大创赛[J]. 中华建设,2021(10)(部分内容有删减).

问题探讨:

你认为在参加创新创业大赛过程中,团队成员必须具备哪些因素才能够帮助自己获得成功?

知识链接

目前,我国每年都有上百万的大学生和青年创客参加各种形式和主题的创新创业大赛,无论是"互联网＋"大学生创新创业大赛、"挑战杯"创业计划竞赛、"创青春"大学生创业大赛,还是中国创新创业大赛等其他创业大赛赛事,都有大赛对参赛项目的评价指标体系和评审要点,如果参赛者不能在赛前清楚地了解这些评审要点,那么就很难获得好的参赛成绩。对于各种主题的创业大赛,一般来说有七个共性的评审要点,这七个指标是专家评委打分的重点项,是专家评委最关心的项目内容,作为参赛者一定要高度重视并深刻领会评审要点的内涵。下面将对七个创新创业大赛的评审要点做进一步的说明。

一、创业团队

创业团队是所有专家评审的重点内容和评审要点,创业团队的能力强弱直接影响到创业项目的顺利实施与创业成败。那么,什么样的团队属于能力强的创业团队?什么样的团队属于能力弱的创业团队？对于这些问题,参赛者一定要做到心中有数。在参赛时,你该如何完整和清楚地介绍自己的创业团队？你该如何突出创业团队的亮点？你该如何突出创业团队的优势？你该如何让专家评委眼前一亮？以下六个方面可以作为包装创业团队的参考。

(一)团队的专业性

创业团队的专业性对于团队能力的评估十分关键。现在很多创业项目属于科技类项目、文创类项目和农业项目,这类项目对于团队成员的专业知识要求较高,如果不能把团队成员的专业知识和专业能力描述清楚,那么就会让专家评委对创业团队实施这个创业项目的专业能力产生质疑。因此,参赛项目在进行项目介绍时,需要对项目团队成员的教育、实践、工作背景、创新能力等情况进行客观详细的介绍,将团队成员的优秀属性展示出来,以使得项目评审专家与投资人对项目团队成员,尤其是团队核心成员有充分地了解。如果有的团队成员曾经参与过国家、省市或学校委托的课题研究,开发过某种新产品和新技术,发表过若干论文,申请过一些专利,那么这些都能成为创业团队专业性的加分内容。

(二)团队的互补性

团队的互补性是评估一个创业团队的重要指标。创业团队里面的任何一名成员都不可能十全十美,一个人不可能掌握所有专业知识和技能,不可能具备所有的商业运营经验,不可能具备运作项目的所有能力,因此,团队成员的互补性尤为重要。组建跨专业、跨学科的参赛队伍是项目实施的重要前提。同时,有针对性地提升在产品研发、市场拓展、财务管理、供应链管理等方面的综合能力也是项目顺利实施的关键。可以说,团队成员的互补性既包括团队成员各自专业特点的互补,也包括各自工作经历多元化的互补。构建稳定性强、可靠性高、执行力强、互补性高的项目创业团队,是项目创意得以实施的重要保障。

(三)团队的引领性

创新创业是一个团队行为,在进行项目展示时,要用有效的篇幅、合理的手段,将团队的整体优势充分展现出来,在介绍团队成员互补性、投入性以及分工情况之外,还应该强调项目在实施、成长过程中,团队成员的创新创业精神,体现团队在提升综合能力和创新意识培育方面的引领性,这也是创新创业大赛对参赛项目强调的育人本质。

加强项目团队所在学校、学院对参赛项目各发展阶段的支持情况,以及项目在实施过程以及后续发展规划中与所在学校、学院的互动、合作情况介绍。项目在实施过程中,不仅要注重多学科交叉融合,更要借鉴产学研协同创新的模式,助推项目快速稳定发展。要充分挖掘参赛项目团队的创新创业精神,凝练项目实践案例,推广项目团队在其他未参赛大学生中的正向带动作用。

(四)团队的创新能力

团队的创新能力是专家评委重点关注的项目内容。一个创业团队能把项目做好做大,很关键的一点是要有创新能力,创新是企业发展的不竭动力。那么该如何描述创新性呢？参赛者可以从创新思维、创新方法和获得知识产权等三个方面去描述。在创新思维方面,创业团队的成员是否具有创新思维、是否具有创新意识、是否具有创新精神;在创新方法方面,创业团队成员是否善于利用技术创新、应用创新、产品创新、设计创新和集成创新等创新方法去开展项目的创新工作;在知识产权方面,创业团队的成员是否有人发表过学术论文、申请过专利、申请过软件著作权、申请过版权,或研制过某些产品和技术。

(五)团队的执行力

执行力是反映创业团队运作项目能力的一个重要评估指标。执行力不仅仅是个人的执行力,反映到团队上面就是团队整体的执行力。一个具有执行力的团队一定会把事情做得又好又快,一定能圆满完成任务。为了清晰描述出团队的执行力,可以从项目计划、流程管理、关键点控制、资源配置、高效高质、不断完善修正等不同方面有针对性地进行描述,按照 PDCA 循环管理法的项目管理模型,突出项目的计划性、管理性、监控性、协调性、高效性和高质量。

二、产品与服务

产品与服务是专家评委对参赛项目的重点打分项。在描述项目的产品服务时,一定要完整地描述清楚你的创业项目内容是什么,你的服务内容和服务模式是什么,你的创业项目都有哪些特点,你的创业项目都有哪些优势,你的创新商业盈利模式是什么。

(一)内容描述

有很多参赛者不知道该如何完整、清晰地描述项目产品和服务内容,说不清楚这个产品到底是什么,具有哪些功能,使用了哪些关键技术,是为哪些群体服务的。所以在进行产品描述时,一定要清楚地告诉评委你的产品是什么,是基于哪些技术,采用了哪些原辅材料,通过什么样的设计和生产方式实现了你的产品原型,这个项目产品的使用性能如何,产品质量如何,生产成本如何,安全性如何,环保性如何;你要介绍清楚产品是为谁提供服务的,能够满足哪些客户的服务需求,服务的质量是怎样的,服务的效率是怎样的,服务的价格是怎样的,服务的预期效果如何,拟采用什么样的商业服务模式。

(二)特色描述

在产品服务描述中,产品与服务的特色是关键。专家评委最关注产品特色是什么,服务特色有哪些,这些特色与其他产品有什么不同之处。这些特色可以是产品技术特色,也可以是设计特色;可以是质量特色,也可以是功能特色;可以是成本特色,也可以是环保特色;可以是服务特色,也可以是销售特色;可以是外观特色,也可以是体积重量特色。所以,你在介绍产品与服务时,可以从产品的技术特色、设计特色、环保特色、成本特色和服务模式特色等不同维度去分析、梳理和提炼,要围绕产品特色和服务特色加以阐述。

(三)优势描述

在产品服务描述中,仅介绍产品与服务内容,描述产品与服务特色还不够全面,还应该把项目产品的优势介绍清楚。市场上同类项目产品有很多,你的产品优势在哪里,是在研发技术上有优势,还是在制作工艺上有优势;是在设计水平上有优势,还是在团队设计协同能力上有优势;是在原辅材料购买渠道和价格上有优势,还是在生产能力上有优势;是在服务内容上有优势,还是在服务模式上有优势;是在专利和版权等知识产权方面有优势,还是在企业品牌方面有优势;是在团队能力方面有优势,还是在整合资源能力方面有优势。因此,在产品与服务的优势描述中,要尽可能围绕产品和服务的不同维度和不同层面,去梳理和提炼,看看都有哪些项目优势。

三、市场空间

市场空间是专家评委重点关注的内容。如果项目的市场空间大,项目就有可能做得很大;如果项目的市场空间小,再好的项目也不可能做得很大。所以,要尽可能全面和完整地描述清楚你的项目市场空间到底有多大。

(一)市场在哪里

在描述项目市场时,一定要说清楚你的市场在哪里,你提供的产品与服务是给谁的,是给哪些人群定制的,是给哪个地区或哪个行业的,服务的目标群体是谁。很多参赛者都没有认真思考过自己的项目市场在哪里这个问题,在回答评委关于项目市场的提问时,说得很模糊、很不清楚。

(二)市场空间多大

在描述了市场在哪里以后就可以大致估算一下市场空间有多大。每年的市场需求是在 100 万元呢,还是在 500 万元;是在 1 亿元还是在 5 亿元以上。对于市场空间只在千万元级别的项目,一般天使投资会认为项目未来的市场空间太小,而不会投资;如果市场空间可以达到一定规模,或许会关注一下。像互联网的项目因为是跨地域跨国界的,想象空间都十分大,易做成几十亿元上百亿元的大项目。所以,在策划项目时,尽可能给项目插上互联网的翅膀,扩展项目的市场空间。

(三)同行业竞争对手情况

创业项目如果进入红海市场,那么将面临众多竞争对手的激烈市场竞争;如果进入蓝海市场,竞争对手没那么多,但也不会是只有一家独揽天下。无论是进入红海市场还是蓝海市场,同行业竞争者都在瓜分这个市场,凭你目前的实力,你究竟能占到多少市场份额呢? 所以,你一定要对目前市场上的主要竞争对手情况做个介绍,描述一下目前他们的市场占有情况,从而进一步估算出你项目的市场空间大致能占多少份额。

(四)竞品分析

竞品分析是专家评委和投资人重点关注的项目内容。在现有的项目市场情况下,不仅要介绍清楚目前主要的竞争对手情况,还要把排名靠前的竞争对手情况与你的项目做个横向对比。通过诸如技术水平、研发能力、设计能力、生产能力、生产成本、产品质量、功能性能等关键指标和竞争对手的产品对比分析,就可以看出自己的项目处于怎样的市场竞争地位。

案例分析

罗三长的红糖馒头

罗小馒的红糖馒头,江湖人称"馒头哥",获得了 2017 年第三届中国"互联网＋"大学生创新创业大赛国赛金奖、最佳带动就业奖。该项目负责人是云南大学滇池学院 2014 级经济管理学院本科学生罗三长。因为家庭原因,他从初中就开始做各种兼职,直到进入滇池学院依然在快餐店打工；大二时，他与该店的老板一起创业开始做红糖馒头，结果一不小心，成了云南最火的红糖馒头。

创业头一年，红糖馒头的销售额就达到 1.25 亿元，产生利润达 1200 万元，直接带动大学生、下岗职工共计 1312 人就业。在线下实体店取得成功后，罗三长还开通了微信公众号，通过网络进行售卖。现在，红糖馒头的直营店加上加盟店已经有 142 家，仅昆明市就有 70 多家，且遍布云南省内其他州市和广西、贵州。以每个门店每天要销售 1200～1500 个馒头来算，仅是一天的时间就能售出 2 万个馒头，每个馒头的售价为 1.5 元，如此一来所有门店每天的流水就能达到 30 万元。这就是红糖馒头带给大家的惊喜。

资料来源：姜江,潘丽,吴蔚. 创新创业基础[M]. 武汉：华中科技大学出版社,2022(部分内容有删减).

四、商业模式

商业模式是专家评委重点关注的项目内容，也是评审项目的关键要点。参赛者一定要介绍清楚项目的商业模式。要告诉评委你的服务模式是怎样的，你通过优化配置哪些资源，采用哪些手段去挣钱。比如说，你是靠卖技术挣钱的，你是靠卖产品挣钱的，你是靠卖流量挣钱的，你是靠拉广告挣钱的，你是靠提供咨询服务挣钱的，你是靠卖设计方案和设计产品挣钱的，你是靠转让专利等知识产权挣钱的。你在介绍商业模式时，一定要描述清楚、让人容易理解，要有创新性，最好能有颠覆性，颠覆原有的商业服务模式。在对商业模式进行描述的过程中，最好是采取商业模式画布来对你的客户细分、客户关系、价值主张、分销渠道、关键资源、关键业务、伙伴网络、成本结构和收益来源这九大模块进行描述（此部分内容详见专题七：商业模式）。

五、营销策略

营销策略是专家评委重点关注的项目内容。创业项目在实施过程中，离不开营销策划。好的营销策略可以使项目顺利开展和推进，差的营销策略会严重影响到项目的开展。在参加创业大赛时，一定要围绕项目的产品与服务，将所要采用的营销策略描述清楚。一般来讲，创业项目可以采用以下五种常用的营销策略。

（一）产品策略

产品策略主要是要围绕你的项目产品，做好产品研发规划。可以根据产品的功能、型号规格、研发难度、技术迭代以及自有资金的实际情况，去做好项目产品的一代产品、二代产品和三代产品的研发规划。

（二）价格策略

价格策略可以根据客户、产品功能、产品质量、产品规格和型号、产品材料、生产工艺和促销策略的不同，分别制定不同的价格策略。如面向高端客户、中端客户和低端客户，可以采用不同的价格策略；针对多功能和单一功能的产品，可以采用不同的价格策略等。

（三）渠道策略

在互联网日益发达的今天，通过 O2O 线上线下渠道来开展公司业务，进行产品推广与销售已经十分普遍。这就需要你把线上和线下的渠道策略描述清楚，通过线上和线下的组合渠道,是如何开展产品销售的。例如,在线下你有实体店或体验店,可以搞连锁经营发展加盟店,增加线下的销售渠道;在线下你有人脉关系,可以进一步扩展你的人脉圈子发展销售渠道,搭建销售渠道网络;在线上你可以建网站,开淘宝店,开微店,还可以建微信群和 QQ 群,或建立网上社区甚至网上销售平台。

(四)促销策略

你的产品研发生产出来了,你怎么去做促销,靠什么方法和手段可以把产品和服务卖给客户。目前市场上可以见到很多促销策略,如淘宝店促销、微商促销、微信朋友圈促销、微信公众号促销、送红包促销、团购促销、月卡年卡促销等,针对你自己的项目产品,哪些促销手法你可以模仿借鉴使用,哪些你可以创新使用,你需要认真思考清楚,然后完整清晰地描述出来。

(五)宣传策略

目前很多参赛者在描述宣传策略时,介绍的内容都比较简单,不够完整,不成系统。其实,公司的宣传策略可以围绕电视媒体、网络媒体、平面媒体和户外媒体这四个维度来进行描述。针对电视媒体,你如何做促销,如何利用电视台和卫视频道做产品宣传;针对网络媒体,你如何做促销,除了利用微信公众号还有哪些可以利用的网络媒体窗口,能否在百度或头条上发布信息,能否在点淘或抖音上也做产品宣传;针对平面媒体这些纸媒你如何做促销,除了制作公司产品宣传页和海报外,可否在报纸和杂志上策划一些可以植入软文广告的内容专栏;针对户外媒体,你如何做促销,除了制作一些易拉宝外,你还能否想出其他的办法通过户外媒体来加强宣传。现在楼宇媒体也十分普遍,电梯广告随处可见。所以,针对你的宣传策略,一定要全面系统地进行介绍。

【试一试】

他山之石,可以攻玉

小组任务:开启你的搜索雷达,找一位或几位曾经参加过"互联网+"、挑战杯等创新创业大赛的获奖同学,请他介绍自己创新项目的基本内容,并重点介绍他是如何来进行营销策略设计的;同时还可以与这位同学谈谈参加大赛的感受、注意事项,以及参加大赛对自身带来了哪些方面的改变。

小组讨论:6~8人组成一个小组,请小组成员各自讲解自己完成任务的体会,并以组为单位,将自己采访到的信息进行汇报展示,并从中选出一个让你印象最深刻的汇报事项。

六、风险分析

项目的风险分析是专家评审时重点关注的项目内容。在描述风险分析时,一定要清楚地告诉评委项目的风险都有哪些,项目的风险在哪里,你是如何制定防范风险的措施和预案的。一般来讲,风险控制部分至少要围绕六大风险去描述。

1. 政策风险

政策风险是创业者必须考虑的项目风险,政策风险会严重影响到项目能否顺利实施。

你要分析创业项目是否符合国家、地方和产业扶持政策,是否属于政策支持的领域方向和范畴,是否有可能在资金和税收方面获得政策扶持,如果创业项目属于大数据、云计算、智能机器人、人工智能、新材料、新能源、生物医药、大健康等领域,那么基本上不存在政策风险,因为这些领域都是国家产业政策重点扶持的方向;如果创业项目属于对大气、河流和生态环境有污染的项目,与国家大气污染治理与环保政策扶持方向相违背,那么这个项目就存在一定的政策风险。

2. 市场风险

市场风险是创业者必须考虑的项目风险,市场风险会严重影响到项目能否顺利实施与成败。你要分析项目的市场环境可能会有哪些变化,这些环境的变化会对项目市场空间和竞争带来哪些影响。

一项新技术的出现,一种新商业模式的出现,都有可能改变市场原有的环境形态。如人工智能 AI 技术的不断创新应用,会影响到银行、保险和证券等金融领域;共享新能源汽车的示范应用和大面积推广使用,可能会影响到汽车的销售市场和出租车市场。针对可能出现的各种市场风险,一定要尽可能地去分析和描述,并针对风险制定解决预案。

3. 技术风险

技术风险也是创业者需要重视和认真分析的项目风险。目前很多的参赛项目都属于科技类的项目,项目中都会涉一些技术应用。在目前知识创新和技术创新飞快发展的时代,技术的升级和迭代也越来越快,如果你的项目所采用的技术不能跟上时代技术升级的步伐,那么项目产品的技术竞争力将大大减弱;如果你的产品技术不能快速升级迭代,那么竞争者很容易超越你的技术产品和服务,技术的风险是很大的,这种技术的差距必然导致产品的竞争力变化。因此针对技术的风险,一定要事先做好防控措施和预案。

4. 管理风险

管理风险对于创业团队来说是普遍存在的风险。创业企业由于是新组建的团队,每个人的思维方式、性格秉性和做事方法都不甚相同,需要经过一段时间的磨合才能让每个人都融入团队中。创业公司起步时规模都比较小,人少事多,一人多岗,在印章管理、考勤管理、财务管理、项目管理等方面都会存在不足,针对这些管理风险,需要提前考虑和分析,制定应对风险的措施。

5. 人才风险

人才风险也是创业公司存在的潜在风险。创业团队在创业过程中,难免发生创业合伙人之间的价值观念和经营理念的冲突,股东之间可能会因为利益和价值观的问题而分道扬镳。团队骨干人员也有可能禁不住外界的高薪诱惑而跳槽,从而导致骨干人才的流失。关键技术人才和市场营销人才的流失还可能带走有价值的公司信息。所以,如何避免合伙人和骨干人员流失,是创业公司必须考虑的风险问题,必须提前制定防范措施。

6. 资金风险

资金风险是创业公司一定要考虑的风险。我们知道资金是公司运营的血液,没有充足的资金,创业公司很难存活。一般创业公司的创始资本都不太宽裕,现有的资金可以维持多长的运营时间一定要有个合理的预测,是 6 个月还是 12 个月,如果资金用完了怎么办,如何去融资,如何防范资金的风险等。

七、投资回报

投资回报是专家评委关注的重点,也是重点打分项。一个创业项目如果投资回报不够高,即使有一流的技术和团队,即使有创新的服务模式和庞大的市场,也不会获得高分。参赛者在编写项目书时,要尽可能围绕反映投资回报的财务数据进行描述,如用项目产品的年销售额、年销售利润率、年销售增长率、年利润增长率、项目投资回收期等财务指标,突出项目的高回报。一般来说,产品的年利润率大于 25％ 才好,利润率越大,附加值越高,如果利润率能达到 30％ 以上更好;服务产品的年销售额和年利润额的预期递增率能大于 15％ 才好,而且数值越大越好,可以突出公司的成长性;项目投资回收周期越短越好,如投资周期在 2 年内或在 1 年内。如果投资回报周期超过 5 年,就不理想了,因为很多创业项目的存活期不超过 5 年。总之,就是要从财务指标上突出项目投资少、收益大、回报高。

案例分析

苏巴提:让音乐架起民族间文化桥梁

随着经济发展的新常态化和全球化,尤其是"互联网＋"技术在各行各业的不断渗透,越来越多的大学生把创业作为自己的发展目标。艺术专业是集科学与艺术于一体的综合学科,是极具创意性、创新性,也是最适合通过自主创业来实现自我价值的专业。在从中国"互联网＋"大学生创新创业大赛获得投融资的项目中,艺术类创业案例数量虽少却精品迭出,"苏巴提音乐"就是这样的一个案例。

来自新疆的艾呢·阿布来孜目前是浙江大学数字媒体技术专业大四的学生,同时也是杭州苏巴提网络科技有限公司创始人兼 CTO。"苏巴提音乐"是一家专注少数民族音乐文化的互联网媒体平台,专注少数民族音乐,为新疆少数民族音乐人和听众之间搭建桥梁,以自己在新疆少数民族智能手机用户群中的普及率作为一大优势,为新媒体内容商提供快速而高效传播新作品的平台,同时也为听众提供最便捷的收听平台。平台提供多种语言服务,苏巴提微信公众平台、Subat FM 移动应用可提供维吾尔文或汉文查询内容,既方便新疆大部分未接受过汉语教学的中老年人使用,也方便喜欢听少数民族音乐的其他民族人群查询想要的内容。苏巴提在 App 端和微信公众号上都提供了多语言设置,用户选择了语言或区域后,服务界面的内容和排列模式会发生相应的改变。目前,苏巴提拥有大量音乐(1 万多首)、MV、有声读物(1200 小时)资源,部分优质资源需付费欣赏,与众多内容创作者建立了良好的合作关系。已经签约了 20 多位著名歌手。

目前,苏巴提微信平台累计用户数量为 98 万,平均日活跃用户达到 10 万,App 累计用户 30 多万。展望未来,艾尼·阿卜来孜表示,将提供音乐制作一条龙服务打造内容 IP,发挥音乐艺术在"一带一路"建设中的文化助推作用,让音乐变成民族之间的文化桥梁。

资料来源:高超.艺术专业大学生的创业案例分析与启示——基于中国"互联网＋"大学生创新创业大赛艺术类项目的分析[J].创新与创业教育,2021,12(2):151-156.搜狐网,https://www.sohu.com/a/211360916_482239(部分内容有删减)。

📖 素养提升

以"互联网＋"大学生创新创业大赛带动乡村振兴

党的十九大报告提出乡村振兴战略,并强调按照产业兴旺、生态宜居、乡风文明、治理有效、生活富裕的总要求,建立健全城乡融合发展机制体制和政策体系,加快健全城乡农村现代化。而"互联网＋"大学生创新创业大赛"青年红色筑梦之旅"活动也引起了更多的关注。此活动的目的在于全面贯彻落实习近平总书记给中国"互联网＋"大学生创新创业大赛"青年红色筑梦之旅"大学生的重要回信精神,传承红色基因、对接乡村振兴、服务全面振兴,引导广大青年学生扎根大地,在比赛中增长才干、收获成果,在艰苦奋斗中锻炼自我,为全面、全方位振兴培养有理想、有本领、有担当的热血青春力量。

怎样在"互联网＋"大学生创新创业大赛中带动乡村振兴值得探讨,参赛的大学生应当立足当地特色,提倡学生以当地特色乡村振兴为"互联网＋"创新创业大赛的题材。在新媒体时代,推动乡村振兴的手段日益增多,如利用"直播带货"的形式开辟农产品销售新路,通过社交平台直播推销当地农产品。除此以外,大学生也可根据地区文化特点,创造具有当地文化色彩的文创产品,将每个地区当地的地域特点与人文风俗特点做成看得到、摸得到、消费者愿意为文化和情怀买单的文创产品,这样农产品不仅能以农产品的本体出现,还能以周边的形式出现在文创产品中。

在政策支持、政府激励下,大学生应当采用各种形式借助"青年红色筑梦之旅"活动,走进革命老区、贫困山区,学习革命前辈的伟大精神,同时利用自己所学的专业知识,打破农村经济发展存在的困境,推动当地经济社会建设,助力精准扶贫,振兴乡村,为改变农村现状注入新的能量。

✏️ 专题小结

本专题包括"你了解我国创新创业大赛吗"和"创新创业大赛评审的七个要点"两个项目。"你了解我国创新创业大赛吗"项目主要阐述了我国当前大学生创新创业大赛的优势,介绍了包括"互联网＋""挑战杯"等国内主要的大学生创新创业大赛项目,说明了"互联网＋"大学生创新创业大赛的三个目的与两个任务。"创新创业大赛评审的七个要点"项目主要介绍了创新创业大赛中专家评委打分的七个重点项,同时也是专家评委最关心的项目内容,并提醒参赛者一定要重视并深刻领会评审要点的内涵。

🖨️ 拓展训练

训练目标:认知创新创业大赛的评审要点。

训练任务:假设你要参加创新创业大赛,请按照以下范文,对自己的参赛商业计划做一个简易的开场白训练:我的项目是什么? 为哪类客户提供什么服务? 满足什么需求? 现在成果如何?

范文:我是×××,我们的项目是_____(不超过 10 个字),旨在为_____(用户和客户)提供_____(差异化的产品或服务),解决_____(市场需求及痛点),实现_____价值。经过前期调研及精心的准备,我们的项目目前已进入

_____（测试/试运行/正式运营），已经拥有可以支持解决方案的核心技术和资源，有_____和_____（用事实、数据说话），现阶段的成果有_____（现金收入、积累的用户、产品成熟度、服务以及市场占有）等。

自由讨论：

1. 请介绍自己完成这项任务后的体会以及收获。

2. 请选择 3～5 名同学来对这位进行汇报的同学提问，并进行点评。

大学生优秀创业实践案例分享

▶ 案例一

"学习＋创业＋公益"，让梦想一点点"花开"
——陈熠舟线上公益教育创业案例

"梦想是生命的灵魂，是心灵的灯塔，是引导人走向未来的信仰。"这是陈熠舟最喜欢的一句话。这位"95后"创业者，从大二开始组建创业团队，也亲眼见证梦想一点点"花开"。

陈熠舟的梦想起航于一段叫《七十三封信》的视频。这段视频讲述了留守儿童葵花写给外出父母七十三封信的故事，故事里孩子无助的呼唤深深刺痛了她的心。由此，她开始投身教育公益活动。其间，她常常思考一个问题：如何既能节省时间又能给孩子更多陪伴？渐渐地，一个在线教育创业的想法在她脑海中萌生了。

陈熠舟创业的初衷是研发智慧教育平台，让更多的孩子享受到优质教育资源，这一想法也得到了学校老师的认可。从带头组建创业团队，到参与研发和引进平台技术，再到创业梦想落地，一步步走来，每一次遇到瓶颈时，她都告诉自己：再坚持一下，说不定就有希望。

2016年2月，在学校支持下她注册成立了学校首个教育创业公司，注册资金100万元，凭借自主研发的智慧教育双师技术3项国家专利，开始了教育创业。现在她已拥有两家教育创业公司，平台拥有2000多位学生用户，她也晋级2016年国际青年科技创业大赛全球总决赛，获得2016年中国教育信息化大学生创新创业大赛一等奖（全国第二名）、浙江省挑战杯创业计划大赛银奖。与此同时，她还在校内建立在线勤工助学基地，为校内的贫困学子提供勤工助学岗位。

在原先专利平台的基础上，她又主持研发了"智慧云"公益平台。2016年7月，她带领团队远赴广西中越边境的希望小学，开展为期1个月的支教；同年8月，又带领团队前往贵州遵义继续开拓，探索建立"智慧双师型"在线支教模式。2017年2月和3月，团队分别赴青海可可西里、青海果洛以及南海三沙的学校搭建在线支教基地。

为了到青海支教，他们辗转6次火车，跨越3000多千米，历经三天两夜到达海拔4500米的青藏高原。严重缺氧、强烈的高原反应，她连续一周高烧不退，身体接近极限。当时很多人劝她放弃，但她咬牙坚持下来，最后在那边待了18天。从教不会说汉语的藏族孩子第一首汉语歌，到离开时，100多个孩子用不太标准的汉语喊着"老师，您别走"。一个个渴望的眼神让她看到了儿时的自己，因为这句话，她更加坚守初心：要为更多的孩子带去更优质的教育。

目前，团队已搭建了包括广西首个"在线希望小学"在内的 4 个实践基地，相隔几千公里的在线支教成为现实。她坚持每周都参与在线支教，已累计为边区孩子上课 200 余节。她还通过书信交流、电话沟通、社会实践等多种形式，帮助那里的孩子。

如今她已加入中国青少年儿童发展基金会专项行动，和社会公益团队合作搭建"中国乡村儿童联合公益平台"。此次公益行动已募集善款 500 余万元，致力于解决偏远山区孩子的上学问题，通过在线授课的形式，为路途遥远的中小学生提供可移动、智能化的教室。

资料来源：https：//baijiahao.baidu.com/s?id=15917484420504316683&wfr=spider&for=pc& searchword=中国青年报陈熠舟.

案例点评：

随着大学生就业压力的凸显，部分大学生毕业后积极主动地选择创业。自主创业已经成为当代大学生解决就业问题的主要途径之一。同时，创业成功还可以为社会提供大量的就业岗位。公益创业成为鼓励创新、促进社会进步、拓展就业领域、促进青年成长成才的新天地，也是被社会公认的一种创业模式。和普通创业者不同，公益创业者拥有较强烈的社会使命感，他们在责任感的驱使下，开启了自己的公益创业梦想。陈熠舟用知识创业，改变着她和"客户"的命运，使简单与善良成为创业者做事最基本的底线，她善于识别社会变革中出现的问题并创造性地解决，创造了社会价值。

▶ **案例二**

装修学生宿舍有市场，让大学生宿舍更有生活味道
——大学生余梓熔宿舍家居创业案例

Dormi 是由几个广东外语外贸大学的学生共同创办的宿舍家居区域性电商。创始人余梓熔对记者说，Dormi 的意思就是"dormitory and I"，即"宿舍与我"，他们主要的消费群体是在校大学生，主要是为广州大学城的在校大学生提供宿舍家居装饰用品等服务。

余梓熔对记者说，2017 年 5 月，他和几个同学出于相同的兴趣运营了这个创业项目。而他们几个人的共同点就是喜欢装饰自己的宿舍，有人因为抽奖抽得了一个鱼缸就在宿舍养起了鱼；有人因为有那么点"考据癖"而把宿舍的书架填得很满；有人因为喜欢周杰伦所以将宿舍桌面的每个角落都放满了 CD。余梓熔说，"在 Dormi 的概念里，大学生活应该更有生活的味道，不是中学的三点一线，宿舍也不再只用门牌和方位来标识，我们需要属于自己的小天地。"仔细琢磨后，他们发现同样不愿趋于平凡而有装饰自己宿舍想法的大学生并不在少数，这个市场充满了商机，于是几个志同道合的人就办起了这样一个平台。他们的初衷是"不希望被格式化和快节奏淹没"，让宿舍有一种家的归属感，这或许有些理想化，但并非不可实现。

最初的团队里有八个人，他们分别来自不同的专业，有学国际贸易的，也有学计算机的。他们针对大学生的喜好，建立了一个颇具小清新风格的简洁而有趣的网站，在上面放上自己的货品和宿舍家居的设计方案。他们的货品主要以一些组合式的简易家居为主，如组合式收纳盒、书架、相框、宿舍床门帘等，这些产品的特征就是符合宿舍的狭小空间，

能够最大限度地利用这些组合家居打造出简洁实用又美观的宿舍环境。这些货品大多是团队中的成员从批发市场中精挑细选而来的。余梓熔说,除了广州市内,他也去过佛山、东莞等地寻找货源。

余梓熔介绍,他们主要的目标消费群体是广州大学城内的在校学生。广州大学城位于广州番禺区新造镇小谷围岛及其南岸地区,总共入住了广东省10所高校,在这个不到18万平方公里的区域内生活着近20万的在校大学生。而大学城内的学生购买Dormi的产品后,Dormi还提供相应的免费送货上门服务。送货的环节由团队成员承担,亲自送货上门并帮助安装,同时与快递公司合作,由于大学城的区域相对较小,这部分的成本也并不高。

经过一段时间的发展,Dormi在学生中也获得了不少的支持。许多购买者纷纷晒单,起到了良好的宣传效果。在网站流量很难达到预期的情况下,他们在网购平台上开了一家网店,这对销售情况有很大的提升,尽管目前项目整体还未达到盈利,但网店发展起来之后每个月都能有一笔收入。

但是,和许多大学生创业一样,Dormi的团队也遇到了毕业这个坎,由于团队成员都到了大四的阶段,出于对未来的考虑,一部分人决定选择先就业,Dormi这个项目目前不得不面临一个搁置的阶段。不过,余梓熔对宿舍家居的未来充满信心,他觉得目前又多了类似微信商城这种移动互联网方面的创业机会,他认为在对项目进行一定调整后,今后应该还会有其他机会。

资料来源:https://www.sohu.com/a/132061880_355090.

案例点评:

宿舍家居的创业想法比较新颖而且符合逻辑。如今的大学生比较追求个性化,不满足于学校提供的比较苍白的住宿环境,而这个创业项目恰好就满足了这种特定人群的特殊需求。

创业思维,抓住学生创业的身份和地域优势。大学生基于校园的创业思维从不缺少成功的案例。Dormi也是源于校园的创业项目,学生的身份和大学城这样一个相对人口密集且面积不大的区域,给校园创业提供了不少优势。

抓住市场空缺。尽管家居行业满足了不同人的需求,但针对学生群体的宿舍家居在目前市场上尚属空缺,而宿舍环境相对比较特殊,能够满足学生需求的产品并不多。许多学生发现,校园里的超市尽管有不少符合宿舍环境的家居产品,但不够美观和个性化,如果需要购买美观的产品,不得不到市区购买,来回的成本很高。

贴近目标群体。Dormi最大的竞争优势就是对学生群体的需求和消费心理的了解。创业者自己就是学生,因此懂得学生在装饰自己宿舍时遇到的困难。例如很多家居卖场或网店并没有提供与宿舍相适配的产品,特别是宿舍空间狭小、床位宽度较窄、桌面的空间也不够多,这些特殊要求使得学生在选择宿舍用品时不得不花费大量的精力去搜索,并且收获甚小。Dormi切入了这个市场空白点,不仅提供了与宿舍相适配的产品,还提供相应的组合设计方案,甚至可以提供亲自送货上门,这些较为细微的产品体验,很容易使其获得学生的欢迎。

借助校园人际传播。创业学生参与校园活动合作,通过学生之间的口耳相传,达到口碑传播的目的。同时借助新媒体传播渠道，在微博、微信等社交网络媒体上进行推广，学生消费者在购买他们的产品后也会发到微博、微信等平台上晒单，即使在校园这个相对封闭的环境内也可以在一定程度上助力品牌的推广。

▶ 案例三

追逐梦想，建设家乡
——土登加措返乡致富创业案例

土登加措，男，藏族，玉树州称多县拉布乡拉布村人。1993年7月5日出生，2019年6月毕业于武汉警官职业学院，现为称多智嘉仓财顺生态畜牧专业合作社行政经理。

作为一名牧区人，他深深地热爱着草原，在外闯荡的每时每刻都在想念着草原的蓝天白云。每学期放假，他都会主动帮助父亲放牧，有一次他问父亲："我们都长大了，家里日子也好过了，为什么还要养这么多牛羊。"父亲语重心长地说，"牛羊是我们草原人的命根，我们就靠着牛羊养活家庭，就像种植粮食一样，等你们长大就明白了。"

2019年7月，土登加措大学毕业。之后他在西宁一家餐饮公司工作，初入社会的他体验到了工作的艰辛和不易，从中收获了不少经验，并萌发出创业的念头。土登加措说："工作期间，我接触到了一些企业家，尤其是我的老板，他本来有一份稳定的事业单位工作，但是他却没有被'朝九晚五'的生活消磨掉自己的梦想，这也刺激了我的创业冲动，所以我毅然选择辞职创业并取得了成功。"

回家创业的土登加措并没有被父亲责怪，因为父亲知道牧区需要年轻人注入活力。有了父亲的理解与支持，土登加措犹如有了精神支撑一般，创业更加有干劲。

回家创业初期，他在合作社里工作，跟着其他长辈一起照顾牛羊，不久便可以独当一面。创业的这段路上，充满着艰辛和挑战，每一次都是未知。刚开始采购物资时，由于经验不足，没有核实工具品质，导致千辛万苦从西宁买回来的工具存在很多缺陷，影响了大家的工作进度。事后，他总结出做事一定要认真细致，马虎不得。同时，在合作社期间，他充分利用自己的畜牧专业知识，参考大规模养殖场经验做法并结合高原牧区特点，总结出一套适合牧区放牧养殖的牛羊管理方法，大大节省了人力，同时又能取得更好的养殖效果。他主动把改进的牦牛、藏羊饲养技术推广给本乡牧民们，让乡亲们的牛羊少生病、长得壮，从而增加了经济收入。现在，合作社发展到了牦牛300头、藏羊300只，总资产近400万元，带动了乡亲们共同致富。

在创业的同时，土登加措也一直在帮扶着本乡的困难户、孤寡老人，为困难户免费提供工作，每年为敬老院老人缴纳取暖燃料费，在院内安装生活设施，为孤寡老人购买排烟筒、供应全年食物等。而且为了丰富本区牧民的精神生活，他还以合作社名义举办了首届及第二届藏历新年晚会，每年元宵节邀请乡上所有老人在文化馆欢聚一堂，精心准备美食、节目，用人文关怀和真诚的陪伴让老人们精神舒畅，老有所乐。

在父亲的影响下，他还投入不少精力用于藏族游牧文化的保护与传承。不同民族之间的文化交流有利于铸牢中华民族共同体意识，了解深了，感情也更深了。为了让更多内地游客了解藏族民俗，了解藏族群众的游牧生活，"从2008年开始，我和父亲就开始搜集藏族群众游牧生活的用品，并建立了拉司通村民俗博物馆。"目前，该民俗博物馆面积约

500 平方米,收藏的展品有 500 多件,主要是各类藏式手工艺品,同时这里还举办过拉司通畜牧业民间手工艺术产品展览暨民间手工艺术劳作的观摩会,助力本地区藏族传统手工艺品推广和非遗传承。

"接下来,我还打算依托本地特色的种养殖业,研发青稞酒、藏族传统背包等文旅产品,带领乡亲们拓宽增收致富的渠道。"土登加措说。其创业项目在 2020 年与称多县电商产业服务中心达成帮扶、合作关系,2021 年 7 月入驻到电商产业孵化中心,土登加措的创业之路更加顺畅。

资料来源:https://m. sohu. com/a/510275586_121106869.

案例点评:

转变就业观念,激发创新思维。土登加措没有按照大多数人的思路走,当许多人都认为他应该在舒适的工作岗位上继续发展时,他另谋出路,看准了家乡藏区的无限前景,果断选择了回家创业,为他的成功埋下种子。经历过艰辛和失败,但他始终坚持用自己的观念改变自己的人生,所以他的成功也是必然的。

运用专业知识,创业不忘共同富裕。创业来不得半点盲目和草率,特别是对于经验和财力有限的大学生创业者来讲,更需要慎之又慎。土登加措运用所学畜牧业专业知识,总结牧区管理方法,提高牧区养殖产量和质量,带动乡亲们共同富裕,大大提高了创业成功率。他创业成功的主要原因在于他围绕自己的专业,发挥自己的能力与特长,突出企业的专业性,从自己比较熟悉的行业入手,并不断积累社会实践经验,为创业成功打下坚实基础。

顺应国家政策导向,促进民族文化融合。为了让更多内地游客了解藏族民俗,了解藏族群众的游牧生活,他搜集了藏族群众游牧生活用品,并成立民俗博物馆,通过民间手工艺术产品展览会,助力本地区藏族传统手工艺品推广和非遗传承。我国是一个多民族国家,我国一直坚持民族平等团结、发展少数民族地区经济文化事业、尊重少数民族风俗习惯等民族政策。顺应国家政策导向,将会受到更多政府政策的支持,创业阻力大大减少。同时,随着乡村振兴战略的提出和推进,我国农村经济实现跨越式发展,并于 2020 年告别绝对贫困和全面建成小康社会。作为拥有较为全面知识体系和创新思维能力的大学生群体,必将成为我国乡村振兴的生力军。可以说,大学生返乡创新创业,为乡村引来了更多的"源头活水"。

▶ **案例四**

没有洗衣房的洗衣服务企业

——e 袋洗创业案例

一家名为"e 袋洗"的移动互联网洗衣服务企业,没有自己的洗衣房、物流体系和机房,它依靠移动互联网、云计算等手段构建了轻盈的商业模式,支撑了它的高速运转和扩张。"e 袋洗"成立于 2013 年年底。"我们创业团队分析,整个互联网或移动互联网已经从信息时代、商品交易时代迈入服务时代。"e 袋洗技术合伙人岑永洪在近日访谈时说,"我们决定创业做一个 O2O 服务。"因为创业团队拥有荣昌洗衣的背景,他们因此率先选择了洗衣服务。顾客可以通过移动终端预约,有专人上门取送,并按袋支付清洗费用。

很多 O2O 企业一成立，就开始自建工厂和物流体系，他们认为这样可以更好地进行品控，但 e 袋洗不同，它没有自有加工商，也不建立自己的物流配送。"从我们的角度来看，这会影响规模和扩张速度，是不太科学的方式。"岑永洪说。

以物流为例，自建物流对公司而言是一个特别重的资产，e 袋洗在实践中，逐步采取了一种"物流响应方式"。在每个社区里，有闲暇时间的大叔大妈，很愿意做取送这件事。在这个基础上，e 袋洗再通过信息管理系统，来实现品控。

当一个订单下来之后，系统会做全程监控。比如，通知的取送人员是不是按时去取了？是不是准时把衣物送到加工商去清洗？加工商是不是按时把它洗好，让取送人员及时送回去？一旦某个环节出现问题，系统就会提示 e 袋洗人员迅速介入。系统还会请用户对取送服务、加工质量进行评分，通过算法来控制结算。这样，整个流程的质量就有了保障。

除此之外，e 袋洗也没有自建 IT 基础设施。最初，像其他移动互联网企业一样，由于业务处于快速迭代中，每个月的业务量都会翻倍，如果采用传统方式，在系统搭建、运维上几乎是无法实现的。因此，e 袋洗从一开始就选择了云平台，充分利用云的可伸缩性。

现在，e 袋洗业务已经扩张到 16 个城市，到年底计划扩张到 50 座城市，系统也要为此扩容。如果按照传统方式，就要去寻找新的机房，招聘新的运维人员。但在云平台上，一个运维人员基本就把这些扩容的事全部搞定了。

岑永洪说："由于 O2O 说到底是一个服务行业，因此，企业的线下能力和对服务业的理解是一个巨大的宝藏，它让 O2O 企业在竞争中崛起。"

互联网产品会根据市场和行业热点，持续做市场活动，这是互联网企业技术人员面临的一个常态。如《大圣归来》电影大卖时，e 袋洗决定送电影票；在周末，e 袋洗发起了"洗相逢"活动，做洗多少送多少的促销；过年时，e 袋洗推出微信红包活动……这些流量都是计划外的，技术部门会对流量先做一个预估，提前把备用机器租上。流量提升后，机器马上就会部署。

岑永洪他们目前正在开发新一代的系统架构，他们称为 3.0。在此之前，e 袋洗的信息系统属于"自由生长期"，只要有 idea，就马上开发、立刻上马。但当系统发展到一定规模时，会出现重复和需要整合的地方。岑永洪他们计划把系统的公用服务打包，像红包服务、优惠券服务，等等。这样，当企业做促销时，可以根据需要，单独对这个服务进行扩容，这对整个方案的部署、开发效率和运维成本都有帮助。

资料来源：https://www.163.com/mobile/article/B5N9SLVT0011309K.html.

案例点评：

找准项目，把握商机。传统洗衣按件收费，需要顾客自己去洗衣店，自己取回，价格高、专程送取耗时耗力，e 袋洗把握住商机，让消费者自愿为"懒"买单。创业过程需要识别创业商机，创业者必须具备敏锐的机会发掘能力。找准项目、把握商机是一种洞察力，尽管人人都能观察，但对商机的敏锐程度不同。有人浮光掠影、走马观花，无法从观察中发现商机；有人却慧眼独具、见微知著，从观察中悟到商机。

数字经济和实体经济融合发展，提升服务效率。把握数字化、网络化、智能化方向，推动制造业、服务业、农业等产业数字化，利用互联网新技术对传统产业进行全方位、全链条的改造，提高全要素生产率，发挥数字技术对经济发展的放大、叠加、倍增作用。数字化使服务行业能够更灵活地适应当前的市场趋势和要求。首先,确保更多的连接。数字化转型使零售商和顾客更容易通过社交媒体账户、网站、移动应用程序等进行联系和沟通,从而有机会触及更广泛的目标受众。其次,销售更便捷。数字化使企业不仅可以在实体店销售产品,还可以通过网站或移动应用程序销售。服务更加快捷高效,从而使顾客获得了高质量的服务,使购买产品的过程变得更加愉快等。数字化转型正在影响我们今天所知的每一个领域和行业,数字化转型的核心目标正逐渐向不断变化的客户偏好和市场趋势转变。e袋洗还会请用户对取送服务、加工质量进行评分,通过算法来控制结算,保障整个流程的质量。

▶ **案例五**

在实践中进步,在奋斗中成长
——甘肃马太洮砚文化科技有限公司创业案例

马太学,1990年出生,甘肃岷县人,2014年6月毕业于兰州交通大学,是甘肃马太洮砚文化科技有限公司企业法人、总经理和甘肃马强农业科技有限公司控股股东、副总经理。他自幼受父亲马文科(非物质文化遗产传承人)影响,痴迷砚雕文化艺术。他勇于创新,逐渐深入探索挖掘砚台艺术工艺制作中材质多元化的发展渠道。现为中国ACAA数字艺术联盟认证设计师、世界华人观赏石协砚雕委员会甘肃通联处副处长、中华砚文化联合会会员、甘肃省工艺美术协会会员。

2010年,他以美术特长艺术生身份考入兰州交通大学艺术设计学院,在工业设计产品外观专业学习。经过高考前的紧张与繁重的学习压力后,大学里自由的学习环境和氛围让他体会到从未有过的轻松和空虚,他觉得应该干点什么。无意中他从网上检索到了原本出产于岷县、卓尼等洮河沿岸的"中国三大石质名砚"之一的洮砚,他想是否可以尝试在兰州这个原本就有市场的城市里销售?于是他一有时间就去哥哥马胜强(甘肃省工艺美术大师)的工作室,向制砚大师们学习关于洮砚方面的知识。由于他父亲也在家乡的一家砚台雕刻加工厂工作,他便利用假期去父亲工作的加工厂了解砚台加工的各个流程,并利用空闲时间做了详尽的市场调查,发现洮砚行业大有可为,于是萌发了自己尝试销售洮砚的念头。

他开始一边搜集关于洮砚方面的相关资料,通过整理与学习,加深对洮砚的认识,一边开始寻找销售洮砚的各种渠道。最终他锁定了一家销售文房四宝的网络商城,利用上大学积攒的生活费开设了他的第一家网店。在网店开始正式运营的一段时间里,几乎没有任何交易的痕迹,他有点心慌,他在想,难道自己的生活费就这样打了水漂不成。就在他即将绝望时,他在网上认识的一位广东的砚友忽然联系到他洽谈洮砚销售业务,他的第一笔网络生意就这样做成了,成功的喜悦感油然而生。通过他的不断努力和付出,网店的销售量不断攀升,月销售额最好的时候达到4万元左右。

网店销售已进入正轨,一个偶然的机会,在朋友的引荐下,他接下了兰州市黄河风情线办公室南壁的大中型壁挂砖雕,他凭借自己的美术专长很快绘制完成雕刻稿,攻克了重重困难,最后成功完成了这个项目。在项目结算时,对方要求走公账,他当时并没有任何资质,经过多次谈判后,对方终于同意现金结账,但要扣除0.5%的金额,他没办法只有妥协。经过这件事之后,他开始萌生注册公司的想法。

2013年年底,他注册成立了"甘肃马太洮砚文化科技有限公司",随着销售规模的不断扩大,公司随后新购置了现代数控模型加工机床等加工设备,开启了集洮砚加工、制作、销售为一体的经营模式。为了继续扩大销售网络,他在多家网络电商销售平台开设了网店,线下以绝对的价格优势谈下了兰州、天水、定西、岷县等多家实体销售商家,以供货的方式达成合作关系。后期,又通过网络途径与北京、上海、西安、咸阳、宝鸡等地的部分商家达成供货合作关系。在公司的不断发展中,他认识到产品的品质和更新速度是企业生存的根本,于是他开始制定严格的产品质量检验标准,注重对新产品的研发。终于功夫不负有心人,他的产品获得了市场的充分肯定,销售量逐月攀升。他所创作的一带一路题材和甘肃文化特色相结合的"洮砚上的丝路文化"作品获得了"甘肃省第五届大学生创新创业大赛一等奖"的优异成绩,以资源利用率最大化为目的的"镶嵌式洮砚"系列产品得到了社会各界的广泛认可,这些成绩的取得,也更加坚定了他继续做大做强洮砚产业的信心。

资料来源:http://szb.gansudaily.com.cn/gsrb/201712/29/c32645.html.

案例点评:

创业是一个风险与收益共存的过程,创业的风险就是失去近几年的预期打工收入,甚至可能血本无归、负债累累,但是年轻人必须有敢想敢做的拼搏精神,因为年轻就是资本,不怕失败,不怕挫折,从失败中吸取教训和经验。从失败到成功是一个量变到质变的突破,只要真正跨入了创业门,就会拥有一个不同凡响的人生,自身的价值也能得到最大的体现。马太学深耕兴趣,通过不断向大师学习洮砚方面的知识,深入实践了解洮砚加工过程,创立了属于自己的事业,但创业之路艰辛,在攻克了重重困难后最终使事业步入正轨。

提高企业的信誉主要靠产品的质量和服务质量,而从业人员职业道德水平的提高是产品质量和服务质量的有效保证。若从业人员职业道德水平不高,很难生产出优质的产品、提供优质的服务。诚实守信、为人厚道一直是中华民族的精神瑰宝。案例中的马太学,在公司不断发展的过程中,注重产品品质把控,产品质量上乘自然能收获顾客的信赖,同时也成就了他的事业。有句话说得好:"做生意说到底就是做人,人做好了生意也就做好了。"正是凭着诚信经营,马太学的生意伙伴越来越多。创业的过程是一个艰难的过程,在创业中,诚信做事,宽厚待人,才能够获得成功。

▶ **案例六**

"农创客"张鹏的创业之路
——甘肃前进休闲农业发展有限公司创业案例

张掖古称甘州,西汉以"张国臂掖,以通西域"而得名,自古以来就是丝绸之路商贾重镇和咽喉要道,素有"塞上江南"之称。这里也是张鹏魂萦梦牵的故乡,三年前他放弃在上海打拼数十年的工作,回到故乡支农创业。

自党的十九大报告提出实施乡村振兴战略以来,具有创新精神的大学生,逐渐成为乡村振兴的重要力量。2019年11月在南京举办的第三届全国新农民新技术创业创新博览会上,全国各地带着新技术、新产品、新项目的创业人才大量涌现。农业农村部部长韩长赋在会上指出,明年是全面小康圆满收官年,必须加大乡村建设投入力度,加快补齐农业农村发展短板。乡村是投资兴业的热土,社会资本参与乡村振兴空间广阔、前景光明。

在乡村振兴的大潮下,张鹏下定了返乡创业的决心。"最初,我想回到张掖市前进村做一名新农人的决定,没有一个亲朋好友支持,连孩子都反对。"张鹏说,国家需要人才来发展农业,所以他决定回到家乡。他是个喜欢自我挑战的人,他大伯曾是村书记,投资做乡镇企业结果失败了,于是他想尝试利用创新思维的方式带动家乡发展。

第三届农博会数据显示,目前全国返乡入乡创业创新人员达 850 万,在乡创业创新人员达 3100 万。他们有一个共同名字——农创客。从一线城市回到家乡,带着满腔热血的张鹏在回乡创业的路上遇到各种困难和挫折。"返乡创业最大的阻碍是和村民思维上的差异,小到村民法理与法规的普及工作,大到村子的环境治理,旅游项目用地的拆迁,我都很难和村民的意见达成一致。"他说,极少走出乡村的农民有自己的种地经验,他们很难改变这种固有思维,让他们接受现代科学种植的方法更是难上加难。

城乡思维的转换是张鹏解决农村创业问题的关键。韩长赋曾指出,社会资本下乡要带动老乡,不能代替老乡,不能让农业现代化、农民边缘化,而是要实现合作共赢、共同发展。在各地考察后,张鹏带领村里的农民们一同开发农旅项目,注册成立了甘肃前进休闲农业发展有限公司,通过与台湾科研团队协作来促进农业科技新成果的转化,推动农村与二三产业的深度融合。

一晃数年,张鹏所在的前进村发生蜕变。如今,前进村获得张掖绿洲现代农业试验示范区(国家级示范性基地)的管理经营权,作为张掖国家绿洲农业示范园创业孵化基地负责人的张鹏,利用园区现有的 1.2 万平方米智能化温室和 30 座高标准日光温室,带领专家及农民研究、培育温室高端功能性水果、蔬菜等高经济价值的新品种,将高新技术与农业生产相结合,打造出具有休闲观光功能的现代化生态农业。这个位于黄土高原上的贫瘠山村,逐渐焕发生机。

返乡三年的"农创客"张鹏,用紧密来形容他和村民的关系。"我现在更能知道村民在想什么,说话办事也更能贴近他们的需求,村民也觉得我更接地气了。"

资料来源:https://baijiahao.baidu.com/s?id=16538493638265092999wfs=spider&for=pc,2019-12-25.

案例点评:

树立正确的世界观、人生观、价值观,使之成为创业底色。正确的人生观是创业者行为的基础,正确的价值观是创业者行为的内驱动力。辩证的世界观是创业者行为的助力器,张鹏作为具有创新精神的大学生,是支持乡村振兴战略、勇于担当全面建成小康社会的先锋,正确的世界观、人生观、价值观为他的成功奠定了夯实的基础。2013 年 4 月 28 日,习近平总书记在同全国劳动模范代表座谈时的重要讲话中指出:必须牢固树立劳动最光荣、劳动最崇高、劳动最伟大、劳动最美丽的观念,崇尚劳动、造福劳动者,让全体人民进一步焕发劳动热情、释放创造潜能,通过劳动创造更加美好的生活。各行各业都需要有人去做,每个职业都有存在的意义,同学们在择业、创业的过程中也要这样告诉自己,只要脚踏实地,在任何岗位都可以有一片天地。只要脚踏实地地努力,从一点一滴的小事做起,坚持不懈,就一定会实现个人理想,为实现中国梦做出贡献。

参 考 文 献

[1] 刘俊贤．大学生职业规划、就业指导与创业教育[M].北京:清华大学出版社,2015.

[2] 师建华,黄萧萧．创新思维开发与训练[M].北京:清华大学出版社,2018.

[3] 胡海波．创业计划[M].厦门:厦门大学出版社,2011.

[4] 马立修．创新思维与创新方法[M].北京:北京理工大学出版社,2022.

[5] 田千里．老板论[M].北京:经济出版社,2000.

[6] 姚波．大学生创新创业基础(项目式)[M].北京:人民邮电出版社,2022.

[7] 杨京智．大学生创新创业基础(大赛案例版)[M].北京:人民邮电出版社,2022.

[8] 刘志阳．创业管理[M].北京:高等教育出版社,2020.

[9] 黄萧萧．创新创业创未来[M].成都:电子科技大学出版社,2020.

[10] 王强,陈姚．创新创业基础案例教学与情境模拟[M].北京:中国人民大学出版社,2021.

[11] 曾淮,倪斯铌．"青创100"广东大学生创新创业引领计划优秀创业案例集[M].广州:华南理工大学出版社,2021.

[12] 王远霞,茹华所,焦德光．创新创业基础[M].北京:科学出版社,2019.

[13] 秦勇,陈爽．创业管理:理论、方法与实践[M].北京:人民邮电出版社,2019.

[14] 魏国江．大学生创新创业基础[M].北京:清华大学出版社,2019.

[15] 王涛,刘泰然．创业原理与过程[M].北京:北京理工大学出版社,2019.

[16] 李肖鸣．大学生创业基础[M].4版．北京:清华大学出版社,2018.

[17] 姜江,潘丽,吴蔚．创新创业基础[M].武汉:华中科技大学出版社,2022.

[18] 胡坚,丁莹莹．互联网＋创新技术与创业实务[M].北京:化学工业出版社,2022.

[19] 刘志阳．创业管理[M].北京:高等教育出版社,2020.

[20] 郭玉莲,马凤祥．大学生创新创业教育[M].北京:中国人民大学出版社,2022.

[21] 张海峰．大学生创新与创业教程[M].北京:北京师范大学出版社,2022.

[22] 陈丹．以"互联网＋"大学生创新创业大赛带动乡村振兴[C]//中国智慧工程研究会智能学习与创新研究工作委员会．2022社会发展论坛(昆明论坛)论文集,2022:8.

[23] 葛文青,周心悦,徐世龙,等．大学生互联网＋创新创业大赛的实践与体会——以青红赛道为例[J].中国教育技术装备,2021,No.506(8):118-120.

[24] 陈景岭．大学生创业项目流程式评估:指标与方法[J].扬州大学学报(高教研究版),2017,21(6):53-57.

[25] 吴巧文．创新创业大赛背景下大学生创新能力培养研究[J].投资与创业,2021,32(19):42-44.

[26] 蒋璐杨．波特五力模型:分析行业吸引力的最受欢迎模型[J].经贸实践,2017(10):187.

[27] 吴占涛,李曼,杨灵芳,等．"互联网＋"大学生创新创业大赛指引下大学生创新创业能力培养探究[J].高教学刊,2022,8(24):47-49,53.

[28] 齐松．"互联网＋"大学生创新创业大赛探索与总结[J].教育教学论坛,2021,No.522(23):17-20.